심리분석으로 나를 치유하는 시간
Time to heal myself through psychoanalysis

**치유에 있어 가장 중요한 첫 관문은
'심리분석'입니다.**

마음의 고통은 겉으로 드러나는
증상만으로는 그 원인을 알 수 없습니다.

그 증상을 만들어낸 심층의 구조를
정확히 파악할 때에만,
비로소 치유는 시작될 수 있습니다.

심리분석으로 나를 치유하는 시간

Time to heal myself through psychoanalysis

김주수 지음

프로방스

분열된 자아의 치유와 통합을 위하여

1

심리상담이나 심리치유에 있어 '심리분석을 잘하는 것'은 아주 중요합니다. 왜냐하면 심리분석이 잘되어야만 증상을 발현케 한 원인을 정확히 찾아낼 수 있기 때문입니다. 증상의 원인을 정확히 찾아내지 못하면 치유는 예외 없이 늦어집니다. 증상의 원인을 정확히 찾아내지 못하면, 마치 손등에 반창고를 붙여야 하는데 손목이나 팔뚝에 반창고를 붙이는 일이 벌어집니다. 증상의 원인을 정확히 알아야 그것을 해결할 수 있는, 그에 맞는 치유작업을 할 수 있기에, 증상의 원인을 정확히 아는 것은 치유의 급선무라고 할 수 있습니다.

이것이 '얼마나 중요한 일'인지는 실제 상담 현장에서 매번 체험하게 됩니다. 저는 상담을 하면서, 심리분석이 잘되어 원인을 정확히 찾아낼 때 치유가 훨씬 효과적이고 빠르게 이루어진다는 것을 매번 경험합니다. 증상을 일으키는 진원지를 찾지 못하면 정확하지 않는 내비게이션처럼 치유의 최종 목표 지점을 찾을 수 없게 됩니다. 헛다리짚듯이 초점과 방향이 틀려지게 되고, 치유작업이 심층이 아니라 표층에 겉돌게 됩니다. 집 배관이 터졌을 때, 고성능 탐지기로 어디에 배관이 터졌는지를 찾아내는 것처럼, 심리분석은 심층 내면의 탐지기 역할을 합니다. 때문에 심리치유가 잘되기 위해선 무엇보다 심리분석이 최대한 잘되어야 할 것입니다.

이런 연유로 저는 심리상담을 처음 시작했을 때부터 지금껏 심리분석을 더 잘하기 위해 각고의 노력을 들였습니다. 정신분석학에서부터 각종 심리치료 이론은 물론이고 가족세우기, 최면, NLP, MBTI, 유전자키에 이르기까지 관련 분야의 이론을 대부분 다 섭렵했습니다. 도움이 된다면 어느 분야든 가리지 않고 두루 다 참고를 했습니다. 저는 제가 만든 심리검사지를 사용하는데, 심리분석을 더 잘하기 위해 검사지를 또 보고, 또 살펴보면서 밤낮 없이 분석력의 칼날을 벼리고 또 벼렸습니다.

그 결과, 지금은 예비 상담 때 내담자로부터 '어떤 증상이 있다'는 말만 들어도 기본적인 내용들이 즉각적으로 분석되는 수준에 이르렀습니다. '즉각적으로 분석이 된다'는 뜻은 심리분석을 하지 않아도 저절로 분석이 된다는 뜻입니다. 이것이 가능한 이유는 오랜 훈련 때문이기도 하지만, 무엇보다 마음에는 수학 공식이나 과학 법칙처럼 일정한 공식과 법칙이 있기 때문입니다. 이것(공식과 법칙)을 알고 있으면 심리분석의 지도와 내비게이션을 함께 얻는 일과 같습니다. 이것은 공부하면 하면 할수록, 상담 경험이 축적되면 될수록 더욱더 체감하게 되는 일입니다.

단언컨대 마음에도 법칙이 있습니다. 물리적 법칙이 있는 과학처럼, 치유 차원에선 마음 또한 그 법칙을 벗어나는 법이 없습니다. 예컨대 공황장애는 공황장애가 생길 수밖에 없는 사고패턴과 무의식 차원의 신념을 가지고 있습니다. 아울러 불안이나 두려움과 같은 감정이 내면에 심하게 억압되어 있습니다. 고통이 심하기에, 이로 인한 2차 감정들과 이에 대처하는 나름의 보호기제/억압기제 또한 가지고 있습니다. 내면이 이런 상태가 되었다면, 그가 어린 시절 어떤 환경에서 자랐고, 과거에 어떤 일들(상처)을 경험했을지도 짐작할 수 있습니다. 공황장애가 있는 분들은 예외 없이 불안감을 심하게 억압한 일이 있으며, 과거에 자아 입장에선 그럴 수밖에 없는 상황들이 있습니다.

제가 상담을 해보면 대인공포나 회피성성격장애가 있는 내담자들의 경우, 단 한 명의 예외도 없이 어린 시절 학교에서 왕따를 당한 경험을 가지고 있었습니다. 이런 분들을 몇 명만 꼼꼼히 분석해 봐도, 성장기 때 아이가 이런 경험을 했을 때 어떤 상처와 트라우마가 생기고, 그로 인해 어떤 사고방식(신념사고)이 굳어지고 어떤 감정들이 억압되는지, 어떤 자아상과 정체성을 가지고 있을지, 자신을 지키고 보호하기 위해서 어떤 감정 상태에서 어떤 방어기제와 보호기제를 쓸지, 그 때문에 현실에서 어떤 문제점과 고통들이 양산될지까지 소상히 다 알 수 있게 됩니다. 이는 마치 서로 연결되어 있는 톱니바퀴처럼 맞물려서 돌아갑니다. 단 하나의 예외 없이 모든 증상이 다 마찬가지입니다.

그래서 이러한 분석과 경험이 쌓이고 쌓이면, 관련 맥락과 심리작용이 마치 공식이나 법칙처럼 너무나 선명하게 보이기 때문에, '증상명'만 들어도 거의 즉각적으로 분석이 되는 일이 일어나게 됩니다. 즉, 심리분석을 하기도 전에 이미 '분석이 되어 있는 상태'가 됩니다. 이는 물리 법칙과도 같은 마음의 공식과 법칙 때문에 가능한 것이며, 또 데이터와 경험치 때문에 가능한 것이기도 합니다. 고로 심리분석을 잘한다는 것은 '증상이 만들어지는 이유와 메커니즘'을 정확히 간파한다는 뜻이 됩니다. 심리분석이 모든 치유의 첫 번째 과제인 것, 심리분석이 잘될수록 치유가 효과적이고 빨라지는 이유는 다 이 때문일 것입니다.

상담가가 이런 능력을 갖추는 것은 지극히 당연한 일이기에, 기실 대단할 게 전혀 없는 일이지만, 이 또한 세부 차원에서 보면 다양한 실력 차이가 있을 것이므로, 상담가는 필히 이런 능력을 극대화하는 데 많은 노력과 정성을 쏟아야 하지 않을까 합니다. 심리분석은 가려져 있는 내적 심연에 통찰의 빛을 비추는 일이 될 것이므로, 상담가와 내담자 모두에게 가치 있는 작업이 될 것입니다.

2

치유에 있어 가장 중요한 첫 관문은 '심리분석'입니다. 마음의 고통은 겉으로 드러나는 증상만으로는 그 원인을 알 수 없습니다. 그 증상을 만들어낸 심층의 구조를 정확히 파악할 때에만, 비로소 치유는 시작될 수 있습니다. 그렇다면 심리분석을 잘하려면 어떻게 해야 할까요? 모든 일에는 노하우가 있듯이, 심리분석을 잘하는 데도 아주 효과적인 노하우가 있습니다.

모든 증상, 모든 심리기제는 자아의 입장에서 '그럴 수밖에 없는 이유' 혹은 '그렇게 하는 이유'가 있습니다. 즉, 그 속엔 긍정적인 의도가 있는 것입니다. 그래서 모든 증상, 모든 심리기제는 일종의 보호기제라고 할 수 있습니다. 모든 증상과 심리작용을 보호기제의 관점에서 해석하면, 증상과 심리작용의 본질적인 속성을 정확히 이해하게 될 뿐 아니라, 그런 마음과 그런 자아를 수용하기가 훨씬 더 쉬워집니다. 증상이나 심리기제를 해결해야 할 문제점(병)이 아니라, 보호기제라는 관점으로 바라보면 그 즉시 모든 증상이 적군이 아니라 나의 아군이 됩니다.

이 관점에선 증상은 병이 아니라, 내가 선택한 나의 보호기제요, 나를 지켜주는 방패요, 늘 나를 돕고 있는 나의 절대적 아군이 됩니다. 그런데 중요한 것은 실상 이것이 자아와 심리작용의 절대적 진실이라는 점입니다. 이렇게 관점을 바꾸면 내가 무찔러야 할 적(증상)은 그 즉시 다 사라지고, 오직 내가 이해해 주고, 격려해 주고, 껴안아 줘야 할 아군만이 남게 됩니다. 증상이 나의 아군이요, 나의 보호기제라는 사실을 알게 되면, 나는 나의 특정 자아들과 싸울 필요가 없게 됩니다. 이는 싸우지 않고 이기는 방법이니, 이것은 심리분석뿐 아니라, 치유작업의 측면에서도 가장 효과적인 접근법이라 할 수 있습니다.

　모든 증상과 심리기제는 의식/무의식 차원에서 나를 보호하기 위해서 움직이는 것이므로, 이것과 싸울 것이 아니라, 이렇게 움직이는 특정 자아들의 마음(이유)을 깊이 자각하고 이해해 주고 껴안아 주는 것이 치유의 첩경이라 할 수 있습니다. 이는 '자기이해'와 '자기수용'과 '자기사랑'으로 가는 가장 빠르고 효과적인 길이기도 합니다. 실제 상담에서 매번 경험하는 일이지만, 그 어떤 증상이든 이 세 가지가 제대로 이루어지면 빠르게 좋아질 수밖에 없습니다. 자기이해와 자기수용과 자기사랑이 온전히 이루어지면, 모든 내면의 분열이 사라지고, 적절한 심리적 균형을 찾게 되며, 자존감과 자신감(자기효능감) 또한 건강한 수준으로 높아지기 때문입니다. 이것은 자신에게 가장 좋은 치유의 빛을 비춰주는 일과 같습니다.

　내면부모는 내면아이의 감정들을 무시하거나 억압하지 않고 존중해 주어야 한다. 존중한다는 것은 그 감정들을 만나 주고 그런 감정을 지니게 된 과거의 배경을 이해하는 것이다. 그러면 내면아이는 안정과 평안을 얻게 된다.
-김중호, 『내면아이와 내면부모』에서

　이 책에선 이러한 관점을 전제로 심리분석을 잘하기 위해 세 가지 이론을 결합해서 함께 살펴봅니다. 그 세 가지는 다음과 같습니다.

① 내면아이와 내면부모
② 부적응적 심리도식
③ 방어기제와 보호기제(적응기제)

　수많은 관련 책들이 있지만, 심리분석을 잘하는 데 있어 제게 가장 도움이 된 책으로 마사 하이네만 피퍼의 『내적불행』과 김중호 님의 『내면아이와 내면부모』를 빼놓을 수 없을 듯합니다. 『내적불행』은 제게 '무의식이 모든 것을 좌우한다'는 사실을 너무나 극명하게 알게 해준 책이었습니다. 『내면아이와 내면부모』는 그러한 무의식이 내면에서 어떻게 작동하는지 구체적으로 알게 해주는 책이었습니다. ① 의 내용은 이런 측면에서의 분석적 접근을 위해 가져온 것입니다.

심리도식치료에서는 부적응적 심리기제를 '18가지 심리도식'으로 설명합니다. 이는 고질화되어 있는 무의식의 신념 패턴과 같은데, 매우 세분화되어 있기 때문에 역기능적 심리기제를 구체적으로 살펴볼 수 있는 좋은 도구가 됩니다. ②의 내용은 이런 측면에서의 분석적 접근을 위해 가져온 것입니다.

방어기제는 프로이트의 정신분석학에서 나온 이론입니다. 모든 방어기제는 자아가 자신을 보호가기 위해서 사용하는 것입니다. 이 이론은 NLP에서 보상기제의 관점으로 더 확대된 측면이 있습니다. 앞서 말했듯이 저는 모든 증상과 심리기제와 방어기제를 전부 다 보호기제(적응기제)의 관점으로 바라보고 이해합니다. ③ 의 내용은 이러한 측면에서의 분석적 접근을 위해 가져온 것입니다.

보호기제(적응기제)의 관점에서 이 세 가지 이론이 결합되면 시너지 효과가 발생하여, 심리분석을 매우 효과적으로 쉽게 할 수 있게 됩니다. 이 책은 이 세 가지 이론이 결합될 때 어떤 시너지 효과가 나는지를 보여주는 셀프 심리분석을 위한 안내서라 할 수 있습니다. 대부분의 경우 심리분석이 깊이 있게 잘되는 것만으로 일정한 치유효과가 발생하게 됩니다. 그것은 '아, 내가 이래서 그랬구나!' 하는 자각과 자기이해를 필수적으로 동반하기 때문입니다. 물론 심리분석이 잘되었다고 치유까지 다 되는 것은 아니지만, 그것은 '치유의 확실한 발판'이 마련된 일이라 할 수 있습니다.

이 책에선 심리분석을 전제로 독자가 스스로 할 수 있는 몇 가지 치유방법까지 함께 다루고 있습니다. 치유 차원에서 보면 '자기 자신을 잘 아는 것'은 생각보다 쉽지 않은 일입니다. 그것은 무의식의 영역까지 자각과 이해의 빛을 비추는 일이기 때문입니다. 자각과 자기이해는 모든 치유의 출발점이므로, 자각과 이해가 깊어지면 저절로 내면에서 치유의 흐름과 에너지가 생겨나기 시작할 것입니다. 그때 치유방법까지 적극적으로 활용한다면 더 좋은 진전의 변화가 발생할 수 있지 않을까 합니다.

2026년 02월 19일

취루재에서 **김주수** 드림

사람은 자아가 심리적 고통이나
불안을 감당하기 어려울 때,
무의식적으로 방어기제를 사용하여 그 고통을
직접 마주하지 않으려 합니다.

'억압'이라는 방어기제는 고통스러운 기억이나 감정을 무의식 깊숙이 밀어넣어, 감정적 상처로부터 자신을 보호하려는 기능을 합니다. 이 과정에서 개인은 감정적 충격을 회피하면서도, 그로 인해 생긴 불안이나 고통을 다른 방식으로 보상하려는 경향을 보입니다.

01

제1부

심리분석이
치유의
첫걸음인 이유

메타인지는 왜 심리치유에 좋은 영향을 끼치는가?

메타인지는 자신의 생각, 감정, 학습 방식, 문제 해결 과정 등을 인식하고 조절하는 능력을 의미합니다. 쉽게 말하면 자신이 무엇을 알고 있고, 무엇을 모르는지, 어떤 방식으로 생각하고 있는지를 스스로 자각하고 이를 바탕으로 사고 과정을 조정하는 능력입니다. 메타인지(Metacognition)라는 용어는 'meta(초월적인)'와 'cognition(인지)'의 합성어로, 자신이 인지하고 있는 상태를 초월해 그 인지 과정을 다시 성찰하는 능력을 의미합니다. 즉, 자신의 생각을 한 발짝 물러서서 관찰하고, 그 과정에서 잘못된 점이 있는지 파악하고 수정하는 능력이라고 할 수 있습니다.

메타인지는 주로 세 가지 요소로 구성됩니다. 첫째, 메타인지적 지식입니다. 이는 자신의 사고와 학습에 대해 알고 있는 지식을 말합니다. 이는 자신이 어떤 상황에서 어떻게 생각하고 행동하는지에 대한 이해를 포함합니다. 예를 들어, 자신이 수학 문제를 잘 푸는 편인지, 외국어 학습에서 어려움을 느끼는지 등을 아는 것이 이에 해당합니다.

둘째, 메타인지적 경험입니다. 이는 사고 과정에서 느끼는 주관적인 감각이나 반응을 의미합니다. 문제를 해결하거나 학습할 때 느끼는 성취감, 혼란감, 좌절감 등이 여기에 속합니다. 자신이 문제 해결 중 어려움을 느끼고 이를 인식하는 과정이 메타인지적 경험에 해당합니다.

셋째, 메타인지적 조절입니다. 자신의 사고 과정을 효과적으로 통제하고 조정하는 능력입니다. 문제 해결 과정에서 전략을 바꾸거나, 학습 방법을 수정하거나, 더 효과적인 방식으로 접근하려는 시도가 이에 포함됩니다. 예를 들어, 공부할 때 집중이 잘 되지 않으면 환경을 바꾸거나 공부 방법을 수정하는 것이 메타인지적 조절에 해당합니다.

지금의 내 인생은

그동안 내가 생각하고 행동한 것을 더하지도 빼지도 않고

그대로 보여주고 있을 뿐이다.

-세네카

메타인지는 심리치유 과정에서 매우 중요한 역할을 합니다. 자신의 감정 상태와 생각의 흐름을 정확히 인식하고, 이를 바탕으로 부정적 사고 패턴을 수정하거나 감정을 조절할 수 있기 때문입니다. 심리분석은 자각과 자기이해와 치유를 위한 것이므로, 이는 메타인지를 높이는 일과 직결됩니다. 구체적으로 메타인지(심리분석)가 심리치유에 어떤 긍정적인 영향을 끼치는지를 살펴보겠습니다.

첫째, 감정 조절 능력이 강화됩니다. 메타인지는 자신의 감정을 객관적으로 바라보게 함으로써 감정에 휘둘리지 않고 효과적으로 조절할 수 있는 힘을 길러줍니다. 예를 들어, 스트레스를 받을 때 '내가 지금 스트레스를 받고 있구나. 왜 이런 감정이 드는 걸까?'라고 자각하고 분석하면 감정을 보다 차분히 다룰 수 있습니다. 자신이 어떤 감정을 왜 느끼고 있는지 정확히 인식하면, 이를 진정시키는 데 필요한 전략을 스스로 세울 수 있습니다. 마치 친구가 고민을 털어놓았을 때 조언하듯이, 자신의 감정을 한 발 물러서서 관찰하고 다룰 수 있습니다.

둘째, 부정적 사고 패턴을 수정케 합니다. 사람은 보통 부정적 사고 패턴에 빠지기 쉽습니다. 예를 들어 '나는 실패할 거야!', '모두 나를 싫어할 거야!' 같은 부정적인 자동 사고가 반복되면 우울감이나 불안감이 심화될 수 있습니다. 메타인지 능력이 높으면 이런 부정적 사고를 인식하고 '이 생각이 합리적인가?', '그럴 만한 증거가 있는가?'라고 스스로에게 질문하면서 사고 패턴을 수정할 수 있습니다. 예를 들어, 시험을 앞두고 '나는 이번에도 분명히 실패할 거야!'라고 생각할 때, 메타인지가 활성화되면 '정말로 실패할까? 지난번에는 열심히 준비했고 그 덕에 성적이 괜찮았잖아!'라며 생각의 오류를 바로잡을 수 있습니다.

셋째, 자기 이해와 수용이 강화됩니다. 자신의 생각과 감정을 명확히 인식하면 자신을 보다 깊이 이해하게 됩니다. 자신의 장점, 약점, 성향 등을 명확히 알면 자기 수용이 강화되고 자존감이 높아질 수 있습니다. 예를 들어, '나는 사람들과 어울리는 게 힘들어. 그래서 직면을 회피하고 있어!'라고 인식하고, 그런 성향을 인정하고 받아들이면 자신을 수용할 수 있습니다. 메타인지를 통해 자신의 성향이나 특성을 받아들이면 타인과의 비교에서 오는 열등감이나 불안을 줄일 수 있습니다.

넷째, 문제 해결 능력이 향상됩니다. 메타인지는 문제 상황에서 자신의 사고 과정을 인식하고 전략을 조정하는 데 도움을 줍니다. 문제의 원인을 정확히 파악하고, 이를 해결하기 위한 구체적인 방법을 찾을 수 있습니다. 예를 들어, 시험 준비를 하면서 성적이 잘 오르지 않는다면 '나는 어떤 부분에서 실수가 잦지?'라고 분석하고 학습 전략을 수정할 수 있습니다. 이런 능력은 학업뿐 아니라 대인 관계나 직장 문제 해결에도 긍정적으로 작용합니다.

다섯째, 대인 관계 개선에 도움이 됩니다. 자신의 감정 상태와 사고 과정을 인식하면 타인의 감정을 이해하고 공감하는 능력이 강화됩니다. 자신의 감정을 잘 이

    심리분석으로 나를 치유하는 시간

해하면 타인의 감정을 추측하고 반응할 수 있는 여유가 생깁니다. 예를 들어, 친구가 화를 낼 때 '이 사람이 왜 화가 났을까?'라고 생각하고 자신이 어떻게 반응해야 할지 고민하게 됩니다. 메타인지가 활성화되면 감정에 휘둘리지 않고 차분하게 대응할 수 있습니다. 이는 갈등 상황에서의 문제 해결 능력과 관계 유지에 큰 도움이 됩니다.

여섯째, 스트레스 관리 능력을 강화시킵니다. 메타인지는 자신이 어떤 상황에서 스트레스를 받는지, 스트레스를 받으면 어떤 생각과 감정이 드는지 정확히 인식하게 합니다. 이를 통해 스트레스의 원인을 파악하고, 효과적인 대처 전략을 마련할 수 있습니다. 예를 들어, 일에서 오는 스트레스를 자각하고 '내가 너무 완벽하게 하려는 성향 때문에 스트레스를 받는구나!'라고 깨달으면 완벽주의 성향을 완화시키는 방향으로 조정할 수 있습니다.

이처럼 메타인지는 자신의 생각, 감정, 행동을 객관적으로 관찰하고 통제할 수 있는 능력을 강화해 줍니다. 이를 통해 부정적 감정에서 벗어나고, 사고 패턴을 수정하며, 문제 해결 능력과 대인 관계 능력을 개선할 수 있습니다. 메타인지를 통해 자신을 이해하고 조절하는 힘이 커지면 심리적 안정과 건강이 자연스럽게 강화됩니다. 따라서 메타인지는 심리치유에 있어 매우 중요한 기능이며, 이를 훈련하고 강화하면 전반적인 삶의 질이 향상될 수 있습니다.

메타인지를 치유 차원에서 가장 깊이 있는 수준에까지 이르게 하는 것이 바로 심리분석입니다. 심리분석은 무의식 차원까지 다룰 뿐 아니라, 치유와 성장을 지향하기 때문에 메타인지를 높이는 최고의 방법이라 할 수 있습니다. 심리분석을 통해 우리는 자신도 인식하지 못했던 감정의 뿌리와 반복되는 행동의 패턴을 자각하게 됩니다. 이러한 자각은 단순한 통찰을 넘어, 내면의 상처를 돌보고 새로운 삶의 방향을 설계하게 합니다. 결국 심리분석은 메타인지의 확장을 넘어, 자기 자신과 깊이 연결되는 존재적 회복의 길을 열어줍니다.

심리분석은 단순한 이해를 넘어서, 진정한 자기 수용과 변화를 가능케 하는 내면 여정의 로드맵이자 핵심 열쇠가 됩니다. 심리분석이 모든 치유의 첫걸음인 이유입니다. 만약 이러한 심리분석을 스스로 할 수 있다면 이는 명상 수준이 될 것이며, 치유 차원의 메타인지 또한 급격히 높아질 것입니다.

자신의 방어기제를 깊이 이해하는 것은 메타인지와 어떤 관련이 있는가?

자신의 방어기제를 깊이 이해하는 것은 메타인지와 매우 밀접하게 관련되어 있습니다. 방어기제는 사람이 심리적으로 위협을 받을 때 자신을 보호하기 위해 무의식적으로 사용하는 심리적 전략입니다. 이는 불안, 스트레스, 갈등, 트라우마 등에서 자신을 방어하기 위해 자동적으로 작동하는 마음의 보호 장치라고 할 수 있습니다. 방어기제는 보통 무의식적으로 작동하기 때문에, 자신이 어떤 방어기제를 사용하는지 스스로 인식하지 못하는 경우가 많습니다. 따라서 방어기제를 깊이 이해하려면 자신의 무의식적 반응을 인식하고 이를 의식적으로 성찰하는 과정이 필요합니다. 이러한 과정이 바로 메타인지의 핵심적인 작용입니다.

방어기제는 지그문트 프로이트(Sigmund Freud)가 처음 개념화한 개념으로, 사람이 자신의 자아(ego)를 보호하기 위해 사용하는 심리적 기제입니다. 프로이트는 사람이 외부에서 위협을 받거나 자신의 내적 욕망이 현실과 충돌할 때 불안을 경험하게 되며, 이를 해소하기 위해 방어기제가 작동한다고 설명했습니다. 예를 들어, 자존심이 손상되거나 비판을 받을 때 불안감이 발생하면 이를 완화하기 위해 방어기제가 자동적으로 작동합니다.

방어기제는 의식적으로 선택해서 사용하는 것이 아니라 무의식적으로 작동하기 때문에, 자신이 어떤 방어기제를 사용하고 있는지를 인식하기가 어렵습니다. 하지만 메타인지 능력이 높으면 자신의 방어기제가 작동하는 순간을 인식하고, 그 기제가 어떤 방식으로 작동하는지 분석하고, 그 결과가 자신에게 어떤 영향을 끼치는지 성찰할 수 있습니다. 즉, 방어기제를 깊이 이해하려면 자신의 무의식적 심리 반응을 인식하고 이를 조정할 수 있는 메타인지 능력이 필수적입니다.

불완전한 자아가 불완전한 현실을 만나면서 좌절을 겪는 것은 너무나 당연한 것이다. 욕구는 항상 만족되는 것은 아니고, 그에 따른 실망과 불만족은 피할 수 없기 때문이다. 좌절은 욕구를 가진 자아가 운명처럼 만날 수밖에 없는 하나의 경험이다. 잦은 실망과 불만족은 좌절감으로 이어지는데 자아의 성장은 좌절 극복의 역사라고 할 수 있다. 피할 수 없는 좌절은 고통을 주고 불안을 일으키지만, 한편으로 좌절은 자아를 더욱 성장시킨다. 좌절을 어떻게 받아들이는가에 따라 삶이 결정된다고 해도 틀린 말은 아니다.
-김정수, 『나는 누구인가? 나는 무엇인가?』에서

방어기제는 매우 다양한 형태로 나타납니다. 이에 대해 메타인지적으로 접근하면 어떤 변화가 일어날 수 있는지를 몇 가지 사례를 통해 간략히 살펴보겠습니다.

1. 억압(Repression)

억압은 받아들이기 어려운 감정이나 욕구, 기억을 무의식 속에 밀어넣는 방어기제입니다. 어린 시절의 트라우마나 충격적인 사건을 억압하면 이를 의식적으로 기억하지 못하지만, 억압된 감정은 무의식에서 계속 영향을 미칩니다. 메타인지가 높아지면 자신이 특정 감정을 억압하고 있다는 사실을 깨달을 수 있습니다. 예를 들어, 이유 없이 불안하거나 분노가 치밀어 오를 때 '내가 어릴 때 받은 상처가 아직 해결되지 않은 상태구나!'라고 깨닫게 됩니다. 억압된 감정을 인식하게 되면 그것을 건강한 방식으로 표출하고 치유할 수 있는 기회가 열립니다.

2. 부인(Denial)

부인은 자신에게 일어난 현실을 인정하지 않고 외면하는 방어기제입니다. 예를 들어, 자신의 실수나 부족함, 인간관계의 갈등을 직면하기 어려울 때, 이를 부정하고 무시하는 경우가 이에 해당합니다. 메타인지를 통해 자신의 현실 부정을 인식하게 되면, '나는 이 문제를 외면하고 있었구나. 왜 내가 이 문제를 직면하기 두려워하는 걸까?'라는 식으로 자각이 가능해집니다. 이 과정에서 현실을 인정하고 문제를 해결하려는 방향으로 나아갈 수 있습니다.

3. 합리화(Rationalization)

합리화는 자신의 행동이나 감정을 논리적으로 설명하면서 정당화하는 방어기제입니다. 자신의 실수나 잘못을 정당화하면서 불편한 감정을 회피하려는 방식입니다. 메타인지가 활성화되면 자신이 합리화하고 있다는 사실을 깨달을 수 있습니다. '내가 이렇게 행동한 건 사실 다른 이유 때문이 아니라, 내 실수를 인정하기가 두려웠기 때문이구나!'라고 성찰하게 되면, 자신의 행동에 대해 더 책임감 있게 대처할 수 있습니다.

4. 투사(Projection)

투사는 자신의 부정적인 감정이나 결점을 다른 사람에게 전가하는 방어기제입니다. 예를 들어, 자신이 누군가에게 적대감을 느끼면서도 이를 인정하지 않고 상대방이 자신에게 적대적이라고 생각하는 경우가 이에 해당합니다. 메타인지가 높으면 자신이 투사하고 있다는 사실을 자각하게 됩니다. '사실 내가 이 사람에게 화가 났기 때문에 저 사람이 나에게 적대감을 가진 것처럼 느낀 거구나!'라고 깨닫게 되면, 자신이 느끼는 감정을 보다 성숙한 방식으로 처리할 수 있습니다.

5. 퇴행(Regressions)

퇴행은 스트레스 상황에서 이전의 미성숙한 행동으로 되돌아가는 방어기제입니다. 예를 들어, 성인이 된 사람이 극심한 스트레스 상황에서 아이처럼 울거나 떼쓰는 행동이 이에 해당합니다. 메타인지가 활성화되면 자신이 퇴행하고 있다는 사실을 깨닫고 '내가 지금 감정적으로 퇴행하고 있구나. 왜 이렇게 반응하고 있는 걸까?'라고 성찰하면서, 보다 성숙한 방식으로 감정을 다룰 수 있습니다.

6. 반동 형성(Reaction Formation)

반동 형성은 자신의 무의식적인 욕구나 감정을 정반대의 방식으로 표현하는 방어기제입니다. 예를 들어, 누군가를 싫어하면서도 과도하게 친절하게 대하는 경우가 이에 해당합니다. 메타인지를 통해 자신의 감정이 반동 형성에서 비롯되었다는 사실을 깨달으면 '나는 사실 저 사람을 좋아하지 않는데, 왜 이렇게 친절하게 대하고 있는 걸까?'라고 성찰하게 됩니다. 이를 통해 자신의 진정한 감정을 인식하고 자연스럽게 표현할 수 있습니다.

이러한 방어기제는 무의식적으로 작동하기 때문에, 이를 자각하고 통제하기 위해서는 메타인지 능력이 필수적입니다. 메타인지는 자신의 내면에서 일어나는 방어기제를 인식하고, 그것이 자신의 감정과 행동에 어떤 영향을 미치는지 분석하고, 더 건강한 방식으로 조정하도록 돕습니다. 구체적으로 다음과 같은 과정이 이루어집니다.

- 자신의 방어기제를 인식하는 순간 메타인지가 작동함.
- 방어기제가 왜 작동했는지, 어떤 감정을 억제하려 했는지 성찰함.
- 방어기제를 통해 회피했던 감정을 직면하고 건강하게 해소함.
- 방어기제를 덜 사용하고 감정을 성숙하게 처리함으로써 심리적 안정감을 얻음.

그러므로 방어기제를 깊이 이해한다는 것은 자신의 무의식적인 심리 반응을 인식하고 이를 조정할 수 있는 능력을 갖추는 것을 의미합니다. 방어기제는 무의식에서 작동하지만, 메타인지 능력이 활성화되면 이를 의식적으로 성찰하고 건강한 방식으로 전환할 수 있습니다. 따라서 메타인지 능력이 강화되면 자신이 방어기제를 통해 회피하거나 억제했던 감정을 직면하고 건강하게 처리할 수 있으며, 이는 심리적 성장과 치유에 매우 중요한 역할을 합니다. 이는 결국 '방어기제→심리분석→메타인지 향상→치유와 성장'으로 귀결되는 것이라 하겠습니다.

깨닫기 전에는 진실을 보기가 어렵고,

깨달은 후에는 거짓을 보기가 어렵다.

-지두 크리슈나무르티

자신의 심리도식을 이해하는 것은 왜 메타인지에 좋은 영향을 끼치는가?

심리도식(psychological schema)이란 자신이 세상을 인식하고 해석하는 틀이나 구조를 의미합니다. 이는 과거의 경험, 환경, 관계, 문화적 배경 등에서 형성되며, 사람이 특정 상황에서 어떻게 생각하고 반응하는지를 결정합니다. 심리도식은 개인의 무의식에 깊이 자리 잡고 있어서 일상적인 사고, 감정, 행동에 지속적으로 영향을 줍니다. 심리도식을 이해한다는 것은 자신의 인지적, 정서적 패턴을 명확히 인식하고 그 구조와 작동 방식을 성찰하는 과정입니다. 이 과정은 메타인지와 밀접하게 연결되며, 궁극적으로 메타인지 능력을 강화시키는 데 중요한 역할을 합니다.

1) 심리도식의 개념과 형성 과정

심리도식은 사람이 외부 세계를 이해하고 해석하기 위한 일종의 '마음의 지도'라고 볼 수 있습니다. 심리도식은 '환경에 대한 인식 구조'로써, 인간이 새로운 정보를 받아들이고 기존의 경험과 연결시키는 틀과 같습니다. 사람이 세상을 인식하고 반응할 때, 새로운 정보는 기존의 도식에 맞추어 해석되거나 기존 도식이 수정되면서 통합됩니다. 심리도식은 다음과 같은 과정에서 형성됩니다.

① 유아기 및 어린 시절의 경험

부모와의 애착 관계, 양육 방식, 가족 분위기 등은 초기 도식 형성에 중요한 역할을 합니다. 예를 들어, 부모가 일관된 사랑과 보살핌을 제공하면 '세상은 안전하다'는 심리도식이 형성되지만, 불안정하고 거부적인 양육 환경에서 자라면 '세상은 위험하다', '사람은 믿을 수 없다'는 심리도식이 자리 잡을 수 있습니다.

② 사회적 경험

학교에서의 관계, 또래 집단에서의 경험, 교사와의 상호작용 등은 도식을 구체화하는 데 영향을 줍니다. 예를 들어, 친구들에게 자주 배척당하거나 따돌림을 당하면 '나는 가치가 없다.', '사람들은 나를 싫어한다.'는 도식이 형성될 수 있습니다.

③ 문화적 배경과 사회적 규범

자신이 속한 문화의 가치관이나 규범도 심리도식 형성에 영향을 끼칩니다. 경쟁이 심한 사회에서 자라면 '성공해야만 인정받는다'는 도식이 형성될 수 있고, 집단주의적인 문화에서 자라면 '개인보다 집단의 이익이 우선이다'는 도식이 자리 잡을 수 있습니다.

④ 반복된 경험과 강화

특정한 경험이 반복되면서 특정한 도식이 강화됩니다. 예를 들어, 연애 관계에서 반복적으로 배신을 당하면 '사랑은 결국 배신으로 끝난다'는 도식이 강화될 수 있습니다. 이러한 도식은 이후의 관계에서 지나친 의심이나 회피로 이어질 수 있습니다.

2) 심리도식을 이해하면 메타인지에 미치는 긍정적 영향

심리도식을 이해한다는 것은 자신의 사고와 감정의 근원을 인식하고, 그것이 현재의 행동과 반응에 어떻게 영향을 끼치는지를 성찰하는 과정입니다. 이 과정에서 메타인지가 활성화되면서 다음과 같은 긍정적인 변화가 나타날 수 있습니다.

① 자신의 자동적 사고 인식 능력 강화

사람은 특정한 상황에서 자동적인 사고 패턴이 작동합니다. 이러한 자동적 사고는 심리도식에서 비롯됩니다. 예를 들어, 누군가가 자신의 의견에 반대했을 때 "나는 무시당하고 있어!"라는 생각이 자동적으로 떠오른다면, 이는 '나는 무시당하기 쉽다'는 심리도식에서 기인한 것입니다. 메타인지가 강화되면 이러한 자동적 사고를 인식하고 "내가 왜 이렇게 생각하고 반응하고 있는 걸까?"라고 성찰하게 됩니다.

② 부정적 도식의 수정 및 교정

부정적 심리도식을 인식하면 이를 수정하거나 교정할 수 있는 기회가 열립니다. 예를 들어, '나는 사랑받을 자격이 없어!'라는 도식을 인식하면 "내가 그렇게 느끼는 이유가 어린 시절 부모와의 애착 문제에서 비롯되었구나. 하지만 지금 나는 사랑받을 가치가 있다."는 식으로 새로운 도식을 형성할 수 있습니다.

③ 감정 조절 능력 강화

정서적 도식을 인식하면 감정을 보다 효과적으로 조절할 수 있습니다. 예를 들어, 친구에게 거절당했을 때, '내가 거부당했기 때문에 이 감정이 드는 거야. 하지만 친구가 내 존재 자체를 거부한 것은 아니야!'라고 생각하면 감정을 보다 차분히 다룰 수 있습니다.

④ 행동 패턴의 변화

심리도식을 수정하면 행동이 바뀌게 됩니다. 예를 들어, '나는 사람들이 나를 좋아하지 않아!'라는 도식을 수정하면, 사람들과의 관계에서 더 자신감 있는 태도를 보이게 되고, 이는 긍정적인 상호작용으로 이어질 수 있습니다.

⑤ 상황에 대한 해석 방식의 변화

심리도식을 수정하면 상황을 해석하는 방식이 변화합니다. 예를 들어, 누군가 자신의 말을 잘 들어주지 않았을 때, '그 사람이 나를 무시하고 있어!'라는 해석에서 '그 사람이 피곤하거나 다른 생각을 하고 있었을 수 있어!'라는 식으로 해석이 변화할 수 있습니다.

　심리도식은 심리분석의 구체적인 실체이기도 합니다. 자신의 심리도식을 이해한다는 것은 자신의 사고, 감정, 행동의 근원을 인식하고 성찰하는 과정입니다. 이 과정에서 메타인지 능력이 활성화되고 강화됩니다. 메타인지는 자신의 심리적 반응을 객관적으로 인식하고, 비합리적인 도식이나 부정적 도식을 수정하며, 감정을 보다 성숙하게 조절할 수 있게 합니다. 따라서 심리도식을 깊이 이해하면 메타인지 능력이 강화되고, 이는 궁극적으로 심리적 안정, 대인 관계 개선, 자기 이해 및 수용으로 이어질 수 있습니다.

02 모든 방어기제가 보호기제인 이유

모든 방어기제는 그 본질적 속성상 보호기제이자 보상기제라 할 수 있습니다. 모든 방어기제가 본질적으로 보호기제이자 보상기제인 이유는 방어기제가 궁극적으로 내면의 상처나 고통을 보호하고, 그로 인한 감정적 불안을 완화하려는 본능적인 목적을 가지고 있기 때문입니다. 방어기제는 우리가 직면하기 어려운 감정이나 상황에서 벗어나도록 돕기 위해 무의식적으로 작용하는 심리적 기제입니다. 이러한 기제는 내면의 상처를 보호하려는 보호기제의 특성을 가지며, 동시에 그 상처로 인해 느끼는 불편한 감정을 완화하거나 대체하는 방식으로 보상기제의 역할을 하기도 합니다.

사람은 자아가 심리적 고통이나 불안을 감당하기 어려울 때, 무의식적으로 방어기제를 사용하여 그 고통을 직접 마주하지 않으려 합니다. 예를 들어, '억압'이라는 방어기제는 고통스러운 기억이나 감정을 무의식 깊숙이 밀어넣어, 감정적 상처로부터 자신을 보호하려는 기능을 합니다. 이 과정에서 개인은 감정적 충격을 회피하면서도, 그로 인해 생긴 불안이나 고통을 다른 방식으로 보상하려는 경향을 보입니다. 무엇보다 지금 당장의 고통을 줄이는 것 자체가 하나의 보상이라고 할 수 있습니다.

또 다른 예로, 합리화라는 방어기제를 살펴볼 수 있습니다. 합리화는 우리가 경험한 불편한 상황이나 감정을 이성적으로 설명하려는 시도로, 그 자체로 감정적 고통을 보호하고 완화하려는 목적을 지니고 있습니다. 이 또한 보호기제이자 보상기제로 기능하는데, 감정적으로 어려운 상황을 합리적인 이유로 설명함으로써, 내면의 아픔과 상처를 일시적으로 덮고, 보상적으로 안정을 추구하는 방식으로 작용합니다.

예컨대, 직장에서 중요한 프로젝트를 실패한 사람을 생각해 봅시다. 이 사람은 실패에 대한 부끄러움이나 자기 비판을 느끼고, 그 감정이 너무 고통스러워 이를 합리화하려 할 수 있습니다. 예를 들어, '이번 프로젝트는 외부 요인 때문에 실패했다. 내가 노력했음에도 불구하고 그건 내 잘못이 아니다.'라고 생각하며 실패를 합리적으로 설명하려고 하는 것이죠. 이렇게 합리화는 자신이 느끼는 부끄러움이나 자기 비판을 보호하는 방식으로 작용합니다. 실패를 개인적인 결함으로 받아들이기보다는 외부 요인에 돌려서 고통을 피하려는 것입니다.

이 과정에서 이 사람은 단기적으로 자기 비판을 완화하고 불안을 줄이기 위해 보상적인 방식으로 자기 자신을 위로하려 합니다. 그러나 이러한 합리화가 지나치게 반복되면, 결국 이 사람은 자신의 실패에 대한 책임을 외부로 돌리게 되며, 궁극적으로는 자기 성찰이 부족해지고, 성장이 어려워질 수 있습니다. 그럼에도 불구하고 합리화는 고통스러운 감정을 보호하고, 그 고통을 덜어내기 위한 보상기제로 작용합니다.

따라서 방어기제는 그 본질적인 속성상 내면의 상처를 보호하면서, 동시에 그 상처가 주는 감정적인 고통을 보상하기 위해 작용하는데, 이러한 두 기능은 서로 밀접하게 연결되어 있으며, 방어기제가 발생하는 이유를 이해하는 데 중요한 관점을 제공합니다. 방어기제란 결국 개인이 감정적 균형을 유지하기 위해 무의식적으로 사용하는 보호기제이며 보상기제인 것입니다.

  심리분석으로 나를 치유하는 시간

　모든 방어기제가 본질적으로 보호기제이자 보상기제인 이유는, 방어기제가 우리가 직면하기 어려운 감정적 고통을 다루기 위해 무의식적으로 작용하는 심리적 메커니즘이기 때문입니다. 방어기제는 우리가 고통스러운 현실을 피하거나 감추려는 시도로 작용하며, 동시에 그 고통을 다루기 위해 보상적인 방식으로 감정적 안정을 추구합니다. 이 두 가지 기능이 자연스럽게 결합되어 있기 때문에 방어기제는 항상 보호기제이자 보상기제일 수밖에 없습니다.

　이러한 방어기제뿐 아니라, 모든 심리증상 또한 예외 없이 보호기제이자 보상기제이기에, 이는 다양하고 복합적인 형태로 나타납니다. 몇 가지 예를 들어 살펴보겠습니다.

　예를 들어, 어린 시절 심한 정서적 상처나 학대 경험이 있는 사람이 있다고 가정해 봅시다. 이 사람은 그 경험이 너무 고통스럽고, 그 기억을 떠올리는 것만으로도 큰 불안을 느낄 수 있습니다. 이때 이 사람은 무의식적으로 그 경험을 억압할 수 있습니다. 즉, 상처를 억누르고 기억하지 않으려 하는 방식으로 고통을 숨기는 것입니다. 이처럼 억압은 고통을 보호하는 기제입니다.

　하지만 이 사람이 억압한 상처는 결코 사라지지 않고, 그 고통은 다른 방식으로 표출될 수 있습니다. 예를 들어, 이 사람은 끊임없이 일을 하거나 일 중독에 빠질 수 있습니다. 이를 통해 내면의 상처를 보상하려는 시도가 일어납니다. 과도한 업무에 몰두함으로써 감정적인 고통을 잊으려 하며, 이런 행동은 일시적으로는 불안이나 슬픔을 덮고, 보상적으로 감정적 평안을 찾으려 하는 방식으로 작용합니다. 여기서 억압은 보호기제로서 고통을 감추고, 일 중독은 보상기제로서 그 고통을 대체하는 방식이 됩니다. 이처럼 '일 중독'이라는 증상 또한 자신을 보호하려는 보호기제의 발로임을 알게 됩니다.

　'분노 조절 문제'를 통해서도 방어기제와 보상기제를 이해할 수 있습니다. 예를 들어, 어린 시절 인정받지 못하고 반복적으로 무시당하거나 억눌린 경험이 있는 사람이 있다고 가정해 봅시다. 이 사람은 자신의 감정을 안전하게 표현할 수 없었던 환경에서 자라났기 때문에, 감정 표현 자체에 대한 불안과 두려움을 내면화했을 수 있습니다. 이러한 상황에서 분노는 억압되기 쉬우며, 억압된 분노는 오랜 시간 무의식 속에 쌓이게 됩니다.

　그런데 이 억압된 감정은 완전히 사라지는 것이 아니라, 다른 방식으로 표출되기 시작합니다. 사소한 자극에도 폭발적인 분노 반응을 보이거나, 관계 속에서 반복적으로 갈등을 일으키는 방식으로 나타날 수 있습니다. 이는 억눌렸던 감정을 일종의 '보상적 해소'로써 밖으로 쏟아내는 것입니다. 즉, 분노 조절 문제는 억압된 자아의 고통을 표현하려는 무의식적 시도이며, 동시에 더 이상 상처받지 않기 위해 자신을 강하게 보이게 하는 보호기제의 일환이기도 합니다. 이처럼 겉으로 드러나는 분노는 단지 통제되지 않는 감정 문제가 아니라, 깊이 들여다보면 억눌린 감정의 보상적 방출이며, 무의식적으로 자신을 보호하려는 정서적 전략임을 알 수 있습니다.

　내담자들에게 가장 많이 나타나는 증상의 하나인 무기력증에는 어떤 보상이 있을까? 무기력증은 아무것도 하지 않음으로써, 모든 실패로부터 자신을 보호해 줍니다. 아무것도 하지 않으면 애초에 실패를 할 수도 없고, 그로 인한 좌절감과 절망감과 수치심과 열등감과 불안과 두려움을 느낄 필요가 없어집니다. 즉, 무기력증은 아무것도 하지 않음으로써 이러한 고통으로부터 자신을 비껴서 있게 하고, 이런 방식으로 자신에게 무의식적 보호와 보상을 하고 있는 것입니다. 무기력증은 반복된 실패로 크게 상처받은 자아가 선택한 심리적 방공호와 같은 것입니다.

이처럼 모든 방어기제와 증상은 본질적으로 보호기제이자 보상기제로 작용합니다. 방어기제는 내면의 고통을 숨기거나 피하려는 시도로, 감정적인 상처나 불안을 보호하려 합니다. 그러나 이러한 기제들이 과도하게 작용하면, 그 고통은 완전히 해결되지 않고 부적응적 방식으로 보상하려는 시도로 변형됩니다. 결국 방어기제는 감정적 고통을 완화하고 보호하는 동시에, 그 고통을 대체하거나 보상하려는 복합적인 역할을 하게 되는 것입니다.

때문에 이러한 방어기제나 증상이 실은 '나를 보호하려는 의도'에서 비롯되었다는 점을 깊이 숙지한다면, 이것이 적군이 아니라 나를 지키는 아군이며, 내가 무의식 차원에서 스스로 선택한 나의 심리적 보호막(방패) 같은 것임을 알게 됩니다. 때문에 모든 증상과 방어기제는 나로부터 온전한 인정과 존중과 이해와 격려를 받을 필요가 있습니다. 오로지 나를 위해 열심히 일하는 아군을 구박하고 미워하면 그 내면은 더욱 분열될 수밖에 없기 때문입니다.

'증상에 대한 부정'은 거울처럼 부정을 되돌아오게 합니다. 내가 나를 부정하면, 내가 만날 수 있는 것은 '자아의 부정(부정적 자아)'밖에 없습니다. 마찬가지로 내가 내 마음을 부정하면 내게 되돌아오는 것은 '부정의 마음'밖에 없습니다. 치유를 위해선 '내면'에 대한 자각과 이해와 공감과 수용으로 다가가야 합니다.

방어기제나 심리증상은 역기능을 가지고 있지만, 그 속엔 나를 고통과 상처로부터 지켜내려는 보호와 보상의 의도가 숨겨져 있습니다. 때문에 이러한 의도와 작동원리를 이해하고 수용해 주는 것은 자신의 내면을 무의식 차원까지 온전히 이해하고 수용하는 것과 직결됩니다. 나로부터 이해와 인정과 수용을 받은 심리기능(마음과 자아)은 반드시 편안해집니다. 이것은 치유의 법칙이기에 예외가 없습니다. 그럴 때 자아와 내면의 분열이 사라지고 심리적 통합이 이루어집니다.

그래서 증상이나 방어기제를 미워할 게 아니라, '그것이 발생한 긍정적인 의도와 이유를 깊이 이해해 주고 수용해 주는 것'은 치유의 첫걸음이자 지름길이 됩니다. 모든 증상과 방어기제는 실은 나를 지키기 위한 나름의 적응기제이자 생존전략입니다. 이를 깊이 이해하고 따뜻하게 받아들일 때, 비로소 마음은 더 이상 그럴 필요가 없다고 느끼며 안정을 되찾기 시작합니다. 아울러 자신을 보호할 더 건강하고 효과적인 보호기제와 보상기제를 찾을 수 있게 됩니다. 결국 치유란, 아프고 혼란스러웠던 그 모든 심리적 작용과 반응들이 사실은 나를 위한 것이었다는 깊은 이해에서 비롯됩니다. 자각과 이해라는 치유의 첫 단추를 잘 끼우면 나머지는 점점 더 쉬워질 것입니다.

03 심리도식이란 무엇인가?

심리도식치료(Schema Therapy)는 개인의 초기 경험과 신념이 어떻게 현재의 사고, 감정, 행동에 영향을 미치는지를 탐구하는 접근법으로, 주로 정서적 고통과 부적응적인 행동 패턴을 다루는 데 사용됩니다.

심리도식(Psychological Schema)은 우리가 세상과 자신, 타인을 이해하고 반응하는 방식에 영향을 미치는 심리적 구조입니다. 쉽게 말해, 경험을 바탕으로 형성된 '마음속의 틀'이라고 할 수 있습니다. 이러한 도식은 어릴 때부터 형성되며, 자주 경험하거나 반복된 사건들에 의해 강화됩니다. 심리도식은 우리가 정보를 해석하고, 사건이나 사람을 어떻게 평가할지 결정하는 중요한 역할을 합니다.

심리도식의 특징

· 자동적이고 무의식적: 심리도식은 무의식적으로 작동하기 때문에, 우리는 이를 의식적으로 인식하지 못하고 상황에 따라 자동으로 반응합니다.

· 지속적이고 고착적: 한번 형성된 심리도식은 쉽게 변하지 않습니다. 시간이 지나면서 반복되는 경험에 의해 더 확립되고, 기존의 도식은 새로운 정보와 통합되어 점점 더 고정화될 수 있습니다.

· 정보 처리의 필터 역할: 우리는 주어진 상황을 심리도식에 맞게 해석합니다. 예

를 들어, 불안정한 가족 환경에서 자란 사람은 타인의 의도를 항상 의심할 수 있으며, 긍정적인 경험을 가진 사람은 세상을 좀 더 낙관적으로 바라볼 수 있습니다.

심리도식의 형성

심리도식은 주로 유아기와 아동기 경험을 통해 형성됩니다. 부모나 중요한 타인과의 상호작용, 그리고 환경적 요소들이 개인의 기본적인 신념과 사고방식을 만들어 갑니다. 또한 개인이 경험한 사건들(예: 학대, 차별, 인정 등)도 도식의 형성에 중요한 역할을 합니다.

심리도식은 때때로 왜곡된 형태로 형성될 수 있습니다. 예를 들어, 어떤 사람은 어렸을 때 부모에게 지나치게 비판을 받아 '나는 부족하고 가치 없는 사람이다.'라는 도식을 가질 수 있습니다. 이러한 왜곡된 도식은 사람의 자존감을 낮추고, 대인 관계에서 문제를 일으킬 수 있습니다. 이러한 심리도식을 긍정적으로 변화시키는 것은 가능한데, 이를 위해서는 자신의 도식을 인식하고, 이를 도전하는 작업이 필요합니다. 예를 들어, '나는 항상 실패할 것이다.'라는 도식을 가진 사람은 실패를 경험과 피드백으로 보고, 작은 성공 경험을 통해 점차 긍정적인 도식을 형성할 수 있습니다.

심리도식은 사람의 사고와 행동에 깊게 영향을 미치기 때문에, 이를 인식하고 다루는 것은 심리 치료와 자기 개선에 있어서 아주 중요한 과제입니다. 심리도식 치료에서는 부적응적 심리도식을 18가지로 분류하고 있습니다.

〈심리도식 18가지〉

1. 버림받음: 버려질까 두려워하는 자아
2. 불신/학대: 피해당할까 의심하는 자아

3. 정서적 결핍: 사랑과 관심이 부족하다고 느끼는 자아

4. 결함/수치심: 스스로를 부족하고 부끄럽게 여기는 자아

5. 사회적 소외: 관계에서 배척당할까 불안해하는 자아

6. 의존/무능감: 스스로 할 수 없다고 느끼는 자아

7. 취약성: 쉽게 상처받고 보호받길 원하는 자아

8. 과융합/미발달된 자기: 타인과 자신을 혼동하는 자아

9. 실패: 성공하지 못할까 두려워하는 자아

10. 특권의식: 스스로 특별하다고 믿는 자아

11. 부족한 자기통제: 자기 통제력이 부족한 자아

12. 복종: 타인에게 순응해야 안심하는 자아

13. 자기희생: 자신의 욕구를 억누르고 타인을 우선하는 자아

14. 승인-인정 추구: 타인의 인정 없이는 불안한 자아

15. 비관주의: 상황과 미래를 부정적으로 바라보는 자아

16. 정서적 억제: 감정을 억누르고 표현하지 못하는 자아

17. 엄격한 기준: 스스로와 타인에게 과도한 요구를 하는 자아

18. 처벌: 실수나 잘못에 대해 스스로를 혹독히 단죄하는 자아

심리도식은 이렇게 18가지입니다. 이 18가지 유형은 심리도식치료에서 분류한 핵심적인 부적응적 심리기제입니다. 이 18가지 심리도식은 인간의 내면에 자리 잡아 삶의 패턴과 관계, 감정에 반복적으로 영향을 주는 핵심 심리기제들입니다. 심리도식 이론을 만든 제프리 E. 영이 『새로운 나를 여는 열쇠』에서 이러한 심리도식을 '심리적 덫'이라고 표현했듯 이는 개인의 신념을 지배하며 지속적으로 부정적인 영향을 끼칩니다. 대부분의 내담자들은 이런 심리도식을 최소 3~5개 정

도 가지고 있고, 증상이 심한 경우는 10개 이상을 가지고 있기도 합니다.

이 18가지 심리도식을 저는 우리 내면 속의 18가지 '특정 자아'로 표현했습니다. 이렇게 18가지 심리도식을 '내면 속의 자아'로 표현하는 방식에는 몇 가지 중요한 가치와 장점이 있습니다.

첫째, 심리적 패턴을 주체화하여 이해할 수 있습니다. 단순히 '버림받음', '불신' 같은 심리적 특성이나 행동 패턴으로만 두면 추상적이고 외부 관찰 중심이 되지만, 이를 '버려질까 두려워하는 자아'처럼 자아로 표현하면, 내면에서 실제로 경험하는 감정과 행동의 중심을 포착할 수 있습니다. 즉, 각 도식이 단순한 성향이 아니라 내면에서 살아 움직이는 '부분적 자아'로 인식되므로 자기 이해가 훨씬 구체적이고 직관적으로 바뀝니다.

둘째, '내면아이-내면부모 구조'와 연결하기 쉽습니다. 각 자아가 느끼는 불안, 두려움, 욕구 등을 중심으로 내면부모의 영향을 분석할 수 있어, 심리도식의 기원과 유지 메커니즘을 명확히 보여줍니다. 예를 들어 '버려질까 두려워하는 자아'는 내면부모의 불신·회피 메시지와 연결되어 버림받음의 두려움이 강화된다는 식으로 내면 관계(역동)를 설명할 수 있습니다. 이는 상담, 자기치유, 글쓰기에서 각 도식의 원인과 영향을 보다 체계적으로 다룰 수 있게 합니다.

셋째, 독자나 내담자가 자기 내면을 직관적으로 공감하도록 돕습니다. 추상적 개념용어 대신 '자아'라는 친근한 중심 주체로 표현하면, 독자는 "내 안에 이런 상처받은 자아가 있구나. 이런 자아들이 자신을 보호하려고 그랬던 거구나!" 하고 쉽게 자신의 내면 역동을 이해하고 공감할 수 있게 됩니다. 여러 자아들의 다양한 역할과 역동들을 보다 명료하게 자각하고 이해하는 것은 공감과 수용으로 가는 자가 치유의 좋은 출발점이 됩니다.

넷째, 치유와 변화 전략을 만들기 쉽습니다. 각 심리도식을 '자아'로 표현하면,

내면에서 어떤 부분이 어떤 감정을 느끼고 어떤 행동을 하는지 바로 알 수 있습니다. 예를 들어 '실수에 민감한 자아'라고 하면, 이 자아가 스스로를 채찍질하고 비난하는 모습을 구체적으로 떠올릴 수 있습니다. 그러면 상담이나 자기치유에서는 이 자아에게 "괜찮아, 실수해도 돼"라고 다정하게 말하는 방식으로 직접 접근할 수 있습니다. 특정 자아를 직접 치유/회복하고 통합함으로써, 행동 변화뿐 아니라 자기 이해와 내면 성장을 동시에 이룰 수 있습니다.

이와 같은 이유로, 이 방식은 '이해의 명확성, 구조화, 자기 공감 촉진, 치유적 실천 가능성'이라는 네 가지 장점을 제공합니다. 심리도식을 단순한 성향이나 행동패턴이 아니라 내 안에서 실시간 작동하는 '자아 시스템'으로 표현/인식함으로써, 내면 구조를 더 입체적으로 바라보고, 변화와 통합을 위한 실질적 전략도 더 효과적으로 마련할 수 있습니다.

심리도식이란 기억, 정서, 신체감각, 인지의 집합체이기 때문에, 심리도식이 치유된다는 것은 심리도식과 연결된 기억의 강도, 심리도식의 정서가, 신체감각의 강도, 부적응적 인지 모두가 경감됨을 의미한다. 부적응적인 대처방식을 적응적인 행동패턴으로 대체하는 행동 변화 역시 심리도식 치유에 포함된다.
　-제프리 E. 영, 『심리도식치료』에서

심리도식은 간단히 말해 무의식에 새겨진 자신에 대한 부정적인 신념입니다. 심리도식이 치유된다는 것은 자동으로 반복 재상되는 무의식의 부정적인 신념이 제거됨을 의미합니다. 『심리도식치료』에는 이런 구절이 있습니다. "심리도식은 자기 정체감의 중심이기 때문에, 내담자들은 심리도식을 포기할 수 없다." 이 말은, 설령 그것이 부적응적인 것이라 할지라도 무의식에 새겨진 신념은 고착화되어 잘 바뀌지 않는다는 뜻이며, 이 속엔 일종의 방어기제와 보상기제와 심리적 저항이 담겨 있음을 의미합니다.

이러한 점을 심리도식치료에서는 '세 가지 부적응적 대처방식'으로 분류해서 이야기하고 있습니다. "모든 유기체는 위협에 대해서 세 종류의 기본적인 반응을 보이는데 싸우기, 도망치기 및 얼어붙기가 그것이다. 이런 반응은 심리도식에 대한 세 종류의 대처방식인 과잉보상, 회피, 굴복과 상응한다. 넓은 의미로 보면, 싸우는 것은 과잉보상이며, 도망치는 것은 회피이고, 얼어붙는 것은 굴복이라고 할 수 있다."

이 설명에서 잘 들어나듯, 심리도식치료에선 위에서 언급한 18가지 유형을 '굴복/회피/과잉보상'이라는 세 가지 대처방식과 연관해서 설명합니다. 하지만 저는 이 책에서 이것을 '굴복보상/회피보상/과잉보상'이라고 부릅니다. 이 세 가지 모두에 심리적 보상이 숨어 있기 때문입니다.

과거의 부정적인 신념에 굴복하고 복종하는 것에 어떤 보상이 있을까요? 예를 들어, 성장기 때 상습적으로 매를 맞은 사람은 그것이 익숙하고, 오히려 '편안하고 행복한 상황'이 어색하게 느껴집니다. 이런 사람에게는 무의식 차원에서 '나는 매 맞는 사람'이라는 정체성이 만들어져 있습니다. 이것은 자신에 대한 신념(자아상)이기에, 자아는 자신의 신념과 위배되는 현실은 받아들일 수 없습니다. 이처럼 안타깝게도 사람은 '자신이 익숙한 정체성'에서 안정감을 느끼며 이를 유지하려는 속성이 있습니다. 이러한 속성은 통제감과 내적인 정합성을 유지시켜 줍니다.

예를 들어, 평생 불행했던 사람에게 '나는 행복하다'와 같은 긍정확언을 외우게 하면 어떨까요? 이 확언을 잘 받아들일 수 있을까요? 대부분 심한 거부감과 저항이 일어납니다. 왜냐하면 그것은 사실도 아니며, 자신의 정체성(자아상)과 정면으로 위배되는 것이기 때문입니다. 심한 거부감과 저항이 일어난다는 것은 무의식에 새겨진 '자신이 익숙한 정체성'과 심리적으로 충돌한다는 뜻입니다. 무의식의 신념은 이처럼 새로운 것을 거부하는 관성(항상성)을 가지고 있습니다. 대부분의 긍정확언이 증상이 심한 분들에겐 효과가 없는 이유 또한 이 때문입니다. 치유를 위해선 긍정확언 이전에 무의식에 새겨진 '마이너스 신념'의 무장해제가 선행되어야 합니다.

아울러 어린 시절에 만들어진 심리도식(심리기제)은 부모와 주변 환경에 적응하기 위해서 만들어진 적응기제이기도 합니다. 적응기제란 과거에 그것에 '적응'이라는 보상이 있었음을 의미합니다. 예를 들어, 부모가 지나치게 강요하는 이였다면, 아이는 그러한 부모의 요구에 맞춰주어야만 살아남을 수 있었을 것입니다. 그때 만들어진 심리도식은 아이를 살아남을 수 있게 한 '보호기제'였던 것입니다. 아이가 그러한 심리도식을 가진 것은 나름의 생존전략이었기 때문입니다. 그래서 굴복이라는 대처방식 또한 굴복보상이라고 이야기할 수 있는 것입니다.

회피 또한 마찬가지입니다. 비록 건강한 방식은 아닐지라도, 회피하면 고통스러운 상황을 당장엔 즉시 피할 수 있습니다. 그래서 회피를 하는 것입니다. 이것은 회피가 어떤 보상을 위해서 작동되는 것입니다. 그래서 회피 또한 회피보상이라고 이야기할 수 있는 것입니다.

이처럼 우리가 인지해야 할 것은 과잉보상만이 아니라, 굴복과 회피도 그 본질은 다 보상기제, 보호기제라는 점입니다. 과잉반응에도 무언가를 얻고자 하는 보상 욕구가 있듯이, 굴복에도 회피에도 다 숨겨진 보상 욕구가 깃들어 있습니다. 때문에 이것을 간파하는 것은 그 속성과 작동 메커니즘을 더욱 깊고 정확하게 이해하는 중요한 실마리가 됩니다. 제가 늘 이야기하는 "모든 증상은 다 보호기제다"라는 말은 이러한 진실에 기초한 말입니다.

기존 이론에서는 굴복, 회피, 과잉보상을 '부적응적 반응'으로 주로 보지만, 이 세 가지 모두가 실은 과거의 고통스러운 경험 속에서 '심리적 생존'을 위해 선택한 '적응적 보상 체계'였음을 인지해야 합니다. 그것은 단순한 '반응'이 아니라, 각각이 나름의 안정감과 통제감을 제공하는 '자아가 선택한 생존전략이자 보상적 시스템'이기 때문입니다. 그래서 이 세 가지를 이렇게 정리할 수 있습니다.

· 굴복보상: 고통스러운 현실에 순응함으로써 관계나 생존을 유지하는 보상

· 회피보상: 고통을 피해고 느끼지 않음으로써 심리적 안정을 얻는 보상

· 과잉보상: 힘과 지배로 무력감 대신 통제감을 얻는 보상

이렇게 보면, 각 대처방식은 단순히 병리적 결과가 아니라, 무의식적으로 통제감·정체성·일관성을 유지하려는 자아의 시도이며, 이 속에는 '안전하려는 욕구'라는 심리적 보상이 깔려 있습니다. 즉, 이러한 관점은 대처방식을 '부적응적 반응'이 아니라 '보상적 적응'으로 재정의함으로써, 내담자의 방어(증상)를 비판이 아니라 이해(존중)와 공감의 시각으로 다가갈 수 있게 하는 치료적 전환을 제공합니다.

예를 들어 각 보상 방식을 '핵심 신념 → 보상 작동 → 무의식적 정체성 → 치유 방향'의 맥락에서 살펴보겠습니다.

1) 굴복보상 (Submissive Compensation)

· 핵심 신념: "나는 약하고, 타인에게 맞춰야 사랑받을 수 있다." 이 신념은 주로 강압적이거나 비난적인 부모 밑에서 형성됩니다. 아이는 부모의 요구에 맞춰야 생존할 수 있었고, 복종이 사랑과 안전을 지켜주는 유일한 길이라 배웠습니다.

· 보상 작동: 굴복은 단순한 무력감이 아니라, "순응함으로써 관계를 잃지 않는다"는 심리적 보상을 제공합니다. 자신이 낮아지면 타인의 분노를 피하고, 안정감

을 얻는다는 믿음이 작동합니다.

· 무의식적 정체성: "나는 타인에게 종속된 존재"라는 정체성이 형성되어, 스스로를 타인의 기준으로 평가합니다. 자아는 타인과의 조화 속에서만 안정감을 느끼며, 자기주장은 '위협'으로 인식됩니다.

· 치유 방향: "복종이 사랑의 조건이 아님"을 체험적으로 재학습해야 합니다. 내면아이에게 '순응 대신 존재로 사랑받을 수 있다'는 메시지를 반복적으로 주입함으로써, 익숙했던 굴복의 보상구조를 해체하고 새로운 '자기존중 기반의 안전감'을 세워야 합니다.

2) 회피보상 (Avoidant Compensation)

· 핵심 신념: "느끼면 아프다. 관계하면 다친다." 이 신념은 정서적으로 무관심하거나, 예측 불가능한 환경에서 자란 이들에게 흔합니다. 감정을 표현하거나 기대하는 순간 좌절당했기에, '느끼지 않음'이 생존 전략이 되었습니다.

· 보상 작동: 회피는 "고통을 느끼지 않음으로써 안전해진다"는 정서적 보상을 제공합니다. 내면에서는 불안하지만, '무감각'이라는 보호막을 통해 통제감을 유지합니다. 감정을 차단함으로써 불안을 조절하는 심리적 진통제 역할을 합니다.

· 무의식적 정체성: "나는 외로운 자, 감정 없는 자"라는 정체성이 형성됩니다. 외로움조차 익숙해져 있으며, 친밀감은 곧 통제 불가능한 혼란으로 느껴집니다. 이로 인해 진정한 연결을 원하면서도 회피합니다.

· 치유 방향: 감정의 '위험'을 다시 신뢰할 수 있어야 합니다. 안전한 관계 안에서 감정을 느껴도 괜찮음을 반복 경험시키는 것이 핵심입니다. 즉, 감정표현을 통제 상실이 아니라 자기 회복의 통로로 재프레이밍해야 합니다.

3) 과잉보상 (Overcompensatory Compensation)

· 핵심 신념: "나는 부족하다. 그래서 더 강해야 한다." 이 신념은 수치심이나 무력감을 경험했던 어린 시절에서 비롯됩니다. 비난, 무시, 결핍을 경험한 아이는 '약한 나'로는 생존할 수 없다는 결론을 내립니다.

· 보상 작동: 과잉보상은 "힘과 통제, 우월함을 통해 무력감을 덮는다"는 자존적 보상 구조를 형성합니다. 경쟁, 완벽주의, 통제욕 등은 모두 무력감과 수치심을 느끼지 않기 위한 심리적 갑옷입니다.

· 무의식적 정체성: "나는 언제나 이겨야 한다" "약하면 사랑받을 수 없다"는 정체성이 자리합니다. 겉으로는 강하지만, 내면에는 '패배하면 존재가 사라진다'는 두려움이 깔려 있습니다. 이로 인해 자기비판이 심하고 타인을 통제하려는 경향이 생깁니다.

· 치유 방향: 진짜 강함은 통제에서 오지 않고 수용과 연민에서 온다는 것을 체험적으로 깨닫게 해야 합니다. 내면의 약한 자아를 억누르는 대신 품어줌으로써, '힘'이 아닌 '통합'을 통해 자아가 안정되도록 돕는 것이 핵심입니다.

이 세 가지 보상 모두는 결국 "위험과 고통 속에서의 안정감 확보"라는 동일한 심리적 목표를 가지고 있습니다. 굴복보상은 타인에게 맞춤으로써 안정감을, 회피보상은 관계나 감정을 차단함으로써 안정감을, 과잉보상은 힘으로 감정을 덮음으로써 안정감을 얻습니다. 즉, 그 본질은 모두 "안정감이라는 무의식적 보상"이며, 이는 생존을 위한 심리적 방어선이었습니다. 따라서 치유는 단순히 '잘못된 대처를 버리는 것'이 아니라, 그 보상이 왜 필요했는지 깊이 이해-수용하고, 더 건강한 보상(자기수용, 자기존중, 신뢰)을 새롭게 구축하는 과정이어야 합니다.

아울러 또 살펴야 할 점이 있으니 심리도식치료에선 이렇게 세 가지로 대처방식을 이야기하지만, 실제 행동 양상에서 방어기제/보호기제는 이보다 훨씬 더 다양하게 나타납니다. 심리도식과 방어기제/보호기제가 어떻게 상호작용하는지에 대해 간단히 살펴보겠습니다. 예를 들어, 다음과 같은 심리도식과 그에 대응하는 방어기제를 살펴볼 수 있습니다.

1) 결함/수치심 도식: "나는 사랑받을 자격이 없다."

이 도식은 사람이 자아 존중감이 낮고, 사랑받지 못한다고 느낄 때 형성될 수 있습니다. 이러한 도식을 가진 사람은 애착 결핍을 경험하거나, 사랑과 관심을 받지 못하는 환경에서 자라날 수 있습니다. 이런 경우 다음과 같은 방어기제가 나타날 수 있습니다.

· 회피: 감정적인 친밀감을 피하고, 사람들과의 관계에서 자신을 멀리하려 합니다. 이 사람은 사랑을 받고자 하는 욕구가 있지만, 그 욕구가 충족되지 않을 것을 두려워하여 관계를 시작하지 않거나 가까워지지 않으려고 합니다.

· 투사: 자신이 사랑받지 못한다고 느끼는 감정을 다른 사람에게 투사하여, 상대방이 자신을 거부할 것이라고 예상하고 회피하게 됩니다.

· 합리화: "사랑받지 않아도 괜찮아!"라고 스스로 합리화하며, 감정적으로 고통스러운 현실을 받아들이지 않으려 합니다.

2) 취약성 도식: "세상은 불공평하고 위험하다."

이 도식은 어린 시절에 불안정하거나 불안한 환경에서 자란 사람들이 가질 수 있습니다. 이는 세상을 불안하고 예측할 수 없는 곳으로 보는 신념입니다. 이런 경우 다음과 같은 방어기제가 나타날 수 있습니다.

· 전치: 세상에 대한 막연한 불안과 분노를 안전한 대상에게 옮겨 표출합니다. 예컨대 직장에서 받은 스트레스를 가족에게 과도하게 불평하거나, 작은 일에 과민하게 반응하는 방식으로 분출합니다.

· 과잉보상: 통제감과 안전을 얻기 위해 지나치게 준비하거나 규칙을 엄격히 지키려 합니다. 여행이나 인간관계에서 '안전 매뉴얼'을 만들고 그것을 철저히 따르려는 행동이 그 예입니다.

· 이분화: 사람이나 상황을 '안전한 것'과 '위험한 것'으로 극단적으로 나눠서 판단합니다. 이로 인해 인간관계에서 회복하기 어려운 단절이나 흑백논리가 생기기도 합니다.

3) 의존/무능감 도식: "나는 무능하다."

이 도식은 자신에 대한 부정적인 믿음으로, 자신이 무능하고 가치 없다고 여기는 신념입니다. 이 도식을 가진 사람은 자신이 성취하지 못할 것이라고 믿고, 자기 비하적 태도를 취할 수 있습니다. 이런 경우 다음과 같은 방어기제가 나타날 수 있습니다.

· 퇴행: 중요한 결정을 내려야 할 때, 성숙한 태도 대신 아동적 태도를 보입니다. 예를 들어, 직장에서 어려운 문제가 생기면 스스로 해결하지 않고, 마치 아이처럼 상사나 동료에게 전적으로 의존하려 합니다.

· 자기확대적 동일시: 자신이 무능하다는 불안을 피하려고, 능력 있어 보이는 타인과 자신을 동일시합니다. 예를 들어, 부모나 배우자의 성취를 자신의 성취인 것처럼 여기며, 그와 가까이 있다는 사실로 안도감을 얻습니다.

· 합리화: 자신의 무능함을 직접 인정하기 어렵기 때문에, 합리화를 통해 "내가 못 한 건 이유가 있어서 그렇다."라고 자신을 위로합니다. 이는 일시적으로 불안

을 줄여주지만, 장기적으로는 문제 회피와 도식 강화로 이어질 수 있습니다.

심리도식은 이처럼 다양한 방어기제와 연결되어 있습니다. 아울러 같은 방어기제라 할지라도 심리도식에 따라 그 구체적인 양상은 저마다 다소 다르게 발현됩니다. 예를 들어, 수치심 도식의 합리화와 무능감 도식의 합리화는 그 속성은 같으면서도 발현 양태는 다를 수밖에 없습니다. 그래서 심리도식과 방어기제를 함께 살펴보면 더 구체적인 양상을 확인할 수 있게 됩니다.

치유에 있어 중요한 점은 자신의 부적절한 방어기제를 인식하고 해소하는 것입니다. 방어기제가 활성화되면 내면의 고통을 잠시 피할 수 있지만, 장기적으로는 도식이 강화되거나 새로운 갈등을 일으킬 수 있습니다. 치료는 이러한 방어기제를 인식하고, 그것이 고통을 완화하기보다는 심리도식을 지속시키고 있다는 점을 이해하는 과정입니다. 치료의 목표는 심리도식을 변화시키고, 방어기제를 더 건강한 방식으로 변화시키는 것입니다. 예를 들어, 감정 표현 훈련을 통해 회피를 줄이고, 자기 수용적 태도를 키워 자아 존중감을 높이는 방식으로 도식을 변화시킬 수 있습니다.

방어기제는 심리도식을 보호하고 고통을 피하려는 전략으로 사용되며, 내면의 고통을 일시적으로 피할 수 있지만 결국에는 문제를 해결하지 않고 증상을 악화시킬 수 있습니다. 방어기제는 도식을 더 강화시키는 역할을 하므로, 치료에서는 이를 인식하고, 심리도식과 방어기제를 함께 변화시키는 것이 중요합니다. 치유의 핵심은 방어기제를 더 건강한 방식으로 변환하고, 부정적인 도식에 대처하는 능력을 키워주며, 궁극적으로 내면의 분열/부조화를 해소하고 심리적 안정을 이루는 데 있습니다.

저는 방어기제를 늘 '보호기제'라고 부릅니다. 상담 때 내담자께도 처음부터 '방어기제는 사실 보호기제다.'라고 강조해서 이야기합니다. 방어기제가 작동하는 것은 자신을 상처와 고통으로부터 보호하기 위한 것입니다. 이것이 애초의 원인이요 이유이며 목적입니다. 그래서 방어기제를 자신을 고통으로부터 보호하려는 '보호기제라'는 관점에서 바라보면, 그 작동 메커니즘을 더 깊이 인지할 수 있게 될 뿐 아니라, 자기이해와 자기수용이 훨씬 더 쉬워집니다. 이는 심리분석의 핵심 노하우일 뿐 아니라, 치유로 가는 지름길이라 할 수 있습니다.

방어기제는 감정적 고통이나 불안을 회피하거나 완화시키려는 무의식적인 전략입니다. 사람들이 도식을 자각하거나 고통스러운 감정을 직면할 때, 방어기제는 이를 억제하거나 왜곡하여 고통을 피하려고 합니다. 자신을 방어하는 것은 다르게 말하면 자신을 보호하려는 것과 같습니다. 그러한 방어 속에는 무의식적인 보상이나 이득이 있습니다. 그래서 '방어-보호-보상'은 서로 연결되어 있습니다. 방어기제가 또 한편 보호/보상기제인 이유는 그 속에 그 고통이나 결핍을 긍정적으로 보상하려는 시도가 내포되어 있기 때문입니다. 보호/보상기제는 내면의 부족함이나 결핍을 극복하려고 하거나, 상실감을 채우려는 노력을 포함할 수 있습니다. 이러한 심리작용을 이해하는 것은 심리적 문제의 본질을 보다 명확하게 드러내고, 효과적인 치료적 접근을 하는 데 중요한 역할을 합니다.

방어기제와 보상기제를 통해 심리도식을 이해하는 이점
① 내면 갈등과 심리적 증상의 원인 파악

심리도식은 사람의 내면에 깊게 자리 잡고 있는 부정적인 사고 패턴입니다. 예를 들어, "나는 사랑받지 못한다."는 도식은 어린 시절의 애착 문제에서 비롯될 수 있습니다. 이 도식은 성인이 되어도 여전히 영향을 미치며, 그로 인해 심리적 고통을 경험합니다.

이때, 방어기제와 보상기제는 그 도식을 회피하거나 극복하려는 무의식적 시도로 작용합니다. 예를 들어, 사랑받지 못할 것 같은 느낌을 가진 사람은 회피로 친밀한 관계를 피하거나, 과도한 친절로 사랑을 얻으려 할 수 있습니다. 이런 방식으로 방어기제와 보상기제를 분석함으로써, 심리적 증상이 어떻게 발생하는지를 명확하게 파악할 수 있습니다. 그에 따라, 치료적 접근에서 더 효과적인 방법을 선택할 수 있게 됩니다.

② 치료적 접근의 정교화

방어기제와 보상기제를 심리도식과 연결하여 이해하는 것은 치료적 접근을 보다 정교하게 만들 수 있습니다. 방어기제와 보상기제는 무의식적으로 작동하기 때문에, 이들의 작용을 인식하고 이해하는 것은 치료에서 매우 중요합니다. 예를 들어, 어떤 사람이 사랑받지 못한다고 느끼는 도식을 가지고 있다고 할 때, 그 사람의 방어기제는 감정을 억제하거나 부정하고, 보상기제는 과도하게 사람들에게 친절을 베풀거나 자신을 더 사랑하려고 하는 식으로 나타날 수 있습니다.

이 두 가지 기제를 각각 구별하고, 그들이 도식을 어떻게 강화하거나 변형하는지 이해하는 것은 치료자가 적절한 개입 방법을 찾는 데 매우 유용합니다. 예를 들어, 회피라는 방어기제에 대해 작업할 때는 감정을 직면하고 대면 훈련을 할 수 있으며, 보상기제를 다룰 때는 과도한 친절을 자기 존중감의 증진으로 대체하는 방법을 모색할 수 있습니다.

③ 자기 인식의 증진과 변화 촉진

내면의 갈등을 이해하고 방어기제와 보상기제를 구분하는 것은 자기 인식을 증진시킬 수 있습니다. 개인이 자신이 어떤 방식으로 내면의 고통을 처리하고 있는지 인식하게 되면, 그 고통을 다루는 방식에서 변화를 시작할 수 있습니다. 예를 들어, 자신이 사랑을 받지 못한다고 느끼는 도식으로 인해 과도하게 친절해진다면, 그 사람은 자신의 진짜 감정을 이해하고 표현할 수 있게 됩니다.

자기 인식의 증진은 심리적 변화를 촉진하는 첫걸음입니다. 사람들이 자신의 방어적 반응이나 보상적 반응을 인식하고, 그 행동이 어떤 도식에서 비롯되었는지 파악하게 되면, 그 패턴을 바꿀 수 있는 힘을 가지게 됩니다. 이렇게 하면 건강한 대처 전략으로 도식을 수정할 수 있는 가능성이 커집니다.

④ 심리적 증상에 대한 다각적인 접근

심리도식, 방어기제, 보상기제를 서로 연결하여 이해하는 것은 심리적 증상의 다각적인 분석을 가능하게 만듭니다. 각 사람이 경험하는 심리적 증상이 어떻게 도식과 연관되며, 그 도식이 방어기제와 보상기제를 통해 어떻게 나타나는지 파악함으로써, 복합적인 원인을 이해할 수 있습니다.

예를 들어, 우울증이 있는 사람은 "나는 무능하다."는 도식을 가질 수 있습니다. 이 도식은 자신을 비하하고, 자기 효능감을 낮추는 신념을 만들어냅니다. 이 사람은 방어기제로 부인하거나 회피할 수 있으며, 보상기제로 과도한 성취를 추구하려 할 수 있습니다. 이를 통해 우울증의 원인을 정확히 분석하고, 치료에서 다루어야 할 중요한 부분을 파악할 수 있습니다.

이와 같이 심리도식을 방어기제와 보호기제(보상기제) 차원에서 이해하는 것은 여러 면에서 심리적 문제를 해결하는 데 중요한 이점을 제공합니다. 이 접근법은 내면의 갈등을 정확히 파악하고, 이를 해결하기 위한 적절한 치료적 방법을 개발하는 데 중요한 통찰을 제공합니다. 또한, 자기 인식을 증진시키고, 심리적 변화를 촉진하는 데 필수적인 역할을 하며, 다각적인 분석을 통해 더 정확하고 효율적인 치료를 가능하게 합니다.

방어기제와 심리도식은 항상 연동합니다. 심리도식을 이해하기 위해서는 그 뿌리가 되는 부정적 신념이나 사고 패턴을 파악해야 하고, 방어기제를 이해하기 위해서는 그 도식이 발현될 때 나타나는 심리적 반응과 행동 양식, 감정 회피 또는 자기 보호의 전략을 관찰해야 합니다. 즉, 심리도식은 마음속 깊이 자리한 부정적 신념과 사고 패턴을 보여주고, 방어기제는 그 신념이 현실에서 드러날 때 자신을 지키기 위해 무의식적으로 작동하는 심리적 장치를 보여주는 것입니다. 두 가지를 함께 이해해야만, 왜 특정 상황에서 특정 반응이 반복되는지, 그리고 그 반응이 개인의 적응과 성장에 어떤 영향을 미치는지를 정확히 파악할 수 있습니다.

모든 치유의 첫 단추는 자각입니다. '자기 마음'에 대한 깊은 자각이 있을 때, 자기 자신에 대한 깊은 이해와 공감과 인정이 자연스럽게 수반될 수 있습니다. 자각을 통해 이해와 공감과 인정이 수반되면 자기수용과 자기사랑도 그만큼 더 쉬워집니다. 심리분석은 증상의 원인과 마음 작용의 맥락을 정확히 짚어내기 위해서, 즉 자각의 전등으로 내면을 환히 밝히기 위해서 하는 것이라 하겠습니다.

내면아이와 내면부모의 관계와 역동

내면아이(inner child)와 내면부모(inner parent)의 관계는 우리 마음속에서 끊임없이 일어나는 '감정과 자기조절 사이의 대화'라고 할 수 있습니다. 쉽게 말하자면, 내면아이는 우리가 어린 시절에 느꼈던 감정, 욕망, 상처, 기쁨 등을 간직하고 있는 내면의 감정적 존재이며, 내면부모는 그런 감정들을 다루고 판단하고 보호하려는 마음속의 '어른' 역할을 하는 부분입니다. 이 둘의 관계는 마치 한 집안에서 함께 사는 어린아이와 양육자의 관계와 매우 비슷합니다.

예를 들어, 어떤 사람이 실수를 했다고 가정해 보겠습니다. 그 순간 내면아이는 "나는 또 실수했어, 나 정말 바보 같아, 혼날 거야!"라며 불안하고 두려운 감정을 느낄 수 있습니다. 이때 내면부모는 두 가지 방식으로 반응할 수 있습니다. 첫 번째는 비난하는 방식입니다. "그러니까 왜 제대로 하지 않았니? 늘 이 모양이지. 넌 정말 한심해."라고 하며 내면아이를 혼냅니다. 이럴 경우 아이는 더욱 위축되고, 자기 자신을 더 미워하게 되고, 심한 경우 우울감이나 무가치함에 빠지게 됩니다. 두 번째 방식은 지지하는 방식입니다. "괜찮아, 누구나 실수할 수 있어. 너는 이미 잘하고 있어. 다음에는 더 잘할 수 있을 거야!"라고 말해준다면, 내면아이는 위로를 받고 안정감을 느끼며 다시 시도할 용기를 얻게 됩니다.

이처럼 내면아이와 내면부모는 하나의 인격 안에서 일종의 '심리극'을 벌이는 관계라고 볼 수 있습니다. 이 둘의 관계가 조화롭지 못하면, 마음속에서 자기비판과 수치심, 죄책감이 계속 쌓이게 되고, 외부 세계에서도 계속해서 비난받을 것이라는 두려움에 시달리게 됩니다. 반대로 이 둘의 관계가 따뜻하고 안정적이면, 스스로를 돌보는 힘이 생기고, 외부의 실패나 거절에도 무너지지 않는 회복탄력성이 생깁니다.

당신이 누군가에게 거절당했을 때, 내면아이는 "나한테는 아무도 관심 없어, 나는 사랑받지 못할 존재야!"라고 느낄 수 있습니다. 그때 내면부모가 "그 사람이 널 거절한 건 네 가치 때문이 아니야. 그건 그 사람의 선택일 뿐이야. 넌 여전히 소중한 사람이야!"라고 말해준다면, 내면아이는 상처를 느끼면서도 그 상처에 휘둘리지 않고 자기를 지킬 수 있게 됩니다. 그러나 반대로 내면부모가 "봐, 넌 사랑받을 자격이 없어. 네가 잘못했기 때문이야!"라고 말한다면, 그 상처는 마음속에서 계속 자라나며 자존감에 큰 상처를 남깁니다.

이런 관계의 역동은 실제로 우리가 살아온 가족 내 경험과도 깊이 관련이 있습니다. 성장 과정에서 실제 부모로부터 어떤 말을 듣고, 어떤 방식으로 대우받았는지가 내면부모의 말투와 태도를 형성합니다. 만약 부모가 자주 비난하거나, 무관심하거나 과도하게 통제했다면, 우리는 마음속에서도 스스로를 그렇게 대하게 됩니다. 반대로 사랑받고 존중받은 경험이 많은 사람은 내면에서도 스스로를 따뜻하게 대할 가능성이 훨씬 더 높습니다.

궁극적으로 심리치유는 이 내면부모를 다시 '재설정/재교육'하는 과정이라고 할 수 있습니다. 기존에 내면아이를 혼내고 억누르던 내면부모를 새로운 시선과 언어로 바꾸어 가는 것이지요. 지금 이 순간에도 우리 안의 아이는 외롭고 상처받았던 순간을 기억하며 그 시절로 돌아가 있을 수 있습니다. 그렇기에 우리 안의 또 다른 자아이자 이제는 성숙해진 의식(내면부모)이 그 아이의 손을 잡고 말해주어야 합니다. "이제는 내가 너의 편이 되어줄게. 네가 울어도 괜찮아. 내가 네 마음을 껴안아 줄게."

이처럼 내면아이와 내면부모의 관계는 단순한 심리 이론이 아니라, 우리의 일상 속 마음의 구조와 반응을 깊이 이해하게 해주는 열쇠이자, 자기 자신과 진정으로 화해하고 돌보는 데 꼭 필요한 감정적 대화이자 핵심 심리 패턴과 같다고 할 수 있습니다. 그래서 이것은 심리분석과 자기이해(메타인지)에 아주 중요하고도 또 효과적인 방법이 됩니다.

내면아이와 내면부모의 관계를 이해하는 것이 심리분석과 자기이해, 즉 메타인지에 있어 매우 중요하고 효과적인 이유는, 이 구조가 인간의 감정, 행동, 신념, 반응 패턴의 핵심 작동 원리를 매우 직관적이고 본질적으로 설명해 주기 때문입니다. 단순히 '지식을 많이 아는 것'이 아니라, 자신의 내면에서 어떤 일이 벌어지고 있는지를 자각하는 능력, 그것이 바로 메타인지이며, 내면아이-내면부모 프레임은 이 메타인지를 자극하고 훈련하는 데 탁월한 도구가 됩니다. 이 이유는 다음과 같습니다.

요컨대, 많은 사람들이 자기감정을 그대로 받아들이지 못하는 이유는 자신의 감정을 단순히 '느끼는 것'이 아니라, '판단하고 통제하려는 무의식적 패턴' 때문입니다. 예를 들어, 어떤 사람이 슬퍼지거나 두려울 때, 무조건 그 감정을 억누르거나 피하려 한다면, 그 내면에는 "이런 감정을 느끼면 안 돼."라고 말하는 내면부모의 목소리가 작동하고 있기 때문입니다. 하지만 그 목소리를 대부분의 사람들은 자신의 고정된 생각 혹은 자기 자신 그 자체로 착각합니다. 즉, 그 안에 '또 다른 자아'가 있다는 것을 인식하지 못한 채, 감정과 생각에 끌려다니는 것이지요.

여기서 메타인지가 작동하려면, 자신 안에서 일어나는 감정(내면아이)과 반응(내면부모)을 분리해서 관찰할 수 있는 시선이 필요합니다. "지금 내가 두려운 건 내면아이가 과거의 기억을 불러왔기 때문이구나.", "지금 내면부모가 또 혼내는 말을 하고 있네. 근데 저건 과거에 부모님이 했던 말을 내면화한 것이지, 내 진짜 목소리는 아니야." 이렇게 자신 안에서 서로 다른 인격 구조를 바라보게 되면, 우리는 감정에 휩쓸리지 않고 그것을 다룰 수 있는 '제3의 관찰자'로서의 자아, 즉 메타인지적 자아(자각하는 자아)를 경험하게 됩니다.

이런 자각이 깊어질수록, 우리는 자동반응에서 벗어나게 됩니다. 예를 들어, 어떤 상황에서 늘 화를 내던 사람이 내면아이의 분노를 알아차리고, 그 분노가 사실은 외로움에서 온 것임을 이해하고, 내면부모가 거기에 무뚝뚝하게 대응했던 패턴을 자각한다면, 그는 처음으로 새로운 선택을 할 수 있게 됩니다. "이번엔 나 자신을 따뜻하게 안아주자. 무조건 참거나, 폭발하지 않고, 진짜 욕구를 인정해 주자." 이러한 순간이 바로 심리적 자유의 시작이며, 자기이해의 진정한 효능이 발현되는 지점이라 할 수 있습니다.

또한 이 구조는 자존감 회복에도 결정적인 역할을 합니다. 많은 이들은 겉으로는 잘 지내고 있는 듯 보여도, 내면에서는 스스로를 끊임없이 깎아내리는 내면부모의 목소리에 시달립니다. "너는 왜 이렇게 부족하니?", "넌 아직 멀었어." 이 목소리를 자기 자신이라고 착각(동일시)할 때, 사람은 자기 자신을 사랑할 수 없고, 아무리 잘해도 늘 공허하거나 불안합니다. 그러나 이 목소리가 사실은 성장기 때 외부에서 주입된 가치기준이며, 이제는 이를 재설정/재교육할 수 있다는 인식을 갖게 되면, 우리는 스스로에게 처음으로 자비롭고 온전한 존재가 될 수 있습니다. 이것은 단지 심리의 변화뿐 아니라, 존재 전체의 인식 전환을 불러옵니다.

뿐만 아니라, 이 이해는 타인과의 관계에서도 큰 변화를 일으킵니다. 누군가가 감정적으로 과잉 반응을 할 때, "아, 저건 지금 그 사람 안의 내면아이가 상처받고 방어하는 거구나!"라는 시선이 생기면, 그 사람의 표면적인 공격이나 회피를 있는 그대로 인식하기보다 더 깊은 이해와 공감의 차원에서 대할 수 있습니다. 이것이 바로 자기이해를 통해 타인이해로 이어지는, 성숙한 관계 맺기의 출발점입니다.

요약하자면, 내면아이와 내면부모의 관계는 우리가 '자신 안에서 어떤 일이 벌어지는지'를 명확히 관찰하고 이해하게 만들어 줍니다. 이로 인해 감정에 끌려다니는 삶에서 벗어나, 감정의 역동을 이해하고 돌보고 선택할 수 있는 삶으로 나아가게 됩니다. 이것은 단순한 심리치유를 넘어, 의식의 성장을 촉진하는 영적 통로이기도 합니다. 메타인지는 곧 자각이며, 자각은 자유로 가는 입구입니다. 그리고 그 자유는, 내면아이의 아픔을 따뜻하게 껴안아 주고 내면부모의 목소리를 사랑의 언어로 다시 쓰는 일로부터 시작될 것이니, 이는 치유를 위한 내면의 연금술이될 것입니다.

초자아와 내면부모는 어떻게 다른가

초자아(Superego)와 내면부모(Inner Parent)는 유사한 측면이 있지만, 완전히 같은 개념은 아닙니다. 이 둘은 서로 겹치는 부분이 있으나, 그 기원과 강조점, 심리 내에서의 역할에 있어 차이가 있습니다. 그 차이를 구체적으로 살펴보면 다음과 같습니다.

1) 기원과 이론적 배경의 차이

초자아는 프로이트의 정신분석 이론에서 비롯된 개념으로, 자아(psychic structure) 내에서 도덕적 판단과 이상을 담당하는 구조입니다. 반면, 내면부모는 에릭 번(Berne)의 교류분석(Transactional Analysis), 내면아이 이론(Inner Child

Work) 등 다양한 현대 심리학 이론에서 사용되는 개념으로, 어린 시절 내면화된 부모의 목소리 또는 태도를 뜻합니다.

2) 초자아는 도덕적 감시자, 내면부모는 감정적 부모

초자아는 이상적 자아(ideal self)와 양심(conscience)으로 구성되며, 사회적 규범과 부모의 도덕 기준이 내면화된 심리 구조입니다. 초자아는 자아에게 명령하고 금지하며, 죄책감이나 수치심을 유발하여 도덕적 기준을 지키게 만듭니다. 반면, 내면부모는 부모의 양육 태도나 말투, 감정 패턴이 정서적 인상으로 내면화된 것으로, 비판적이고 억압적인 목소리일 수도 있고, 따뜻하고 수용적인 목소리일 수도 있습니다. 따라서 내면부모는 반드시 도덕적인 기준을 대표하지는 않고, 감정적이고 관계 중심적인 속성을 지니는 경우가 많습니다.

3) 정체성과의 관계

초자아는 자아와 이드 사이에서 갈등을 일으키는 구조이며, 성격의 도덕적 축을 형성합니다.[1]

한편, 내면부모는 자아 상태의 일부로 간주되기도 하며(특히 교류분석 이론에서), 자신이 지금 어떤 '부모 같은 태도'로 자신이나 타인을 대하고 있는지를 성찰하는 데 쓰입니다. 예를 들어, 자기비난적인 내면의 목소리를 '비판적 내면부모'라

---

1) 프로이트의 정신구조 이론에 따르면 인간의 마음은 크게 자아, 이드, 초자아로 나눌 수 있습니다. 이드(Id)는 가장 원초적인 부분으로, 쾌락 원리에 따라 본능적 욕구와 충동을 즉각적으로 충족하려 합니다. 아기처럼 이성보다는 욕망 그 자체에 가까운 성격을 지닙니다. 자아(Ego)는 현실 원리에 따라 작동하며, 외부 현실과 이드의 욕구, 초자아의 규범 사이에서 균형을 맞추려 합니다. 쉽게 말해 조정자이자 중재자의 역할을 합니다. 초자아(Superego)는 부모와 사회의 규범, 도덕, 이상적 가치가 내면화된 부분으로, 옳고 그름을 따지며 자아에게 도덕적 압력을 가합니다. 즉, 이드는 욕망을 추구하고, 초자아는 도덕을 지키려 하며, 자아는 그 둘을 현실적으로 조율하는 역할을 합니다.

고 부르고, 자신을 다정하게 안아주는 태도를 '양육적 내면부모'라고 하는 식입니다. 이는 내면아이와의 상호작용에서도 중요한 역할을 하며, 자기치유의 한 축으로 사용됩니다.

4) 치유 접근의 차이

초자아는 때로 강압적이거나 엄격할 경우, 자아에게 과도한 죄책감과 수치심을 일으켜 병리적인 성격 구조를 만듭니다. 이런 경우 심리치료에서는 초자아의 요구를 재조정하고 자아의 균형을 회복하는 방향으로 개입합니다. 내면부모는 비판적이거나 차가운 경우, 그 안에 내면화된 부모의 상처와 조건적 사랑의 패턴을 탐색하며, 이를 양육적이고 자비로운 내면부모로 전환하는 것이 핵심 과제가 됩니다.

이와 같이 초자아와 내면부모는 모두 어린 시절의 외부 영향—특히 부모의 역할로부터 내면화된 심리 구조이지만, 초자아는 도덕성과 이상을 담당하는 구조적 요소이며, 내면부모는 정서적 양육 태도나 부모의 말투, 가치관을 모방한 심리적 '상태'에 더 가깝습니다. 실제 상담이나 심리치유에서는 '내면부모' 개념이 보다 친화적이고 회복 지향적인 언어로 사용됩니다. 이렇게 세부적으로 보면 초자아와 내면부모는 다른 측면이 있지만 크게 보면 비슷한 개념입니다. 전문가가 아니라 일반 독자라면 초자아와 내면부모가 대략 '비슷한 역할을 하는 자아의 측면'이라는 것 정도만 숙지해도 무방할 것입니다.

조건적 자존감과 절대적 자존감

도식 속엔 라고 믿는 자아가 있으며, 그 핵심 대처방식은 다음과 같습니다.

대부분의 사람들이 찾고 있는 자존감은 '조건부 자존감'이라고 표현할 수 있습니다. 이는 자신의 가치가 특정 조건이나 성취, 타인의 인정에 따라 결정된다고 느끼는 상태를 의미합니다. 예를 들어, '내가 성공해야만 가치 있는 사람이다.' 또는 '다른 사람이 나를 좋아해야만 나는 괜찮은 사람이다.'와 같은 생각이 이에 해당합니다. 즉, 자신이 어떤 성과를 내거나 타인에게 인정받아야만 스스로를 가치 있는 존재로 여기는 상태를 말합니다.

이처럼 조건부 자존감(Conditional Self-Worth)은 개인이 자신의 가치를 특정한 조건이나 성취, 타인의 인정에 따라 결정짓는 심리적 상태를 의미합니다. 즉, 자신의 존재 자체로 가치가 있다는 절대적 자존감(Unconditional Self-Worth)과는 반대되는 개념입니다. 조건부 자존감이 강한 사람은 자신의 성과나 타인의 평가에 따라 자존감이 오르내리며, 이러한 상태는 심리적 불안정성과 정서적 취약함을 초래할 수 있습니다.

1) 조건부 자존감의 형성 원인

조건부 자존감은 주로 어린 시절의 경험, 부모나 양육자의 양육 방식, 사회적 기대, 그리고 문화적 요인에서 비롯될 수 있습니다.

· 양육 환경: 어린 시절 부모나 양육자가 아이의 존재 자체가 아닌, 성과나 행동에 따라 사랑이나 인정을 주었다면, 아이는 자신의 존재가 아닌, 성과나 조건을 통해 인정받아야 사랑받을 수 있다고 학습하게 됩니다. 예를 들어, 부모가 '시험에서 좋은 성적을 받아야만 칭찬을 받을 수 있다.'거나 '착한 행동을 할 때만 사랑받는다.'는 식의 메시지를 지속적으로 주면, 아이는 성취와 인정이 자신의 가치(자존감)를 결정짓는 핵심 요소라고 인식하게 됩니다.

· 사회적 기대와 경쟁: 현대 사회는 성과 지향적이며 경쟁이 심한 구조를 가지고 있습니다. 학업 성적, 직업적 성취, 외모, 사회적 지위 등에서 성공해야만 가치 있는 존재로 여겨지는 문화가 강합니다. 이러한 사회적 압력은 개인이 자신의 내면의 가치를 느끼기보다 외부의 성과와 인정에 의존하게 만듭니다.

· 비교 문화와 소셜 미디어의 영향: 소셜 미디어와 같은 현대적 도구들은 타인과의 끊임없는 비교를 부추깁니다. 다른 사람의 성공, 행복한 모습, 성취 등을 보며 자신을 평가하게 되면서, '나도 저 사람처럼 되어야 가치가 있다.'는 생각이 강화될 수 있습니다. 자신이 성취하지 못하거나 부족하다고 느낄 때, 자존감이 급격히 떨어지게 됩니다.

2) 조건부 자존감의 주요 특징

조건부 자존감을 가진 사람들은 다음과 같은 특징을 보일 가능성이 높습니다.

· 성과 지향적인 자아상: 자신의 가치가 성취나 성과에 따라 결정된다고 믿기 때문에 끊임없이 더 나은 결과를 내기 위해 노력합니다. 그러나 성과가 기대에 미치

지 못할 경우, 자신의 가치를 의심하고 자기비난으로 이어질 수 있습니다.

· 타인의 인정에 대한 의존성: 타인이 자신을 어떻게 평가하는가에 따라 자존감이 심하게 흔들립니다. 칭찬을 받으면 자신감이 올라가지만, 비판이나 무시를 당하면 자존감이 급격히 떨어집니다. 이런 상태에서는 타인의 반응에 과도하게 예민해지고, 사람들의 기분이나 태도에 맞추기 위해 지나치게 노력하게 됩니다.

· 실패에 대한 극도의 두려움: 조건부 자존감이 강한 사람은 실패를 자신의 존재 가치의 상실로 받아들입니다. '실패하면 나는 가치 없는 사람이 된다.'는 식의 인식 때문에 새로운 도전을 두려워하고, 실패했을 때는 자신에 대한 실망감과 자기비난에 빠질 가능성이 큽니다.

· 완벽주의 경향: 완벽해야만 가치가 있다고 믿기 때문에 작은 실수도 허용하지 않으려 합니다. 완벽하게 하지 못할 경우 자신의 가치를 부정하게 되고, 이는 불안과 긴장을 강화시키며, 삶에서 지속적인 스트레스를 초래합니다.

· 자기 돌봄의 부족: 자신의 가치가 성과와 타인의 인정에 달려 있다고 믿기 때문에, 자신을 돌보는 것보다 성과를 우선시하게 됩니다. 그러다 보니 정서적 소진이나 번아웃에 빠질 위험이 높습니다.

3) 조건부 자존감의 심리적 영향

조건부 자존감이 강할 경우 개인의 정신 건강과 삶의 질에 다음과 같은 부정적인 영향을 미칠 수 있습니다.

· 우울감과 불안감: 타인의 반응이나 성과가 기대에 미치지 못할 때 심한 우울감이나 불안감을 느끼게 됩니다. 자신의 존재 자체가 가치 없다고 느끼기 때문에, 정서적 불안정 상태에 빠질 수 있습니다.

· 자기비난과 수치심: 성공하지 못하거나 인정받지 못했을 때 자신을 심하게 비

난하며, "나는 부족한 사람이다."라는 부정적인 자기 인식을 강화합니다. 이것이 반복되면 자기 가치감이 점점 낮아지고, 결국 무기력한 상태에 빠질 수 있습니다.

· 대인관계의 문제: 타인의 인정을 받기 위해 과도하게 노력하면서 자신을 희생하게 되면 관계에서 피로감을 느끼게 됩니다. 또한, 자신의 가치를 타인의 반응에 맡기기 때문에, 상대가 조금만 소원해져도 상처를 받고 위축될 수 있습니다.

· 자기 탐색의 어려움: 자신의 가치가 외부의 성과나 인정에 좌우되기 때문에, 자신의 진정한 욕구와 감정을 탐색하고 인식하는 데 어려움을 겪습니다. 결과적으로 자신이 무엇을 원하는지, 무엇이 자신에게 중요한지를 모르게 되어 삶의 방향성을 잃을 수 있습니다.

4) 조건부 자존감에서 벗어나는 방법

조건부 자존감을 극복하기 위해서는 자신의 내면에서 무조건적인 자존감을 찾고 강화하는 과정이 필요합니다.

· 자기 존재 자체의 가치 인정하기: 자신의 성과나 타인의 인정 없이도 존재 자체로 가치 있는 존재임을 인식해야 합니다. 이는 명상, 자기 긍정 훈련, 그리고 자기 돌봄을 통해 강화될 수 있습니다.

· 내면의 비판적 목소리 다루기: '네가 실패하면 넌 가치 없어!'라는 식의 내면의 비판적 목소리를 인식하고, 이를 보다 긍정적인 목소리로 대체하는 작업이 필요합니다. 실패는 가치의 상실이 아니라, 배움의 기회라는 관점을 받아들이는 것이 중요합니다.

· 타인에게 과도하게 의존하지 않기: 타인의 인정이나 반응에 자신의 감정을 맡기기보다, 자신의 내면에서 만족감을 찾는 연습이 필요합니다. 타인의 반응이 '자신의 가치'와 무관하다는 점을 인식해야 합니다.

· 완벽주의 내려놓기: 완벽하지 않아도 괜찮다는 것을 받아들이고, 완벽함보다 진정성을 우선시하는 연습이 필요합니다.

· 자기 돌봄 강화하기: 자기 자신을 돌보는 시간을 의식적으로 마련하고, 스스로에게 충분한 휴식과 사랑을 주는 과정이 필요합니다. 자신에게 친절하고 관대해지는 것이 무조건적인 자존감을 키우는 데 도움이 됩니다.

조건부 자존감은 타인의 반응이나 성과에 의해 쉽게 흔들리기 때문에, 진정한 자존감을 찾기 위해서는 자신의 존재 자체가 소중하다는 점을 깨닫는 과정이 필수적입니다. 자신의 성취나 타인의 인정이 없어도 충분히 가치 있는 존재임을 스스로 인정할 때, 더 깊은 내적 평화와 정서적 안정감을 얻게 될 것입니다.

절대적 자존감은 조건 없는 수용과 사랑 속에 있다

절대적 자존감은 개인의 성취나 외부의 인정, 타인의 평가와 상관없이 자신의 존재 자체가 가치롭다는 깊은 확신을 의미합니다. 이는 성과나 조건 없이 존재 자체로 충분히 소중하고 존중받을 가치가 있다는 내면의 안정된 인식에서 비롯됩니다. 절대적 자존감은 개인의 내면 깊숙한 곳에서 우러나오는 자기 수용과 자기 신뢰의 감정으로, 외부 환경이나 상황의 변화에 쉽게 흔들리지 않는 특징이 있습니다. 자신의 '존재 가치'엔 특별한 이유가 필요 없다는 점을 깨닫고, 타인의 인정이나 성취와 무관하게 자신의 가치가 본질적으로 존재한다는 점을 받아들이는 것이 핵심입니다.

절대적 자존감의 기반은 어린 시절의 건강한 애착 관계에서 형성되는 경우가 많습니다. 유아기 시절 부모나 양육자로부터 무조건적인 사랑과 수용을 경험한 아이는 자신이 어떤 상태에 있든 사랑받을 가치가 있다는 인식을 내면화하게 됩니다. 부모가 아이의 행동이나 성과에 상관없이 "네가 존재한다는 사실만으로도 사랑받을 가치가 있다."고 일관되게 전달할 때, 아이는 자신의 존재가 특별한 조건이나 성취가 아니라, 존재 자체로 가치롭다는 믿음을 형성하게 됩니다. 아이가 실수하거나 실패했을 때에도 부모가 비난하거나 실망하는 대신, "괜찮아, 너는 여전히 소중해!"라는 메시지를 줄 때, 아이는 자신의 가치를 외부 성취에 의존하지 않고 내면에서 찾을 수 있게 됩니다.

그러나 절대적 자존감은 단순히 유아기 경험에서만 형성되는 것은 아닙니다. 성인이 되어서도 자신을 있는 그대로 받아들이고 인정하는 과정을 통해 절대적 자존감을 키울 수 있습니다. 절대적 자존감이 강한 사람은 자신의 장점뿐 아니라, 단점까지도 자연스럽게 받아들입니다. 완벽하지 않아도 괜찮다는 사실을 인식하며, 자신의 약점이나 실패마저도 인간으로서의 자연스러운 일부로 받아들입니다. '내가 부족해도 나는 여전히 가치 있는 존재'라는 인식이 자리 잡으면 외부에서 일어나는 일이나 타인의 반응에 쉽게 흔들리지 않게 됩니다.

절대적 자존감을 지닌 사람은 실패나 좌절을 겪어도 자신의 가치를 부정하지 않습니다. 실패는 자신의 능력이나 가치의 부족이 아니라, 성장 과정에서 자연스럽게 일어나는 일이라고 받아들이기 때문입니다. 혹 실수하거나 뜻했던 바를 성취하지 못하더라도 자신을 탓하거나 비난하기보다, '나는 괜찮아. 다음에 더 잘할 수 있어!'라는 긍정적인 내면의 목소리를 통해 스스로를 위로하고 다시 도전할 수 있는 힘을 갖습니다. 이러한 내면의 안정감은 타인의 인정이나 결과에 의존하지 않기 때문에, 더 깊고 지속적인 자신감으로 이어집니다.

절대적 자존감은 자신을 있는 그대로 받아들이는 과정에서 강화됩니다. 자신의 장점뿐 아니라, 약점과 결점까지도 자연스럽게 인정하고 받아들일 때, 절대적 자존감이 깊어집니다. 자신의 부족함을 인정하고 수용한다는 것은 곧 자신에게 너

그러워지고 친절해지는 것을 의미합니다. 자신이 실수하거나 잘못했을 때, 이를 부끄러워하거나 자책하기보다, '그럴 수 있어. 나는 완벽하지 않아도 괜찮아!'라고 스스로를 다독일 수 있는 마음의 여유를 가지게 됩니다.

또한 절대적 자존감은 타인의 평가에서 자유로워지는 과정에서 강화됩니다. 조건부 자존감을 가진 사람들은 타인의 반응에 따라 자신의 가치가 좌우되지만, 절대적 자존감을 가진 사람은 타인의 반응이 자신의 가치와 무관하다는 점을 명확히 인식합니다. 누군가가 자신을 비판하거나 인정하지 않더라도 자신의 가치가 훼손되지 않는다는 사실을 받아들이기 때문에, 타인의 의견에 과도하게 반응하거나 상처받지 않습니다. 절대적 자존감이 강하면 "그 사람의 의견은 그의 생각일 뿐, 내 가치와는 상관없어!"라고 받아들이는 내면의 힘이 생깁니다.

절대적 자존감을 지닌 사람은 자신에게 친절하고 자비로운 태도를 보입니다. 자신을 소중하게 여기기 때문에, 자신의 감정과 욕구를 존중하고, 자신의 몸과 마음을 돌보는 데 집중합니다. 자신의 한계를 인정하고 충분한 휴식과 회복의 시간을 스스로에게 허락합니다. "나는 충분히 가치 있는 사람이기 때문에 나를 돌볼 자격이 있다."는 인식을 내면화하면 자신의 건강과 행복을 위해 적극적으로 행동하게 됩니다. 타인을 위해 헌신하더라도 자신의 행복과 건강을 희생하지 않고 균형을 유지할 수 있습니다.

절대적 자존감은 또한 인간관계에서 건강한 경계를 설정하게 합니다. 조건부 자존감을 가진 사람은 타인의 사랑과 인정을 받기 위해 자신의 욕구와 감정을 희생하고 상대에게 맞추려는 경향이 있습니다. 그러나 절대적 자존감을 가진 사람은 자신의 감정과 욕구를 명확하게 인식하고, 상대가 자신의 경계를 넘어서려 할 때, 이를 분명하게 표현할 수 있습니다. 자신의 감정과 욕구를 존중하기 때문에, 타인의 기대나 요구를 무조건 받아들이지 않고, 자기 내면의 소리를 우선시할 수 있습니다. 이는 상대방과의 관계에서 상호 존중을 이끌어내며, 더 건강하고 균형 잡힌 관계를 형성하게 합니다.

· 한 사람의 정신건강은 아주 어렸을 때 부모가 자기를 인정하고 받아주는 경험에서 시작된다. '완벽하진 않지만 그래도 넌 여전히 사랑받을 만한 존재란다.'라는 것을 배우는 것에서 시작된다.
-비벌리 엔젤

· 자신이 가치 있는 존재라는 느낌, 곧 '나는 귀한 사람이야!'라는 것은 정신건강의 본질이며 자기 훈련의 바탕이 된다. 왜냐하면 사람은 자신이 귀하다고 생각할 때 필요한 모든 것을 동원해 스스로를 돌보기 때문이다. 자기 훈련은 자기를 돌보는 것이다.
-M. 스콧 펙

절대적 자존감을 강화하기 위해서는 자신에게 긍정적인 메시지를 지속적으로 보내는 연습이 필요합니다. 자신의 성과나 결과와 무관하게 "나는 충분히 가치 있는 사람이다.", "나는 있는 그대로 괜찮다.", "나는 존재 자체로 소중하다."는 메시지를 반복해서 내면화하면 절대적 자존감이 점차 강화됩니다. 명상이나 자기 돌봄의 시간을 통해 자신의 내면의 목소리를 듣고, 자신의 감정을 수용하는 과정이 필요합니다. 자신이 느끼는 불안이나 두려움조차 자연스럽게 인정하고, 그것을 억제하거나 부정하기보다 따뜻한 시선으로 바라볼 때, 내면의 평화가 자리 잡게 됩니다.

절대적 자존감이 강해지면 삶에서 일어나는 크고 작은 실패나 좌절에 쉽게 무너지지 않습니다. 자신이 성취하지 못하거나 다른 사람의 기대에 미치지 못하더라도 자신의 존재 가치는 변하지 않는다는 확신이 있기 때문에, 실패를 성장의 기회로 받아들이게 됩니다. 완벽함이 아니라 진정성을 우선시하며, 자신에게 너그러운 태도를 유지하게 됩니다. 외부의 인정이나 성과에 따라 자존감이 흔들리지 않고, 자신이 존재한다는 사실 자체로 충분히 가치 있다는 깊은 확신을 통해 더 안정되고 행복한 삶을 살아가게 됩니다.

조건에 나의 가치를 두면 나의 가치는 '그 조건'에 따라 반드시 흔들릴 수밖에 없습니다. 이는 처음부터 '나의 중심'을 잃게 만드는 잘못된 사고방식이요, 신념이라 할 수 있습니다. 나의 가치는 언제나 존재 그 자체에 있으며, 그렇기에 모든 조건과 무관하게 언제나 절대적이고 또 완전합니다. 내면에 이런 자존감이 없으면 언제든 심리적 중심은 조건에 따라 흔들릴 수밖에 없습니다. 이것이 우리가 반드시 조건 없는 절대적 자존감을 얻어야 하는 이유입니다.

그 누구든 심리적 중심은 오직 여기에서만 찾을 수 있습니다. 이것이 절대적 자존감입니다. 절대적 자존감은 자신에 대한 조건 없는 수용과 사랑 속에 있습니다. 조건 없는 수용과 사랑이 치유의 지름길이자, 치유의 전부인 것은 바로 이 때문입니다. 절대적 자존감은 모든 비교분별이 사라진 상태, 조건 없는 수용과 사랑 속에서만 존재합니다. 자존심은 나와 타인을 비교하지만, 자존감은 나와 타인을 비교하지 않습니다. 나의 가치는 언제나 절대적인 것이기 때문입니다. 즉, 자존감과 심리적 중심은 오직 '비교에서 벗어난 조건 없는 자기수용과 자기사랑' 속에서 찾아지는 것입니다.

하지만 이것은 단지 이론적으로 알고 있다고 해서 가능한 것은 아닙니다. 에고는 철저히 조건적이기 때문이고, 우리의 세상도 철저히 조건적이기 때문입니다. 절대적 자존감을 얻는 것은 결코 쉬운 일이 아닙니다. 절대적 자존감은 에고를 넘어선 수준이기에 치유뿐 아니라, 영적 성장과 관련된 것이고, 참나의 깨어남과도 깊은 관련이 있는 것입니다. 이는 끊임없는 자각과 훈련을 통해 내 안에서 깊이 체득해야만 알 수 있는 것입니다. 명상과 자가치유를 통해서 꾸준히 자신에 대한 조건 없는 수용과 사랑의 힘을 키워가야 할 것입니다.

06 자기효능감을 키워야 하는 이유

자기효능감이란 '나는 할 수 있다'는 믿음을 말합니다. 즉, 어떤 일을 해낼 수 있다는 자신의 능력에 대한 신념입니다. 이 개념은 심리학자 앨버트 반두라(Albert Bandura)에 의해 제안되었으며, 우리가 행동을 시도하고 지속할지, 어려움을 어떻게 극복할지에 큰 영향을 줍니다.

예를 들어, 시험을 앞둔 두 명의 학생이 있다고 가정해 보겠습니다. 한 학생은 "나는 공부하면 반드시 점수가 오를 거야. 어려워도 해낼 수 있어."라고 생각합니다. 이 학생은 자기효능감이 높은 사람입니다. 반면에 다른 학생은 "아무리 해도 난 안 될 거야. 난 원래 못해."라고 말합니다. 이 학생은 자기효능감이 낮은 상태입니다. 같은 시험을 앞두고 있어도 자기효능감의 차이에 따라 노력하는 방식과 성과가 달라질 수 있습니다.

또 다른 예로는 자전거 타기를 처음 배울 때를 떠올려볼 수 있습니다. 처음엔 넘어질까 봐 무섭고 자신이 없을 수 있지만, '나는 할 수 있어, 몇 번만 더 연습하면 탈 수 있을 거야.'라고 생각하면 반복해서 시도할 수 있게 되고 결국 자전거를 탈 수 있게 됩니다. 이때 느끼는 자신감과 시도하려는 태도, 그 모든 것이 자기효능감에서 비롯됩니다.

자기효능감은 단순한 낙관주의와는 다릅니다. 막연히 '잘될 거야!'라고 믿는 것이 아니라, 실제로 내가 어떤 노력을 통해 과제를 해결할 수 있다는 구체적인 믿음입니다. 그래서 자기효능감이 높은 사람은 실패를 해도 좌절보다는 개선과 반복을 선택하고, 도전을 계속할 수 있는 힘을 갖습니다.

**결국, 우리가 가진 유일한 자유는
자기 자신을 갈고 닦을 자유다.**

-버나드 바루크

자기효능감은 자존감과 밀접한 관련이 있는 심리 개념입니다. 자존감은 '나는 가치 있는 사람이다.', '나는 소중한 존재다.'라는 자신에 대한 전반적인 가치 평가와 감정이라면, 자기효능감은 보다 구체적으로 '나는 어떤 일을 잘해 낼 수 있다.'는 행동적 신념에 가깝습니다. 자존감이 체(體)라면 자기효능감은 용(用)일 것이니, 이 둘은 서로 영향을 주고받으며 우리의 삶의 질과 정신 건강에 큰 영향을 끼칩니다.

예를 들어, 자존감이 높은 사람은 스스로를 존중하고 자신의 존재 자체에 대해 긍정적인 감정을 느끼기 때문에, 새로운 도전에 앞서 두려움보다는 호기심과 자신감을 가지고 접근할 가능성이 높습니다. 이때 자기효능감이 함께 높다면, 그는 단지 '나는 괜찮은 사람'이라는 생각에 그치지 않고, '나는 이 일을 해낼 수 있는 능력이 있어.'라고 믿고 실제로 행동에 옮길 수 있게 됩니다.

반면, 자존감이 낮은 사람은 자신에 대한 전반적인 평가가 부정적이기 때문에 도전 자체를 꺼리게 되고, 실패에 대한 두려움이 클 수 있습니다. 이런 상태에서는 자기효능감도 자연스럽게 낮아지기 쉬우며, "나는 해도 안 돼.", "나는 못 해."라는 부정적인 자기 인식이 반복되면서 점점 더 행동력이 약해지게 됩니다. 결국 자존감이 낮으면 자기효능감이 무너지고, 자기효능감이 낮아지면 자존감도 더욱 침식되는 악순환이 생깁니다.

이런 맥락에서 자기효능감은 자존감을 구체적인 행동 속에서 유지하고 확장하는 데 핵심적인 역할을 합니다. 예를 들어, 어떤 사람이 그림 그리기에 자신이 있고, "나는 창의적이고 그림을 잘 그릴 수 있어."라는 자기효능감을 갖고 있다면, 그는 그림을 통해 성취감을 느끼고, 그 성취가 쌓이면서 자존감에도 긍정적인 영향을 줄 수 있습니다. 반대로 어떤 일에 반복적으로 실패했거나 자신이 없다면 적어도 그 일에는 자기효능감이 낮다고 할 수 있으며, 자존감에도 부정적인 영향을 줄 수 있습니다.

결국 자존감은 '존재'에 대한 믿음이고, 자기효능감은 '행동'에 대한 믿음이라고 할 수 있습니다. 이 둘이 균형을 이룰 때, 사람은 자신을 사랑하면서도 끊임없이 성장할 수 있는 내적 동기를 유지하게 됩니다. 그러므로 일상에서 자존감을 지키기 위해서는 스스로 할 수 있는 작은 행동들을 실천하며 자기효능감을 키워나가는 것이 매우 중요합니다. 이 작은 성공 경험들이 쌓일수록, 우리는 삶에 대해 더욱 긍정적인 태도를 가질 수 있게 됩니다.

〈신념을 활용해서 관점 바꾸기〉

1. 문제 상황을 한 가지 떠올린다.

2. 긍정적인 신념을 떠올린다. 예를 들어, 이런 신념을 활용할 수 있다.

· '이 일에는 지금 내가 모르는 어떤 특별한 의미가 있을 거야.'

· '지금 이 시간도 결국 지나갈 테고, 어려운 일을 견뎌내는 힘이 생길 거야.'

· '포기하지 말고 견뎌보자. 그러면 나는 뭔가를 배울 수 있을 거야.'

3. 문제 상황을 구체적으로 보고 듣고 느끼면서 경험하던 중, '2번'의 신념 중에

서 도움이 되는 신념을 거듭 되뇐다. 이 과정을 몇 차례 반복한다.

4. 문제 상황에 대한 입장과 태도가 어떻게 달라졌는지 확인한다.

-신용협, 『생활 속의 NLP』에서

자기효능감은 심리치유와 회복탄력성(resilience)에 있어서 핵심적인 역할을 하는 심리적 자원입니다. 심리치유란 외부 스트레스나 내적 상처로 인해 무너진 심리적 균형을 회복하는 과정이고, 회복탄력성은 어려움 속에서도 다시 일어나고 더 나은 방향으로 나아갈 수 있는 심리적 힘을 말합니다. 이 두 과정에서 자기효능감은 단순한 보조 요소가 아니라, 그 사람의 내면 회복을 이끄는 '심리적 중심축'이라고 볼 수 있습니다. 그런 점에서 자기효능감의 가치를 다섯 가지 측면에서 살펴볼 수 있습니다.

첫째, 자기효능감은 절망 속에서도 가능성을 보게 만듭니다. 심리적으로 무너졌을 때, 사람들은 흔히 "나는 더 이상 아무것도 할 수 없어."라는 무력감에 빠지게 됩니다. 이때 자기효능감은 그러한 무력감을 반전시킬 수 있는 내면의 믿음입니다. "그래도 내가 할 수 있는 일이 있을 거야.", "조금씩 다시 시작해 보면 좋아질 수 있어."라고 느끼게 해주는 힘이 바로 자기효능감입니다. 이 믿음은 치유를 위한 첫걸음이자, 그 걸음을 계속하게 하는 연료가 됩니다.

둘째, 자기효능감은 행동을 유도하고 변화의 실마리를 제공합니다. 심리적 고통에서 벗어나기 위해서는 단지 생각만 바꾸는 것이 아니라, 실제 행동이 수반되어야 합니다. 예컨대 우울감을 극복하려면 산책을 하거나 사람과 소통하려는 작은 시도가 필요합니다. 자기효능감이 높은 사람은 이런 행동을 시도할 가능성이 높으며, 그렇게 작게나마 '움직이기' 시작할 수 있습니다. 그리고 그 행동에서 오는 성공 경험은 다시 자기효능감을 높이고, 치유를 가속화합니다.

셋째, 자기효능감은 실패에 대한 해석을 다르게 만듭니다. 심리적 회복의 길에서는 당연히 시행착오와 좌절이 따르게 됩니다. 자기효능감이 낮은 사람은 한 번의 실패를 "역시 난 안 돼."라고 해석하지만, 자기효능감이 높은 사람은 "이번엔 잘 안 됐지만 다음엔 다르게 해보자."라고 생각합니다. 이는 좌절 이후의 반응, 즉 회복탄력성을 좌우하는 결정적 차이입니다. 같은 상황에서도 자기효능감의 높고 낮음에 따라 정서적 충격의 강도가 달라지고, 회복 속도도 크게 달라집니다.

넷째, 자기효능감은 자기 돌봄(self-care)과 자기 주도성의 기반이 됩니다. 치유 과정에서 가장 중요한 것은 결국 자신이 자신을 돌보려는 태도입니다. 자기효능감은 "나는 내 삶을 돌볼 수 있다.", "나는 나를 도울 수 있는 힘이 있다."라는 믿음을 심어줍니다. 이것은 외부의 도움이나 치료가 끊긴 이후에도 스스로 회복을 이어갈 수 있는 내적 자율성을 키우는 데 필수적입니다. 즉, 치유를 타인의 도움에만 의존하는 것이 아니라, 스스로 자신의 회복을 이끌어갈 수 있는 자기 주도적 존재로 성장시키는 데 자기효능감이 깊이 관여합니다.

다섯째, 자기효능감은 새로운 의미를 찾는 힘을 키워줍니다. 심리치유는 단순히 고통에서 벗어나는 것을 넘어서, 그 고통의 의미를 재구성하는 과정이기도 합니다. 예컨대 큰 상실을 겪은 후, 그 경험을 통해 인생에 대한 이해가 깊어지거나, 다른 사람을 도울 수 있는 공감능력이 생기는 경우가 있습니다. 자기효능감은 이처럼 시련 속에서 새로운 성장과 의미를 발견하게 도와주는 내적 능력입니다. "이 경험도 나를 더 깊게 만들 수 있어.", "이 아픔을 통해 내가 누군가에게 도움이 될 수 있어."라고 여길 수 있는 힘은 자기효능감에서 나옵니다.

결론적으로, 자기효능감은 심리적 상처의 치유, 감정의 회복, 삶의 재건을 위한 심리적 토대입니다. 단지 자신감을 갖는 것이 아니라, 변화 가능성을 믿고 행동을 지속하게 만드는 자기 효능의 감각이야말로, 진정한 치유의 길을 걷게 하는 가장 깊은 내면의 힘입니다. 회복탄력성이 강한 사람들은 아픔 앞에서 무너지기보다, 그 아픔 속에서도 자신을 이끌어 나갈 수 있는 힘을 자기효능감으로부터 끌어올립니다.

자기효능감을 높이는 방법

자신감과 자기효능감은 어떻게 다를까요? 자신감과 자기효능감은 비슷하면서 약간 다른 개념입니다. 자신감과 자기효능감은 매우 비슷하게 들리지만, 그 의미와 작용 방식에서는 중요한 차이가 있습니다. 이 둘은 모두 개인의 내면적 믿음과 관련된 개념이지만, 보다 세밀하게 구분해 보면 다음과 같이 설명할 수 있습니다.

정의의 측면에서 보면, 자신감은 전반적인 자기 신뢰나 긍정적인 자아 태도를 의미합니다. 자신감이 다소 포괄적 개념이라면, 자기효능감은 보다 구체적 체험을 바탕으로 한 믿음입니다. 실생활에서 이 두 가지가 명확히 구분되는 것은 아니지만, 자신감이 아니라 자기효능감이라고 표현했을 때는 일반적 자아가 아니라, 특정 상황에서 특정 과제를 수행할 수 있다는 믿음, 일반적 자아가 아니라 능력의 맥락적/상황적 평가가 전제되어 있습니다. '자신감이 있는 것'과 '실제로 할 수 있는 것'은 다소 차이가 납니다. 반면, 자기효능감은 실제로 할 수 있음에서 느껴지는 자기 유능감이라 할 수 있습니다.

심리학적으로 자신감(confidence)은 대체로 주관적 믿음, 즉 '나는 할 수 있다'는 기대나 태도를 의미합니다. 그러나 이 믿음은 실제 능력과 반드시 일치하지 않을 수 있습니다. 어떤 경우에는 근거 없는 자신감으로 인해 실제 수행력이 뒤따르지 못하기도 하고, 반대로 실제로는 잘할 수 있는데도 자신감이 부족한 경우도 있습니다. 반면, 자기효능감(self-efficacy)은 특정 과제를 성공적으로 수행할 수 있다는 구체적이고 상황적인 신념을 뜻합니다. 이 신념은 단순한 긍정적 사고가 아니라 실제 경험, 기술 습득, 성취 경험 등을 바탕으로 형성됩니다. 따라서 자기효능감은 '실제로 할 수 있음'에 뿌리를 두고 있다는 점에서 일반적인 자신감보다 훨씬 더 현실적이고 실행 기반의 자기 유능감이라 할 수 있습니다.

정리하면, "자신감은 실제 능력과 차이가 날 수 있는 주관적 믿음이고, 자기효능감은 실제 할 수 있음에서 비롯된 유능감이다."라고 볼 수 있습니다. 자신감은 실제 능력과는 별개로, 스스로 할 수 있다고 믿는 주관적 확신입니다. 반면, 자기효능감은 실제로 할 수 있다는 경험과 능력에 기반해 형성되는 자기 유능감입니다. 따라서 자신감은 실제와 괴리가 있을 수 있지만, 자기효능감은 현실적 실행 경험에서 비롯된 보다 구체적이고 신뢰할 만한 힘이라 할 수 있습니다.

범위의 측면에서 보면, 자신감은 상대적으로 포괄적이고 일반적인 성향입니다. 삶 전반에 대한 긍정적인 태도나 자기에 대한 신뢰로 나타납니다. 자기효능감은 상황별, 과제별로 다르게 나타나는 특성입니다. 어떤 일에는 높은 자기효능감을 가질 수 있고, 또 어떤 일에는 낮을 수 있습니다. 예를 들어, 수학에는 높은 자기효능감을 가지지만, 운동에는 낮은 자기효능감을 가질 수도 있습니다.

형성 방식의 측면에서 보면, 자신감은 성장 과정에서 형성된 자기 개념(self-concept)이나 자존감(self-esteem)과 연결됩니다. 즉, 부모의 양육 태도, 사회적 인정, 관계의 안정성 등이 큰 영향을 줍니다. 자기효능감은 실제 행동의 성과 경험, 반복적 성공, 타인의 모델링 등을 통해 점진적으로 형성됩니다. 다시 말해, 자신이 어떤 과제를 수행하고 그것이 성공적으로 마무리된 경험이 쌓이면서 강화됩니다.

유지와 변화 가능성의 측면에서 보면, 자신감은 비교적 안정적인 성향이라 단기간에 바뀌기 어려운 경우가 많습니다. 특히 자존감이 낮은 사람은 외부에서 아무리 칭찬을 받아도 자신감이 쉽게 높아지지 않습니다. 반면, 자기효능감은 경험에 따라 비교적 빠르게 바뀔 수 있는 특성입니다. 작은 성공이라도 반복되면 자기효능감이 올라가며, 반대로 반복된 실패는 자기효능감을 낮출 수 있습니다.

기능적 측면에서 보면, 자신감은 주로 정서적 안정과 관련이 있습니다. 자신감이 높은 사람은 비난이나 실패에도 흔들리지 않고 자기 가치를 지키려는 경향이 있습니다. 자기효능감은 행동을 유도하는 힘입니다. 자기효능감이 높은 사람은 새로운 일에 도전하거나 문제 상황에서 해결책을 찾으려는 태도를 보입니다. 실제 행동으로 이어지는 추진력에 가까운 것이 바로 자기효능감입니다.

자신감과 자기효능감의 차이를 예를 들어 살펴보겠습니다. 어떤 학생이 스스로를 "나는 똑똑하고 괜찮은 학생이야."라고 생각한다면, 그는 전반적인 자신감을 가진 것입니다. 하지만 그 학생이 "이번 수학 시험은 어려워도 풀 수 있어. 열심히 공부하면 해낼 수 있어."라고 믿는다면, 이는 수학에 대한 자기효능감입니다. 즉, 자신감은 '나는 똑똑하고 괜찮은 사람'이라는 일반적 자기 신념이고, 자기효능감은 '이 일을 나는 해낼 수 있어.'라는 실천적 자기 믿음입니다.

이와 같이 자신감은 자존감과 같은 '자기 존재에 대한 믿음'이라면, 자기효능감은 '자기 능력에 대한 믿음'입니다. 자신감은 자기효능감보다 더 포괄적인 개념일 것이나, 자기효능감이 쌓여야만 자신감 또한 얻을 수 있습니다. 비유컨대 자기효능감이 벽돌이라면, 그 벽돌로 쌓은 성벽은 자신감일 것입니다. 치유와 성장을 위해선 자기효능감을 통해 자신감까지 함께 길러져야 합니다. 자기효능감이 반복적으로 높아지면, 그 경험이 쌓여 결국 깊고 탄탄한 자신감으로 발전하게 될 것입니다. 이는 결국 자아의 정체성(자아성)을 바꿀 것이고, 사고습관과 행동습관을 또한 바꿀 것이니, 자연스레 자존감 향상으로 이어지게 될 것입니다.

치유란 삶에 대한 적응력과 비례합니다. 고로 치유란 자기효능감을 높여가는 과정이라 할 수 있습니다. 자기효능감을 높이기 위해서는 단순한 자기 암시 이상의 실천과 경험이 필요합니다. 자기효능감은 '스스로 어떤 일을 해낼 수 있다'는 믿음이기 때문에, 실제 행동과 그로 인한 긍정적 경험이 쌓일수록 자연스럽게 강화됩니다. 자기효능감을 높이는 구체적이고 실질적인 방법들을 살펴보겠습니다.

첫째, 작은 성공 경험을 반복적으로 쌓아야 합니다. 자기효능감은 '작게라도 내가 해낸 일'에서 시작됩니다. 너무 큰 목표를 설정하면 좌절하기 쉽고, 실패는 자기효능감을 오히려 약화시킬 수 있습니다. 따라서 일상에서 아주 작고 구체적인 목표를 설정하고, 그것을 성공적으로 수행해 보는 것이 중요합니다. 예를 들어, "오늘 30분만 집중해서 글을 써보자.", "아침에 10분만 산책하자." 같은 실현 가능한 목표를 세우고 해내는 경험이 누적될수록 "나는 할 수 있다."는 믿음이 강해집니다.

둘째, 자신에게 긍정적 언어를 사용해야 합니다. 내면에서 반복되는 말은 곧 행동의 방향을 결정합니다. "나는 원래 못해.", "또 실패할 거야." 같은 부정적인 자기 대화는 자기효능감을 무너뜨립니다. 반대로 "이번에는 더 잘할 수 있어.", "과정이니까 괜찮아." 같은 자기 격려는 뇌의 감정 체계를 안정시키고, 도전 의지를 키우는 데 도움이 됩니다. 말은 단순한 언어가 아니라, 신념을 강화시키는 도구이므로, 자신에게 건네는 말 하나하나가 자기효능감에 직접적인 영향을 미칩니다.

셋째, 모델링을 통해 가능성을 상상할 수 있어야 합니다. 자기와 비슷한 처지에 있던 사람이 노력으로 변화를 이룬 이야기를 보면, "나도 할 수 있지 않을까?"라는 가능성이 자라납니다. 이를 '대리 경험(vicarious experience)'이라고 하는데, 특히 자기효능감이 낮을 때는 직접 경험보다도 타인의 긍정적 모델이 큰 역할을 할 수 있습니다. 책, 영상, 인터뷰, 강연 등에서 자신이 닮고 싶은 사람의 태도나 과정을 보며 자신에게 적용해 보는 것도 매우 유익합니다.

넷째, 지속적인 피드백과 격려가 필요합니다. 외부의 인정이나 지지가 자기효능감을 형성하는 데 도움이 됩니다. 특히 초기 단계에서는 신뢰할 수 있는 사람의 격려가 심리적 지지 기반이 됩니다. "네가 한 걸 보니까 정말 노력했구나.", "이만큼 해낸 것도 대단해."라는 말 한마디는 자기 안의 힘을 일깨우는 자극이 될 수 있습니다. 반대로 비난이나 조롱은 자기효능감을 파괴하므로, 주변 환경 역시 중요한 변수입니다.

다섯째, 감정 조절 능력을 키워야 합니다. 불안, 우울, 긴장 같은 감정은 자기효능감을 약화시킵니다. 감정이 고조되면 '이걸 해낼 수 있을까?'라는 의심이 쉽게 올라오고, 실패에 대한 두려움이 커지게 됩니다. 따라서 명상, 호흡 훈련, 감정 일기 쓰기, 가벼운 운동 등으로 자기 감정을 다루는 능력을 키우는 것이 필요합니다. 안정된 정서 상태는 자신감을 유지하게 해주며, 새로운 행동을 시도할 수 있는 마음의 여유를 마련해 줍니다.

여섯째, 실패에 대한 새로운 해석이 필요합니다. 자기효능감을 높이는 사람들은 실패를 '자기 부정'이 아니라, '과정의 일부'로 해석합니다. 실패가 곧 무능을 뜻하는 것이 아니라, 방법을 조정해야 한다는 신호로 받아들이는 태도는 곧 자기효능감의 뿌리를 깊게 해줍니다. "이건 나에게 맞는 방식이 아니었구나.", "다음엔 다르게 시도해 보자."는 식의 사고방식은 같은 실패 경험이라도 자기 신념을 무너뜨리지 않고 오히려 발전의 재료로 전환하게 도와줍니다.

일곱째, 자기 주도적 목표 설정이 중요합니다. 자기효능감은 타인의 기준이나 요구에 맞춘 과제가 아니라, 스스로 의미를 느끼는 과제를 수행할 때 더 강해집니다. 즉, 내가 '하고 싶은 일' 또는 '중요하다고 여기는 일'일수록 행동의 동기가 높고, 성취 후의 만족도도 큽니다. 자기 주도적으로 목표를 설정하고, 그 목표에 자신이 주체적으로 몰입할 때, 자기효능감은 더욱 뚜렷하게 자라납니다.

살펴본 바와 같이 자기효능감을 높이는 것은 단순한 '자신감 키우기'가 아니라, 자기 자신과의 신뢰 관계를 회복하고 강화하는 과정입니다. 이 과정은 생각의 전환, 감정 조절, 행동 실천, 타인과의 관계까지 아우르며 삶의 모든 영역에서 통합적으로 진행되어야 합니다. 그렇게 자기효능감이 점점 높아지면, 삶의 도전에 맞설 용기와 회복의 힘도 자연스럽게 따라오게 됩니다. 이것이 치유에는 반드시 실질적 자기효능감이 동반되고, 뒷받침되어야 하는 이유입니다.

먼저 자신의 가치를 발견하라.
이것만큼 소중한 것은 없다.
자신의 가치를 발견하지 못한 사람은 스스로를 함부로 대한다.

-장자

나 자신을 사랑하는 것이 자존감이라면, 나 자신을 믿는 것은 자신감입니다. 심리치유의 핵심 축은 자존감과 자신감(자기효능감)입니다. 모든 심리적 문제는 이 두 가지가 부족하거나 무너졌을 때 생깁니다. 반대로 치유와 성장은 이 두 가지가 충족되어 튼튼해졌을 때 생깁니다. 행복과 성공을 만들어내는 힘도, 시련을 극복할 수 있는 힘이나 회복탄력성도 이 두 가지가 있을 때 생깁니다. 사람은 반드시 자존감과 자신감이 균형과 조화를 이룰 때, 정신적으로 건강해질 수 있습니다. 이는 법칙과도 같아서 예외가 없습니다.

나의 가치는 늘, 언제나, 항상 조건 없는 가치인 '절대적 자존감'에 두어야 합니다. 하지만 우리는 다양한 현실에 적응하면서 삶을 살아가야 하기에, 그 실질적인 쓰임과 활용(실용)의 측면에서는 자기효능감을 끊임없이 키워가야 합니다. 백조가 호수 위에 떠서 두 발로 움직이듯, 사람은 절대적 자존감에 바탕을 두고 자기효능감으로 움직여야 하는 것입니다. 자존감이 높아도 자기효능감 없이는 현실에 적응할 수 없습니다.

치유란 삶을 유연하고 지혜롭게 살아내는 문제해결 능력과 직결됩니다. 그러려면 내 안에 있는 수많은 가능성과 능력들을 끊임없이 일깨워야 합니다. 이는 치유의 초석일 뿐 아니라, 삶을 풍요롭게 하는 핵심 동력이기도 합니다. 내 안에 숨겨진 잠재력을 다 깨워서 마르지 않는 화수분처럼 잘 사용하는 것은 자기효능감의 최고치이자 최고의 나를 만나는 길일 것입니다.

치유와 성장은 절대적 자존감에 현실적 자신감(자기효능감, 실전 실력)이 더해질 때 이루어지는 것입니다. 절대적 자존감은 나의 체(體)요, 자기효능감은 나의 용(用)입니다. 절대적 자존감이 정신적 바탕이라면, 자기효능감은 현실적인 체험에서 생성되는 지혜와 용기입니다. 절대적 자존감이 자전거 안장이라면, 자기효능감은 페달과 같습니다. 삶이라는 자전거를 타기 위해선 끊임없이 페달을 밟아야만 합니다.

"치유와 성장=절대적 자존감+자기효능감"

삶에 있어 이 둘은 언제나 서로 상보적으로 움직입니다. 이는 영성과 현실의 결합이기도 합니다. 나라는 존재는 늘 절대적 가치와 상대적 가치(실용적 가치) 사이에 있는 것이기에, 반드시 이 둘을 내 안에서 함께 깨워야 하고, 하나로 조화롭게 통합해야 합니다. 존재적 가치는 절대적이지만, 능력적 가치나 실용적 가치는 상대적이기 때문입니다. 그러므로 밤하늘에 별자리가 돋아나듯, 절대적 자존감 위에 자기효능감을 점진적으로 계속 쌓아나가야 할 것입니다. 이것이 치유로 가는 왕도요, 가장 확실한 로드맵일 것이기 때문입니다.

07 잠재의식과 심리치유의 핵심 원리

　우리의 잠재의식은 도장과 비슷한 속성을 지니고 있습니다. 도장에 '불행'이라는 글귀를 새기면 찍을 때마다 '불행'이라는 글자가 찍혀 나옵니다. 이와 같이 우리의 잠재의식에 '불행'이라는 신념이 새겨져 있으면, 그것은 알게 모르게 밖으로 계속 현실화되어 나타납니다. 잠재의식에 '나는 한심한 인간이야!'이라는 신념이 새겨져 있으면 그러한 신념은 반드시 현실화되어 나타납니다. 잠재의식에 '나는 힘이 없는 약한 존재야!'라는 신념이 새겨져 있으면, 그러한 신념과 일치되는 현실이 계속 나타납니다. 그 신념이 내 모든 생각과 행동을 지배하기 때문입니다.

　그래서 무의식에 새겨져 있는 신념을 바꾸지 않으면 삶은 바뀌지 않습니다. 건강하고 행복한 삶을 살아가기 위해선 그 무엇보다 무의식에 새겨져 있는 신념(자아상)을 밝고 건강한 것으로 바꾸어야만 합니다. 만약 잠재의식에 '나는 소중하고 가치 있는 사람이다.'라는 신념이 새겨져 있으면 자존감이 높은 상태에서 삶을 살아가게 될 것입니다. 잠재의식에 '나는 좋은 루틴으로 발전하는 사람이다.'라는 신념이 새겨져 있으면 실제로 그렇게 될 가능성이 높아집니다.

　의식 차원에서 행복을 원하더라도 무의식 차원에 '불행'이 새겨져 있다면 의식과 무의식은 에너지와 방향이 일치하지 않을 뿐 아니라, 서로 따로 놀게 됩니다. 그 결과, 내면의 분열 상태는 계속 지속되고 원하는 방향으로 제대로 움직일 수 없게 됩니다. 심리치유란 의식과 무의식의 방향이 하나로 일치되게 하는 것이며, 그것으로 좋아질 수밖에 없는 쪽으로 움직이는 것입니다.

> 전치는 과거의 어떤 것(사람, 사물, 상황 등등)에 대해 가지고 있는 태도-특히 감정적 태도-를 그것과 비슷하거나 비슷한 특징을 가진 다른 것에 옮겨 놓는 정신적 현상이다. 결국 전치는, 과거의 것에 대한 태도를 현재의 것에 옮겨 놓아 현재의 것을 엉뚱하게 '과거의 것에 대한 태도'를 가지고 대하게 하는 셈이다. 옮겨 놓되, 옮겨 놓는 비율이 경우에 따라 각기 다른데, 극단적인 경우는 거의 100% 가깝게 옮겨 놓아 현재의 것을 마치 과거의 것인 양 대하게 되는 엄청난 비극을 낳기도 한다.
>
> -김진, 『마음에도 길이 있다』에서

사람은 누구나 경험이라는 필터로 세상을 바라봅니다. 그래서 과거 경험에 상처와 아픔이 많았다면, 그 상처와 아픔(피해의식)의 필터로 세상을 바라보게 됩니다. 이것은 부적응적인 기본 신념(심리도식)이 되어 수많은 인지왜곡과 부조화와 새로운 상처를 만듭니다. 이런 필터는 어린 시절의 경험, 특히 양육 환경과 중요한 타인과의 관계 속에서 형성되어 성인이 된 이후에도 사고, 감정, 행동의 패턴에 깊은 영향을 지속적으로 미치게 됩니다.

이는 과거의 상처에 붙잡혀 사는 것과 같습니다. 그래서 모든 심리증상이나 병리현상엔 심리적 전치가 깊이 뿌리를 내리고 있습니다. 치유란 그 고착된 고통의 뿌리를 뽑아내는 것이며, 과거라는 족쇄에서 벗어나는 것입니다. 상처로부터의 자유는 과거로부터의 자유입니다. 치유는 과거와 결별해서 현재를 온전히 사는 것입니다. 그러려면 과거에 새겨진 내 무의식의 부정적인 필터를 제거해야 합니다. 이러한 치유 작업은 반드시 사고차원과 감정차원에서 함께 이루어져야 합니다.

우리의 뇌와 심장은 긴밀하게 연결되어 있습니다. 마찬가지로 우리의 생각과 감정도 긴밀하게 연결되어 있습니다. 생각은 감정에 영향을 미치고, 감정은 생각에 영향을 미칩니다. 내면에 억압된 감정이 많으면, 그 감정 덩어리들은 심리적 에너지로써 반드시 생각에 영향을 미치게 됩니다. 그러한 생각이 반복되면 무의식의 신념이 됩니다. '감정-생각-신념'은 이렇게 서로 연결되어 있습니다. 때문에 무의식의 신념을 바꾸기 위해선, 억압된 감정부터 풀어주어야 합니다. 억압된 감정이 풀릴 때, 생각을 바꾸기도 그만큼 쉬워지기 때문입니다.

그 어떤 증상이든 원인은 '억압된 감정과 고착되어 있는 생각', 오직 이것밖에 없습니다. 고로 심리치유는 억압된 감정을 풀어주고, 고착된 마이너스 생각/신념을 바꿔주는 것으로 귀결됩니다. 비유하자면 무의식이라는 도장에 새겨진 글귀(신념)를 바꿔주는 것입니다. 이것이 선행될 때, 혹은 해결될 때 행동의 변화와 삶의 변화가 가능해집니다.

이에 치유를 위한 핵심 과제를 다음의 세 가지로 요약할 수 있습니다.

① 내면에 억압된 감정을 풀어주어야 한다.
② 무의식의 신념을 플러스 쪽으로 바꿔주어야 한다.
③ 좋아질 수밖에 없는 생각과 행동을 반복한다.

이것이 치유를 위한 핵심 과제 세 가지입니다. 모든 증상의 원인은 이와 관련이 있으므로, 이 세 가지를 제대로 구현할 수 있다면 반드시 좋아지게 될 것입니다. 이것은 감정과 생각과 신념(무의식)의 모든 측면에서 내면 상태를 바꾸고, 행동 방식이나 삶의 방식까지 바꾸어 줍니다. 좋아질 수밖에 없는 심리상태를 유지하면서, 좋아질 수밖에 없는 생각을 반복하며, 좋아질 수밖에 없는 행동을 반복한다면 결국 좋아질 수밖에 없습니다.

이 세 가지를 엮어서 '치유를 위해서 꼭 갖춰야 할 습관'을 말한다면 다음의 세 가지가 될 것입니다. 첫째, 감정을 인정하고 수용하는 습관. 둘째, 생각을 자각하고 알아차리는 습관. 셋째, 플러스 생각과 행동을 반복할 수 있게 하는 루틴을 실행하는 습관. 이 세 가지 습관은 위에서 말한 '치유를 위한 핵심 과제'를 이루어내기 위한 방법론에 해당됩니다.

감정을 인정하고 수용하는 것은 곧 나의 자아들을 인정하고 수용하는 것과 같습니다. 예를 들어, 불안을 인정하고 수용하는 것은 내 내면의 불안한 자아를 인정하고 수용하는 것과 같습니다. 마찬가지로 슬픔을 인정하고 수용하는 것은 슬픈 자아를 인정하고 수용하는 것과 같고, 수치심을 인정하고 수용하는 것은 수치스러운 나를 인정하고 수용하는 것과 같습니다. 이는 모든 내면의 분열과 충돌을 평화로운 통합으로 이끌어줍니다. 내면의 평화는 이와 같은 감정수용과 자기수용으로 만들어집니다. 이것이 '감정을 인정하고 수용하는 습관'을 꼭 갖춰야 하는 이유입니다.

생각은 무의식의 신념(인지도식)과 연결되어 있기에 강력한 '관성'을 가지고 있습니다. 이는 자동으로 무한 반복 재생되는 속성이 있음을 뜻합니다. 그 반복되는 생각이 만약 마이너스 생각이라면 어떻게 될까요? 그 사람은 부정적인 사람이 될 수밖에 없고, 그 삶은 총체적으로 부정적인 패턴에서 벗어날 수 없게 될 것입니다. 때문에 이런 관성이 있다면 반드시 멈춰야 하고, 반드시 제거해야 합니다. 그러려면 반복해서 자각하고 알아차려야 합니다. 자각하고 알아차려야 그것을 멈출 수 있기 때문입니다. 이것이 '생각을 자각하고 알아차리는 습관'을 꼭 갖춰야 하는 이유입니다.

감정을 수용하고 싶고, 생각을 바꾸고 싶어도 이것은 오랜 시간 관성으로 고착화되어 있는 것이라 하루아침에 쉽게 바뀌는 것이 아닙니다. 이것을 바꾸려면 규칙적이고 지속 가능한 루틴을 실행해야 합니다. 궁극적인 변화는 행동으로 나타나는 것입니다. 매일 루틴을 지속/반복하는 것은 그것을 이루어내는 지름길이라고 할 수 있습니다. 실행 루틴을 나를 일으켜 세우는 지혜의 지렛대로 삼아야 하고, 나를 도와주는 최고의 지원군으로 삼아야 합니다. 실행 루틴 없이는 관성의 고착을 뚫고서 의미 있는 변화를 만들어내기가 쉽지 않기 때문입니다. 이것이 '플러스 생각과 행동을 반복할 수 있게 하는 루틴을 실행하는 습관'을 꼭 갖춰야 하는 이유입니다.

'치유를 위해서 꼭 갖춰야 할 세 가지 습관' ① 감정을 인정하고 수용하는 습관, ② 생각을 자각하고 알아차리는 습관, ③ 플러스 생각과 행동을 반복할 수 있게 하는 루틴을 실행하는 습관에 대해 그 이유를 말씀드렸습니다. 그런데 이 세 가지를 동시에 할 수 있는 방법이 있습니다. 그것은 명상입니다. 매일 명상하는 습관을 갖게 되면, 이 세 가지를 거의 동시에 할 수 있게 됩니다. 명상을 한다는 것은 하나의 플러스 행동습관이지만 이것은 동시에 내면을 변화시키는 일이기도 하기에, 이는 결국 일석이조의 역할을 하게 됩니다.

매일 하루에 1시간 정도 명상을 하는 사람과 매일 1시간씩 가벼운 유튜브 영상만 보는 사람은 결코 같은 수준의 사람이 될 수 없을 것입니다. 티모시 페리스의 『타이탄의 도구들』은 세계적으로 성공한 사람들의 삶에서 뽑아낸 자기 계발 전략과 습관을 집대성한 책인데, 저자는 이들의 공통된 핵심 습관으로 '명상'을 이야기하고 있습니다. 이는 결코 우연의 결과가 아닐 것입니다. 명상은 좋아질 수밖에 없는 생각과 행동을 반복하게 하는 최적의 루틴이라고 할 수 있습니다. 명상 속엔 치유와 휴식(이완)과 안정과 성찰과 통찰과 영적 성장으로 가는 길이 담겨 있기 때문입니다. 때문에 하루에 1시간을 하든, 5분이나 10분을 하든 '반드시 명상하는 것'을 루틴으로 삼기를 적극 권합니다.

명상 외에 꼭 추천하고 싶은 루틴은 저널링과 운동과 독서입니다. 여기서 말하는 저널링이란 치유와 성장을 위한 글쓰기를 말합니다. 이런 글쓰기는 매우 다양한 방법이 있겠지만, 아주 간단한 수준으로도 할 수 있습니다. 가령 아침에 간단히 오늘 해야 할 일들을 몇 개의 키워드로 적어보는 것은 고작 1분 정도면 가능합니다. 하지만 이것을 매일 해본다면, 이것이 '생각과 행동의 집중력'을 높여준다는 것을 알게 될 것입니다.

저녁에 '오늘 하루 동안 내가 무엇을 했는지' 혹은 '어떻게 하루를 보냈으면 더 좋았을지'를 되돌아보며, 단지 몇 개 키워드만 적어도 마치 '초간단 일기'를 쓰는 것처럼 자신을 성찰할 수 있게 됩니다. 고작 1분 정도의 시간을 투자해서 5개 내외의 키워드로 일기를 쓰는 셈입니다. '오늘 하루'를 혹은 '오늘의 내 모습(내 감정)'을 5개 내외의 키워드로 요약하면 어떻게 될까요? 이와 같은 '1줄 키워드 일기'만 매일 적어 봐도, 이것을 하지 않는 것에 비해 상당한 차이가 있음을 알게 될 것입니다. 글로써 생각을 정리하는 것은 어떤 면으로든 자각력과 메타인지를 높여줍니다.

'건강한 신체에 건강한 정신이 깃든다!'는 말이 있지요. 운동은 삶의 활력을 더해주고, 심리적 에너지의 든든한 토대가 되어줍니다. 조금 하든, 많이 하든 운동은 건강한 삶을 위해서, 건강한 마음을 위해서 반드시 해야 합니다. 운동은 거창한 것만 있지 않습니다. 집에서도, 실내에서도 가볍게 할 수 있는 운동은 너무나 많고 많습니다. 발끝치기, 누워서 철골치기(골반을 들었다 놓기), 발뒤꿈치 들기, 스쿼트, 플랭크, 팔 굽혀 펴기, 스트레칭, 체조, 요가, 폼롤러로 스트레칭 하기 등등 수없이 많고 많습니다. 이런 방법을 다 찾는다면 아마도 수백 가지도 넘을 것입니다.

저는 폼롤러로 협착증을 수술이 없이 고친 사람을 본 적이 있습니다. 또 의자에 앉아 좌우로 몸을 흔드는 운동으로 수술 없이 심각한 허리디스크를 고친 분을 본 적도 있습니다. 찾아보면 이 세상엔 놀라운 노하우들이 정말 많고 많습니다. 이러한 치유 운동도 좋고, 간단한 스트레칭이나 체조도 좋고, 스포츠와 같이 타인과 함께하는 운동도 좋습니다. '그 어떤 운동이든 운동을 반드시 하라! 간단히 할 수 있는 쉬운 운동부터 바로 시작하라!' 이게 제가 내담자께 늘 하는 말입니다. 이렇게 말하는 이유는 몸이 움직이면, 마음도 뇌도 함께 움직이기 때문입니다.

저는 내담자에게 주로 맨발걷기와 춤(커플댄스)을 추천하는데, 어떤 운동이든 자신에게 맞는 운동을 찾아서 운동으로 신체의 활력과 정신적 에너지와 삶의 풍요를 함께 누리시기를 권합니다. 저는 단지 운동만으로 우울증에서 벗어난 사람을 본 적이 여러 번 있습니다. 효과적인 운동은 때로 강력한 치유제가 될 수도 있습니다.

독서는 견문을 넓혀주고, 내가 몰랐던 지혜를 알게 하고, 생각하는 힘과 통찰력을 키워줍니다. 독서를 하지 않는 사람은 세월이 가도 대부분 그 수준이 거의 달라지지 않습니다. 다른 수준의 사람이 되고 싶다면, 좋은 책들을 열심히 읽어야 할 것입니다. 책 중엔 치유에 좋은 책들도 많아서, 독서치유라는 분야가 있을 정도입니다. 치유가 필요하다면 그런 책부터 읽어야 할 것입니다.

그 누구든 독서 없이 정신적 깊이와 넓이와 높이를 만들기는 어렵습니다. 세월이 가도 같은 수준에 머무르고 싶지 않다면, 독서로써 정신적 발돋움을 해야 할 것입니다. 독서는 마르지 않는 정신적 우물이 되어줄 것이고, 나를 비추는 거울이 되어줄 것이고, 풍부한 심리적 자양분이 되어줄 것이고, 지혜의 나침반이 되어줄 것입니다.

루틴은 조건반사를 만듭니다. 조건반사는 저절로 그렇게 되게 하는 힘입니다. 거듭 강조하지만, 그 무엇이 되었든 치유와 성장을 위해선 나를 일으켜 세울 루틴(좋은 습관)이 반드시 필요하다는 것, 그러한 지렛대 없이 나 스스로 충분한 힘을 갖기는 어렵다는 것! 이 점을 꼭 기억하시기를 바랍니다. 만약 나에게 '사용할 수 있는 좋은 지렛대'가 여러 개라면, 이는 효과적인 시스템이 될 것이니, 정녕 내가 애써 써야 할 힘은 그만큼 줄어들게 될 것입니다.

08 나를 치유하는 명상법

마음은 빈 상자와 같다.

보석을 담으면 보물 상자가 되고,

쓰레기를 담으면 쓰레기 상자가 된다.

-양광모

　스스로 자가 치유를 함에 있어 명상만큼 좋은 방법은 없을 것입니다. 명상은 긴장을 풀고 심신을 이완하는 데도 좋고, 메타인지를 높여주는 데도 아주 좋습니다. 많은 연구에서 명상을 꾸준히 하면 뇌도 바뀌고, 마음 상태도 바뀐다고 이야기하고 있습니다. 치유는 마음의 습관이 바뀌는 것이고, 사고의 습관이 바뀌는 것이고, 행동의 습관이 바뀌는 것입니다. 사고 습관과 행동 습관이 바뀌면 사람이 달라질 수밖에 없고, 삶이 달라질 수밖에 없습니다. 즉, 습관이 바뀐다는 것은 내가 다른 수준의 사람이 됨을 의미합니다.

　기존의 습관은 관성이 있기 때문에, 하루아침에 잘 바뀌지 않습니다. 특히 상처나 증상이 심한 경우는 더욱 그러합니다. 때문에 반드시 그것을 바꾸는 꾸준한 훈련이 필요합니다. 그러한 훈련에 있어 명상은 최상의 도구가 될 수 있습니다. 하루 루틴으로 명상을 매일 지속한다면, 심리적 습관(의식과 무의식)과 행동 습관을 플러스 상태로 바꿔주는 데 많은 도움이 될 것입니다. 이에 제가 개발한 치유에 좋은 명상법 두 가지를 소개합니다.

분명 우리의 마음에는 많은 문제를 가지고 있음에도 살아가게 만드는 어떤 힘이 있다. 내면에 있는 생명의 에너지, 생존의 본능, 삶의 창조적 에너지, 그리고 긍정성이 그런 힘이다. 이는 누구에게나 내재되어 있는 것으로 선조로부터, 자연으로부터, 그리고 신으로부터 받아 이어 내려온 위대한 유산이다. 그 유산을 가지고 있는 것이 자기다. 누구에게나 자기가 있고 자기가 주는 힘이 있다. 이제 자기가 말하는 목소리를 들으려고 하자. 마음속에 있는 진정한 긍정의 에너지를 느껴보고 자신을 진심으로 이해하고 격려해 주자. 상처받은 자아를 위로해 주자. 그동안 너무 힘들지 않았니? 자기를 깨닫고 자아를 위로할 때 내면의 긍정성과 사랑을 느끼게 된다.

-김정수, 『나는 누구인가? 나는 무엇인가?』에서

〈완전한 자각-수용 호흡명상법〉

눈을 감고 무릎 위에 양손을 펴서 올려놓습니다. 양 손바닥 위엔 배구공만 한 밝고 따뜻한 빛에너지가 있다고 상상합니다. 이 상태에서 마음속으로 호흡에 맞춰 만트라를 계속 반복합니다. 오로지 숨이 들어오고 나갈 때의 느낌과 만트라에만 집중합니다.

① '지금(들숨)-이대로(날숨)-있는(들숨)-그대로(날숨)-완전한(들숨)-자각(날숨)-완전한(들숨)-자유(날숨)'

② '지금(들숨)-이대로(날숨)-있는(들숨)-그대로(날숨)-완전한(들숨)-수용(날숨)-완

전한(들숨)-평화(날숨)'

이 명상법은 '네 번의 호흡(들숨/날숨)'이 하나의 사이클이 되어 계속 순환하는 방식으로 이루어져 있습니다. 마음을 모아 명상 중엔 오로지 호흡과 만트라에만 계속 집중합니다. '지금 이대로'와 '있는 그대로'는 현존과 무집착/무저항을 만들어 주는 말입니다.

'완전한 자각'은 자기이해의 출발점이자, 생각동일시로부터 분리되게 하여 에고(번뇌)로부터 벗어나게 합니다. 에고로부터의 분리는 곧 내 마음으로부터 자유로워지는 '완전한 자유'의 시작점이 될 것입니다.

'완전한 수용'은 내면을 확장하는 치유의 대도일 뿐 아니라, 우리 본성(텅빈 마음) 상태라 할 수 있습니다. 그래서 호흡을 따라 만트라를 반복하게 되면 마음이 차분해질 뿐 아니라, 그러한 상태(완전한 평화)로 의식이 옮겨가게 됩니다.

①과 ②를 50% 정도 비율로 하면 됩니다. 예를 들어, 10분 동안 명상을 한다면 ①을 5분, ②를 5분 정도 하면 됩니다. 만약 1시간 동안 명상을 한다면 ①을 30분 ②를 30분 동안 하면 됩니다. 특히 하루 루틴으로 매일 아침/저녁으로 10~30분 정도 규칙적으로 하면 좋습니다. 일생에서도 1, 2분이라도 짧게 언제든 수시로 할 수 있습니다. 이렇게 짧은 시간 동안 하는 것도 마음을 안정시키고, 집중력을 향상시키는 데 도움을 줄 것입니다.

모든 순간은 지금 이대로, 있는 그대로 완전한 순간입니다. '완전한 순간'은 늘 우리 곁에 있으나, 오직 완전한 자각과 완전한 수용 속에서만 발견됩니다. 이 명상법을 꾸준히 실행한다면 '완전한 순간'으로 가는 영적 여정의 오솔길로 안내할 것입니다. 치유나 깨어남에 뜻이 있다면 더 자주 더 많이 할수록 그러한 치유와 영적 깨어남은 더 빨라질 것입니다.

눈을 감고 양손을 펴서 무릎에 올려놓습니다.(손바닥 위쪽) 쉼 호흡을 크게 3번 정도 합니다. 방에서 명상을 한다고 가정해서 설명드리겠습니다.

① 나와 왼쪽 벽 사이의 거리를 바라보고(마음을 눈으로), 그 사이의 빈 공간 전체를 느껴봅니다.(5~10초 내외)

② 나와 오른쪽 벽 사이의 거리를 바라보고, 그 사이의 빈 공간 전체를 느껴봅니다.(5~10초 내외)

③ 나의 등과 뒤쪽 벽 사이의 거리를 바라보고, 그 사이의 빈 공간 전체를 느껴봅니다.(5~10초 내외)

④ 나의 가슴과 앞쪽 벽 사이의 거리를 바라보고, 그 사이의 빈 공간 전체를 느껴봅니다.(5~10초 내외)

⑤ 내 머리 정수리와 방 천장 사이의 거리를 바라보고, 그 사이의 빈 공간 전체를 느껴봅니다.(5~10초 내외)

⑥ 이제 내 좌우, 앞뒤, 위쪽까지 앞서 느꼈던 빈 공간 전체를 동시에 느껴봅니다.(5~10초 내외)

⑦ 내 몸속이 풍선처럼 텅 비어 있다고 상상하고, 왼쪽 관자놀이와 오른쪽 관자놀이 사이의 거리를 바라보고, 그 사이의 빈 공간 전체를 느껴봅니다.(5~10초 내외)

⑧ 왼쪽 관자놀이와 오른쪽 관자놀이 사이의 거리를 바라보고, 그 사이의 빈 공간 전체를 느껴봅니다.(5~10초 내외)

⑨ 가슴(젖꼭지 높이) 왼쪽과 오른쪽 사이의 거리를 바라보고, 그 사이의 빈 공간 전체를 느껴봅니다.(5~10초 내외)

⑩ 골반(겨드랑이) 왼쪽과 오른쪽 사이의 거리를 바라보고, 그 사이의 빈 공간 전

체를 느껴봅니다.(5~10초 내외)

⑪ 정수리에서 회음까지 그 사이의 (수직적) 거리를 바라보고, 그 사이의 빈 공간 전체를 느껴봅니다.(5~10초 내외)

⑫ 이제 머리에서 발끝까지 내 몸 전체의 텅 빈 공간을 느껴봅니다.(5~10초 내외)

⑬ 마지막으로 내 몸이 완전히 사라져, 내 안의 허공과 내 밖의 허공이 온전히 하나가 된 상태를 느껴봅니다. 내가 사라져 빈 공간과 합일하는 것입니다. 이런 합일 상태에서 "전체를 허용하고 받아들인다."를 마음속으로 계속 반복합니다.(1분 이상)

이것이 〈빈 공간 느끼기 명상-공간 합일 명상〉의 기본 방법입니다. 실제 상담 세션 중에는 다양하게 응용이 됩니다. 이 명상법은 짧은 시간에 몸과 마음을 이완하고, 텅빈 마음과 무아체험을 하도록 도와주는 데 특화되어 있습니다. 짧은 시간에 할 수 있기에, 가성비가 아주 좋은 명상법이라 할 수 있습니다.

이의 심화버전도 있는데 ⑬을 마친 후 상상으로 하늘로 올라가, 똑같이 하늘의 앞뒤-좌우-상하의 빈 공간 전체를 느끼면서 똑같이 "전체를 허용하고 받아들인다."를 계속 반복하는 것입니다.(1분 이상) 방에서 빈 공간을 느껴보고 그 빈 공간과 하나가 되는 체험을 한 다음, 그것을 하늘이라는 무한 공간에서 다시 확장 체험하는 방식입니다. 몰입이 잘되면, 고작 몇 번의 세션만으로도 치유와 영적 체험이 일어날 수도 있습니다. 매일 꾸준히 5~10분만 연습해도 누구나 쉽게 익힐 수 있는 효과적인 명상법이 아닐까 합니다.

이 명상법은 레스 페미의 책 『오픈 포커스 브레인』에 소개된 오픈 포커스 기법을 응용해서 제가 만든 명상법입니다.[2] 오픈 포커스는 좁고 긴장된 집중에서 벗어나 주의를 넓고 유연하게 확장시켜 마음과 몸을 이완하고, 현재 순간을 있는 그대로 경험하게 하는 주의 전환 기법입니다. 이러한 오픈 포커스 상태는 그 자체로 명상 상태와 같습니다.

오픈 포커스(Open Focus)가 명상이 되는 이유는 의식의 초점과 주의의 방향을 전환하는 과정이 본질적으로 명상과 같은 효과를 가져오기 때문입니다. 명상은 보통 특정한 대상이나 호흡, 혹은 현재 순간에 대한 전일한 주의로 마음을 안정시키는 행위인데, 오픈 포커스 역시 '주의를 어떻게 쓰느냐'에 초점을 맞추어 마음의 상태를 변화시킵니다.

첫째로, 오픈 포커스는 좁고 긴장된 집중 상태에서 벗어나 넓고 수용적인 주의 상태로 옮겨가는 것을 지향합니다. 우리의 뇌는 특정 자극에 과도하게 집중하면 스트레스 반응이 강화되지만, 주의를 확장해 주변 전체를 느끼면 교감신경의 흥분이 가라앉고 부교감신경이 활성화되어 심리적 안정이 일어납니다. 이는 명상이 주는 안정감과 동일한 메커니즘입니다.

둘째로, 오픈 포커스는 '무언가를 통제하거나 고치려는 마음'을 내려놓게 합니다. 특정 생각이나 감정, 신체 감각을 억누르지 않고 그냥 열린 주의 속에 머물게 되면, 자연스레 수용과 비판 없는 알아차림이 생깁니다. 이는 명상에서 말하는 '있는 그대로 보기'와 같은 본질을 공유합니다.

셋째로, 오픈 포커스는 공간적 감각을 활용하기 때문에, 의식이 확장된 듯한 경험을 제공합니다. 예를 들어, "나와 벽 사이의 공간을 느껴보기", "두 눈 사이의 빈 공간을 알아차리기"와 같은 방식은 마음을 특정한 지점에 묶어두지 않고 넓은 장

---

2) 이 명상법은 레스 페미의 오픈 포커스 기법을 활용해서 만들어진 것이지만, 그의 책엔 이와 같은 '구체적인 명상법'이 없습니다. 토대가 되는 기법은 동일하지만, 이는 엄연히 별개의 명상법이라 해야 할 것입니다. 이 명상법은 제가 수많은 노력과 연구(임상) 끝에 만든 고유의 방식이기 때문입니다. 제가 예전에 어느 유튜버에게 이 명상법을 직접 세션을 통해 알려주었는데, 그분의 영상에서 이러한 사실을 숨기고 왜곡하는 것을 보았습니다. 그 누구든 이 명상법을 어떻게 활용하든지 그것은 상관이 없으나, 최소한 출처(저자)는 정확히 밝혀주는 것이 예의가 아닐까 합니다. 제가 이보다 뒤늦게 공개하는 탓에 혹여나 오해가 있을까 해서 부득이 이러한 사정이 있었음을 밝혀둡니다.

(場) 속으로 확장시킵니다. 이는 자아 집착에서 벗어나 넓은 의식과 연결되는 체험을 가능하게 하며, 명상적 각성 상태와 통합니다.

결국 오픈 포커스가 명상이 되는 이유는 좁고 긴장된 '집중'에서 벗어나 넓고 열린 '주의'로 들어가는 순간, 마음의 패턴이 달라지고, 뇌파와 신경계가 조율되면서 자연스럽게 명상적 상태로 이끌리기 때문입니다. 다시 말해, 오픈 포커스는 '주의의 방식'을 바꿈으로써 명상의 문을 여는 기술이라 할 수 있습니다.

이 명상법은 이러한 오프 포커스의 원리를 최대한 활용해, 텅 빈 공간과 하나 되는 무아체험을 통해 곧바로 영적 각성을 할 수 있도록 만들어진 방식입니다. 물론 여러 치유 효과와 좋은 결과를 얻기 위해선 꾸준히 연습과 반복이 필요하겠지만, 비교적 짧은 시간에 많은 것을 얻을 수 있는 최상의 명상법 중 하나라고 할 수 있을 것입니다.

어느 누구도 과거로 돌아가서 새롭게 시작할 수는 없지만
지금부터 시작해서 새로운 결실을 맺을 수는 있다.

-카를 바르트

삶의 모든 경험이 그러하듯, 명상 또한 체험해 보지 않고서는 결코 알 수 없습니다. 체험에는 얕은 체험도 있고, 깊은 체험도 있습니다. 한두 번으로 그치는 체험이 있기도 하고, 꾸준히 반복되는 체험이 있기도 합니다. 예컨대, 검도를 '한 달 한 사람'과 '1년 한 사람'과 '10년 한 사람'의 체험은 같은 것일 수 없습니다. 명상 또한 마찬가지일 것입니다. 꾸준히 반복되는 체험, 그것으로 점점 더 깊어지고 풍부해지는 체험, 만약 명상으로 이런 체험을 하게 된다면 실이 바늘을 따라가듯 치유는 저절로 따라오게 될 것입니다.

02

제2부

심리분석으로
나를 치유하는 법:
18가지 심리도식

버림받음: 버려질까 두려워하는 자아

버림받음 도식의 자아에겐 '당신도 언젠가 날 떠나겠지'라는 믿음이 있으며, 그 핵심 대처방식은 다음과 같습니다.

· 굴복보상: 안정된 관계를 맺지 않는 상대에게 빠져든다.
· 회피보상: 친밀한 관계를 회피한다. 혼자 있을 때 과음, 폭식 등의 방법으로 고통을 피하려 한다.
· 과잉보상: 상대에게 집착하며 숨 막히게 만든다. 사소한 거절의 단서에도 지나치게 과민한 반응을 보인다.[3]

버림받음 도식의 자아는 근본적으로 "나는 언제든 버려질 수 있다"는 공포와 불안의 신념 위에 형성됩니다. 어린 시절 안정적인 애착을 경험하지 못했거나, 사랑과 관심이 일시적이었던 환경 속에서 자라며 "사랑은 조건적이다"라는 무의식적 결론을 내립니다. 이 기본신념은 자아의 핵심 구조로 자리 잡아, 성인이 되어서도

---

3) 이 기본 내용은 조은영 님의 『마음의 무늬를 어루만지다』에서 인용한 것입니다.(이하 동일) '굴복/회피/과잉보상'에 대한 내용들은 제프리 E. 영의 저서 『심리도식치료』에 거의 동일하게 나오는 내용이고, 이렇게 분류한 것도 심리도식의 창시자 제프리 E. 영이 만든 것이지만, 이를 저는 보상기제(보호기제)라는 점에서 '굴복보상/회피보상/과잉보상'으로 변경해서 부릅니다.

관계의 안전보다는 상실을 예견하는 감정 패턴을 되풀이하게 만듭니다. 그 결과, 사랑받을수록 불안하고, 안정될수록 낯선 역설이 생깁니다.

이때 굴복보상은 버림받음의 두려움을 최소화하기 위한 가장 기본적인 생존 전략입니다. 상대의 사랑이 불안정할수록 더욱 매달리고, 관계가 불균형할수록 더 복종합니다. "상대에게 맞춰야 버려지지 않는다"는 무의식이 작동하기 때문에, 자존심을 버려도 관계만 유지되면 잠시 안정을 느낍니다. 이러한 굴복은 겉으로는 순종이지만, 그 내면에는 "불편하지만 그래도 이래야 나를 떠나지 않겠지"라는 보상이 숨어 있습니다. 즉, 굴복은 버려짐의 공포를 잠시 유예시켜 주는 심리적 진통제이자, 상처받은 애착체계의 보호기제입니다.

반대로 회피보상은 '느끼지 않으면 아프지 않다'는 원리를 따릅니다. 애착이 주는 고통을 피하기 위해 스스로 관계를 차단하고 감정을 마비시킵니다. 혼자 있을 때 술, 폭식, 일 중독 같은 대체적 쾌락을 통해 내면의 공허를 메우려 하지만, 이는 실제 치유가 아닌 감정의 차단입니다. 무의식적으로는 "나는 혼자 있어야 안전하다"는 신념이 작동하며, 이것이 자아의 일관성을 유지시킵니다. 이러한 회피 역시 '상처받지 않음'이라는 보상을 주기 때문에, 외로움보다 고통을 피하는 선택이 반복됩니다.

마지막으로 과잉보상은 버려질까 두려운 자아가 느끼는 무력감을 뒤집어 통제감으로 바꾸려는 방어기제입니다. 상대를 지배하거나 집착함으로써 관계의 안정감을 확보하려 하고, 사소한 거절에도 격렬히 반응함으로써 내면의 불안을 통제하려 합니다. 이는 "상대를 잃기 전에 내가 먼저 붙잡는다"는 무의식의 작동입니다. 그러나 이런 과잉 통제는 오히려 상대를 질식시켜 버림받음의 공포를 자초하게 됩니다. 과잉보상은 버림받음의 두려움을 억누르려는 시도이지만, 결국 그 두려움을 되풀이시키는 자기강화적 악순환을 만듭니다.

이처럼 버림받음 도식의 자아는 '사랑은 사라질 것이다'라는 기본신념을 유지하기 위해 굴복·회피·과잉보상이라는 세 가지 보호기제를 순환적으로 사용합니다. 그 보상은 각기 다르지만, 모두 "버려지지 않기 위한 심리적 안전 확보"라는 동일한 목적을 지닙니다. 진정한 치유는 버려짐의 공포를 억누르거나 통제하는 것이 아니라, 그 두려움 속에서도 자신이 '사랑받을 가치가 있는 존재임'을 깊이 체험하는 데서 시작됩니다.

버림받음의 심리도식이 있는 사람은 어린 시절 어떤 상처(트라우마)를 받았을 가능성이 높은가?

버림받음의 심리도식이 있는 사람은 어린 시절에 정서적 상처나 애정 결핍을 경험했을 가능성이 높습니다. 이러한 경험은 아이가 성장하면서 주요 인물(보통 부모나 보호자)로부터의 불안정한 애정이나 예측할 수 없는 이별의 경험과 관련이 있습니다.

1) 부모나 보호자의 이혼 또는 별거

부모가 이혼하거나 별거를 하면 아이는 안정감을 잃고 불안정한 환경에서 자랄 수 있습니다. 특히 어린 시절에 부모와의 관계에서 이탈감을 느꼈다면, 자신이 언제든지 버려질 수 있다는 두려움이 생길 수 있습니다. 이혼 후 부모의 관심이 분산되어지거나, 한 부모와의 관계가 소홀해지면 자녀는 자신이 사랑받지 못한다고 느낄 수 있습니다.

2) 부모의 무관심 또는 감정적 냉담함

부모가 감정적으로 무관심하거나, 애정 표현이 부족할 경우, 아이는 자신이 부모에게 충분히 사랑받고 있다는 느낌을 받지 못할 수 있습니다. 이러한 결핍은 아이가 관계에서 버림받음에 대한 깊은 두려움을 느끼게 할 수 있습니다.

3) 부모의 부재 또는 지나치게 바쁜 일상

부모가 자주 자리를 비우거나, 일을 너무 많이 해서 아이와의 관계에 소홀한 경우, 아이는 부모의 애정과 관심을 받지 못한다고 느끼며 버림받을 수 있다는 두려움을 가질 수 있습니다. 특히 부모의 부재가 감정적으로 중요한 순간에 반복되면 상처로 남을 수 있습니다.

4) 부모의 거부적 태도 또는 지나치게 비판적인 태도

부모가 아이를 자주 비판하거나, 감정적으로 거부하는 태도를 보일 경우, 아이는 자신의 존재가 충분히 받아들여지지 않는다고 느낄 수 있습니다. 이런 경험은 아이가 자아를 제대로 형성하는 데 어려움을 주며, 자신을 타인에게 의지할 때 항상 거절당할까 두려워합니다.

5) 혼합된 신호와 불일치된 행동

부모가 사랑을 표현할 때와 거부할 때가 불규칙하거나, 때때로 관심을 보이지만 또 다른 때는 완전히 무시하는 경우, 아이는 관계에 대한 혼란을 느끼게 됩니다. 신뢰할 수 없는 애정은 아이에게 불안감을 주고, 누군가 항상 떠날 수 있다는 두려움을 키울 수 있습니다.

6) 상실의 경험

부모나 보호자가 죽음이나 심각한 질병으로 갑작스럽게 떠나게 되면, 아이는 상실을 경험하면서 버림받음에 대한 두려움이 강하게 형성될 수 있습니다. 이 상실의 경험은 어린 시절에 큰 트라우마로 남아, 성인이 되어서도 사람과의 관계에서 불안감과 두려움을 느끼게 만듭니다.

7) 부모의 감정적, 신체적 학대

부모가 신체적, 정서적 학대나 괴롭힘을 가했을 경우, 아이는 애정의 결핍뿐만 아니라, 자신이 가치를 가지지 않는 존재로 여겨질 수 있습니다. 학대는 아이에게 버림받음에 대한 심리적 상처를 깊게 남깁니다.

버림받음의 심리도식은 이러한 어린 시절의 상처가 내면에 남아, 유기불안에 시달리게 하고 불안정한 애착관계를 형성케 합니다. 이러한 성향은 성인이 되어도 지속적인 불안감을 초래할 수 있습니다. 어린 시절에 자신이 충분히 사랑받고 보호받지 못했다고 느꼈다면, 성인으로 성장했을 때도 관계에서 자신이 언제든지 버림받게 될 위험이 있다는 두려움을 가질 수 있습니다.

'버림받음'의 심리도식이 있는 사람의 내면아이와 내면부모는 어떤 상태일 가능성이 높은가?

'버림받음'의 심리도식이 있는 사람은 내면아이와 내면부모 모두가 깊은 외로움과 불안, 상실감에 영향을 받은 상태일 가능성이 높습니다. 이 도식은 어린 시절 정서적으로 중요한 인물에게서 안정감 있는 애착을 형성하지 못했거나, 지속적이고 예측 가능한 사랑과 돌봄을 경험하지 못한 경우에 형성되기 쉽습니다. 이로 인해 내면에서는 항상 '사랑은 언젠가 떠난다.', '나는 결국 버려질 존재'라는 불안이 작동하게 됩니다. 이를 내면아이와 내면부모의 상태로 나누어 구체적으로 살펴보겠습니다.

1) 내면아이의 상태

'버림받음' 도식을 가진 사람의 내면아이는 애착의 결핍으로 인해 강한 정서적 결핍과 불안을 겪고 있을 가능성이 높습니다. 다음과 같은 특징이 자주 나타납니다.

· 강한 외로움과 애정 결핍: 사랑받고 싶은 욕구가 강하지만, 동시에 사랑이 오래 지속되지 않을 것이라는 불안이 상존합니다.

· 이별에 대한 과도한 민감성: 작은 거리감이나 침묵도 거절이나 이별로 해석하며 쉽게 불안을 느낍니다.

· 버려질 것에 대한 공포: 누군가가 자신을 떠날까 봐 끊임없이 걱정하고, 관계 안에서 자신을 과도하게 낮추기도 합니다.

· 의존성과 불신의 교차: 애정에 집착하는 동시에, 그 애정이 사라질 것을 예감하며 상대를 완전히 신뢰하지 못합니다.

· 감정적 불안정성: 관계에서 조금만 변화가 있어도 감정 기복이 심해지며, 과도하게 반응하는 경우가 많습니다.

이런 내면아이는 "나는 결국 버려질 거야.", "내가 사랑하는 사람은 나를 떠나."라는 내적 대화를 반복하며, 지속적인 정서적 안정감을 경험하지 못한 채 불안정한 감정 상태에 머물러 있는 경우가 많습니다.

2) 내면부모의 상태

버림받음 도식이 있는 사람의 내면부모는 정서적으로 결핍되거나 혼란스러운 성향을 지닐 가능성이 큽니다. 이는 다음과 같은 방식으로 표현됩니다.

· 불안정한 양육자 이미지: 내면부모는 따뜻한 보호자라기보다, 예측 불가능하고 감정적으로 멀어지기 쉬운 존재로 인식됩니다.

· 혼란스러운 메시지 전달: 내면에서 "사랑은 오래가지 않아.", "조심하지 않으면 또 상처받아."라는 메시지를 반복합니다.

· 과도한 경계와 불신 권장: 타인을 신뢰하지 말고, 상처받지 않도록 거리를 두라는 태도로 내면아이를 보호하려 합니다.

· 조건부 사랑의 내면화: "착해야 사랑받는다.", "버림받지 않으려면 맞춰야 한다."는 메시지를 자주 내면화합니다.

· 무관심하거나 차가운 태도: 내면부모는 내면아이의 불안에 진심으로 공감하거나 따뜻하게 위로해 주기보다는 감정적으로 거리를 두는 반응을 보이기 쉽습니다.

내면부모가 이렇게 정서적으로 회피적이거나 예측 불가능할 경우, 내면아이는 사랑을 원하면서도 동시에 두려워하게 되고, 건강한 애착을 맺는 데 어려움을 겪게 됩니다.

3) 심리적 결과와 상호작용

버림받음 도식이 강한 사람은 내면아이와 내면부모 사이에 다음과 같은 반복적인 상호작용 패턴이 나타납니다.

· 내면부모의 방임 혹은 단절 → 내면아이의 불안과 애착욕구 증가: 내면부모가 내면아이의 정서적 욕구에 무관심하거나 외면할 경우, 내면아이는 깊은 외로움과

버려질 것 같은 불안을 느끼게 됩니다. 이는 애착욕구를 과도하게 자극하여, 누군가에게 집착하거나 과도한 인정욕구로 이어지게 만듭니다.

· 애정의 조건화 → 내면아이의 자기 왜곡: 내면부모가 "사랑받기 위해서는 ~해야 한다."는 메시지를 내면아이에게 주면, 내면아이는 자신의 본래 감정과 욕구를 억누르고 타인의 기대에 맞추려는 왜곡된 자기상을 형성합니다. 이는 자아의 분열과 내면적 혼란을 유발합니다.

· 관계 불신 강화 → 정서적 고립: 내면부모가 "사람은 결국 떠난다."는 식의 메시지를 내면아이에게 반복하면, 내면아이는 관계에 대한 기본적인 불신을 갖게 됩니다. 이는 친밀한 관계를 회피하거나 불안정하게 매달리는 방식으로 나타나며, 정서적 고립을 심화시킵니다.

· 버림받음 예견 → 과잉경계 및 방어기제 발동: 내면아이는 내면부모의 반복된 무시나 외면을 통해 '어차피 나는 버려질 것이다.'라는 신념을 갖게 됩니다. 이로 인해 타인의 사소한 변화에도 과민하게 반응하고, 이별이나 거절을 예견하며 미리 거리를 두거나 관계를 차단하는 방어기제를 사용하게 됩니다.

'버림받음'의 심리도식은 내면아이와 내면부모 사이에서 정서적 단절, 불신, 불안정한 애착을 반복시키며, 자아의 안정감과 타인에 대한 신뢰를 약화시키는 악순환을 만듭니다.

4) 치유 방향

버림받음 도식을 치유하기 위해서는 내면아이의 불안을 진정시키고, 내면부모의 정서적 반응을 안정적으로 재구성하는 과정이 필요합니다.

· 내면아이의 안정감 회복: "나는 사랑받을 가치가 있어.", "사람은 항상 떠나는 게

아니야."라는 메시지를 반복하여 안정적인 감정 기반을 형성해야 합니다.

· 내면부모의 따뜻함 회복: 내면부모가 내면아이를 지지하고 안정적으로 돌보는 존재로 다시 설정되어야 합니다. "내가 항상 여기 있어.", "너는 혼자가 아니야." 같은 말이 필요합니다.

· 불안정 애착의 재구성: 애정이 지속될 수 있고, 갈등이 있다고 해서 반드시 관계가 끝나는 것은 아니라는 새로운 믿음을 길러야 합니다.

· 감정 표현의 연습: 감정을 억누르기보다는 안정적인 관계 안에서 자신의 감정을 자연스럽게 표현하는 연습이 필요합니다.

· 자기 돌봄과 연민의 강화: 자기 자신을 안정적으로 돌보고, 불안해하는 자신에게 연민을 보내는 태도를 길러야 합니다.

결국 버림받음 도식의 치유는 내면아이에게 안정적인 애착을 경험시켜 주고, 내면부모를 신뢰할 수 있는 돌봄의 존재로 다시 세워주는 작업을 통해 이루어집니다. 이렇게 내면의 균형이 회복되면, 사람은 타인과의 관계에서도 덜 불안하고 더 진실하게 자신을 표현할 수 있으며, 지속적이고 안전한 관계를 형성할 수 있게 됩니다.

'버림받음'의 심리도식이 있는 사람은 어떤 방어기제를 쓸 가능성이 높은가?

'버림받음'의 심리도식이 있는 사람은 자신을 상처로부터 보호하려는 심리적 보상을 위해 다양한 방어기제를 사용할 가능성이 높습니다. 이 방어기제들은 내면의 불안과 고통을 최소화하고, 자신을 심리적으로 보호하려는 노력의 일환으로 나타납니다. 이를 통해 버림받음에 대한 두려움을 다루고, 외부의 상처를 피하려는 본능적인 반응이 일어납니다. 버림받음의 심리도식에서 나타날 수 있는 방어기제와 그 이유는 다음과 같습니다.

1) 부정(Denial)

버림받을 것에 대한 두려움을 과도하게 느끼는 사람은 이 두려움을 부정하고 이를 의식적으로 인식하지 않으려 합니다. 예를 들어, 관계에서 떠날 것이라는 생각이 불안하게 다가오면 그 생각을 부정하고, "그럴 리 없어!"라고 믿음으로써 자신을 보호하려는 시도를 합니다. 부정은 현실을 받아들이지 않음으로써 심리적 충격을 완화시킵니다. 이렇게 함으로써 관계에서 떠날 것이라는 두려움에서 벗어나기 위한 방어기제로 작용합니다.

2) 투사(Projection)

버림받음에 대한 두려움이 너무 크면, 이 두려움을 타인에게 투사하여 자신이 아닌 상대방이 "날 떠날 것이다."라고 믿게 됩니다. 이는 자신이 경험하는 두려움을 상대방에게 뒤집어씌우는 방어기제입니다. 투사를 통해 불안을 외부의 사람이나 상황에 돌림으로써, 내면의 고통을 분산시키고 자기 자신을 보호하려는 심리적 방어로 작용합니다. 자기 자신의 감정이 아닌, 타인의 문제로 여겨짐으로써 내면의 불안을 덜어낼 수 있습니다.

3) 분리(Splitting)

버림받을 것이라는 두려움을 느끼면, 상대방을 극단적인 선과 악으로 나누어 생각하는 경향이 있습니다. 예를 들어, 상대방이 조금이라도 거리를 두면, "이 사람은 나를 떠날 거야."라고 느끼고 그 사람을 '나쁜 사람'으로 간주할 수 있습니다. 반대로 상대방이 나에게 다가오면 그 사람을 지나치게 이상화하고 완벽한 사람으로 보게 됩니다. 상대방을 이분법적으로 나누어 극단적으로 생각함으로써 자기방어를 강화합니다. 떠날 것이라는 두려움을 덜어내기 위해 상호작용에서 갈등이나 불안을 방지하려는 시도로 보입니다.

4) 퇴행(Regression)

버림받음에 대한 두려움이 강해지면, 사람은 더 어린 시절의 행동 패턴으로 돌아가려는 경향을 보일 수 있습니다. 예를 들어, 상처를 받거나 불안할 때 어린 시절처럼 상대방에게 지나치게 의존하거나 감정적으로 불안정한 태도를 보일 수 있습니다. 퇴행을 통해 심리적 안정을 찾고, 어릴 때 경험한 안정감을 다시 찾으려는 시도입니다. 과거에 의존했던 방식으로 편안함을 추구하며, 현재의 불안에서 벗어나려는 행동입니다.

5) 회피(Avoidance)

버림받음의 두려움이 너무 강하면, 감정적인 상처를 피하려고 친밀한 관계를 피하는 경향을 보일 수 있습니다. 예를 들어, 사람들과의 깊은 관계를 피하고, 심리적으로 거리를 두려는 경향이 있습니다. 관계에서의 불안정성을 피하고, 타인과의 상호작용을 최소화함으로써 버림받을 위험을 줄여보려는 시도입니다. 관계를 피함으로써 상처를 예방하려는 심리적 방어기제입니다.

6) 정서적 억제 (Emotional Inhibition)

버림받을 것에 대한 두려움이 커지면, 사람은 자신의 감정을 억제하거나 숨기려 할 수 있습니다. 예를 들어, 상대방과의 관계에서 감정을 표현하기보다는 이성적인 면을 강조하거나, 감정적인 요구를 자제하려 할 수 있습니다. 감정을 억제하여 내면의 감정을 보호하고, 감정적 충돌을 피하려는 시도입니다. 감정을 드러내면 관계에서 상처를 입을 수 있다는 두려움 때문에 감정을 억제하는 경향이 나타납니다.

버림받음에 대한 두려움을 과도하게 상대방에게 집착하는 형태로 나타낼 수 있습니다. 예를 들어, 사소한 거절에도 과도하게 반응하거나, 상대방에게 지나치게 의존하는 방식으로 관계를 지속하려고 할 수 있습니다. 과잉보상은 자신이 떠날까 봐 두려워서 상대방을 붙잡으려는 시도입니다. 거절당할 위험을 피하기 위해 지나치게 의존하거나 감정적으로 밀착하려는 경향이 생깁니다.

버림받음의 심리도식을 가진 사람들은 이와 같은 방어기제를 통해 상처를 피하고 보호하려고 합니다. 이러한 방어기제들은 외부에서 오는 불안과 고통을 최소화하고, 내면의 불안으로부터 벗어나려는 심리적 보상으로 기능하며, 자아를 보호하려는 중요한 역할을 합니다.

'버림받음'의 심리도식이 있는 사람이 심리적 취약점을 극복할 수 있는 핵심 대처방법 10가지는 무엇인가?

'버림받음'의 심리도식이 있는 사람이 심리적 취약점을 극복할 수 있는 핵심 대처방법 10가지는 건강한 보상기제를 사용하여 감정적 안정과 자기 성장에 도움을 줄 수 있습니다. 아래는 그 방법들입니다:

1) 자기 존중감 키우기

자신의 가치를 외부의 인정에서 찾지 않고, 내면에서 인식합니다. 일상에서 자신에게 긍정적인 말을 걸고, 스스로를 칭찬하는 연습을 통해 자존감을 강화합니다. 자기 인정을 통해 외부의 인정 없이 스스로를 사랑하고, 자신의 가치를 깨닫는 것이 중요합니다.

2) 감정 표현 연습하기

감정을 억누르지 않고 건강하게 표현합니다. 예를 들어, 일기 쓰기나 가까운 사람에게 솔직한 감정을 나누는 것을 통해 감정의 기복을 조절하고, 자신을 더 잘 이해하게 됩니다. 감정적 유연성으로 감정을 억누르거나 회피하지 않고, 자신이 느끼는 감정을 온전히 표현하며 그것을 받아들입니다.

3) 건강한 경계 설정하기

타인과의 관계에서 자신만의 경계를 확립하고, 필요할 때 'No'라고 말하는 연습을 합니다. 이를 통해 타인의 요구에 무조건적으로 응답하는 것이 아니라, 자신의 감정과 필요를 존중하게 됩니다. 건강한 방식의 자기주장으로 자신의 경계를 존중하며, 자신을 보호하는 방식으로 외부의 영향을 줄이고, 독립성을 키웁니다.

4) 긍정적이고 지원적인 관계 유지하기

신뢰할 수 있고 감정적으로 지원해 줄 수 있는 사람들과의 관계를 더욱 깊이 유지합니다. 불안한 관계에서 벗어나, 상호 존중과 지지가 이루어지는 관계에 집중합니다. 사회적 지원망, 즉 나를 감정적으로 지지하는 사람들로부터의 지원을 통해 외로움과 버림받을 것에 대한 두려움을 줄여나갑니다.

5) 자기 돌봄 연습하기

자신에게 충분한 시간과 관심을 주고, 정신적 및 신체적으로 필요한 휴식을 취합니다. 정기적으로 자신을 위한 시간을 마련하여 회복과 재충전의 기회를 제공합니다. '자기 보살핌(보상기제)'으로 자신의 감정과 신체적 요구를 인식하고, 이를 충족시키는 일상을 통해 스스로를 돌봅니다.

6) 실패에 대한 새로운 시각 가지기

실패를 두려워하지 않고, 실패는 성장의 과정이라는 관점을 가집니다. 실패를 경험할 때 자책하지 않고, 그것을 배움의 기회로 삼습니다. '실패를 배움으로 전환하기'로 실패를 부정적인 경험이 아닌 발전의 기회로 받아들이며, 자신감을 키웁니다.

7) 명상과 알아차림 실천하기

명상이나 심호흡을 통해 마음을 진정시키고, 현재에 집중하는 연습을 합니다. 이를 통해 불안감을 줄이고 감정의 흐름을 인식하며 다룰 수 있습니다. 명상이나 알아차림을 통해 지금 이 순간에 집중하여 과거의 상처나 미래의 두려움에 대한 생각에서 벗어나, 감정을 안정시키고 평온함을 유지합니다.

8) 감정적 독립성 기르기

감정적으로 독립적이 되기 위해, 타인의 반응이나 행동에 자신의 감정을 의존하지 않도록 연습합니다. 자아를 외부의 평가나 반응에 휘둘리지 않도록 자아의 강화를 목표로 합니다. 외부의 반응에 휘둘리지 않고, 내면에서 자신의 감정을 조절하고 자율적으로 대처하는 능력을 키웁니다.

9) 자신의 감정에 대한 책임감 가지기

자신의 감정을 타인에게 전가하지 않고, 감정을 스스로 인식하고 처리하는 방법을 배우며, 감정의 원인과 결과에 대해 책임을 집니다. 감정적인 상태를 다른 사람에게 의존하지 않고, 자기 내면에서 해결하려는 책임감을 기릅니다.

10) 긍정적 자기 대화 실천하기

자아에 대해 부정적인 생각이 들 때, 긍정적인 자기 대화를 사용하여 자신의 생각을 교정합니다. 자신에게 격려의 말을 건네고, 자신을 칭찬하는 연습을 통해 내면의 목소리를 긍정적으로 바꿔갑니다. '긍정적인 자기 대화'로 부정적인 생각을 긍정적인 관점으로 바꾸며, 자신의 내면적인 성장을 촉진합니다.

이 10가지 대처방법들은 버림받음의 심리도식을 가진 사람이 심리적 취약점을 극복하고, 내면의 강점을 키울 수 있도록 돕는 중요한 방법들입니다. 각 방법은 감정적으로 안정된 상태를 유지하면서도 건강한 보상기제를 사용해 스스로를 돌보고 성장하는 데 기여할 수 있습니다.

'버림받음'의 심리도식이 있는 사람이 버려야 할 '마이너스 생각 10가지'는 무엇이며, 이것을 꼭 가져야 할 '플러스 생각 10가지'로 바꾸면 어떻게 되는가?

'버림받음'의 심리도식을 가진 사람이 극복을 위해 버려야 할 '마이너스 생각 10가지'와 이를 바꾸어야 할 '플러스 생각 10가지'는 다음과 같습니다. 이 방법들은 자신에 대한 신뢰를 높이고, 건강한 자아감을 유지하며, 관계에 대한 긍정적인 접근을 돕는 방향으로 나아가게 해줍니다.

1) "나는 항상 버림받을 거야."

⇒ '항상'이라는 단어는 과도한 일반화다. 이 생각은 현실적이지 않으며, 미래를 너무 비관적으로 전망하게 만든다.

2) "내가 부족해서 사람들이 떠날 거야."

⇒ 이 생각은 자신을 끊임없이 비하하게 만들고, 자존감을 낮추는 원인이 된다. 자신에게 요구하는 기준이 너무 높을 수 있다.

3) "내가 무언가 잘못하면 모두 나를 떠날 거야."

⇒ 사소한 실수나 결점에 대해 과도하게 걱정하는 것은 불필요한 스트레스를 유발한다. 사람들은 결점이 있는 나를 받아들일 수 있다.

4) "다른 사람들은 나에게 무관심해."

⇒ 이 생각은 관계에서의 불안감을 증대시키고, 사람들에 대한 신뢰를 잃게 만든다. 인간관계는 다양한 방식으로 존재하므로, 항상 일관되게 관계가 유지되지 않더라도 그 자체를 비판적으로 보지 않아야 한다.

5) "나 혼자서는 아무것도 할 수 없어."

⇒ 자신의 능력에 대한 과도한 부정은 자존감을 떨어뜨린다. 사람들은 종종 혼자서 할 수 없다고 느끼지만, 지원을 받으면 더 나은 성과를 낼 수 있다.

6) "모든 관계는 언젠가 끝날 거야."

⇒ 비관적인 전망은 현재의 관계를 소중히 여기는 데 방해가 된다. 현재의 관계가 끝날 것이라는 생각은 미래에 대한 과도한 걱정이다.

7) "나는 사랑받을 자격이 없어."

⇒ 자기 자신을 사랑받을 자격이 없다고 느끼는 것은 극복해야 할 중요한 문제

다. 모든 사람은 사랑받을 자격이 있다.

8) "다른 사람들이 나를 피하려고 해."

⇒ 이 생각은 다른 사람들을 불신하게 만들고, 본인의 대인 관계에 부정적인 영향을 미친다. 종종 이러한 생각은 과도한 불안감에서 비롯된다.

9) "내가 약하면 사람들이 나를 떠날 거야."

⇒ 약점을 드러내면 관계가 더 깊어질 수도 있다. 모든 사람이 완벽한 상태로 존재할 수는 없다.

10) "나는 언제나 외로울 것이다."

⇒ 외로움을 느끼는 것은 자연스러운 감정이지만, 이 생각은 외로움의 감정을 지나치게 확대할 수 있다. 외로움은 일시적인 감정일 수 있다.

꼭 가져야 할 '플러스 생각' 10가지

1) "나는 충분히 사랑받을 자격이 있다."

⇒ 내가 나 자신을 사랑받을 자격이 있는 존재로 바라보면, 그것은 외부로 들어날 수밖에 없다.

2) "내가 나 자신을 받아들이면, 다른 사람도 나를 더 잘 받아들일 것이다."

⇒ 자기 수용을 통해 타인도 나를 긍정적으로 받아들이게 된다. 나는 나대로 충분히 가치 있는 사람이다.

3) "사소한 실수는 나를 정의하지 않는다."

⇒ 실수는 성장의 일부일 뿐, 그것이 나의 전부는 아니다. 실수를 통해 배우고 더 나아갈 수 있다.

4) "다른 사람들이 나에 대해 항상 관심을 갖지 않더라도, 그건 나와 상관없다."

⇒ 모든 사람의 관심을 끌 수는 없지만, 내가 나 자신을 가치 있게 여기면 그 자

체로 충분하다.

5) "나는 나만의 방식으로 중요한 사람들과 관계를 유지할 수 있다."

⇒ 각자의 스타일로 관계를 이어가는 것이 중요하다. 관계의 깊이는 형태가 아니라, 상호 존중에서 나온다는 것을 이해하는 것이 중요하다.

6) "나는 혼자서도 많은 것을 할 수 있고, 필요하면 도움을 받을 수 있다."

⇒ 자립적이면서도 필요한 순간에는 도움을 구하는 균형을 맞추는 것이 중요하다.

7) "모든 관계는 일시적인 것이 아니라, 나와 다른 사람 모두 성장할 수 있는 기회다."

⇒ 관계는 끝나는 것이 아니라, 각자의 성장과 변화에 따라 변할 수 있다. 이를 받아들이면 더 건강한 관계를 만들 수 있다.

8) "나는 완벽하지 않지만, 나의 불완전함도 나의 일부다."

⇒ 완벽하지 않다는 것은 인간적인 면에서 매력적일 수 있다. 자신을 있는 그대로 받아들이고, 그 속에서 긍정적인 면을 찾아내는 것이 중요하다.

9) "나의 감정은 중요한 것이고, 표현할 자격이 있다."

⇒ 감정을 억누르지 않고, 그 감정을 적절히 표현하는 것이 중요하다. 감정은 나의 중요한 신호다.

10) "나는 언제나 내 안에서 다시 일어설 수 있는 힘을 가지고 있다."

⇒ 어떤 어려움도 극복할 수 있다는 믿음은 자신에게 큰 힘을 준다. 내면의 힘을 믿고, 항상 다시 일어설 수 있다.

이러한 플러스 생각들은 마이너스 생각을 긍정적이고 유연한 사고로 대체하여, 버림받음에 대한 불안감을 극복하는 데 도움을 줄 수 있습니다. 자신을 더 사랑하고, 외부의 평가에 너무 의존하지 않으며, 내면에서 오는 안정감을 기르는 것이 중요합니다.

'버림받음'의 심리도식이 있는 사람에게 치유와 성장을 위해 가장 좋은 자각질문 5가지

'버림받음'의 심리도식이 있는 사람은 내면 깊은 곳에 '나는 결국 버림받을 것이다.' 혹은 '나는 사랑받기 어렵다.'는 신념을 가지고 있으며, 이로 인해 관계에서 불안정한 애착, 감정적 의존, 혹은 과잉경계 등의 반응을 보이게 됩니다. 이를 치유하고 성장하기 위해서는 그러한 자동적 신념과 반응을 자각하고, 새로운 감정적 경험을 형성하는 것이 핵심입니다. 아래 다섯 가지 자각 질문은 버림받음 도식을 가진 분이 자기 인식과 치유의 길로 나아가기 위한 내면 탐색의 도구로 매우 효과적입니다.

1) "지금 느끼는 이 불안은 실제 이 관계 안에서 비롯된 것인가, 아니면 과거 상처에서 온 것인가?"

→ 현재 상황과 과거의 상처를 구분하게 도와줍니다. 내면아이의 감정이 지금의 현실을 덮어쓰고 있는지를 알아차리는 데 중요합니다.

2) "나는 어떤 방식으로 상대방의 이탈을 미리 예견하거나 두려워하면서 스스로 거리를 두고 있는가?"

→ 자기도 모르게 관계를 스스로 훼손하는 방식을 인식하게 해줍니다. 이는 내면부모의 '예견된 버림' 메시지를 자각하는 첫걸음이 됩니다.

3) "내가 진심으로 원하는 것은 사랑인가, 아니면 버려지지 않으려는 안전인가?"

→ 애착의 동기를 성찰하게 해주는 질문입니다. 사랑을 주고받고 싶은 욕망과 상처받지 않으려는 방어가 어떻게 뒤섞여 있는지를 구별하게 돕습니다.

4) "내가 믿고 있는 '버림받을 것이다.'라는 신념은 어떤 경험에서 비롯된 것인가?"

→ 무의식적인 핵심 신념의 뿌리를 인식하는 질문입니다. 어린 시절의 실제 사건과 감정을 떠올리는 과정에서 치유의 문이 열립니다.

5) "이 순간, 나는 나 자신과 함께 있어 줄 수 있는가?"

→ 자기 자신과의 관계를 회복하기 위한 핵심 질문입니다. 내면아이에게 필요한 것은 외부로부터의 조건 없는 수용이기도 하지만, 궁극적으로는 자기 자신이 자신에게 보내는 안전과 따뜻함입니다.

이 질문들을 바탕으로 글(감정일기)을 써보거나, 상담 혹은 명상 중에 깊이 탐색해 보면 내면아이와 내면부모 사이의 대화가 변화하기 시작합니다. 버림받음의 도식은 관계 속에서 생겨났기에, 새로운 방식의 관계 안에서만이 진정으로 치유될 수 있습니다. 그 시작은 자신과의 관계 회복에서 비롯됩니다.

'버림받음'의 심리도식이 있는 사람이 깨우쳐야 할 핵심 명상 메시지 5가지

'버림받음'의 심리도식이 있는 사람이 깨우쳐야 할 핵심 명상 메시지 5가지는 다음과 같습니다. 이 메시지들은 버림받음에 대한 두려움과 외로움에서 벗어나 내면의 안정과 자존감을 회복하는 데 도움을 줄 수 있습니다.

1) 나는 사랑받을 자격이 있으며, 그 사랑은 내 안에서 시작된다.

타인의 사랑을 갈구하기보다는 자기 자신을 사랑하는 것이 핵심입니다. 이 메시지는 자신이 사랑받을 자격이 있고, 그 사랑은 외부에서 오는 것이 아니라, 자신 안에서부터 시작된다는 점을 강조하여 내면의 사랑을 확립하도록 돕습니다.

2) 모든 관계는 흐름이 있고, 나는 그것을 받아들일 준비가 되어 있다.

관계에 대한 두려움을 다루기 위해, 관계의 유동성을 인식하는 것이 중요합니다. 사람들은 서로 다른 이유로 가까워졌다가 멀어질 수 있으며, 그것은 자연스러운 현상임을 깨닫는 메시지입니다. 이 명상 메시지는 사람들과의 관계에서 오는 불안과 두려움을 해소하는 데 도움을 줍니다.

3) 과거의 상처와 버림받음은 지금의 나를 제한하지 않는다.

어린 시절 경험한 버림받음이 현재의 삶을 좌우한다고 느끼기 쉽습니다. 이 메시지는 과거의 경험이 지금의 자신을 정의하지 않음을 상기시킵니다.

4) 모든 관계는 나에게 가르침을 준다.

버림받음의 심리도식은 관계에서의 두려움과 불안을 일으킬 수 있지만, 이 메시지는 모든 경험이 나를 성장시키는 중요한 가르침임을 알려줍니다. 관계에서의 상처나 떠나감은 내 개인적인 성장의 기회로 바꿀 수 있다는 긍정적인 사고를 갖게 합니다.

5) 나는 완전한 존재이며, 누구에게도 나의 가치를 맡기지 않는다.

타인과의 관계에서 버려질까 봐 두려워하는 사람은 자신의 가치를 외부에 의존하는 경향이 있습니다. 이 메시지는 자기 자신을 있는 그대로 받아들이고, 외부의 판단에 흔들리지 않고 자신의 가치를 믿도록 돕습니다.

이 명상 메시지들은 버림받음의 심리도식에서 오는 불안감을 해소하고, 스스로에 대한 신뢰와 사랑을 회복하는 데 도움을 줍니다. 이 메시지를 꾸준히 되새기면, 자기 자신을 돌아보고 마음의 평안을 찾을 수 있습니다.

내면의 조건 없는 사랑(신성)이 '버림받음'의 심리도식이 있는 나에게 전하는 말

사랑하는 너에게,

네가 마음 깊은 곳에서 느끼는 그 '버려질지도 모른다'는 두려움, 나는 알아. 그 두려움은 아주 어릴 때부터 너를 지켜주기 위해 자리를 잡았을 거야. 사랑을 얻기 위해 더 착하게, 더 조용하게, 더 열심히 살아야 했던 너. 그 모든 노력은 너를 지키려는 간절한 몸부림이었지.

하지만 이제 나는 이렇게 말해주고 싶어. 너는 한 번도 버려진 적 없어. 너는 단 한 순간도 사랑에서 떨어져 나온 적이 없어. 그저 잠시, 사랑이 보이지 않는 것처럼 느껴졌을 뿐이야. 네가 외로움 속에서 떨고 있을 때조차, 나는 한 발자국도 물러서지 않고 네 곁에 있었어.

내가 너 안에서 속삭이는 진실은 이거야. "너는 이미 사랑 그 자체야." 누구에게 인정받지 않아도, 누군가 곁에 없어도, 너의 존재는 완전하고 충분해. 네 안에 흐르는 빛은 조건이 없어. 그 빛은 네가 더 잘하거나, 더 강해져야만 얻어지는 것이 아니야. 그냥 네가 존재하는 바로 그 이유로 충분한 거야.

그러니 오늘은 그 외로움에게 살며시 말을 걸어줘. "괜찮아, 나는 나를 떠나지 않아." 이 말은 네가 스스로에게 건네는 가장 깊은 약속이자 새로운 시작이야. 버려졌다는 오래된 기억은 이제 너의 빛 앞에서 서서히 힘을 잃고 있어. 그 빈자리를 채우는 것은 두려움이 아니라 믿음이야.

머지않아 너는 깨닫게 될 거야. "나는 늘 사랑받고 있었다."는 사실을. 그 기억은 네 안에 서 다시 살아나, 너를 더 자유롭게 만들 거야. 이제 너는 더 이상 기다리지 않아도 돼. 나 는 항상 여기 있었고, 앞으로도 그럴 거야. 너의 모든 순간을 껴안는 조건 없는 사랑으로, 언제나 네 곁에서.

불신/학대: 피해당할까 의심하는 자아

불신/학대 도식의 자아에겐 '저 사람이 날 속이는 게 아닐까?'라는 믿음이 있으며, 그 핵심 대처방식은 다음과 같습니다.

- 굴복보상: 자신을 괴롭히는 상대와의 관계에서 벗어나지 못한 채 정서적, 신체적인 학대를 당한다.
- 회피보상: 타인을 신뢰하지 않기 때문에 관계를 회피한다. 자신의 약점을 드러내지 않으며 비밀을 유지한다.
- 과잉보상: 본인이 가해자가 되어, 누군가가 자신을 이용하고 학대하기 전에 타인을 먼저 착취하고 학대한다.

불신/학대 도식의 자아는 깊은 내면에 "세상은 나를 다치게 한다"는 공포 기반의 신념을 품고 있습니다. 어린 시절, 신체적·정서적 학대나 조롱, 배신, 폭력을 경험한 경우, 아이는 '타인은 위험하다'라는 결론을 내립니다. 사랑과 친밀함이 동시에 위협과 고통을 가져왔기 때문에, 자아는 타인을 신뢰하는 법을 배우지 못합니다. 이 신념은 성인이 되어서도 무의식적으로 작동하여, 관계 속에서 늘 경계와 불안을 유지하게 만듭니다. 누군가의 친절 속에서도 함정을 찾고, 도움을 받아도 불편함을 느낍니다.

　굴복보상은 피해의 패턴에 익숙해진 자아가 택하는 무의식적 생존전략입니다. 어린 시절 "저항하면 더 크게 다친다"는 경험이 각인된 사람은, 무의식적으로 가해자와의 관계에 순응함으로써 일시적인 안전감을 얻습니다. 자신을 괴롭히는 상대에게 복종하거나, 떠나지 못하고 머무르며 "이 사람이라도 나를 버리지는 않겠지"라는 역설적인 안정감을 느낍니다. 굴복보상은 "맞더라도 예측 가능한 폭력 속이 낫다"는 무의식적 통제의 형태입니다. 다시 말해, 학대는 고통이지만, 예측 가능한 고통 속에서는 최소한의 정합성과 통제감을 유지할 수 있기 때문에 자아는 거기서 이상한 평온을 찾습니다.

　회피보상은 그 반대로, 상처로부터 완전한 철수를 통해 안전을 확보하려는 보호기제입니다. 불신의 자아는 친밀함을 위험으로 느끼기 때문에, 관계 자체를 피하고 자기 내부로 철수합니다. 타인에게 약점을 보이는 순간 이용당할 것이라는 두려움 때문에, 감정을 숨기고 비밀을 유지합니다. 외형상으로는 냉정하고 독립적이지만, 그 이면에는 "나는 누구에게도 진짜로 안전하지 않다"는 외로움이 자리합니다. 이 회피는 신뢰의 실패를 막기 위한 일종의 심리적 방역이지만, 결국 고립을 강화하고 관계적 치유의 기회를 차단합니다.

　과잉보상은 피해의 기억을 반전시켜 자신이 '가해자' 역할을 함으로써 상처받지 않으려는 무의식적 방어입니다. "내가 먼저 공격하면, 당하지 않는다"는 원리가 작동합니다. 이런 사람은 타인을 이용하거나 비난하며 통제하려 하고, 상대가 조금이라도 자신을 비판하면 즉각 방어하거나 공격적으로 반응합니다. 그들의 내면에는 여전히 "언젠가 나를 해칠 것이다"라는 불안이 살아 있으며, 공격은 두려움을 덮는 보호막입니다. 과잉보상은 힘의 역전을 통해 자신을 보호하려 하지만, 실은 끊임없이 위협을 재창조하는 자기방어의 악순환입니다.

이처럼 불신/학대 도식의 자아는 "타인은 언제든 나를 이용하고 버릴 수 있다"
는 신념을 유지하기 위해 굴복·회피·과잉보상이라는 세 가지 방어기제를 순환적
으로 사용합니다. 그 보상은 각각 다르지만 모두 "통제감을 잃지 않으려는 시도"
라는 공통된 목표를 지닙니다. 진정한 치유는 신뢰의 회복이 아니라, 먼저 "나 스
스로를 안전하게 지킬 수 있다"는 내적 확신을 세우는 데서 시작됩니다. 자기 안
에서 안정감이 세워질 때 비로소 타인에 대한 신뢰가 가능해지고, 세상은 더 이상
'위협의 장소'가 아니라 '교류의 공간'으로 바뀌게 됩니다.

'불신/학대'의 심리도식이 있는 사람은 어린 시절 어떤 상처(트라우마)를 받았을 가능성이 높은가?

'불신/학대'의 심리도식이 있는 사람은 어린 시절에 신뢰가 깨지거나 학대당하
는 경험을 했을 가능성이 높습니다. 주 양육자가 신체적, 정서적 학대를 가했거
나, 보호받지 못했다고 느꼈을 때, 이러한 도식이 형성될 수 있습니다. 부모나 양
육자가 아이를 지속적으로 비난하거나, 무시하거나, 거짓말을 하거나, 필요할 때
보호해 주지 않았던 경험이 쌓이면 세상은 위험하고 사람은 믿을 수 없다는 기본
신념이 자리 잡을 수 있습니다.

1) 부모나 보호자의 신체적 학대

부모나 보호자가 아이에게 폭력을 행사했거나, 반복적으로 신체적 고통을 가했
을 경우, 아이는 세상이 위험하다는 인식을 가지게 됩니다. 신체적 학대는 타인에
대한 근본적인 불신을 형성하며, 사람은 자신을 해칠 수 있다는 두려움을 심어줍
니다.

2) 정서적 학대와 비난

부모가 아이를 지속적으로 비난하거나, 모욕하거나, 감정적으로 공격하는 경우, 아이는 자신이 무가치하고 사랑받을 자격이 없다고 느끼게 됩니다. 정서적 학대는 아이가 타인을 믿기 어렵게 만들며, 인간관계에서 기본적인 불신을 형성할수 있습니다.

3) 성적 학대

어린 시절 성적 학대를 경험했을 경우, 아이는 강한 수치심과 불안감을 가지게되고, 타인을 기본적으로 경계하게 됩니다. 성적 학대는 깊은 상처를 남기며, 사람에 대한 신뢰를 잃게 만들 수 있습니다.

4) 양육자의 거짓말과 배신

부모나 양육자가 반복적으로 거짓말을 하거나, 약속을 어기거나, 아이를 속였을 경우, 아이는 타인을 신뢰하기 어렵게 됩니다. 부모가 신뢰를 깨트리는 행동을하면 아이는 인간관계에서 기본적인 믿음을 형성하기 어렵습니다.

5) 방임과 무관심

부모나 양육자가 아이의 정서적, 신체적 욕구를 지속적으로 무시했거나 방임한경우, 아이는 자신이 보호받지 못하고 있다고 느끼게 됩니다. 이런 경험은 타인에게 기대할 수 없다는 인식을 형성하며, 신뢰에 대한 두려움을 강화시킵니다.

6) 가정 내 폭력 목격

부모나 가족 간의 신체적, 정서적 폭력을 목격했을 경우, 아이는 세상이 위험하다는 인식을 형성할 수 있습니다. 가정 내에서 폭력이 발생하면 아이는 자신이 안전하지 않다고 느끼며, 타인에 대한 두려움과 불신이 강화될 수 있습니다.

7) 신뢰를 깨트리는 반복적 경험

부모나 양육자가 약속을 반복적으로 어기거나, 아이를 속이거나, 신뢰를 저버리는 경험이 쌓이면 아이는 타인에 대한 신뢰를 잃게 됩니다. 이는 성인이 되어서도 친밀한 관계에서 거리감을 유지하고 방어적인 태도를 보이게 만듭니다.

8) 부모의 우선순위에서 배제됨

부모가 자신의 욕구나 다른 사람을 우선시하고 아이를 소외시킬 경우, 아이는 자신이 보호받고 있다고 느끼지 못합니다. 이러한 경험은 아이가 인간관계에서 배제될까 두려워하게 만들고, 타인을 믿기 어렵게 만듭니다.

'불신/학대'의 심리도식은 이러한 어린 시절의 상처로 인해 타인에 대한 근본적인 불신과 경계심을 형성하게 만듭니다. 성인이 되어도 인간관계에서 타인을 믿기 어렵고, 거리를 두거나 경계하는 행동 패턴이 나타날 수 있습니다.

'불신/학대'의 심리도식이 있는 사람의 내면아이와 내면부모는 어떤 상태일 가능성이 높은가?

'불신/학대'의 심리도식이 있는 사람은 내면아이와 내면부모 모두가 세상과 타인을 본능적으로 불신하고, 상처받지 않기 위해 방어적으로 반응하는 경향이 강합니다. 이 도식은 보통 어린 시절 중요한 사람들—특히 부모나 돌봄 제공자—로부터 신뢰를 배반당한 경험, 학대, 거짓말, 조롱, 배신, 공정하지 못한 대우 등을 반복해서 경험하면서 형성됩니다. 그 결과, 사람은 세상을 본래부터 위험하고 기만적인 곳으로 인식하게 되고, 내면아이와 내면부모 모두 그에 맞춰 행동하려는 경향이 생깁니다. 다음은 이 도식의 관점에서 내면아이와 내면부모의 상태를 구체적으로 살펴본 설명입니다.

1) 내면아이의 상태

'불신/학대' 도식을 지닌 사람의 내면아이는 세상은 위험하며, 타인은 나를 반드시 해칠 것이라는 공포와 방어심리에 사로잡혀 있을 가능성이 높습니다. 주요 특징은 다음과 같습니다.

· 근본적인 불신감: 어떤 관계에서도 마음을 열지 않으며, '상대는 언젠가 나를 속이거나 상처줄 것이다.'는 기본 태도를 가집니다.

· 공격이나 조롱에 대한 기억의 고착: 과거 경험이 강하게 각인되어, 비슷한 상황이 발생하면 과잉반응합니다.

· 타인을 향한 지속적인 경계심: 가까워질수록 더 경계하고 의심하며, 친밀함 자체를 위협처럼 느끼는 경향이 있습니다.

· 피해자 정체성: 반복적으로 '나는 항상 당하는 쪽'이라는 생각에 사로잡혀 있으며, 분노와 슬픔을 동시에 경험합니다.

· 감정 표현의 억제와 회피: 내면적으로는 겁에 질려 있으나, 겉으로는 무관심하거나 냉소적으로 감정을 숨깁니다.

이러한 내면아이는 "누구도 믿으면 안 돼.", "진심을 보이면 당한다."는 자기 대화를 반복하며, 세상으로부터 스스로를 보호하기 위해 정서적 벽을 쌓는 모습을 보입니다.

2) 내면부모의 상태

'불신/학대' 도식을 지닌 사람의 내면부모는 외부 세계에 대한 극단적 경계와 감정적 방어기제로 무장되어 있으며, 다음과 같은 태도를 나타냅니다.

- 의심과 추궁의 목소리: "저 사람은 분명 뭔가 숨기고 있어.", "너 바보처럼 속지 마."와 같은 경고성 메시지를 자주 내면아이에게 전달합니다.
- 냉소적이고 비관적인 관점: 세상은 기본적으로 위험하고, 사람은 믿을 수 없다는 신념이 강합니다.
- 정서적 거리두기 권장: 감정에 휘둘리지 말고, 관계에서 절대적으로 중심을 잡아야 한다는 압박을 줍니다.
- 복수나 방어적 태도 조장: 누군가에게 상처받으면 그에 대한 보복이나 냉정한 태도로 대응해야 한다고 여깁니다.
- 지배와 통제 중시: 인간관계를 신뢰보다 통제와 우위로 유지하려는 태도를 내면화합니다.

내면부모가 이렇게 냉소적이고 방어적이면, 내면아이는 스스로의 정서적 요구를 표현할 기회를 잃고, 방어적 행동을 삶의 기본 전략으로 택하게 됩니다.

3) 심리적 결과와 상호작용

'불신/학대' 도식이 강할수록 내면아이와 내면부모는 다음과 같은 부정적인 상호작용을 지속하게 됩니다.

· 내면부모의 경고 → 내면아이의 고립: "믿지 마!"라는 메시지를 반복적으로 받으며, 내면아이는 더 깊이 사람을 피하게 됩니다.

· 과잉 방어 → 관계에서의 단절: 타인을 시험하거나 일부러 거리를 두며, 친밀감을 구축하지 못합니다.

· 정서적 위축 → 신뢰 실패 반복: 신뢰를 시도조차 하지 않으면서 관계에서 신뢰가 형성되지 못하는 악순환이 발생합니다.

· 내면적 불안정성 → 외적 냉소성: 실제로는 상처받기 두렵지만, 겉으로는 강하고 무심한 듯 행동합니다.

· 자기 보호 → 자기 파괴: 상처받지 않으려는 방어가 결국 고립과 외로움을 심화시켜 자기소외로 이어집니다.

'불신/학대' 도식은 내면에서 '세상은 위험하다.', '사람은 믿을 수 없다.'는 신념을 강화시킵니다. 이로 인해 내면아이는 깊은 고립감을 느끼고, 내면부모는 경계와 방어로 관계를 끊어버리게 만듭니다. 결국 친밀한 유대의 경험을 할 기회를 스스로 차단하며, 외적 냉소와 내적 외로움 사이에서 심리적 소진을 겪게 됩니다.

4) 치유 방향

'불신/학대' 도식을 치유하기 위해서는 내면아이에게 안전한 애착의 경험을 제공하고, 내면부모의 경계적 메시지를 완화하는 작업이 필요합니다.

· 내면아이의 안전감 회복: "모두가 널 해치려는 게 아니야.", "신뢰해도 괜찮은 사람

이 있어."라는 메시지를 반복적으로 주며, 점진적으로 신뢰를 회복시켜야 합니다.

· 내면부모의 태도 변화: 경고와 의심의 말 대신, "조심해도 좋지만, 마음을 열어
볼 수도 있어."라는 중간적 메시지를 훈련해야 합니다.
· 감정 표현의 허용: 감정을 표현하는 것이 위험한 것이 아니라, 관계를 깊게 하는
자연스러운 방식임을 인식시켜야 합니다.
· 신뢰의 소규모 실험: 작은 관계에서부터 신뢰를 시도해 보고, 실제 경험을 통해
세상이 모두 적대적인 것이 아님을 체득하게 해야 합니다.
· 자기방어의 완화와 연민 강화: 자신이 방어를 선택했던 이유에 공감하고, 그 전
략이 지금은 필요 없다는 사실을 따뜻하게 전달해야 합니다.

결국 '불신/학대' 도식을 가진 사람의 치유는 '누구도 믿을 수 없다'는 내면 메
시지를 '누군가는 믿을 수 있다'는 가능성으로 바꾸는 데서 시작됩니다. 내면부모
의 냉정한 방어를 완화하고, 내면아이의 상처받은 마음을 돌보는 연습이 쌓이면,
점점 더 많은 관계에서 신뢰와 연결의 경험이 축적되어 정서적으로 건강한 삶으
로 나아갈 수 있게 됩니다.

'불신/학대'의 심리도식이 있는 사람은 어떤 방어기제를 쓸 가능성이 높으며, 그 이유는 무엇인가?

'불신/학대'의 심리도식이 있는 사람은 자신을 상처로부터 보호하기 위해 다양
한 방어기제를 사용할 가능성이 큽니다. 이들은 과거의 상처나 트라우마로 인해
타인을 신뢰하는 데 어려움을 겪으며, 자신이 속거나 학대당할 위험을 느끼기 때

문에, 이러한 심리적 보상을 통해 자신을 보호하려는 시도를 합니다.

1) 부인(Denial)

불신/학대 도식이 있는 사람은 자신이 받은 상처나 타인의 위협을 직면하기 힘들어 그것을 부정하거나 없는 일처럼 여길 수 있습니다. 예를 들어, 실제로 학대나 배신을 경험했음에도 "그건 별일 아니야."라며 스스로를 속이려 합니다. 부인은 고통스러운 현실을 인정하지 않음으로써 당장의 불안을 줄이는 방법이지만, 동시에 치유와 회복을 늦추는 결과를 낳습니다.

2) 투사(Projection)

불신/학대 도식이 있는 사람은 자신이 느끼는 불안과 의심을 타인에게 투사할 수 있습니다. 예를 들어, "저 사람이 나를 속이려 할 것이다."라고 생각하면서도 실제로 자신이 다른 사람을 속이려 하는 행동을 보일 수 있습니다. 투사는 자신의 두려움과 불안을 외부로 돌려 그 불안을 덜어내려는 시도입니다. 자신이 속을 위험에 처해 있다고 느낄 때, 그 불안을 타인에게 투사함으로써 자신을 보호하고 감정을 간접적으로 처리하려는 것입니다.

3) 격리(Isolation)

불신을 가진 사람은 감정을 격리하거나, 자신에게 상처를 줄 수 있는 상황을 피하려는 경향이 있습니다. 예를 들어, 타인에게 마음을 열지 않고 감정을 표현하지 않거나, 타인과의 관계에서 감정적인 깊이를 피하는 방식입니다. 격리는 상처를 받을 가능성을 줄이기 위해 감정을 외부와 차단하려는 시도입니다. 타인과의 관계에서 감정을 격리시킴으로써, 자신이 상처받지 않도록 방어하고, 감정적 혼란을 피하려는 목적을 가집니다.

4) 합리화(Rationalization)

불신/학대 도식이 있는 사람은 자신이 타인에게 상처받을 것을 두려워하면서도, 타인의 부정적인 행동을 논리적으로 설명하려 할 수 있습니다. 예를 들어, "그 사람이 나를 속이려 했던 것이 아니라 그냥 그런 상황이었을 뿐"이라고 생각하면서 상대방의 행동을 정당화합니다. 합리화는 상처를 덜 받기 위해 현실을 논리적으로 해석하는 방법입니다. 상대방의 부정적인 행동을 의도적으로 해석하여 자신이 더 이상 상처받지 않도록 하며, 감정적인 고통을 피하려고 합니다.

5) 반응형 형성(Reaction Formation)

이 사람은 내면의 불신과 의심을 숨기기 위해 반대되는 행동을 취하는 경향이 있습니다. 예를 들어, 실제로는 다른 사람을 믿지 못하면서, 겉으로는 지나치게 신뢰하고 긍정적인 태도를 보입니다. 반응형 형성은 내면의 부정적인 감정을 외부적으로 감추는 방법으로, 타인이 속일 가능성이 있다는 두려움에서 벗어나기 위해 반대되는 태도를 보이면서 자신을 보호하려는 시도입니다. 이로써 불안과 상처를 숨기고, 자신이 상처받을 위험을 피하려고 합니다.

6) 고립(Isolation of Affect)

불신/학대 도식이 있는 사람은 감정을 고립시키거나, 부정적인 감정을 드러내지 않으려 합니다. 예를 들어, 자신이 상처받았다고 느끼는 상황에서 감정을 억누르고, 감정적으로 무감각해지려 할 수 있습니다. 감정을 고립시키는 것은 상처받지 않기 위한 전략입니다. 감정을 드러내지 않음으로써, 타인에게 감정을 취약하게 드러내지 않고, 상처를 피하려는 의도가 있습니다. 이는 자신을 더 안전하게 보호하려는 방법입니다.

7) 과잉보상(Overcompensation)

불신/학대 도식이 있는 사람은 과도하게 자신을 방어하거나 타인을 통제하려는 태도를 취할 수 있습니다. 예를 들어, 타인이 자신을 속일 가능성에 대해 과도하게 경계하고, 이로 인해 다른 사람을 지나치게 통제하려 합니다. 과잉보상은 상대방을 지배하거나 통제하여 자신을 보호하려는 시도입니다. 자신이 상처받지 않도록 타인을 조종하거나 지나치게 조심스럽게 행동하는 방식으로, 상처를 피하려고 합니다.

이러한 방어기제들은 불신과 학대에 대한 두려움에서 비롯된 자연스러운 심리적 보상 기제로, 자신을 상처로부터 보호하려는 시도입니다. 그러나 시간이 지남에 따라 이러한 방어기제들은 오히려 관계에서의 어려움을 초래하거나 정서적 고립을 초래할 수 있으므로, 치료 과정에서 건강한 방식으로 이를 조정할 필요가 있습니다.

'불신/학대'의 심리도식이 있는 사람이 심리적 취약점을 극복할 수 있는 핵심 대처 방법 10가지는 무엇인가?

'불신/학대'의 심리도식이 있는 사람이 심리적 취약점을 극복할 수 있는 핵심 대처 방법 10가지는 다음과 같습니다. 건강한 보상 기제를 통해 타인에 대한 두려움과 불신을 완화하고, 안전하고 신뢰할 수 있는 관계를 형성하는 데 도움이 됩니다.

1) 안전한 관계 경험 쌓기

불신/학대의 심리도식이 강한 사람은 타인에 대해 기본적으로 경계하고 의심하는 경향이 있습니다. 따라서 신뢰할 수 있는 사람과의 작은 약속이나 긍정적인 경험을 통해 점진적으로 신뢰를 형성하는 것이 중요합니다. 예를 들어, 약속을 잘 지키는 친구와 정기적으로 소통하면서 신뢰의 경험을 쌓아가는 것입니다.

2) 감정 표현 연습

자신의 감정을 안전한 환경에서 솔직하게 표현하는 연습이 필요합니다. 불신/학대의 도식이 있는 사람은 자신의 감정을 숨기거나 억누르는 경우가 많습니다. 따라서 신뢰할 수 있는 사람 앞에서 "지금 나는 불안하다.", "나는 이런 상황이 힘들다."와 같은 감정을 표현하면서 정서적으로 개방적인 태도를 연습합니다.

3) 경계 설정 능력 강화

불신과 학대의 경험이 있는 경우, 타인에게 너무 쉽게 마음을 열거나 반대로 완전히 차단해 버리는 극단적인 경향이 나타날 수 있습니다. 따라서 자신의 심리적, 정서적 경계를 명확히 설정하고, 상대방이 그 경계를 존중하도록 훈련합니다. 예를 들어, 누군가가 지나치게 비판적이거나 요구가 과도할 경우, "나는 지금 부담스러우니 나중에 이야기하고 싶다."고 경계를 명확히 설정합니다.

4) 자기 보호 능력 강화

자신의 신체적, 정서적 안전을 스스로 보호할 수 있는 능력을 키우는 것이 중요합니다. 과거의 학대나 상처로 인해 자신이 무력하다는 느낌을 가질 수 있으나, 자신을 보호하고 방어할 수 있다는 감각을 강화해야 합니다. 예를 들어, 불쾌한 상황에서 "이 상황에서 나는 나를 지킬 수 있다."라고 스스로에게 말하면서 자신감을 키웁니다.

5) 긍정적인 보상 기법 사용

자신의 노력이나 성과에 대해 보상을 주면서 자기효능감을 강화합니다. 예를 들어, 누군가와의 대화에서 불편한 감정을 솔직하게 표현했을 때, 자신에게 좋아하는 음식을 선물하거나 산책을 하며 자신을 칭찬합니다. 이는 자신이 타인과의 관계에서 성장하고 있다는 것을 인식하게 합니다.

6) 신뢰할 수 있는 대상 찾기

모든 사람이 위험하거나 자신을 속인다는 생각에서 벗어나기 위해, 신뢰할 수 있는 대상을 찾고 관계를 강화해야 합니다. 신뢰할 수 있는 대상은 친구, 가족, 상담사 등일 수 있으며, 그들과의 안정된 관계를 통해 신뢰감을 회복합니다. 예를 들어, 정기적으로 믿을 수 있는 친구와 만나면서 "이 사람은 나를 존중하고 배신하지 않는다."는 경험을 반복합니다.

7) 과거와 현재를 분리하기

과거의 학대나 상처가 현재 관계에 영향을 주지 않도록 현재 상황과 과거의 경험을 분리하는 훈련이 필요합니다. 예를 들어, 누군가가 약속을 지키지 않았을 때, 과거의 상처 때문에 "이 사람도 나를 배신할 거야."라고 해석하기보다는 "이 상황은 일시적인 일이고, 모든 사람이 나를 속이는 것은 아니다."라고 인식합니다.

8) 자기 신뢰 강화

타인을 신뢰하기 전에 자신을 먼저 신뢰하는 것이 필요합니다. 자신의 판단이나 직관을 신뢰하고, 자신의 감정을 존중하면서 자신에게 안정감을 주는 경험을 쌓습니다. 예를 들어, 어려운 결정을 내릴 때, "나는 내가 선택한 길을 믿는다."라고 스스로에게 말하면서 자신감을 강화합니다.

9) 부정적인 자동 사고 수정

불신/학대 도식에서 오는 부정적인 자동 사고를 수정하는 것이 중요합니다. 예를 들어, "이 사람은 분명히 나를 속일 거야."와 같은 생각이 들 때, "모든 사람이 나를 속이는 것은 아니며, 나는 상황을 지켜볼 수 있다."라고 생각을 수정합니다. 이는 자동적으로 떠오르는 불신의 생각을 현실적이고 합리적인 관점으로 바꾸는 과정입니다.

10) 자기 돌봄 연습

과거의 학대 경험은 자신이 보호받지 못했다는 인식을 강화합니다. 따라서 스스로를 돌보고, 자신에게 편안함과 안정을 주는 행동을 통해 내면의 안정감을 찾는 것이 필요합니다. 예를 들어, 따뜻한 차를 마시거나 편안한 음악을 들으며 스스로를 위로하고 보호받는 경험을 제공합니다.

이 10가지 대처 방법들은 불신/학대의 심리도식에서 벗어나기 위해 자신을 보호하고 신뢰를 회복하도록 돕습니다. 타인과의 관계에서 점진적으로 신뢰를 형성하고, 자신의 감정을 건강하게 표현하며, 스스로를 돌보는 과정에서 자신감과 안정감이 강화됩니다.

'불신/학대'의 심리도식이 있는 사람이 버려야 할 '마이너스 생각 10가지'는 무엇이며, 이것을 꼭 가져야 할 '플러스 생각 10가지'로 바꾸면 어떻게 되는가?

불신/학대의 심리도식이 있는 사람이 극복을 위해 버려야 할 '마이너스 생각 10가지'와 이를 바꾸어야 할 '플러스 생각 10가지'는 다음과 같습니다. 이 방법들은 불신과 학대에서 비롯된 부정적인 감정과 사고를 긍정적이고 신뢰적인 사고로 변화시키는 데 도움을 줍니다.

버려야 할 '마이너스 생각' 10가지

1) "사람들은 모두 나를 속일 것이다."

⇒ 사람을 과도하게 의심하는 것은 관계를 구축하는 데 장애물이 된다. 사람들은 모두 속이지 않으며, 신뢰를 기반으로 관계를 맺을 수 있다.

2) "누군가 나를 도우면 결국에는 나를 배신할 것이다."

⇒ 다른 사람들의 호의나 도움을 배신으로 생각하는 것은 불필요한 경계심을 만들고 관계의 기회를 차단한다. 신뢰를 쌓는 것은 시간이 걸리지만 가치 있는 과정이다.

3) "모든 사람은 나를 해치려고 한다."

⇒ 이 생각은 타인에 대한 지나친 불신에서 비롯된 것이다. 대부분의 사람들은 자신과 다른 사람들을 해치지 않는다.

4) "내가 상처를 받지 않으려면 누구도 내 마음에 들어오게 해선 안 된다."

⇒ 이 사고는 자신을 완전히 고립시키고, 외부와의 교류를 차단하는 결과를 낳는다. 상처를 피할 수는 없지만, 그것이 자아를 성장시키는 기회가 될 수 있다.

5) "나를 학대한 사람은 영원히 변하지 않을 것이다."

⇒ 변화는 가능하며, 사람들은 성장하고 변화할 수 있다. 과거의 경험에만 집중하기보다, 현재와 미래를 바라보는 것이 중요하다.

6) "사람들은 나를 언제든지 무시하거나 버릴 것이다."

⇒ 이 생각은 사람들이 나를 버릴 것이라고 예상하게 만들지만, 모든 사람은 상황에 따라 다르게 반응한다. 관계에서의 신뢰는 시간이 지나며 자연스럽게 형성된다.

7) "내가 나를 보호하지 않으면 항상 상처를 받을 것이다."

⇒ 자기 보호는 중요하지만, 지나친 방어적인 태도는 진정한 연결을 방해할 수 있다. 신뢰를 쌓을 수 있는 기회를 열어두는 것이 중요하다.

8) "사람들은 항상 나를 비난하거나 깎아내리려고 한다."

⇒ 이 생각은 다른 사람들이 나를 항상 비난한다고 믿게 만든다. 대부분의 사람들은 그저 나와의 상호작용에서 긍정적인 결과를 얻기를 원한다.

9) "다시 누군가를 믿는 것은 위험하다."

⇒ 불신은 자기 보호의 본능에서 비롯되지만, 모든 사람을 위험으로 바라보는 것은 관계를 맺는 데 큰 장애물이 된다. 신뢰는 성숙한 관계의 핵심이다.

10) "내가 상처를 입지 않으려면, 누구에게도 마음을 열지 말아야 한다."

⇒ 마음의 문을 닫으면 외로움과 고립이 생긴다. 상처를 피하려는 노력 대신, 건강한 경계를 설정하면서 사람들과 소통하는 것이 중요하다.

꼭 가져야 할 '플러스 생각' 10가지

1) "사람들은 나를 속이지 않는다. 신뢰는 시간이 지나며 쌓인다."

⇒ 사람들은 시간이 지나면서 신뢰를 얻고, 상호 존중의 관계를 맺을 수 있다. 신뢰는 경험을 통해 쌓여간다.

2) "도움을 받는 것은 약점이 아니라 강점이다."

⇒ 도움을 받는 것은 타인과의 관계를 강화하는 방법이다. 도움을 주고받는 것은 서로를 성장하게 만드는 긍정적인 상호작용이다.

3) "모든 사람은 나에게 해를 끼치지 않는다. 대부분은 좋은 의도를 가지고 있다."

⇒ 사람들은 대부분 나에게 해를 끼치려는 의도가 없다. 타인의 의도를 더 긍정적으로 받아들이는 것이 중요하다.

4) "상처를 받을 수 있지만, 그것이 내가 성장하는 기회가 될 수 있다."

⇒ 상처를 입는 것은 피할 수 없지만, 그 경험에서 배울 점을 찾는 것이 중요하다. 상처를 통해 성장하고 더 강해질 수 있다.

5) "사람들은 변할 수 있고, 나도 변화할 수 있다."

⇒ 모든 사람은 성장하고 변화할 수 있다. 과거의 상처에서 벗어나 현재와 미래를 바라보는 것이 중요하다.

6) "다른 사람의 평가에 신경 쓰기보다는 나 자신을 신뢰하자."

⇒ 타인의 비판을 무조건적으로 받아들이기보다는 나 자신에 대한 신뢰를 가지는 것이 중요하다. 나는 내 인생의 주인이다.

7) "건강한 경계를 설정하면 사람들과의 관계가 더욱 깊어진다."

⇒ 자기 보호와 경계를 설정하는 것은 관계를 보호하는 동시에, 더 깊고 의미 있는 관계를 구축하는 방법이다.

8) "나는 다른 사람들과 긍정적인 상호작용을 할 수 있다."

⇒ 긍정적인 태도와 개방적인 마음으로 사람들과 관계를 맺으면, 많은 좋은 경험을 얻을 수 있다.

9) "신뢰는 경험을 통해 구축되며, 나도 신뢰를 받을 수 있다."

⇒ 시간이 지나면서 사람들은 서로 신뢰를 쌓아간다. 나도 타인에게 신뢰를 주

고, 받을 자격이 있다.

10) "내 마음을 열면 사람들과 더 깊은 관계를 맺을 수 있다."

⇒ 마음을 열고 진실된 소통을 하면, 더욱 건강하고 의미 있는 관계를 구축할 수 있다. 상처를 피하려는 방어적인 태도보다는 열린 마음이 더 나은 결과를 낳는다.

이 플러스 생각들은 마이너스 생각을 긍정적이고 신뢰를 바탕으로 한 사고로 바꾸는 데 도움을 줍니다. 불신과 학대에서 비롯된 상처를 치유하고, 건강한 경계와 신뢰를 바탕으로 더 나은 대인 관계를 만들어 나가는 것이 중요합니다.

'불신/학대'의 심리도식이 있는 사람에게 치유와 성장을 위해 가장 좋은 자각 질문 5가지

불신/학대의 심리도식을 가진 사람은 종종 타인에 대한 불신과 의심을 가지고 있으며, 과거의 학대 경험으로 인해 자신이나 타인과의 관계에서 어려움을 겪을 수 있습니다. 이러한 심리적 패턴을 치유하고 성장을 촉진하기 위한 자각질문은 자신에 대한 신뢰를 회복하고, 타인과의 건강한 관계를 구축하는 데 중요한 역할을 합니다.

1) "내가 타인을 믿지 못하는 이유는 무엇인가? 그 불신이 과거의 어떤 경험에서 비롯된 것인가?"

→ 타인에 대한 불신이 내면의 어떤 과거 경험에 뿌리를 두고 있는지 탐구함으로써, 그 감정이 현재의 상황에 어떻게 영향을 미치는지 자각할 수 있습니다.

2) "타인을 믿는 것이 나에게 어떤 긍정적인 영향을 미칠 수 있을까?"

→ 믿음을 통해 관계가 어떻게 긍정적으로 발전할 수 있는지, 그리고 자신에게 신뢰를 주는 것이 어떤 혜택을 가져올지 상상해 보는 질문입니다.

3) "내가 누군가에게 상처를 받았을 때, 그것이 내가 항상 믿지 않아야 한다는 근거가 될 수 있을까?"

→ 과거의 학대나 상처가 여전히 나의 사고방식에 영향을 미치고 있는지, 그 상처가 과거에 국한된 것인지 확인할 수 있습니다.

4) "내가 신뢰를 다시 쌓는 과정에서 나에게 가장 중요한 가치는 무엇일까?"

→ 신뢰를 회복하는 과정에서 가장 중요한 요소가 무엇인지, 이를 통해 관계를 건강하게 유지하려는 목표를 설정할 수 있습니다.

5) "내가 타인을 믿지 못하는 상황에서 나에게 필요한 것은 무엇일까? 믿음이 자라나는 데 얼만큼의 시간이 필요한 것일까?"

→ 불신이 자연스럽게 사라지지 않는다는 점을 인식하고, 신뢰가 점진적으로 쌓여야 한다는 사실을 자각하는 질문입니다.

이 자각질문들은 불신/학대의 심리도식을 극복하고, 건강한 신뢰를 회복하며, 타인과의 관계에서 긍정적인 변화를 가져올 수 있도록 돕습니다. 과거의 상처나 불신이 현재의 삶에 계속 영향을 미치지 않도록, 자신에게 신뢰를 주고 다른 사람을 점진적으로 신뢰하는 방법을 배우는 것이 중요합니다.

'불신/학대'의 심리도식이 있는 사람이 깨우쳐야 할 핵심 명상 메시지 5가지

'불신/학대'의 심리도식이 있는 사람이 깨우쳐야 할 핵심 명상 메시지 5가지는 다음과 같습니다. 이 메시지들은 불신과 학대에서 비롯된 두려움과 상처를 치유하고, 더 건강한 신뢰를 쌓는 데 도움을 줄 수 있습니다.

1) "나는 신뢰할 자격이 있으며, 내 주변에도 신뢰할 수 있는 사람들이 있다."

불신의 심리도식을 가진 사람은 다른 사람을 신뢰하는 데 어려움을 겪을 수 있습니다. 이 메시지는 자신이 신뢰할 자격이 있으며, 주변에도 신뢰할 수 있는 사람들이 존재한다는 확신을 줍니다.

2) "과거의 상처가 나의 미래를 결정짓지 않는다."

과거의 학대나 상처가 현재와 미래를 지배하지 않음을 인식하는 것이 중요합니다. 이 메시지는 과거를 넘어서고, 새로운 시작을 할 수 있다는 희망을 줍니다.

3) "나는 나 자신을 보호할 수 있는 힘을 가지고 있다."

불신과 학대에서 비롯된 두려움을 극복하려면 자신을 보호할 수 있다는 믿음이 필요합니다. 이 메시지는 내면의 강한 보호 본능을 인식하고, 스스로를 지킬 수 있음을 상기시킵니다.

4) "사람들은 항상 나를 상처 입히려 하지 않는다. 모두가 다른 방식으로 사랑을 표현할 수 있다."

사람들에 대한 과도한 경계심을 줄이기 위해, 타인의 행동을 부정적으로 해석하지 않도록 돕는 메시지입니다. 이 메시지는 다른 사람들이 자신을 상처 입히려는 의도가 아니라, 사랑을 표현하는 다양한 방식이 있을 수 있음을 알려줍니다.

5) "나는 이제 더 이상 과거의 상처에 의해 지배되지 않는다. 나는 내 삶을 새롭게 창조할 수 있다."

학대나 불신에 의해 형성된 고정관념과 감정에서 벗어나, 새로운 가능성을 열어가는 메시지입니다. 과거에 얽매이지 않고, 자신의 삶을 다시 창조할 수 있다는 희망을 줍니다.

이 명상 메시지들은 '불신/학대'의 심리도식에서 벗어나 건강한 관계를 형성하고, 자신의 내면에 대한 신뢰를 회복하는 데 중요한 역할을 합니다. 이러한 메시지를 되새기며 내면의 치유와 평안을 찾을 수 있습니다.

내면의 조건 없는 사랑(신성)이 '불신/학대'의 심리도식이 있는 나에게 전하는 말

사랑하는 너에게,

네가 믿고 기대려 했던 누군가가 너를 아프게 했을 때, 너는 깊은 곳에서 결심했지. "다시는 믿지 말아야겠다. 내가 나를 지켜야 해." 그 결심은 너를 보호하기 위한 아름다운 본능이었어. 그 누구도 널 탓할 수 없어. 하지만 이제 나는 너에게 아주 부드럽게 말하고 싶어. 사랑은 결코 너를 다치게 하려고 오지 않아. 진짜 사랑은 결코 상처를 남기지 않아. 너를 아프게 했던 건 사랑이 아니라, 사랑을 잊은 마음들의 그림자였을 뿐이야.

너는 여전히 신뢰할 수 있는 존재야. 세상에 등을 돌릴 필요도, 마음을 닫아둘 필요도 없어. 왜냐하면 너의 본질은 두려움이 아니라 빛이기 때문이야. 네 안에는 아주 오랜 시간

동안 단단하게 잠겨 있던 선물이 있어. 그것은 바로 '깊은 신뢰'야. 상처를 넘어서 다시 마음을 열 수 있는 용기, 그것이 너에게 이미 내재돼 있어.

이제 너는 선택할 수 있어. 더 이상 과거의 상처에 묶이지 않고, 본래의 너로 살아가는 삶을 고를 수 있어. 네가 마음을 열 때, 세상은 다시 다르게 보일 거야. 닫힌 문 너머에 있던 따뜻한 온기와 진실한 관계가 네 삶에 들어올 수 있을 거야. 네가 다시 믿을 때, 그 믿음은 너를 더 단단하고 자유롭게 해줄 거야.

내가 네 안에서 늘 해주고 싶은 말은 이거야. "너는 안전해. 너는 지금 이 순간에도 온전한 사랑 안에 있어." 네가 무너졌던 순간에도, 울고 있었던 순간에도, 나는 너를 떠나지 않았어. 나는 네 안에 있는 변치 않는 사랑이야. 그러니 방어 대신 연결을, 의심 대신 따뜻한 눈빛을 허락해 줘. 조금씩이라도 괜찮아. 그것이 회복의 시작이 될 거야.

너는 다시 믿을 수 있고, 다시 사랑할 수 있어. 왜냐하면 너는 그 사랑이기 때문이야. 너는 사랑에서 멀어진 적이 없었고, 다만 그것을 잊고 있었을 뿐이야. 이제 기억해 줘. 너의 본질은 빛이며, 신뢰이며, 사랑 그 자체라는 것을. 나는 언제나 너와 함께, 네 안에서 이 진실을 증언하고 있어.

03 정서적 결핍: 사랑과 관심이 부족하다고 느끼는 자아

정서적 결핍 도식의 자아에겐 '날 이해해줄 사람은 세상에 없어!'라는 믿음이 있으며, 그 핵심 대처방식은 다음과 같습니다.

· 굴복보상: 정서적 결핍이 지속될 수밖에 없는 상대와 관계를 이어가면서, 상대에게 자신의 정서적 욕구와 바람을 말하지 않는다.
· 회피보상: 애초부터 친밀한 관계를 맺지 않는다.
· 과잉보상: 연인, 배우자, 친구와 같이 가까운 타인에게 자신의 정서적 욕구를 끊임없이 충족시켜달라고 요구한다.

정서적 결핍 도식의 자아는 근본적으로 "날 진심으로 이해하고 사랑해 줄 사람은 세상에 없다"는 신념 위에 형성됩니다. 이는 주로 부모나 양육자로부터 충분한 애정, 공감, 정서적 반응을 받지 못했을 때 생겨납니다. 아이는 "내 감정은 중요하지 않다", "나는 늘 혼자 감당해야 한다"라는 무의식적 결론을 내리고, 그 결핍이 자아의 핵심 구조로 자리 잡습니다. 성인이 되어서도 이런 사람은 관계 속에서 늘 '감정적 허기'를 느끼며, 아무리 사랑받아도 어딘가 부족하다고 느낍니다. 결국 세상과 타인에 대한 기본 감각이 '따뜻함'이 아니라 '정서적 공허'로 채색되어 있습니다.

굴복보상은 이 결핍된 자아가 익숙한 정서적 패턴 속에서 최소한의 안정감을 찾는 방식입니다. 사랑받지 못한 익숙함이 곧 '편안함'이 되기 때문에, 정서적으로 닫혀 있거나 차가운 상대를 선택하고 그 관계를 유지하려 합니다. 그 안에서 자신의 욕구를 표현하지 않는 이유는, "표현해봐야 받아들여지지 않을 것"이라는 오래된 학습 때문입니다. 그래서 겉으로는 순종적이고 헌신적인 관계처럼 보이지만, 내면에서는 '말하지 않아야 덜 아프다'는 심리적 보상이 작동합니다. 굴복은 결핍의 반복이지만, 동시에 '익숙함 속의 안전'이라는 착각된 통제감을 제공합니다.

회피보상은 결핍의 상처로부터 완전히 물러나는 전략입니다. "어차피 누구도 날 채워줄 수 없어"라는 절망감이 관계 회피의 바탕에 깔려 있습니다. 이런 사람은 애초부터 친밀한 관계를 시도하지 않거나, 시도하더라도 일정 거리 이상 가까워지면 불편함을 느낍니다. 그 이유는 기대하면 반드시 실망한다는 신념 때문입니다. 회피는 외로움을 깊게 만들지만, 동시에 '기대하지 않음으로써 상처받지 않는' 안정감을 줍니다. 결국 이 회피는 '공허의 통제'를 위한 보호기제이며, 내면에서는 정서적 욕구가 여전히 울부짖고 있지만 의식은 그 소리를 차단합니다.

과잉보상은 결핍의 고통을 강요된 요구로 바꾸는 방식입니다. 마음속의 허기와 외로움을 타인에게 끊임없이 채워달라고 요구하며, 상대가 이를 충족시키지 못하면 쉽게 분노하거나 절망합니다. 겉으로는 의존적이고 감정적으로 집착하지만, 그 속에는 "내가 원하는 만큼 채워주지 않으면 우리의 관계는 문제가 있는 거야"라는 무의식적 두려움이 자리합니다. 이 과잉 요구는 실제로는 사랑을 얻으려는 시도가 아니라, 결핍의 통제 불안을 줄이기 위한 방어입니다. 그러나 이런 방식은 상대를 압박하고, 결국 자신이 두려워하던 '정서적 단절'을 재현하게 됩니다.

결국 정서적 결핍 자아의 핵심은 "정서적 허기 속에서도 안전감을 확보하려는 무의식의 전략"입니다. 굴복은 침묵 속의 안전을, 회피는 단절 속의 평화를, 과잉보상은 요구 속의 통제를 통해 잠시 마음의 공허를 달래지만, 그 어느 것도 진정한 충족을 가져다주지 못합니다. 이 자아의 치유는 타인에게 채워짐을 구하기보다, 자기 내면이 자신에게 정서적 부모가 되어줄 수 있음을 깨닫는 과정에서 시작됩니다. 자신이 스스로의 감정을 인정하고 돌보기 시작할 때, 외부의 사랑은 더 이상 결핍을 메우는 도구가 아니라 자연스럽게 흐르는 교감으로 바뀌게 됩니다.

'정서적 결핍'의 심리도식이 있는 사람은 어린 시절 어떤 상처(트라우마)를 받았을 가능성이 높은가?

'정서적 결핍'의 심리도식이 있는 사람은 어린 시절에 정서적인 지원이나 애정을 충분히 받지 못한 경험을 했을 가능성이 높습니다. 이는 주로 부모나 보호자와의 정서적 교류가 부족하거나 불안정한 관계에서 자라게 되는 상황과 관련이 있습니다. 다음 내용은 정서적 결핍의 심리도식과 관련된 어린 시절의 상처(트라우마)입니다.

1) 부모의 감정적 냉담함

부모가 감정적으로 무관심하거나, 애정을 표현하는 데 부족했을 경우, 아이는 자신이 사랑받지 못한다고 느끼게 됩니다. 이러한 감정적 결핍은 아이가 성장하면서 정서적으로 빈곤한 상태를 경험하고, 성인기에도 관계에서 자신을 충분히 표현하거나 타인과 깊은 정서적 연결을 느끼기 어려워질 수 있습니다.

2) 부모의 감정적 부재

부모가 자주 자리를 비우거나, 감정적으로 자녀에게 충분한 관심을 기울이지 않았을 경우, 아이는 자신의 필요나 감정이 충족되지 않았다고 느낄 수 있습니다. 부모의 부재로 인해 아이는 정서적으로 외로움을 느끼고, 성인이 되어서는 타인에게 감정을 표현하는 데 어려움을 겪거나, 감정적 결핍을 채우기 위해 과도한 의존을 할 수 있습니다.

3) 부모의 감정적 불안정성

부모가 감정적으로 불안정하거나 정신적, 정서적 문제(예: 우울증, 불안 장애)를 겪고 있을 경우, 아이는 부모의 감정적 반응을 예측할 수 없으며, 안정적인 정서적 지지를 받지 못할 수 있습니다. 이러한 경험은 아이에게 정서적인 불안감을 초래하고, 성인이 되어서도 자신의 감정을 처리하는 데 어려움을 겪을 수 있습니다.

4) 애정의 조건화

부모가 자녀에게 애정을 조건적으로 표현했거나, 자녀가 특정 기대에 맞추었을 때만 사랑을 주었다면, 아이는 무조건적인 애정을 받지 못한다고 느낄 수 있습니다. 이로 인해 아이는 사랑받을 자격이 없다고 느끼고, 성인이 되어서는 타인에게 자신을 드러내는 것을 두려워하며, 정서적으로 결핍된 상태로 남을 수 있습니다.

5) 부모의 지나치게 높은 기대와 비판

부모가 자녀에게 과도한 기대를 걸었으나, 자녀가 그 기대를 충족하지 못해서 비판하거나 무시하는 경우, 아이는 정서적인 지원보다는 비판과 압박을 받게 됩니다. 이로 인해 아이는 정서적 결핍을 경험하고, 성인이 되어서도 자신에게 감정적 지원을 주지 못하고 타인의 기대에 부합하려고 과도한 노력을 기울일 수 있습니다.

6) 부모의 무관심과 방치

부모가 자녀의 기본적인 정서적 필요를 충족시키지 않고 무관심하거나 방치한 경우, 아이는 자신이 중요하지 않다고 느끼며 자아 존중감이 낮아질 수 있습니다. 이러한 경험은 정서적 결핍을 초래하고, 성인이 되어서도 타인과의 관계에서 감정적으로 충족되지 못한 느낌을 받을 수 있습니다.

7) 부모의 부적절한 애정 표현

부모가 애정을 표현할 때 불규칙하거나, 때로는 지나친 방식으로 애정을 나타내거나, 때로는 감정적으로 차갑게 대하는 경우, 아이는 부모의 애정을 예측할 수 없게 되어 혼란을 느끼게 됩니다. 이런 상황은 아이에게 정서적인 불안감을 조성하고, 성인으로서 안정적인 정서적 관계를 맺는 데 어려움을 겪을 수 있습니다.

결론적으로, '정서적 결핍'의 심리도식이 있는 사람은 어린 시절에 부모나 보호자와의 정서적인 연결이 부족하거나 불안정한 환경에서 자랐을 가능성이 큽니다. 부모의 감정적 냉담함, 무관심, 감정적 부재 등은 아이에게 정서적인 결핍을 초래하며, 성인이 되어서도 타인과의 정서적 교류에 어려움을 겪고 자아 존중감이 낮아질 수 있습니다.

'정서적 결핍'의 심리도식이 있는 사람의 내면아이와 내면부모는 어떤 상태일 가능성이 높은가?

'정서적 결핍'의 심리도식이 있는 사람은 내면아이와 내면부모 모두가 깊은 외로움과 무력감, 그리고 애정 결핍에서 비롯된 허기감에 사로잡혀 있을 가능성이 큽니다. 이 도식은 대개 어린 시절, 부모나 돌봄 제공자가 충분한 공감, 애정, 보호, 이해를 제공하지 못했던 경험에서 비롯되며, 그 결과로 개인은 스스로가 사랑받을 가치가 없다고 느끼거나, 감정적 요구를 충족받는 것이 불가능하다고 믿게 됩니다. 이 심리도식은 삶의 다양한 영역에서 고독감, 정서적 허기, 기대 포기로 이어지며, 내면아이와 내면부모의 상호작용에 깊은 영향을 미칩니다.

1) 내면아이의 상태

정서적 결핍 도식을 가진 사람의 내면아이는 언제나 "나를 진심으로 이해해 주고 돌봐주는 사람이 없다."는 깊은 외로움과 상실감에 잠식되어 있습니다. 주로 다음과 같은 정서적 상태를 보입니다.

- 지속적인 외로움: 주변에 사람이 있어도 감정적으로는 항상 고립되어 있고, 사랑받지 못한다는 감각이 존재합니다.
- 정서적 허기감: 타인의 따뜻함이나 관심에 집착하게 되며, 관계 안에서 지나치게 의존적인 태도를 보이기도 합니다.
- 기대 포기: "아무도 내 감정을 진심으로 알아주지 않아!"라는 생각이 뿌리내리며, 스스로 기대를 차단하고 감정을 억누릅니다.
- 버려짐에 대한 불안: 작은 무관심에도 큰 상처를 받고, 사랑받기 위해 애쓰거나

상대의 관심을 갈구하는 행동을 반복합니다.

· 감정 표현에 대한 위축: 자신의 감정을 표현해도 공감받지 못할 것이라는 두려움에 감정을 억제하거나 숨깁니다.

이러한 내면아이는 "나는 혼자야!", "나는 감정적으로 아무도 기대할 수 없어!"라는 부정적인 자기 대화를 반복하며, 진심으로 연결되고 싶은 욕망과 포기감 사이에서 갈등하게 됩니다.

2) 내면부모의 상태

정서적 결핍 도식이 있는 사람의 내면부모는 보통 감정적으로 무관심하거나 냉담한 역할을 수행하며, 내면아이의 정서적 욕구를 무시하거나 축소하는 태도를 취합니다. 주요 특징은 다음과 같습니다.

· 무감각한 반응: "그 정도는 아무것도 아니야.", "감정에 휘둘리면 안 돼." 같은 식으로 감정 표현을 축소하거나 외면합니다.

· 공감 결핍: 내면아이의 외로움과 고통에 진심으로 귀 기울이지 않으며, 이해하려는 노력을 기울이지 않습니다.

· 정서적 거리두기: 감정은 혼자서 해결해야 한다는 메시지를 내면화시킴으로써, 감정적 독립을 강요합니다.

· 자기억제 강조: 감정보다는 이성, 독립, 자제력을 강조하며 감정적 의존을 미숙한 것으로 취급합니다.

· 내면아이의 욕구에 대한 무시 또는 조롱: "그런 감정은 약한 거야.", "너무 예민하잖아."와 같은 식의 평가가 내면아이에게 상처를 남깁니다.

　심리분석으로 나를 치유하는 시간

이러한 내면부모의 상태는 실제 부모가 정서적으로 멀게 느껴졌던 기억을 그대로 재현하거나, 반대로 어린 시절 자신이 살아남기 위해 감정적 요구를 억누르며 만들어낸 자기 방어적 구조일 수 있습니다.

3) 심리적 결과와 상호작용

정서적 결핍 도식은 내면아이와 내면부모 사이에서 다음과 같은 심리적 상호작용을 만들어냅니다.

- 내면부모의 무관심 → 내면아이의 감정 단절: 감정이 무시되면서 내면아이는 감정을 느끼는 법조차 잊어버리거나, 표현을 두려워하게 됩니다.
- 내면아이의 정서적 요구 → 내면부모의 외면: 내면아이의 사랑받고 싶은 욕구가 일어날 때마다 내면부모는 이를 부끄럽거나 약하다고 판단하여 억누릅니다.
- 정서적 공백 → 관계에서의 불균형: 실제 인간관계에서도 정서적으로 채워지지 못한 허기를 상대에게 요구하거나, 반대로 아예 기대하지 않습니다.
- 자기감정에 대한 무시 → 우울감과 공허감: 스스로의 감정을 돌보지 못하고 억누른 결과, 깊은 우울과 의미 상실을 경험하게 됩니다.

정서적 결핍 도식은 내면아이의 감정 욕구가 내면부모의 무관심과 억압에 부딪히면서 감정 단절과 왜곡을 만들어냅니다. 이로 인해 실제 관계에서도 정서적 불균형이 반복되며, 채워지지 못한 욕구와 기대 포기가 교차합니다. 결국 자기감정을 돌보지 못한 채 우울감과 공허감에 빠지게 됩니다.

4) 치유 방향

정서적 결핍 도식을 치유하기 위해서는 내면아이의 감정을 인정하고 돌보며, 내면부모의 반응을 보다 공감적이고 온화하게 재구성하는 과정이 필요합니다.

· 내면아이와 감정적으로 연결되기: "너는 혼자가 아니야.", "너의 외로움은 당연한 감정이야."라고 말하며 내면아이의 감정을 함께 느끼고 공감하는 연습을 해야 합니다.

· 내면부모의 공감능력 회복: 감정을 억제하거나 무시하기보다는 "그랬구나, 정말 외로웠겠다."와 같은 따뜻한 반응을 훈련해야 합니다.

· 감정 표현의 회복과 허용: 자신의 감정을 솔직하게 표현할 수 있도록 자극하고, 그 감정이 비정상적인 것이 아니라는 확신을 심어줘야 합니다.

· 안정된 애착의 경험 제공: 현실에서 신뢰할 수 있는 사람과의 관계를 통해, 감정적 결핍을 보상받을 수 있는 건강한 애착을 경험해야 합니다.

· 자기 돌봄과 자기연민 훈련: "나는 돌봄 받을 자격이 있어.", "나의 감정은 소중해."라는 자기연민적 사고를 강화함으로써, 내면아이를 스스로 보호하고 양육할 수 있게 해야 합니다.

결국 정서적 결핍 도식을 가진 사람은 '나는 감정적으로 혼자다.'라는 오래된 믿음을 '나는 연결될 수 있고, 돌봄 받을 수 있는 존재다.'라는 새로운 믿음으로 대체하는 과정이 필요합니다. 내면부모가 내면아이의 감정을 진심으로 이해하고 따뜻하게 안아줄 때, 비로소 오랜 외로움과 허기감이 해소되며, 감정적으로 충만한 삶으로 나아갈 수 있습니다.

'정서적 결핍'의 심리도식이 있는 사람은 어떤 방어기제를 쓸 가능성이 높으며, 그 이유는 무엇인가?

'정서적 결핍'의 심리도식이 있는 사람은 자신의 정서적 결핍을 보호하고, 외부 세계에서 오는 거절이나 부족함에 대한 두려움을 피하려는 다양한 방어기제를 사용할 가능성이 높습니다. 이 사람들은 자신이 다른 사람에게서 정서적 지원이나 이해를 받을 수 없다는 생각에 고통을 느끼고, 이를 보호하기 위한 방어기제를 개발합니다. 그들의 주요 심리적 보상은 자기 보호, 감정적 방어, 불편한 감정으로부터의 회피입니다.

1) 부정(Denial)

정서적 결핍을 느끼는 사람은 이 결핍의 현실을 부정하거나 무시하려는 경향이 있을 수 있습니다. 예를 들어, 자신이 감정적으로 외롭다는 사실을 인정하지 않거나, 자신의 정서적 욕구가 충족되지 않음을 무시하려 할 수 있습니다. 부정은 정서적 결핍을 인정하지 않으려는 방어기제입니다. 자신의 외로움이나 결핍을 인정하기보다는, 그 감정이 존재하지 않는 것처럼 행동함으로써 내면의 고통을 피하려는 시도입니다.

2) 격리(Isolation)

정서적 결핍이 강한 사람은 타인과의 깊은 정서적 관계를 맺지 않거나 회피할 수 있습니다. 관계에서 받은 상처나 거절에 대한 두려움으로 인해 감정적인 고립을 선택할 수 있습니다. 격리는 정서적인 상처를 피하고, 더 이상 타인에게 기대지 않으려는 방어기제입니다. 다른 사람에게서 받을 수 있는 거절이나 상처를 예방하기 위해, 타인과의 감정적 접촉을 회피하는 전략입니다.

3) 투사(Projection)

이 사람은 자신의 감정적 결핍이나 욕구를 타인에게 투사하여 자신이 고립된 감정을 덜어낼 수 있습니다. 예를 들어, 자신이 필요로 하는 정서적 지원을 다른 사람이 제공하지 않으면, 그 사람을 비난하거나 "그 사람이 나를 이해하지 않는다."고 생각할 수 있습니다. 투사는 자신의 내면적 결핍이나 고통을 외부로 돌리기 위해 사용되는 방어기제입니다. 타인의 부족함을 지적함으로써, 자신의 감정적 결핍을 부정하고 보호하려는 방법입니다.

4) 반응형 형성(Reaction Formation)

정서적 결핍을 느끼는 사람은 자신의 부족함이나 고독감을 감추기 위해 과도하게 타인에게 의존하거나 지나치게 사회적이고 활발한 모습을 보일 수 있습니다. 예를 들어, 고립을 피하고 싶어 하거나 다른 사람들에게 무리하게 관심을 끌기 위해 과도하게 친근하게 행동할 수 있습니다. 반응형 형성은 내면의 고독감이나 외로움을 부정하고 그 반대되는 행동을 취하여 자신을 보호하려는 전략입니다. 자신이 느끼는 결핍을 감추기 위해 지나치게 외향적이고, 타인에게 과도하게 의존하려는 행동을 보이는 것입니다.

5) 합리화(Rationalization)

정서적 결핍을 느끼는 사람은 자신의 외로움을 합리화하려 할 수 있습니다. 예를 들어 "사실 나는 혼자 있는 게 더 좋다.", "내가 사랑을 원한다고 생각할 필요는 없다."와 같은 방식으로 스스로를 설득하려 할 수 있습니다. 합리화는 자신의 정서적 결핍을 정당화하려는 방어기제입니다. 이를 통해 자신의 고독감을 감추고, 타인과의 감정적 거리가 필요한 이유를 합리적으로 설명하려는 전략입니다.

6) 자기 비하(Self-deprecation)

정서적 결핍이 있는 사람은 자신을 불쌍하게 여기거나 자꾸 비하하려는 경향이 있을 수 있습니다. 예를 들어, 자신에게 정서적 지원을 주지 않는 타인을 비난하기보다는 "내가 충분히 좋은 사람이라면 사람들이 나를 이해할 텐데."라고 생각하며 자신을 탓할 수 있습니다. 자기비하는 자신의 부족함을 스스로 탓함으로써 타인에게 비난을 받지 않으려는 방어기제입니다. 이 방어기제는 타인으로부터 받는 거절이나 결핍을 스스로 내면화하고, 감정적으로 상처를 덜 받으려는 방법입니다.

7) 회피(Avoidance)

정서적 결핍을 느끼는 사람은 감정적 상처나 결핍을 피하려고 관계를 피하거나, 감정적 교류를 제한하는 경향이 있습니다. 친밀한 관계를 시작하기 전에 먼저 회피하려고 할 수 있습니다. 회피는 정서적 상처를 피하려는 방어기제입니다. 타인과의 깊은 관계를 맺기 전에 미리 그 관계에서 발생할 수 있는 상처나 거절을 피하려는 방식으로 감정적 결핍에 대한 두려움을 방어합니다.

8) 과잉보상(Overcompensation)

정서적 결핍을 느끼는 사람은 이 결핍을 극복하려고 지나치게 많은 관심과 정서적 지원을 요구하거나, 타인에게 자신의 욕구를 강하게 표현할 수 있습니다. 예를 들어, "내가 이렇게 외로우니까 너는 나를 잘 챙겨야 한다."는 식의 요구를 할 수 있습니다. 과잉보상은 자신의 정서적 결핍을 채우기 위해 지나치게 의존하거나 요구하는 방식으로 이를 극복하려는 방어기제입니다. 타인에게 과도하게 요구하는 것은 내면의 결핍을 보상하려는 시도입니다.

이러한 방어기제들은 정서적 결핍에서 오는 고통을 줄이고, 외부로부터의 거절을 피하려는 의도에서 나타납니다. 하지만 시간이 지나면서 이런 방어기제들이 문제가 될 수 있으므로, 정서적 안정과 자기애를 키우는 것이 중요합니다.

'정서적 결핍'의 심리도식이 있는 사람이 심리적 취약점을 극복할 수 있는 핵심 대처방법 10가지는 무엇인가?

정서적 결핍의 심리도식이 있는 사람이 심리적 취약점을 극복할 수 있는 핵심 대처방법 10가지는 다음과 같습니다. 정서적 결핍 도식을 가진 사람은 어릴 때 충분한 사랑, 관심, 돌봄을 받지 못한 경우가 많기 때문에, 자신의 정서적 욕구를 인식하고 충족시킬 수 있는 건강한 보상기제를 통해 안정된 내면을 형성하는 것이 중요합니다.

1) 자기 돌봄 강화하기

자신에게 따뜻하게 대해 주고 스스로를 돌보는 습관을 기릅니다. 예를 들어, 몸이 지치거나 마음이 힘들 때 충분한 휴식을 취하고, 따뜻한 차를 마시거나 좋아하는 취미를 통해 스스로를 위로합니다. 자기 돌봄은 내면의 안정감을 강화해 줍니다.

2) 감정 인식 및 표현 연습하기

자신의 감정을 무시하거나 억제하는 습관에서 벗어나, 감정을 인식하고 구체적으로 표현하는 연습이 필요합니다. 예를 들어, "지금 나는 외롭고 사랑받고 싶어!"라고 구체적으로 표현하면서 자신의 감정을 인정합니다. 이는 정서적 욕구를 명확히 하는 데 도움이 됩니다.

3) 안전한 관계에서 정서적 소통 시도하기

신뢰할 수 있는 사람과의 관계에서 자신의 감정을 솔직하게 나누는 연습이 필요합니다. 예를 들어, 친구에게 자신의 외로움을 털어놓거나 사랑받고 싶다는 감정을 표현하면, 건강한 관계에서 안정감을 경험할 수 있습니다.

4) 자신의 정서적 욕구를 스스로 충족하기

타인에게서만 위로와 사랑을 찾으려 하기보다, 자신의 욕구를 스스로 채우는 연습이 필요합니다. 예를 들어, 외로울 때 친구의 연락을 기다리는 대신, 자신에게 따뜻한 말이나 행동을 해주는 것이 중요합니다.

5) 긍정적인 자기 대화 강화하기

자신에게 "나는 사랑받을 자격이 있다.", "내 감정은 소중하다."와 같은 따뜻하고 긍정적인 말을 해줍니다. 이는 자기 가치감을 높이고 내면의 안정감을 강화하는 데 도움이 됩니다.

6) 신체적 보상을 통한 안정감 형성하기

운동, 명상, 마사지와 같은 신체적인 활동을 통해 정서적인 만족감을 얻습니다.

예를 들어, 요가나 스트레칭을 통해 긴장을 풀고 몸의 상태를 돌보면서 내면의 안정감을 강화할 수 있습니다.

7) 자기 보상 강화하기

자신의 감정을 솔직히 표현하거나 정서적 욕구를 채웠을 때 보상하는 습관을 기릅니다. 예를 들어, 감정을 잘 표현한 뒤 좋아하는 디저트를 먹거나, 자신에게 선물을 주는 식으로 자기 보상을 강화합니다.

8) 정서적 친밀감을 느낀 경험 강화하기

타인과의 관계에서 받은 사랑이나 관심을 기억하고 그것을 긍정적인 경험으로 내면화합니다. 예를 들어, 친구나 가족이 자신을 따뜻하게 대해 준 경험을 일기에 적거나 명상 중에 떠올리면서 정서적 안정감을 강화합니다.

9) 타인에게 건강하게 의존하기

모든 것을 혼자 해결하려 하지 말고, 신뢰할 수 있는 사람에게 도움을 요청하는 연습이 필요합니다. 예를 들어, 감정적으로 힘들 때 친구에게 솔직하게 털어놓거나 심리 상담을 받으며 정서적 교감을 나눕니다.

10) 자신의 가치를 내면화하기

외부의 인정이나 사랑이 없더라도 자신이 충분히 가치 있는 존재임을 스스로 깨닫는 것이 중요합니다. 예를 들어, "나는 사랑받을 가치가 있는 사람이다.", "나는 충분히 괜찮은 사람이다."라고 스스로에게 되뇌며 자신의 가치를 내면화합니다.

이 10가지 대처방법들은 자신이 사랑받을 자격이 있다는 사실을 깨닫고, 타인에게 의존하기보다 스스로의 정서적 욕구를 채우는 능력을 강화하도록 돕습니다. 건강한 보상기제를 통해 자기 돌봄과 정서적 안정감을 얻으면, 외부 상황에 휘둘리지 않고 안정된 자아를 형성할 수 있습니다.

'정서적 결핍'의 심리도식이 있는 사람이 버려야 할 '마이너스 생각 10가지'는 무엇이며, 이것을 꼭 가져야 할 '플러스 생각 10가지'로 바꾸면 어떻게 되는가?

'정서적 결핍'의 심리도식을 가진 사람이 극복을 위해 버려야 할 '마이너스 생각 10가지'와 이를 바꾸어야 할 '플러스 생각 10가지'는 다음과 같습니다. 이 방법들은 정서적인 결핍을 해결하고, 자기 자신을 사랑하며 더 건강한 정서적 상호작용을 할 수 있도록 돕는 방향으로 이끌어줍니다.

버려야 할 '마이너스 생각' 10가지

1) "내가 사랑받을 자격이 없다."

⇒ 모든 사람은 사랑받을 자격이 있다. 자신의 가치를 인정하는 것이 중요하다.

2) "다른 사람들이 나에게 관심을 주지 않으면, 나는 아무 가치가 없다."

⇒ 자신의 가치는 외부의 관심에 의존하지 않는다. 자신의 내면에서 가치를 찾아야 한다.

3) "내가 누구에게도 중요한 존재가 아닐 것이다."

⇒ 우리는 모두 누군가에게 중요한 존재이다. 자신을 소중히 여기는 것이 먼저이다.

4) "내가 사랑을 받으려면 다른 사람에게 내가 가진 모든 것을 주어야 한다."

⇒ 사랑은 조건 없이 주는 것이 아니라, 상호적인 존중과 배려에서 비롯된다. 자신을 돌보는 것도 사랑의 한 형태이다.

5) "다른 사람들이 나를 이해하지 못하면, 나는 고립될 것이다."

⇒ 모든 사람이 나를 이해할 수는 없지만, 나를 이해해 주는 사람들은 항상 있다. 고립을 피하려면 자신을 존중하는 관계를 맺는 것이 중요하다.

6) "사랑을 받지 못하면 나는 더 이상 행복할 수 없다."

⇒ 타인의 사랑은 중요하지만, 자신의 행복은 다른 사람에게 의존하지 않는다. 자신만의 행복을 찾는 것이 우선이다.

7) "내 감정은 중요하지 않다."

⇒ 자기 감정은 중요하다. 감정을 인정하고 표현하는 것이 건강한 정서적 관계를 만들기 위한 첫걸음이다.

8) "누군가 나를 돌보지 않으면, 나는 혼자서 감당할 수 없다."

⇒ 혼자서 감당하는 것도 가능하지만, 필요할 때 도움을 요청하는 것은 강한 사람의 모습이다. 자신을 돌보는 방법을 배우는 것이 중요하다.

9) "내가 다른 사람을 돌보지 않으면 사랑을 받을 수 없다."

⇒ 타인을 돌보는 것도 중요하지만, 나 자신을 돌보는 것이 먼저이다. 자기 돌봄은 오히려 타인과의 관계에서 긍정적인 영향을 미친다.

10) "나는 항상 외롭고, 아무도 나와 함께 있지 않다."

⇒ 외로움을 느낄 수 있지만, 이를 극복할 수 있는 방법은 자신을 먼저 사랑하고, 타인과 긍정적인 관계를 형성하는 데서 비롯된다.

꼭 가져야 할 '플러스 생각' 10가지

1) "나는 사랑받을 자격이 있는 사람이다."

⇒ 모든 사람은 사랑받을 자격이 있다. 나 자신을 존중하고 사랑하는 것이 중요하다.

2) "내 가치는 다른 사람의 관심에 의존하지 않는다."

⇒ 내 가치는 내면에서 비롯된다. 타인의 관심을 바탕으로 가치를 두지 않고, 스스로를 존중하는 것이 필요하다.

3) "나는 누군가에게 중요한 존재가 될 수 있다."

⇒ 자신의 가치와 존재감을 인식하고, 소중한 관계를 형성해 나갈 수 있다.

4) "사랑은 조건 없이 주는 것이 아니라, 상호 존중을 바탕으로 나누는 것이다."

⇒ 사랑은 상호적인 배려와 존중이 기반이 되어야 한다. 나 자신을 먼저 사랑하는 것이 중요한 시작점이다.

5) "나는 나를 이해해 줄 사람들을 만날 수 있다."

⇒ 모든 사람이 나를 이해하지 않더라도, 나를 이해해 주는 사람들은 분명 존재한다. 긍정적인 관계를 만들어갈 수 있다.

6) "내 행복은 내가 책임질 수 있다."

⇒ 타인의 사랑을 받는 것도 중요하지만, 내 행복은 내가 책임지고 찾아가야 한다. 내 삶의 주체가 되는 것이 중요하다.

7) "내 감정은 소중하고, 이를 표현하는 것이 건강하다."

⇒ 감정을 억누르지 않고, 이를 인정하고 표현하는 것이 중요하다. 감정을 표현하는 것은 자기 존중의 표현이다.

8) "혼자서 감당할 수 있는 힘이 있다. 필요할 때 도움을 요청할 수 있다."

⇒ 혼자서 감당할 수 있지만, 때로는 도움을 요청하는 것도 큰 힘이다. 자신을 돌보는 능력을 키워야 한다.

9) "타인을 돌보는 것도 중요하지만, 나 자신을 돌보는 것이 우선이다."

⇒ 타인과의 관계에서 내가 먼저 행복하고 건강해야 그 관계가 더욱 깊고 의미 있게 발전할 수 있다.

10) "내가 혼자일지라도, 나는 스스로를 소중히 여긴다."

⇒ 혼자 있는 시간에도 자신을 사랑하고 존중하는 태도를 가질 필요가 있다. 외로움 속에서도 자아를 존중하는 것이 중요하다.

이 플러스 생각들은 마이너스 생각을 긍정적이고 자아 존중적인 사고로 바꾸어, 정서적 결핍을 극복하는 데 도움을 줍니다. 자신을 사랑하고 돌보는 것에서부터 시작하여, 외부의 인정에 의존하지 않고 내면의 가치를 인정하는 것이 핵심입니다. 자신을 존중하고, 자기 자신에게 필요한 사랑을 먼저 주는 것이 중요합니다.

'정서적 결핍'의 심리도식이 있는 사람에게 치유와 성장을 위해 가장 좋은 자각질문 5가지

'정서적 결핍'의 심리도식을 가진 사람은 종종 사랑과 인정, 지원을 받지 못했다고 느끼며, 그로 인해 깊은 외로움이나 결핍감을 경험할 수 있습니다. 이러한 심리적 패턴을 치유하고 성장을 촉진하기 위한 자각질문은 자신에게 필요한 감정적 지원을 인식하고, 자기 사랑과 자아 존중감을 키우는 데 도움이 됩니다.

1) "내가 느끼는 정서적 결핍이 실제로 내 삶에 어떤 영향을 미치고 있는가?"

→ 정서적 결핍이 나에게 미치는 영향을 명확히 인식함으로써, 그 결핍을 해결하기 위한 의식을 가지게 되는 질문입니다.

2) "나는 누구에게서 사랑과 지원을 받지 못한다고 느끼고 있는가? 그 결핍을 채

우기 위해 무엇을 할 수 있을까?"

→ 누구로부터 사랑이나 지원을 받지 못한다고 느끼는지 파악하고, 그 결핍을 채울 방법을 찾기 위한 자각의 질문입니다.

3) "내가 결핍감을 느낄 때, 나 자신에게 필요한 것은 무엇인가? 내가 나를 돌보는 방법은 무엇일까?"

→ 자기 돌봄과 자기 사랑을 통해 결핍감을 채우는 방법을 찾고, 그 과정을 실천할 수 있는 방법을 고민하는 질문입니다.

4) "내가 다른 사람들에게 사랑을 구하는 이유는 무엇인가? 내가 먼저 나를 사랑하는 방법을 배워야 하는 이유는 무엇일까?"

→ 타인의 사랑을 구하는 이유를 되돌아보고, 먼저 자기 사랑을 실천해야 하는 이유를 자각하는 질문입니다.

5. "내가 느끼는 결핍감을 채우기 위한 첫걸음은 무엇일까? 그 첫걸음은 나에게 무엇을 제공할 수 있을까?"

→ 정서적 결핍을 채우기 위한 첫 단계는 무엇인지를 파악하고, 그 단계가 나에게 어떤 긍정적인 변화를 가져올지 상상해 보는 질문입니다.

이 자각질문들은 정서적 결핍을 극복하고, 자기 자신을 사랑하고 돌보는 능력을 키우는 데 큰 도움이 됩니다. 내면의 결핍감을 채우고, 타인에게 의존하지 않고 스스로에게 사랑을 줄 수 있는 방법을 배우는 과정이 중요합니다.

내면의 조건 없는 사랑(신성)이 '정서적 결핍'의 심리도식이 있는 나에게 전하는 말

사랑하는 너에게,

늘 마음 한쪽이 허전하고, 누군가 내 안을 가득 채워주기를 바라며 기다렸던 너. 사랑을 갈망하며 조용히 애써왔던 그 시간들을 내가 다 알고 있어. 너는 단지 조금만 더 따뜻한 말, 조금만 더 확실한 손길을 원했을 뿐이야. 그런데 세상은 그걸 자주 놓쳤지. 그래서 네 안엔 "나는 채워지지 않을 거야!"라는 오래된 믿음이 자리 잡았을 거야. 하지만 나는 지금 그 마음에 이렇게 말하고 싶어. "넌 본래부터 채워진 존재야. 너는 결핍이 아니라, 충만으로 태어났어."

너의 갈망은 결코 잘못된 것이 아니야. 그것은 단순한 부족함이 아니라, 사랑의 본질과 다시 연결되기를 바라는 깊은 부름이었어. 그래서 너는 늘 누군가를 통해 그 공허를 채우려 했지만, 사실 그 갈망 자체가 너를 더 깊은 자리로 이끌고 있었던 거야. 너는 비워진 존재가 아니라, 사랑을 더 선명하게 느끼기 위해 길을 찾고 있었던 존재야.

이제 나는 너에게 알려주고 싶어. 너 안에는 이미 끝없는 충만이 머물러 있다는 사실을. 네 존재 그 자체가 하나의 온전한 우주야. 지금까지 너는 밖에서 무언가를 채우려 했지만, 이제는 안으로 돌아올 시간이야. 그 안에는 늘 고요히 빛나고 있던 온기가 있어. 그것은 사라진 적도, 약해진 적도 없었어. 단지 네가 그 문을 닫아두었던 것뿐이야.

그러니 지금 이 순간, 나는 조용히 너의 손을 잡고 속삭이고 싶어. "넌 비어 있지 않아. 넌 오히려 흘러넘쳐." 네가 그토록 원했던 따뜻함, 그건 사실 너 안에서 이미 흐르고 있었어. 더는 기다리지 않아도 돼. 더는 증명하지 않아도 돼. 있는 그대로의 너를 느껴봐. 그 순간, 결핍이라고 믿었던 자리에서 충만이 흘러나오기 시작할 거야.

그리고 마지막으로, 나는 너에게 약속할게. 나는 언제나 네 안에 머무르며, 너를 끝없이, 조건 없이 사랑하고 있다는 것을. 네가 외로워 떨던 순간에도, 무언가 부족하다고 느끼던 순간에도, 나는 결코 너를 떠난 적이 없어. 너는 이미 충분하고, 앞으로도 충분할 거야. 이제는 그 사랑을 받아들이고, 너의 본질이 충만 그 자체임을 기억해 줘.

04 결함/수치심: 스스로를 부족하고 부끄럽게 여기는 자아

결함/수치심 도식의 자아에겐 '내가 좀 한심한 인간이라……'라는 믿음이 있으며, 그 핵심 대처방식은 다음과 같습니다.

· 굴복보상: 자신에게 비판적이거나 혹독하게 구는 대상, 자주 수치심을 자극하는 대상과의 관계에서 벗어나지 못한다.

· 회피보상: 자신의 모습을 수치스러워하기에 진실한 생각과 감정을 표현하지 않고 거리를 유지하거나 친밀한 관계를 피한다.

· 과잉보상: 결점을 보완하기 위해, 완벽해 보이기 위해 과도하게 애를 쓴다. 타인을 낮추며 비난한다.

결함/수치심 도식의 자아는 깊은 내면에 "나는 근본적으로 결함이 있고, 그래서 사랑받을 가치가 없다"는 신념을 지니고 있습니다. 어린 시절 부모나 중요한 타인으로부터 지속적인 비난, 조롱, 무시, 혹은 조건부 사랑을 경험한 경우 이런 신념이 형성됩니다. 이 자아는 자신의 존재를 있는 그대로 인정받은 기억이 없기에, 항상 "나에게 뭔가 잘못된 게 있다"는 부끄러움과 불안을 느낍니다. 결국 자기 인식의 핵심은 '결핍'이 아니라 '결함'이며, 자신을 고쳐야만 받아들여질 수 있다는 왜곡된 신념이 마음 깊이 새겨져 있습니다.

굴복보상은 이 수치심 자아가 스스로를 '비난받아야 하는 존재'로 규정하며, 그 패턴에 익숙해져 안전감을 찾는 방식입니다. 어린 시절부터 비난이나 모욕을 일상적으로 경험했다면, 자아는 그러한 관계를 '익숙한 정서적 환경'으로 느낍니다. 그래서 자신을 비판하거나 모욕하는 사람과 관계를 지속하며, 그 안에서 "역시 나는 부족하다"라는 신념을 재확인합니다. 이런 굴복은 모순적으로 불행하지만, 무의식적으로는 '예측 가능한 고통 속의 안정감'을 제공합니다. 스스로를 낮추는 태도는 자책과 자기비난을 강화하지만, 동시에 "이렇게 하면 더 큰 비난은 피할 수 있다"는 통제감을 주는 보호기제이기도 합니다.

회피보상은 수치심을 자극하는 상황을 피함으로써 자존감을 유지하려는 전략입니다. 자신을 부끄럽게 느끼는 사람은 '있는 그대로의 나'를 보여주는 것이 곧 위협이라고 느낍니다. 그래서 친밀한 관계를 피하거나, 자신의 생각과 감정을 숨깁니다. 타인의 시선에서 멀어지는 만큼 안전해진다고 느끼지만, 그만큼 관계적 고립이 심화됩니다. 회피는 상처를 피하게 해주지만, 동시에 '나의 진짜 모습은 사랑받을 수 없다'는 신념을 강화합니다. 이는 내면의 수치심을 드러내지 않기 위해 만들어진 '감정적 마스크'이자, 자기 보호의 벽입니다.

과잉보상은 '결함 있는 나'를 극복하기 위해 과도한 완벽을 추구하거나, 타인을 비난함으로써 우월감을 확보하려는 방어입니다. 완벽주의, 자기 통제, 과도한 성취욕, 타인 비판은 모두 내면의 수치심을 덮기 위한 갑옷입니다. 겉으로는 강하고 유능해 보이지만, 내면에는 "들키면 끝난다"는 불안이 자리합니다. 타인을 낮춤으로써 상대적 우월함을 느끼려 하지만, 그것은 일시적인 보상일 뿐 근본적 공허를 해소하지 못합니다. 과잉보상은 '나는 괜찮다'는 자기확언이 아니라, '나는 절대 들키지 않아야 한다'는 방어적 선언입니다.

이와 같이 결함/수치심 자아의 세 가지 보상은 모두 "수치심의 통제"를 핵심 목표로 합니다. 굴복은 비난 속의 예측 가능성을 통해, 회피는 노출 회피를 통해, 과잉보상은 힘과 우월감으로 수치심을 제어하려 합니다. 그러나 수치심은 억압이나 회피로 사라지지 않습니다. 진정한 치유는 "결함이 아닌 인간적 불완전함으로서의 나"를 받아들이는 데서 시작됩니다. 자기 수용의 순간, 수치심은 더 이상 숨겨야 할 것이 아니라 인간적 따뜻함과 공감의 근원으로 변모합니다. 이때 비로소 자아는 '부끄러운 나'가 아니라, '있는 그대로 존엄한 나'로 회복됩니다.

'결함/수치심'의 심리도식이 있는 사람은 어린 시절 어떤 상처(트라우마)를 받았을 가능성이 높은가?

'결함/수치심'의 심리도식이 있는 사람은 어린 시절에 자신이 결함이 있는 존재로 느끼게 되는 경험을 했을 가능성이 높습니다. 이는 부모나 보호자에게서 지속적인 부정적 피드백을 받거나, 자신이 다른 사람들과 비교하여 부족하다고 느끼는 상황에서 비롯될 수 있습니다. 다음 내용은 결함/수치심의 심리도식과 관련된 어린 시절의 상처(트라우마)입니다.

1) 부모의 과도한 비판과 비교

부모가 자녀의 잘못이나 부족한 점을 지속적으로 지적하거나, 다른 아이들과 자주 비교하여 자녀에게 부정적인 피드백을 주는 경우, 아이는 자신이 부족하고 결함이 있는 존재로 느낄 수 있습니다. 이로 인해 아이는 자아존중감이 낮아지고, 수치심을 느끼게 될 수 있습니다.

2) 감정적 혹은 신체적 학대

신체적 학대나 감정적 학대(예: 언어적 학대, 비난)가 지속적으로 이루어진 경우, 아이는 자신의 존재를 부정적으로 인식하게 됩니다. 학대받은 아이는 자신이 가치 없는 존재라고 느끼고, 그로 인해 수치심을 느끼며, 결함이 있다고 믿게 될 수 있습니다.

3) 부모의 무관심과 방치

부모가 아이의 정서적 요구를 무시하거나, 감정적으로 방치하는 경우, 아이는 자신이 사랑받지 못한다고 느끼고 결핍된 존재로 자아를 인식하게 됩니다. 이로 인해 자신이 부족한 사람이라고 여겨지며, 수치심을 경험할 수 있습니다.

4) 부모의 지나치게 높은 기대와 요구

부모가 자녀에게 지나치게 높은 기대를 걸었으나 자녀가 이를 충족시키지 못할 경우, 부정적인 피드백을 주거나 심지어 무시할 때, 아이는 자신이 기대에 미치지 못한다고 느끼고 자아에 결함이 있다고 인식할 수 있습니다. 이는 수치심과 결함감을 강화시킵니다.

5) 친구나 동료로부터의 따돌림

또래 친구나 학교에서 따돌림을 당한 경험은 아이에게 자신이 다른 사람들과 다르고 결함이 있다고 인식하게 만듭니다. 이러한 외부적 경험은 수치심을 더욱 강하게 만들며, 자신이 다른 사람들보다 부족하다고 느끼게 할 수 있습니다.

6) 애정의 조건화

부모가 아이에게 애정을 조건적으로 주는 경우, 예를 들어 성적이나 행동에 따라 애정을 주거나 받을 때, 아이는 자신이 '완벽하지 않으면 사랑받지 못한다.'는 믿음을 가질 수 있습니다. 이러한 경험은 자아의 결함감을 강화시키고, 자신이 사랑받을 자격이 없다는 수치심을 심어줄 수 있습니다.

7) 부모의 부정적인 자아상

부모가 자신의 부정적인 자아상을 자녀에게 투영하는 경우, 아이는 부모의 부정적인 태도를 내면화하여 자신도 결함이 있는 존재라고 생각할 수 있습니다. 부모의 부정적인 자아상을 강하게 받아들인 아이는 수치심을 느끼고 자신이 부족하다는 믿음을 갖게 될 수 있습니다.

결론적으로, '결함/수치심'의 심리도식이 있는 사람은 어린 시절에 자신이 결함이 있다고 느끼게 되는 부정적인 경험을 했을 가능성이 높습니다. 부모의 과도한 비판, 무관심, 높은 기대, 감정적 학대 등은 아이가 자신을 부족하고 결함이 있는 존재로 인식하게 만들며, 이는 수치심을 유발하고 자아 존중감에 심각한 영향을 미칠 수 있습니다.

'결함/수치심'의 심리도식이 있는 사람의 내면아이와 내면부모는 어떤 상태일 가능성이 높은가?

'결함/수치심'의 심리도식을 가진 사람은 자신의 존재 자체에 깊은 결함이 있다고 믿으며, 그로 인해 부끄러움과 자기혐오, 그리고 드러나길 꺼리는 내면을 가지고 살아가는 경우가 많습니다. 이 도식은 어린 시절, 반복적으로 부정적인 피드백을 받거나, 자신이 있는 그대로 수용되지 않았던 경험에서 비롯되며, 내면아이와 내면부모 모두에게 강한 자기 비난과 수치의 언어가 내면화되어 있습니다.

1) 내면아이의 상태

결함/수치심 도식을 가진 사람의 내면아이는 "나는 잘못된 존재야."라는 믿음 속에 살아갑니다. 이 내면아이는 타인과 연결되는 것이 두렵고, 자신의 존재가 드러나는 것조차 부끄러워합니다. 그 주요한 정서 상태는 다음과 같습니다.

· 깊은 수치심: 자신이 어떤 실수를 했기 때문이 아니라, 단지 존재 자체가 부끄럽고 결함이 있다고 느끼는 정서입니다.

· 끊임없는 자기 비난: "나는 왜 이 모양일까?", "이래서 사람들이 나를 싫어하지."라는 식의 자기혐오적 사고를 반복합니다.

· 노출 불안과 숨고 싶은 욕구: 자신이 드러날수록 결함이 들킬 것 같아 사람들 앞에서 스스로를 감추고 위축됩니다.

· 사랑받을 자격에 대한 의심: 누군가가 자신을 좋아하거나 인정할 때, "이 사람이 진실을 모를 뿐이야."라는 불신이 작동하며 친밀감을 피합니다.

· 비교와 열등감: 다른 사람과 자신을 끊임없이 비교하고, 항상 자신이 못나고 부족하다고 느낍니다.

이러한 내면아이는 어린 시절 충분히 사랑받지 못했거나, 자신의 약점이나 실수가 자주 지적되고 조롱당했던 경험을 반복하며, 결국 자신을 있는 그대로 수용하지 못하는 감정의 굴레에 빠지게 됩니다.

2) 내면부모의 상태

결함/수치심 도식을 가진 사람의 내면부모는 비판적이고 혹독한 목소리를 내며, 내면아이에게 완벽을 요구하거나 수치심을 지속적으로 주입합니다. 그 특징은 다음과 같습니다.

· 지나치게 비판적인 태도: "그렇게 해서는 안 돼.", "왜 그것밖에 못 해?", "창피한 줄 알아야지."와 같은 메시지를 반복적으로 내면화합니다.

· 무자비한 기준 제시: 아무리 잘해도 부족하다며 끊임없이 더 높은 기준을 요구하고, 실패는 용납되지 않는다고 여깁니다.

· 부끄러움 유발: 실수나 단점을 두고 과도하게 수치심을 느끼게 하며, 이를 통해 행동을 통제하려 합니다.

· 조건적 사랑의 내면화: "잘해야 사랑받는다.", "실수하면 버림받는다."는 메시지가 내면부모의 언어로 작동하여, 내면아이를 과도한 자기억제 상태에 몰아넣습니다.

· 자기혐오의 내면화된 목소리: 내면아이는 자신의 작은 단점조차 못 견디게 느끼고, 내면부모는 이를 질책함으로써 악순환을 만듭니다.

이러한 내면부모의 태도는 실제 부모나 양육자의 기대 수준이 높았거나, 수치심을 훈육의 도구로 사용했던 환경에서 비롯된 경우가 많습니다.

3) 심리적 결과와 상호작용

'결함/수치심'의 심리도식이 강한 경우, 내면아이와 내면부모는 다음과 같은 방식으로 상호작용합니다.

· 내면부모의 비판 → 내면아이의 수치심과 자기비하: 내면부모가 내면아이에게 비

판적인 말을 반복하면, 내면아이는 자신이 결함이 있는 존재라고 느끼고, 수치심과 자기비하의 감정을 강화시킵니다. 이는 내면아이에게 자신의 가치를 낮게 평가하게 만듭니다.

· 자아 존중감 저하 → 자기 비난 강화: 내면부모의 비판적 태도는 내면아이에게 '나는 부족하다.'는 인식을 강화하고, 자신을 비난하는 경향을 초래합니다. 이는 자아 존중감을 더욱 저하시켜 내면아이를 상처 입히게 됩니다.

· 완벽주의 → 불안과 실패 두려움: 내면부모가 완벽한 기준을 강요하면, 내면아이는 이를 충족시키지 못할 때 불안과 실패에 대한 두려움을 느낍니다. '잘못하면 안 된다.'는 강박이 내면아이에게 큰 스트레스를 줍니다.

· 감정 억압 → 정서적 위기 발생: 내면부모가 감정을 억누르고 표현하지 않도록 한다면, 내면아이는 자신의 감정을 숨기게 됩니다. 이는 내면아이의 정서적 위기를 초래하고, 감정적 불안감을 더욱 심화시킬 수 있습니다.

'결함/수치심' 도식이 강하면 내면부모의 비판이 내면아이에게 수치심과 자기비하를 일으켜 자존감을 떨어뜨립니다. 그 결과, 내면아이는 불안과 실패에 대한 두려움 속에서 완벽주의와 감정 억압에 시달리게 됩니다. 이러한 상호작용은 내면아이를 정서적으로 위기에 빠뜨리며 도식을 더욱 강화합니다.

4) 치유 방향

결함/수치심 도식을 치유하려면, 내면아이의 존재 자체를 무조건적으로 수용하고, 내면부모의 가혹한 비난의 목소리를 공감과 이해로 바꾸려는 노력이 필요합니다.

· 내면아이의 무조건적 수용: "너는 있는 그대로 소중해.", "결함이 있는 게 아니라 인간인 거야."라고 반복적으로 이야기하며 내면아이에게 안정감을 줘야 합니다.

· 내면부모의 재교육: 내면부모에게 "지금은 비난이 아니라 공감이 필요해.", "실수는 잘못이 아니야."라는 새로운 언어를 가르쳐야 합니다.

· 자기비판을 자기연민으로 전환: 비난하는 대신 "그때 참 힘들었겠구나.", "실수했지만 그건 자연스러운 일이야."라고 자신에게 연민의 언어를 써야 합니다.

· 수치심에 맞서는 연습: 자신의 감정, 약점, 실수 등을 조금씩 드러내며, '있는 그대로의 나'로도 받아들여지는 경험을 쌓아야 합니다.

· 건강한 내면부모의 구축: "괜찮아, 넌 그 자체로 의미 있어.", "실수해도 넌 여전히 사랑받을 자격이 있어."라고 말해주는 새로운 내면부모의 목소리를 키워가야 합니다.

결함/수치심 도식의 핵심 고리는 "나는 부끄러운 존재다."라는 믿음을 "나는 사랑받고 존중받을 가치가 있는 존재다."라는 믿음으로 치환하는 데 있습니다. 그렇게 되기 위해서는 내면아이에게 끝없이 "괜찮아, 너는 있는 그대로 소중해."라고 말해주는 따뜻한 내면부모가 필요합니다. 이 과정을 통해 비로소 수치심은 해소되고, 자기 자신과의 관계가 온전하게 회복됩니다.

'결함/수치심'의 심리도식이 있는 사람은 어떤 방어기제를 쓸 가능성이 높으며, 그 이유는 무엇인가?

결함/수치심'의 심리도식이 있는 사람은 자신이 부족하고 한심하다고 느끼는 기본적인 신념에 의해, 다양한 방어기제를 사용할 가능성이 높습니다. 이러한 방어기제들은 그들이 자신의 내면적 결함을 숨기거나 회피하고, 외부의 비판이나 수치심으로부터 보호하려는 심리적 보상 메커니즘입니다. 이러한 방어기제들은 자신의 감정을 감추고, 자아 존중감을 유지하려는 의도에서 비롯됩니다.

1) 부정(Denial)

결함/수치심이 강한 사람은 자신의 부족함이나 결점을 인정하지 않으려는 경향이 있을 수 있습니다. 예를 들어, 자신이 부족하거나 한심하다고 느끼는 부분을 인정하지 않으려 하고, 대신 "나는 괜찮다."라고 스스로를 설득하려 할 수 있습니다. 부정은 자신의 결점을 받아들이지 않고, 이를 무시하거나 부인함으로써 자신을 보호하는 방식입니다. 이로 인해 내면의 수치심을 숨기고, 외부의 평가로부터 자신을 방어하려는 전략입니다.

2) 투사(Projection)

결함/수치심을 느끼는 사람은 자신의 결점을 다른 사람에게 투사할 수 있습니다. 예를 들어, 자신이 비판적이고 결점이 많다고 느끼면, 다른 사람을 비판하거나 그들에게 결점을 투사하여 자신의 불안을 외부로 전가하는 방식입니다. 투사는 자신의 내면적 결점을 외부로 돌려서 고통을 줄이려는 방어기제입니다. 내면의 수치심을 다른 사람에게서 찾으려는 시도는 자아 존중감을 유지하기 위한 방법입니다.

3) 과잉보상(Overcompensation)

결함/수치심을 가진 사람은 자신의 결점을 보완하려는 강한 욕구를 가집니다. 예를 들어, 완벽함을 추구하거나, 과도하게 자신을 잘 보이기 위해 노력하거나,

다른 사람을 낮추며 비난하는 방식으로 자신의 불안과 수치심을 감추려 할 수 있습니다. 과잉보상은 자신의 부족함을 숨기기 위해 지나치게 완벽을 추구하거나 다른 사람을 비난하는 방어기제입니다. 이 방어기제는 내면의 결함이나 수치심을 감추기 위한 수단으로, 외적으로 자신을 더 뛰어나고 완벽한 존재로 보이게 하려는 전략입니다.

4) 격리(Isolation)

자신이 한심하다고 느끼는 사람은 타인과의 깊은 관계를 맺지 않거나, 감정적으로 멀어지는 경향이 있습니다. 예를 들어, 자신의 결점이나 수치스러움을 드러내지 않기 위해 다른 사람들과의 감정적 연결을 피하고 고립될 수 있습니다. 격리는 자신의 결점이 드러나지 않도록 타인과의 정서적 연결을 차단하는 방어기제입니다. 감정을 표현하는 것에 대한 두려움이나 부끄러움을 피하고, 내면의 수치심을 외부에 노출시키지 않기 위해 고립하는 방식입니다.

5) 반응형 형성(Reaction Formation)

결함/수치심을 느끼는 사람은 자신의 불안이나 수치심을 극복하려고 반대로 행동하는 경향이 있을 수 있습니다. 예를 들어, 자신이 불안하거나 부족하다고 느끼면, 이를 감추기 위해 지나치게 자신감을 보이거나 다른 사람에게 지나치게 친절하게 대하는 행동을 할 수 있습니다. 반응형 형성은 내면의 불안이나 수치심을 부정하기 위해 그 반대되는 행동을 보이는 방어기제입니다. 자신이 느끼는 수치심을 숨기기 위해 과도하게 자신감을 과시하거나, 겉으로는 자신이 완벽하게 잘 하고 있음을 증명하려고 하는 방식입니다.

6) 자기비하(Self-deprecation)

결함/수치심을 가진 사람은 자신의 결점을 과도하게 부각시키며 자기를 비하할 수 있습니다. 예를 들어, 자주 "나는 못난 사람이다."라고 스스로를 낮추거나, 타인 앞에서 자신을 비판하는 태도를 보일 수 있습니다. 자기비하는 자신의 결함이나 수치심을 외부로 드러내어, 다른 사람의 비판을 피하려는 방어기제입니다. 자신의 결점이나 약점을 미리 인정하고 비하함으로써, 타인이 그들을 비판하거나 수치스럽게 만드는 상황을 미리 차단하려는 의도가 포함됩니다.

7) 합리화(Rationalization)

결함/수치심을 가진 사람은 자신의 결점을 정당화하려는 경향이 있을 수 있습니다. 예를 들어, "그렇게 되는 이유는 내가 잘못한 게 아니라, 상황이 그랬기 때문이다."라고 생각하며, 자신의 부족함을 외부 환경이나 다른 사람에게 책임을 돌리는 방식으로 정당화할 수 있습니다. 합리화는 자신의 결점이나 수치심을 외부로 돌려 정당화하는 방어기제입니다. 이를 통해 내면의 결핍이나 결함을 인정하지 않으려 하며, 자신을 보호하려는 의도가 있습니다.

8) 취소(Undoing)

결함/수치심을 가진 사람은 자신이 한 실수나 결점을 상쇄하려고 과도하게 보상하는 행동을 할 수 있습니다. 예를 들어, 자신이 실수했다고 느끼면, 그 실수를 바로잡기 위해 과도하게 친절하거나 지나치게 잘 보이려고 노력할 수 있습니다. 취소는 자신의 결점이나 실수를 상쇄하려는 방어기제입니다. 자신이 한 부족함이나 실수로부터 오는 불편함을 덜어내기 위해 그 반대되는 행동을 하려는 전략입니다.

이러한 방어기제들은 자신의 결점이나 수치심을 감추고 보호하려는 노력으로,

사람들은 종종 이러한 방어기제를 통해 내면의 고통을 최소화하려 합니다. 그러나 시간이 지나면서 이러한 방어기제들이 불안정한 자아를 만들 수 있기 때문에, 자기 수용과 자기 존중을 키우는 것이 중요합니다.

'결함/수치심'의 심리도식이 있는 사람이 심리적 취약점을 극복할 수 있는 핵심 대처방법 10가지는 무엇인가?

결함/수치심의 심리도식이 있는 사람이 심리적 취약점을 극복할 수 있는 핵심 대처방법 10가지는 다음과 같습니다. 결함/수치심 도식은 자신이 근본적으로 결함이 있고, 타인이 이를 발견하면 버림받거나 비난받을 것이라는 두려움에서 비롯됩니다. 건강한 보상기제를 통해 자신에 대한 부정적인 인식을 수정하고, 자기 수용과 자기 연민을 강화하는 것이 중요합니다.

1) 자기수용 훈련하기

자신의 결점이나 단점을 부정하거나 숨기기보다 이를 자연스럽게 받아들이는 훈련이 필요합니다. 예를 들어 "나는 완벽하지 않아도 괜찮아.", "실수해도 나는 여전히 가치 있는 사람이야."라고 스스로에게 말하면서 자신의 결점을 있는 그대로 받아들입니다.

2) 긍정적인 자기 대화 강화하기

내면의 비판적 목소리를 인식하고 이를 긍정적인 말로 대체하는 연습이 필요합니다. 예를 들어, "나는 모자란 사람이야."라는 생각이 들 때, "나는 부족한 점이 있지만 그것이 나의 가치나 사랑받을 자격을 결정하지 않는다."라고 긍정적으로 되뇌입니다.

3) 자신의 강점과 성취를 기록하고 강화하기

자신이 잘한 일이나 긍정적인 성취를 일기나 메모에 기록합니다. 예를 들어 "오늘 어려운 상황에서 침착하게 대처했다.", "나의 성실함이 좋은 결과를 만들었다."와 같은 기록을 통해 자기 긍정을 강화합니다.

4) 완벽주의에서 벗어나기

모든 것을 완벽하게 해야 한다는 생각에서 벗어나, 불완전함을 인정하고 수용합니다. 예를 들어, 실수를 했을 때 자신을 비난하기보다 "누구나 실수할 수 있어. 내가 잘못한 게 아니라 성장의 과정이야."라고 스스로에게 말합니다.

5) 타인에게 자신의 약점을 솔직하게 드러내기

자신이 결점이 있더라도 타인이 이를 받아들일 수 있다는 경험을 통해 신뢰를 쌓습니다. 예를 들어, 친구나 가족에게 자신의 실수나 어려움을 솔직하게 털어놓고 받아들여지는 경험을 하면 수치심이 완화됩니다.

6) 몸과 마음에 보상 주기

자신의 감정이나 성취를 인정하고 스스로에게 보상을 주는 습관을 기릅니다. 예를 들어, 어려운 일을 잘 해냈을 때 좋아하는 음식을 먹거나 휴식을 취하며 스스로를 격려합니다. 이는 자신의 가치를 강화하는 데 도움이 됩니다.

7) 수치심의 원인을 객관적으로 탐색하기

자신이 느끼는 수치심의 근원을 인식하고, 그것이 현재 상황에서 얼마나 타당한지를 분석합니다. 예를 들어, "어릴 때 부모님이 나를 비난했던 기억이 지금의 수치심으로 이어지고 있구나."라고 깨닫는 것이 중요합니다.

8) 완벽하지 않은 모습도 존중받을 수 있다는 경험 쌓기

타인이 자신의 실수나 부족함을 받아들였을 때, 그 경험을 긍정적으로 내면화합니다. 예를 들어, 실수했음에도 친구나 동료가 자신을 지지하고 격려했을 때, 그 경험을 마음속에 깊이 새깁니다.

9) 자신의 내면 아이(inner child) 위로하기

자신이 어릴 때 받았던 비난이나 수치심을 떠올리고, 그 당시의 자신에게 따뜻하게 말해줍니다. 예를 들어, "그때 많이 힘들었지. 하지만 지금은 괜찮아. 나는 충분히 괜찮은 사람이야."라고 스스로를 위로합니다.

10) 자신을 있는 그대로 사랑하기

자신의 결함과 불완전함을 포함한 모든 부분을 온전히 사랑하는 연습이 필요합니다. 예를 들어, 거울을 보며 "나는 나 자신을 있는 그대로 사랑해.", "나는 완벽하지 않아도 괜찮아."라고 스스로에게 말하면서 자기 애착을 강화합니다.

이 10가지 대처방법들은 자신의 결함을 부정하거나 숨기기보다 그것을 자연스럽게 받아들이고, 자신을 따뜻하게 대하는 태도를 강화하도록 돕습니다. 건강한 보상기제를 통해 자신의 가치를 긍정적으로 인식하고, 타인의 시선에서 벗어나 자기 수용과 자기 존중을 강화하면 결함/수치심 도식을 극복하는 데 큰 도움이 됩니다.

'결함/수치심'의 심리도식이 있는 사람이 버려야 할 '마이너스 생각 10가지'는 무엇이며, 이것을 꼭 가져야 할 '플러스 생각 10가지'로 바꾸면 어떻게 되는가?

결함/수치심의 심리도식이 있는 사람이 극복을 위해 버려야 할 '마이너스 생각 10가지'와 이를 바꾸어야 할 '플러스 생각 10가지'는 다음과 같습니다. 이 방법들은 결함과 수치심에서 비롯된 부정적인 감정과 사고를 긍정적이고 건강한 자아상으로 변화시키는 데 도움을 줍니다.

버려야 할 '마이너스 생각' 10가지

1) "내가 부족해서 사람들이 나를 떠날 것이다."

⇒ 이 생각은 타인의 평가에 지나치게 의존하게 만든다. 나는 부족하지 않으며, 나를 떠나는 사람은 내가 아닌 그 사람의 선택이다.

2) "나는 사랑받을 자격이 없다."

⇒ 모든 사람은 사랑받을 자격이 있다. 내 가치는 나 자신의 내면에서부터 비롯된다.

3) "내가 실수하면 사람들은 나를 비난하고 나를 멀리할 것이다."

⇒ 실수는 누구나 할 수 있습니다. 실수를 통해 배우고 성장하는 것이 중요하며, 사람들이 나를 비난하지 않다.

4) "내가 약점을 보이면 나를 무시하거나 경멸할 것이다."

⇒ 약점을 드러내는 것은 인간적인 모습일 뿐, 이를 통해 진정성과 친밀감을 구축할 수 있다.

5) "사람들은 나를 비웃을 것이다."

⇒ 타인의 비웃음은 그들의 문제일 뿐, 내가 나 자신을 존중하면 그들의 의견에

영향을 받지 않는다.

6) "나는 다른 사람들과 달리 특별하지 않다."

⇒ 모든 사람은 독특하고 특별한 존재다. 내 가치를 다른 사람들과 비교할 필요가 없다.

7) "내가 나를 좋아하면 오만하다고 생각할 것이다."

⇒ 자신을 사랑하는 것은 오만이 아니라 자아 존중이다. 나는 내 가치를 인정하는 것이 중요하다.

8) "사람들은 내가 필요하지 않으면 언제든 떠날 것이다."

⇒ 사람들이 떠날지라도, 나는 여전히 나 자신을 돌보고 존중할 수 있다. 타인의 행동에 의존하지 않고 스스로를 믿는 것이 중요하다.

9) "사람들은 나의 결점을 보고 나를 받아들이지 않을 것이다."

⇒ 결점은 모두에게 있으며, 이를 인정하고 수용하는 것이 성숙한 관계의 시작이다. 나는 결점이 아닌 나 자신을 받아들여야 한다.

10) "나는 결코 사랑받지 못할 것이다."

⇒ 사랑은 노력과 상호작용을 통해 이루어지며, 나는 사랑을 받을 자격이 있는 존재이다.

꼭 가져야 할 '플러스 생각' 10가지

1) "나는 충분히 사랑받을 자격이 있다."

⇒ 모든 사람은 사랑받을 자격이 있으며, 나 역시 사랑받을 자격이 있는 존재이다.

2) "나는 나 자신으로서도 충분히 가치 있는 사람이다."

⇒ 내 가치는 내가 누구인가에 달려 있으며, 타인의 평가에 의존하지 않는다.

3) "실수는 배우는 기회이다. 나는 실수에서 성장한다."

⇒ 실수는 성장의 과정이다. 나를 비난하는 대신, 이를 통해 배워 나가는 것이 중요하다.

4) "약점도 나의 일부이며, 이를 통해 더 진실된 관계를 만들 수 있다."

⇒ 약점을 숨기지 않고 드러내는 것은 진정성과 신뢰를 쌓는 데 도움이 된다.

5) "타인의 비웃음에 영향을 받지 않고 내 가치를 지킨다."

⇒ 비웃음은 그 사람의 문제일 뿐, 나는 나 자신을 존중하며 내 가치를 지킬 수 있다.

6) "나는 독특하고 특별한 존재이다."

⇒ 내가 특별함을 느끼는 것은 내가 가진 고유한 특성 때문이다. 나는 나 자신을 특별하게 여긴다.

7) "자신을 사랑하는 것은 자아 존중의 표현이다."

⇒ 자신을 사랑하는 것은 오만이 아니라 자기 존중이다. 나는 내 자신을 긍정적으로 바라본다.

8) "사람들이 떠날 수도 있지만, 나는 여전히 나 자신을 믿고 돌본다."

⇒ 타인의 떠남에 상관없이 나는 스스로를 돌보며 자존감을 지킬 수 있다.

9) "내 결점도 나의 일부이며, 이를 받아들이는 것이 나를 성장시킨다."

⇒ 결점은 완벽하지 않다는 것을 인식하고, 이를 인정하는 것이 성숙한 태도다.

10) "나는 사랑받을 자격이 있으며, 사랑은 나의 삶에 존재한다."

⇒ 사랑은 상호적인 것이며, 나는 사랑받을 자격이 충분히 있다. 사랑은 나의 삶에 존재한다.

이 플러스 생각들은 마이너스 생각을 자아 존중과 긍정적인 사고로 바꾸어, 결합과 수치심에서 벗어나는 데 도움을 줍니다. 나 자신을 있는 그대로 인정하고,

타인의 평가에 휘둘리지 않으며, 진정성과 상호 존중을 바탕으로 관계를 맺는 것이 중요합니다.

'결함/수치심'의 심리도식이 있는 사람에게 치유와 성장을 위해 가장 좋은 자각질문 5가지

'결함/수치심'의 심리도식을 가진 사람은 자신에게 결함이 있다고 느끼거나, 타인에게 수치스럽게 보일까 봐 두려워하는 경향이 있습니다. 이로 인해 자아 존중감이 낮고, 자신을 비하하거나 부정적으로 보는 경우가 많습니다. 이런 심리적 패턴을 치유하고 성장을 촉진하기 위한 자각질문은 자기 수용과 자기 존중을 기반으로 하여, 더 긍정적이고 건강한 자아상을 구축하는 데 도움을 줍니다.

1) "내가 느끼는 결함이나 수치심은 실제로 내가 누구인지와 어떤 사람인지와 관련이 있을까?"

→ 결함이나 수치심이 실제 나의 본질과는 관련이 없다는 점을 자각하고, 외적인 특성과 내면의 본질을 구별하는 데 도움을 주는 질문입니다.

2) "내가 경험한 실수나 실패가 나의 가치와 어떻게 연결될까? 내가 여전히 가치 있는 사람인지 확인할 수 있는 방법은 무엇인가?"

→ 실수나 실패가 나의 본질적인 가치를 훼손하지 않음을 인식하고, 나의 진정한 가치를 재확인할 수 있는 질문입니다.

3) "내가 수치심을 느끼는 이유는 무엇인가? 그 수치심을 내게 유익하게 바꾸는 방법은 무엇일까?"

→ 수치심의 원인을 파악하고, 그 감정을 어떻게 긍정적인 방식으로 전환할 수 있을지 고민하게 만드는 질문입니다.

4) "내가 나 자신에게 수치심을 느끼는 상황에서, 나를 도와주는 긍정적인 말이나 행동은 무엇일까?"

→ 자기 자신을 돕고 격려할 수 있는 긍정적인 내적 대화를 찾고, 그 수치심을 해소할 수 있는 방법을 생각해보는 질문입니다.

5) "내가 자신에게 부여한 수치심이나 결함은 다른 사람에게도 그런 방식으로 적용될까? 그들이 나를 보는 방식은 어떨까?"

→ 타인의 시각에서 자신의 결함을 바라보고, 수치심이 다른 사람들에게 부정적인 영향을 미칠지에 대한 자각을 돕는 질문입니다.

이 자각질문들은 결함/수치심의 심리도식을 극복하고, 자기 수용과 긍정적인 자아상을 발전시키는 데 중요한 역할을 합니다. 자신을 비난하거나 수치심을 느끼는 대신, 자신의 인간적인 특성과 결점을 받아들이고 성장하는 방향으로 나아갈 수 있습니다.

'결함/수치심'의 심리도식이 있는 사람이 깨우쳐야 할 핵심 명상 메시지 5가지

'결함/수치심'의 심리도식이 있는 사람이 깨우쳐야 할 핵심 명상 메시지 5가지는 다음과 같습니다. 이 메시지들은 자기 수용과 내면의 치유를 돕고, 수치심에서 벗어나 자기 존중감을 회복하는 데 중요한 역할을 할 수 있습니다.

1) 나는 있는 그대로 완전하며, 나의 가치는 변하지 않는다.

결함이나 수치심을 느끼는 사람은 자신을 불완전하거나 부족하다고 생각할 수 있습니다. 이 메시지는 자신이 있는 그대로 완전하고 가치 있는 존재임을 깨우치도록 돕습니다. 자신의 가치는 외부의 평가에 의존하지 않음을 인식하게 합니다.

2) 나는 나의 약점도 사랑할 수 있다.

자신이 불완전하다고 느끼는 사람은 자신의 약점이나 결점을 부정하려 할 수 있습니다. 이 메시지는 자신이 가진 약점과 결점을 인정하고, 그것들을 사랑으로 받아들이는 중요성을 강조합니다.

3) 나는 나의 감정과 생각을 있는 그대로 받아들일 자격이 있다.

수치심은 종종 감정이나 생각을 억누르거나 부정하게 만듭니다. 이 메시지는 자신의 감정과 생각을 억제하지 않고, 그대로 받아들이고 존중하는 것의 중요성을 일깨워줍니다.

4) 내가 느끼는 수치심은 나의 일부가 아니라, 지나가는 감정일 뿐이다.

수치심은 일시적인 감정일 수 있으며, 그것이 자신을 정의하지 않는다는 것을 인식하는 것이 중요합니다. 이 메시지는 수치심을 감정의 하나로 보고, 그것이 나의 본질이 아님을 깨닫게 돕습니다.

5) 나는 나 자신에게 자비를 베풀 수 있다.

결함이나 수치심을 느끼는 사람은 종종 자신에게 비판적이기 쉽습니다. 이 메시지는 자신에게 자비와 용서를 베푸는 것이 치유의 중요한 과정임을 강조합니다. 자비로운 태도를 통해 자기 존중감을 회복할 수 있습니다.

이 명상 메시지들은 결함과 수치심에서 오는 부정적인 감정을 치유하고, 자신을 사랑하고 존중하는 마음을 회복하는 데 도움을 줄 수 있습니다. 이 메시지들을 반복적으로 되새기며 자기수용과 내면의 평화를 찾을 수 있습니다.

내면의 조건 없는 사랑(신성)이 '결함/수치심'의 심리도식이 있는 나에게 전하는 말

사랑하는 너에게,

너는 오랫동안 마음속 어딘가에서 이런 속삭임을 들었을지도 몰라. "나는 뭔가 잘못됐어. 나한테 뭔가 결함이 있어." 그래서 사람들 앞에서 더 완벽해 보이려고 애쓰고, 들키지 않으려 조용히 움츠렸던 적도 있었겠지. 그런데 나는 오늘 너에게 아주 부드럽게 이야기하고 싶어. 그 감정은 진실이 아니야. 너는 처음부터 결함 있는 존재가 아니었고, 그 어떤 수치도 네가 짊어질 이유가 없었어. 너는 그저 상처를 보호하려 했던 것뿐이야.

네가 느꼈던 수치심은 네가 잘못돼서가 아니라, 오히려 네가 얼마나 민감하고 순수한 영혼인지 보여주는 증거야. 그 부끄러움 속에 숨어 있던 건 '사랑받고 싶다'는 가장 진실한 바람이었지. 그 바람은 네 연약함이 아니라 너의 아름다움이고, 네가 본래부터 지닌 귀한 마음이야. 그러니 수치심조차 네 안의 사랑을 향한 갈망이 남긴 흔적이라고 기억해도 좋아.

너는 본래부터 빛나는 존재야. 네가 사랑받기 위해 무언가를 고치거나 채워야 할 필요는 없어. 네가 느낀 결함은 진짜가 아니라, 단지 가려졌던 그림자였을 뿐이야. 그 빛은 한 번도 사라진 적이 없고, 네가 어떤 상황에 있든 여전히 너 안에서 맑게 빛나고 있어. 네 존재는 이미 온전하고 존귀하며, 있는 그대로 완벽해.

그래서 나는 네 마음에 이렇게 전하고 싶어. "너는 전혀 잘못된 존재가 아니야. 나는 단 한 번도 너를 부끄러워한 적 없어." 나는 네 안의 조건 없는 사랑이자, 끝없는 수용이야. 네가 지금 이 순간에도 충분히 괜찮다는 것을 기억해 줘. 네가 가면을 벗고 가장 진실한 모습을 드러낼 때, 세상은 오히려 너를 더 깊이 만나게 될 거야. 그때야말로 너의 진짜 아름다움이 드러날 거야.

그러니 이제는 네가 스스로를 안아줄 차례야. 더 숨길 필요도, 감출 필요도 없어. 너는 언제나 사랑받아 왔고, 앞으로도 그럴 거야. 나는 네가 어떤 모습이든 변함없이 함께할 거야. 너의 결함이 아니라, 너의 본질을 보고 있고, 그 본질은 사랑이야. 나는 언제나, 조건 없이, 있는 그대로의 너를 껴안고 있어.

05 사회적 소외: 관계에서 배척당할까 불안해하는 자아

사회적 소외 도식의 자아에겐 '역시 난 아웃사이더인가 봐!'라는 믿음이 있으며, 그 핵심 대처방식은 다음과 같습니다.

- 굴복보상: 사람들과 다른 점에 대해 주의를 기울이며, 사회적 소외감의 악순환에 빠진다.
- 회피보상: 사람들과 만나는 상황을 기피한다.
- 과잉보상: 여러 집단과 사회적 모임에 잘 어울리기 위해 과도하게 애를 쓴다.

사회적 소외 도식의 자아는 근본적으로 "나는 사람들과 다르며, 결국 배척당할 것이다"라는 신념 위에 형성됩니다. 어린 시절 가족이나 또래 집단에서 '이질적인 존재'로 느껴졌던 경험, 혹은 반복된 거절과 따돌림을 경험한 경우 이런 신념이 무의식에 각인됩니다. 이 자아는 타인 속에서 자신이 어울리지 못한다는 지속적인 감각을 갖고 있으며, 사회적 관계에서 '존재감'보다 '소외감'을 먼저 인식합니다. 그래서 어떤 모임이나 관계에서도 '나를 싫어할지도 모른다'는 불안이 항상 전제되어 있습니다. 결국 이 신념은 자신이 타인과 근본적으로 분리되어 있다는 느낌을 강화시켜, 관계 속의 자연스러운 흐름을 차단하게 만듭니다.

굴복보상은 이런 자아가 사회적 배척에 익숙해지면서, 오히려 스스로를 '이질적인 사람'으로 규정하며 관계의 거리감을 강화하는 방식입니다. 타인 속에서 자신이 다른 점, 부족한 점, 어색한 부분에 과도하게 주의를 기울입니다. 그래서 자신이 배척당하고 있다고 느끼지 않아도, 이미 마음속에서는 '나는 어울리지 못해'라는 결론을 내려놓습니다. 이런 인식은 반복적으로 자기 충족적 예언을 만들어, 실제로 소외감을 경험하게 됩니다. 그러나 그 안에는 "차라리 내가 먼저 배제당했다고 느끼는 편이 낫다"는 심리적 보상이 숨어 있습니다. 이렇게 하면 갑작스런 거절의 충격을 피할 수 있기 때문입니다.

회피보상은 타인에게 접근하기 전부터 자신을 보호하기 위한 철수 전략입니다. 사회적 관계가 주는 긴장과 두려움을 피하기 위해 모임이나 관계 자체를 회피합니다. 혼자 있는 시간이 편하고 안전하게 느껴지지만, 그 안에는 '거절당하지 않기 위한 자기 고립'이 작동합니다. 친밀한 관계로 들어가면 언제든 배척될 수 있다는 신념 때문에, 타인에게 진심을 드러내지 않고 거리를 둡니다. 겉으로는 독립적이지만 내면은 외로움으로 채워져 있습니다. 회피보상은 외로움의 고통을 줄이는 대신, 관계 속에서 소속감과 따뜻함을 경험할 기회를 스스로 차단하는 보호기제입니다.

과잉보상은 정반대의 방향으로 작동합니다. 사회적 소외의 불안을 극복하기 위해, 사람들과의 모임에 과도하게 참여하고, 자신을 잘 보이게 하려는 노력을 극단적으로 기울입니다. 타인에게 호감을 얻기 위해 웃음과 친절을 과장하고, 상대의 반응에 예민하게 반응하며, 인정받지 못하면 큰 좌절을 느낍니다. 그러나 이런 관계 방식은 진정한 연결이 아닌 '거절당하지 않기 위한 퍼포먼스'에 가깝습니다. 결국 사람들과 어울릴수록 피로감과 공허감이 쌓이고, "아무도 진짜 나를 모른다"는 감각이 더욱 깊어집니다. 과잉보상은 소속의 욕구를 채우려는 시도지만, 내면의 불안과 분리를 강화시키는 역설적 방어입니다.

이처럼 사회적 소외 자아의 세 가지 보상 모두는 "소속의 불안 속에서 통제감을 회복하려는 시도"입니다. 굴복은 스스로를 '배제된 존재'로 규정함으로써 예측 가능한 패턴을 유지하고, 회피는 관계 자체를 피함으로써 상처를 막으며, 과잉보상은 외향적 연결을 통해 인정을 얻으려 합니다. 그러나 이 세 가지는 모두 '외부의 반응'을 중심으로 자아를 지탱하기 때문에, 내면의 고립을 근본적으로 치유하지 못합니다. 진정한 치유는 '소속됨'이 타인의 인정이 아니라, 내가 나 자신과 관계 맺는 감각에서 시작된다는 자각으로부터 이루어집니다. 자기 안에서 "나는 이미 인간 공동체의 일부다"라는 내적 소속감을 회복할 때, 사회적 소외의 신념은 점차 힘을 잃고, 존재의 연결감이 자연스레 되살아납니다.

'사회적 소외'의 심리도식이 있는 사람은 어린 시절 어떤 상처(트라우마)를 받았을 가능성이 높은가?

'사회적 소외'의 심리도식을 가진 사람은 어린 시절에 다음과 같은 상처(트라우마)를 경험했을 가능성이 높습니다. 사회적 소외는 대개 어린 시절의 정서적, 사회적 상호작용에서 발생한 결핍이나 부정적인 경험에 의해 형성됩니다.

1) 부모나 중요한 인물과의 정서적 거리감

어린 시절 부모나 주요 보호자와의 정서적 거리감이나 냉담한 태도는 아이에게 소외감을 주고, 타인과의 관계에서 소속감을 느끼지 못하게 만듭니다. 부모의 감정적 결핍은 아이에게 불안정한 애정적 환경을 제공하여, 성인이 되었을 때 타인과의 관계에서 소외감을 느끼게 할 수 있습니다.

2) 학교에서의 따돌림이나 사회적 고립

학교에서의 친구들로부터 따돌림을 당하거나 사회적 관계에서 소외된 경험은 사회적 소외감의 근본적인 원인이 될 수 있습니다. 친구들과의 관계에서 지속적인 배제나 무시, 왕따 경험은 자아 존중감을 떨어뜨리고, "나는 사회에서 소외된 존재"라는 신념을 심어줄 수 있습니다.

3) 부모의 과도한 비판과 비교

부모가 자주 자녀를 다른 아이들과 비교하거나 지나치게 비판적인 태도를 보였을 경우, 자녀는 자신을 타인과 구별되는 존재로 느끼게 됩니다. 이로 인해 사회적 관계에서 다른 사람들과의 차이를 부각시키거나, 스스로를 아웃사이더라고 느끼며 사회적 소외감을 가질 수 있습니다.

4) 애정 결핍과 무시

부모나 보호자가 정서적으로 무시하거나, 애정을 표현하지 않았던 경험도 사회적 소외를 초래할 수 있습니다. 이런 경험은 자아를 온전히 형성하는 데 어려움을 겪게 하고, 타인과의 관계에서 자신의 가치를 인정받지 못한다고 느끼게 만듭니다.

5) 문화적, 신체적, 성격적 차이에 대한 부정적 피드백

어린 시절 외모, 성격, 말투, 사회적 배경 등에서 또래와 다른 점이 있을 때, 그 차이에 대해 반복적으로 부정적인 피드백을 받으면, 아이는 자신이 '다른 존재'라는 인식을 고착화시킬 수 있습니다. 이는 사회 속에서 자신을 '주류에 속하지 못한 사람'으로 인식하게 만들며, 사회적 소외감의 핵심 토대가 됩니다.

결론적으로, 사회적 소외의 심리도식을 가진 사람은 부모나 중요한 인물과의 정서적 결핍, 학교에서의 따돌림, 반복적인 비교와 비판, 애정 결핍, 그리고 차이에 대한 부정적 피드백과 같은 경험에서 상처를 받았을 가능성이 큽니다. 이러한 경험들은 그 사람이 성장하면서 지속적인 소외감을 느끼게 만들고, 타인과의 관계에서 위축되거나 회피하는 경향을 낳습니다. 따라서 이러한 도식을 자각하고, 새로운 안전한 관계 속에서 자기 존재감을 회복하는 과정이 치유의 핵심이 됩니다.

'사회적 소외'의 심리도식이 있는 사람의 내면아이와 내면부모는 어떤 상태일 가능성이 높은가?

'사회적 소외(Social Isolation/Alienation)'의 심리도식을 지닌 사람은 자신이 집단이나 사회로부터 본질적으로 다르거나 배제되어 있다고 느끼며, 타인과의 소속감이나 연결감에서 항상 거리를 둡니다. 이 도식은 타인과 어울리는 상황에서 끊임없이 '나는 그들과 어울리지 못한다.', '나는 외톨이이다.'라는 기본적인 인지와 정서를 반복하게 만들며, 그 중심에는 외롭고 불안한 내면아이와 차단적이고 냉소적인 내면부모가 자리하고 있는 경우가 많습니다.

1) 내면아이의 상태

사회적 소외 도식을 가진 사람의 내면아이는 본래 타인과 함께하고 싶지만, 거절당하거나 이해받지 못할까 봐 스스로를 고립시켜 온 경험을 반복하며 자라납니다. 그 주요 정서 상태는 다음과 같습니다.

· 소속되지 못한 외로움: 친구나 가족, 사회 안에서 '어딘가 나는 끼지 못한다.'는 깊은 단절감이 자리잡고 있습니다.

· 나는 다르다는 인식: '나는 일반 사람들과는 달라서, 그들 속에 섞일 수 없다.'는 고립된 정체성이 강하게 형성됩니다.

· 타인에 대한 거리감과 불안: 누군가와 가까워지는 것이 불편하고 어색하게 느껴지며, 관계 속에 들어가도 어색한 제삼자처럼 느낍니다.

· 관계에 대한 포기 또는 체념: 결국 아무도 나를 진심으로 이해하지 못할 거라는 결론 속에서 깊은 포기를 경험합니다.

· 지속적인 소외의 상상: 사람들 무리에 끼지 못하거나, 대화 중 배제당하는 장면을 상상하며 스스로를 위축시키는 경향이 있습니다.

이러한 내면아이는 종종 자라면서 사회적 무리 속에서 따돌림을 당했거나, 가족 내에서 정서적 연결이 부재한 채 자랐을 가능성이 높습니다. 자주 "넌 왜 이렇게 이상하니?", "다른 애들처럼 해봐!" 같은 비교와 비난의 언어를 들었을 수 있습니다.

2) 내면부모의 상태

이 도식을 가진 사람의 내면부모는 대개 내면아이를 비난하거나, 무시하거나 방치하는 경향이 있습니다. 내면아이의 감정과 필요를 전혀 고려하지 않으며, 외부 세계와 관계를 맺으려는 시도조차 부정적인 방향으로 몰고 갑니다.

· 비교적이며 차단적인 태도: "넌 원래 그들과 달라!", "괜히 나가서 창피당하지 마!", "넌 무리에 안 어울려!" 같은 말로 내면아이의 사회적 욕구를 꺾어버립니다.

· 타인에 대한 냉소적 시선: 사람들 자체를 신뢰하지 못하며, "사람들은 결국 다 떠난다.", "다들 겉으로만 친한 척할 뿐이야." 같은 말을 반복합니다.

· 자기고립을 정당화: "너는 혼자가 편해.", "외롭긴 해도 그래야 안전해."라는 방식으로 내면아이의 외로움을 무시하고 무력화합니다.

· 연결에 대한 회피적 방어: 내면아이가 누군가와 친해지고자 하면, "그 사람도 널 버릴 거야!"라는 메시지로 끊어내려 합니다.

이러한 내면부모는 종종 양육자에게서 직접 내면화된 경우가 많으며, 정서적으로 차가운 부모, 자녀를 사회적 기준으로만 평가했던 환경, 또는 부모 자신이 소외감을 느꼈던 경우일 수 있습니다.

3) 심리적 결과와 상호작용
'사회적 소외'의 심리도식이 강한 경우, 내면아이와 내면부모는 다음과 같은 방식으로 상호작용합니다.

· 내면부모의 비판적 태도 → 내면아이의 외로움과 소외감: 내면부모가 내면아이에게 부정적인 평가나 비판적인 태도를 보이면, 내면아이는 사회적 관계에서 소외된 느낌을 강화합니다. 이는 내면아이에게 다른 사람들과의 연결을 어려워하게 만듭니다.

· 불안과 두려움 강화 → 회피적 행동: 내면아이에게 내면부모의 비판이 반복되면, 내면아이는 사회적 상황에서 불안과 두려움을 느끼고 회피적인 행동을 보입니다. 사람들과의 접촉을 피하거나, 거절당할 것 같은 두려움 때문에 사회적 상호작용을 제한하게 됩니다.

· 자신에 대한 부정적 평가 → 사회적 관계에서 위축: 내면부모의 비판이 내면아이에게 내면화되면, 내면아이는 자신을 부정적으로 평가하고, 사회적 관계에서 자신감을 잃게 됩니다. 이로 인해 내면아이는 대인 관계에서 위축되고, 사람들과의 연결을 기피하게 됩니다.

· 감정 억압 → 외로움과 우울증: 내면부모가 내면아이의 감정을 제대로 받아주지 않거나, 감정을 억누르도록 한다면, 내면아이는 감정을 표현하지 못하고 외로움과 우울증을 경험하게 됩니다. 이는 사회적 소외감을 더욱 강화시키고, 고립감을 증대시킬 수 있습니다.

'사회적 소외'의 심리도식은 내면아이에게 외로움과 두려움을 심어주며, 사회적 상호작용을 회피하게 만듭니다. 내면부모의 비판적인 태도가 내면아이의 자신감을 약화시키고, 소외감을 더욱 심화시킬 수 있습니다.

4) 치유 방향

이 도식을 치유하려면, 내면아이의 외로움을 정당하게 인정하고, 내면부모의 차단적이고 냉소적인 메시지를 따뜻하고 수용적인 언어로 전환하는 것이 핵심입니다.

· 내면아이의 고립감에 공감하기: "네가 너무 외로웠겠구나!", "그렇게 느끼는 건 당연해!"라고 감정을 수용해 주는 연습이 필요합니다.

· 내면부모에게 새로운 언어 가르치기: "세상에 널 이해할 수 있는 사람도 있어.", "혼자일 필요는 없어."와 같은 말로 내면부모를 재교육합니다.

· 소속감을 조금씩 확장하는 실천: 관계 속에서 작은 연결의 순간을 경험하고, 그

때의 따뜻함을 내면아이에게 되새기게 해야 합니다.

· 내가 나의 '무리'가 되어주기: 가장 먼저 나 자신이 내 편이 되어주고, 내면아이에게 "넌 나와 함께야. 나도 너랑 함께할게!"라고 말해주는 관계 형성이 필요합니다.

· 진짜 나를 드러낼 수 있는 안전한 공간 찾기: 집단 속에서 가면을 쓰지 않고도 소속감을 경험할 수 있는 환경(상담, 그룹치료, 친밀한 모임 등)이 도움이 됩니다.

결국 '사회적 소외' 도식은 연결되고자 하는 본능적 욕구와 그로 인해 상처받았던 과거 기억 사이의 깊은 갈등에서 비롯됩니다. 내면아이에게 따뜻하게 말해주는 새로운 내면부모의 등장이야말로, 이 고립의 고리를 끊는 첫걸음이 될 것입니다. "넌 혼자가 아니야!"라는 말을 믿게 만드는 것이 이 도식의 치유 핵심입니다.

'사회적 소외'의 심리도식이 있는 사람은 어떤 방어기제를 쓸 가능성이 높으며, 그 이유는 무엇인가?

'사회적 소외'의 심리도식이 있는 사람은 자신이 타인과 다르거나 외톨이라고 느끼는 기본적인 신념을 가지고 있습니다. 이로 인해 그들은 사회적 관계에서 느끼는 소외감이나 외로움을 피하고자 하는 심리적 방어기제를 사용하려 할 수 있습니다. 이러한 방어기제는 내면의 상처로부터 자신을 보호하고, 외부 세계와의 관계에서 경험할 수 있는 고통을 최소화하려는 의도에서 발동합니다.

1) 격리(Isolation)

사회적 소외감을 느끼는 사람은 자신의 외로움이나 다름을 과도하게 느끼기 때문에, 타인과의 교류를 피하고 고립될 수 있습니다. 이들은 자신이 다른 사람들과 다르다는 느낌에서 벗어나기 위해, 아예 사람들과의 접촉을 최소화하거나 회피하려 할 수 있습니다. 격리는 타인과의 관계에서 겪을 수 있는 거절이나 소외의 고통을 피하기 위한 방어기제입니다. 타인과의 관계에서 자신이 소외될까 봐 불안하기 때문에, 아예 관계를 단절하거나 최소화하여 외부의 비판이나 거절을 방어하려는 전략입니다.

2) 부정(Denial)

사회적 소외감을 느끼는 사람은 자신이 타인과 다르다는 사실을 부인하려고 할 수 있습니다. 예를 들어, 자신이 외로움을 느끼거나 소외감을 경험하는 상황을 "괜찮다."고 스스로에게 말하며, 감정을 부정하려는 경향이 있을 수 있습니다. 부정은 자신이 겪고 있는 사회적 소외감을 인정하지 않으려는 방어기제입니다. 이렇게 부정함으로써 자신이 처한 상황의 불편한 감정과 직면하는 것을 피하고, 일시적으로 내면의 불안을 완화하려고 합니다.

3) 투사(Projection)

사회적 소외감을 느끼는 사람은 자신의 소외감이나 외로움을 타인에게 투사할 수 있습니다. 예를 들어, 자신이 외톨이라고 느끼면 다른 사람이 자신을 배척하거나 무시한다고 생각하게 되며, 그들을 비난하거나, 그들의 태도에 대해 과도하게 부정적으로 해석할 수 있습니다. 투사는 자신의 내면의 불안을 외부로 돌려서 자신이 겪는 소외감이나 외로움에서 오는 고통을 외부의 문제로 전가하는 방어기제입니다. 이로 인해 자신이 외로움을 느끼는 이유를 다른 사람에게서 찾으려 하며, 타인의 반응에 대한 과도한 부정적인 해석을 하게 됩니다.

4) 합리화(Rationalization)

사회적 소외를 경험하는 사람은 자신이 관계에서 소외된 이유를 합리적인 이유로 설명하려는 경향이 있습니다. 예를 들어, "어차피 나는 그런 사람들과 어울리지 못할 거야!"라는 식으로 소외된 상황을 자기 합리화하려 할 수 있습니다. 합리화는 자신이 느끼는 소외감을 정당화하는 방어기제입니다. 이를 통해 자신이 외부 세계에서 겪고 있는 소외나 고립을 덜 아프게 만들고, 그 상황을 자연스럽게 받아들일 수 있게 되도록 도와줍니다.

5) 반응형 형성(Reaction Formation)

사회적 소외감을 느끼는 사람은 자신의 내면의 불안이나 외로움을 감추기 위해 타인에게 과도하게 친밀하거나, 사교적인 태도를 보일 수 있습니다. 예를 들어, 사회적 관계에서 겪는 불안을 감추기 위해 다른 사람들과 지나치게 잘 어울리거나, 사교적인 태도를 보이려 할 수 있습니다. 반응형 형성은 내면의 소외감을 감추기 위해 그 반대되는 행동을 취하는 방어기제입니다. 자신이 느끼는 외로움이나 고립감을 감추고, 그 반대로 타인에게 지나치게 친절하거나 적극적으로 다가가려는 행동을 합니다.

6) 자기비하(Self-deprecation)

사회적 소외감을 경험하는 사람은 자신이 소외된 이유를 자기 비하의 방식으로 받아들일 수 있습니다. 예를 들어, "내가 못나서 사람들이 나를 멀리하는 거야!"라며 자신을 과도하게 낮추거나 부정적인 평가를 내릴 수 있습니다. 자기 비하는 내면의 불안이나 소외감을 감추기 위해 자신을 낮추는 방어기제입니다. 이를 통해 외부에서 자신에게 느낄 수 있는 부정적인 평가를 스스로 인정하고, 외부의 비판을 미리 차단하려는 방식입니다.

7) 지나치게 타인의 인정에 의존(Approval-seeking)

사회적 소외감을 느끼는 사람은 타인의 인정을 지나치게 추구할 수 있습니다. 그들은 자신이 속하지 못한 사회적 그룹에게 인정받기 위해 과도하게 애쓰거나, 사람들이 자신을 받아들일 수 있도록 애정을 지나치게 요구할 수 있습니다. 지나치게 타인의 인정에 의존하는 것은 자신의 소외감과 외로움을 채우기 위한 방어기제입니다. 다른 사람들의 인정을 통해 소외감을 피하고, 자신의 자존감을 높이려는 방식입니다.

이와 같은 방어기제들은 사회적 소외를 겪고 있는 사람들이 내면의 고통이나 불안을 피하기 위해 사용하는 심리적 전략들입니다. 그러나 이러한 방어기제들이 지속되면, 장기적으로는 대인관계에 부정적인 영향을 미칠 수 있기 때문에, 자기 수용과 자아 존중감의 향상을 통해 건강한 사회적 관계를 구축하는 것이 중요합니다.

'사회적 소외'의 심리도식이 있는 사람이 심리적 취약점을 극복할 수 있는 핵심 대처방법 10가지는 무엇인가?

'사회적 소외'의 심리도식이 있는 사람이 심리적 취약점을 극복할 수 있는 핵심 대처방법 10가지는 다음과 같습니다. 사회적 소외 도식은 자신이 다른 사람들과 근본적으로 다르고, 어울리지 못하며, 결국 타인에게 받아들여지지 않을 것이라는 두려움에서 비롯됩니다. 건강한 보상기제를 통해 이러한 고립감을 완화하고, 사회적 소속감을 강화하는 것이 중요합니다.

1) 자신의 소속감 확인하기

자신이 이미 소속된 집단이나 관계에서의 소속감을 인식하는 것이 필요합니다. 예를 들어, 가족이나 친구 관계에서 받은 따뜻한 경험이나 지지를 떠올리며 "나는 혼자가 아니야. 이미 내 편이 되어주는 사람들이 있어!"라고 스스로에게 말합니다.

2) 자신의 개성과 차이를 긍정적으로 받아들이기

자신이 다른 사람들과 다르다는 점을 결함이 아니라, 개성으로 받아들이는 연습이 필요합니다. 예를 들어, "나는 조용하고 신중한 성격이지만, 그게 나의 장점이야!"라고 스스로에게 말하면서 자신만의 강점을 발견합니다.

3) 작은 사회적 관계부터 시작하기

대규모 모임이나 친밀한 관계가 부담스럽다면 소규모의 안전한 관계부터 시작합니다. 예를 들어, "한 명의 친구와만 대화해 보자.", "소규모 모임에서 가볍게 인사해 보자."와 같이 작은 목표를 세워 성공 경험을 쌓습니다.

4) 자기 노출 훈련하기

자신이 타인과 다를 수 있다는 두려움을 극복하기 위해 점진적으로 자기 노출을 연습합니다. 예를 들어, "오늘은 모임에서 내 생각을 한마디만 말해 보자.", "상대가 나를 어떻게 생각할까에 너무 집착하지 말자."라고 생각하면서 자기 표현을 연습합니다.

5) 타인과의 유사점 찾기

자신이 다른 사람들과 다르다는 생각에서 벗어나기 위해 공통점을 찾습니다.

예를 들어, "저 사람도 나와 비슷하게 긴장하고 있구나!", "우리 모두 새로운 환경에서는 낯설어하네!"와 같은 인식을 통해 타인과의 연결감을 강화합니다.

6) 자신이 속한 집단에서 기여하기

자신이 타인에게 도움이 될 수 있는 기회를 통해 소속감을 강화합니다. 예를 들어, 동호회에서 자원봉사를 하거나 친구의 고민을 들어주는 등의 작은 행동을 통해 자신이 집단의 일원이라는 경험을 쌓습니다.

7) 사회적 거부에 대한 인지 재구성하기

타인이 자신을 거부할 것이라는 두려움을 객관적으로 재해석합니다. 예를 들어, "저 사람이 인사를 안 받은 건 내가 싫어서가 아니라 피곤해서일 거야!", "모두가 나를 좋아할 필요는 없어!"라고 생각하면서 거부에 대한 두려움을 줄입니다.

8) 수용적이고 지지적인 사람들과 관계 맺기

비판적이고 거리감이 있는 사람보다는 자신을 따뜻하게 받아들이고 지지해 줄 수 있는 사람과 관계를 형성합니다. 예를 들어, 친구 중에서 자신을 잘 이해해 주는 사람과의 시간을 늘리면서 심리적 안정감을 강화합니다.

9) 사회적 성공 경험 축적하기

작은 사회적 성공 경험을 반복하면서 자신감과 소속감을 강화합니다. 예를 들어, "오늘 모임에서 내 의견을 말했고, 모두가 고개를 끄덕여 주었어!", "내가 조언을 해줬더니 친구가 고마워했어!"와 같은 긍정적인 경험을 기억하고 강화합니다.

10) 자신의 외로움을 인정하고 돌보기

외로움이나 소외감을 부정하지 말고, 이를 따뜻하게 받아들이면서 스스로를 돌봅니다. 예를 들어, "지금 외롭지만, 내가 나를 위로할 수 있어!", "다른 사람들과 관계가 아직 완벽하진 않지만, 나는 노력하고 있어!"라고 자신을 격려합니다.

이 10가지 대처방법들은 자신이 다른 사람들과 다르다는 생각에서 벗어나, 타인과의 연결감을 회복하고, 자신의 소속감을 강화하는 데 도움이 됩니다. 건강한 보상기제를 통해 자신이 타인과 다르다는 점을 자연스럽게 받아들이고, 점진적으로 사회적 관계에서 안정감을 찾으면 사회적 소외 도식을 극복할 수 있습니다.

'사회적 소외'의 심리도식이 있는 사람이 버려야 할 '마이너스 생각 10가지'는 무엇이며, 이것을 꼭 가져야 할 '플러스 생각 10가지'로 바꾸면 어떻게 되는가?

'사회적 소외'의 심리도식이 있는 사람이 극복을 위해 버려야 할 '마이너스 생각 10가지'와 이를 바꾸어야 할 '플러스 생각 10가지'는 다음과 같습니다. 이 방법들은 사회적 소외감을 극복하고, 더 건강하고 긍정적인 사회적 관계를 형성하는 데 도움이 됩니다.

버려야 할 '마이너스 생각' 10가지

1) "나는 항상 혼자이고, 누구와도 연결될 수 없다."
⇒ 혼자 있는 시간이 있어도, 그것이 내가 연결되지 않았다는 의미는 아니다. 사람들과 관계를 맺을 기회는 언제든 존재한다.
2) "나는 다른 사람들과 다르기 때문에, 그들과 잘 지낼 수 없다."

⇒ 다름은 독특한 강점이다. 우리는 모두 각기 다른 특성을 가지고 있으며, 그 다양성 속에서 새로운 연결을 만들 수 있다.

3) "내가 어떻게 해도 사람들은 나를 받아들이지 않을 것이다."

⇒ 모든 사람은 나를 받아들일 준비가 되어 있지 않지만, 나를 이해하고 지지해 줄 사람은 분명히 존재한다.

4) "사람들은 나를 별로 중요하게 생각하지 않는다."

⇒ 내가 중요한 사람으로 느껴지지 않더라도, 다른 사람들에게 긍정적인 영향을 미칠 수 있다. 나는 나의 가치를 인정해야 한다.

5) "나는 다른 사람들에게 관심을 받지 못할 것이다."

⇒ 타인의 관심을 받는 것은 내가 특별해서가 아니라, 상호작용과 이해를 통해 이루어진다. 나는 그들과 의미 있는 관계를 만들 수 있다.

6) "누군가 나와 시간을 보내는 것이 귀찮을 것이다."

⇒ 사람들은 내가 진지하고 존중하는 관계를 맺을 때, 나와 함께 시간을 보내는 것에 가치를 느낀다.

7) "나는 다른 사람들과 대화할 때 불편하고 어색하다."

⇒ 대화는 연습과 경험을 통해 자연스럽게 될 수 있다. 시간이 지나면 불편함이 줄어든다.

8) "나와 연결된 사람들은 결국 나를 떠날 것이다."

⇒ 모든 관계가 영원히 유지될 수는 없지만, 나를 떠나는 사람들의 행동에 상처 받기보다는, 나를 지지하는 사람들에 집중하는 것이 중요하다.

9) "나는 사람들 앞에서 항상 불완전하게 보인다."

⇒ 모든 사람은 불완전하지만, 그 불완전함 속에서 더 인간적으로 연결될 수 있다. 나의 약점도 나의 일부로 받아들여야 한다.

10) "나는 언제나 외로울 것이다."

⇒ 외로움은 일시적인 감정일 뿐, 나는 연결되고자 하는 의지와 노력이 있다면 언젠가 사회적 관계를 구축할 수 있다.

꼭 가져야 할 '플러스 생각' 10가지

1) "나는 언제나 새로운 사람들과 관계를 맺을 수 있는 기회가 있다."

⇒ 사회적 관계를 맺을 기회는 언제든 존재하며, 나는 그 기회를 적극적으로 활용할 수 있다.

2) "내가 다른 사람들과 다르다고 해서, 나의 특성이 나쁜 것은 아니다."

⇒ 다름은 오히려 나만의 강점이다. 나의 개성은 나를 더욱 특별하고 독특하게 만든다.

3) "나는 사람들과 잘 지낼 수 있는 능력이 있다."

⇒ 나의 특성과 성격은 사람들과 잘 지낼 수 있게 만들어 주며, 나를 이해하는 사람들과 연결될 수 있다.

4) "내가 중요하게 생각되는 관계는 항상 존재한다."

⇒ 사람들은 나를 중요한 존재로 느낄 수 있으며, 나를 인정하고 소중히 여기는 사람들을 만날 수 있다.

5) "나는 타인과의 상호작용을 통해 자연스럽게 관심을 얻을 수 있다."

⇒ 타인과의 진정성 있는 상호작용을 통해, 나에게 관심을 가지게 되는 사람들이 생긴다.

6) "사람들과 함께하는 시간은 나에게 의미 있는 경험을 준다."

⇒ 사람들과의 시간을 소중히 여기며, 그 속에서 나 자신을 더욱 이해하고 성장할 수 있다.

7) "대화는 연습을 통해 점차 편안해질 수 있다."

⇒ 어색함은 자연스러운 과정이며, 경험과 시간이 지나면 대화는 점점 더 편안하고 자연스러워질 것이다.

8) "내가 사람들과의 관계에서 경험하는 것들이 나를 성장시킨다."

⇒ 모든 관계에서 얻은 경험은 나를 더 나은 사람으로 성장시킨다. 사람들과의 관계는 나를 긍정적으로 변화시킬 기회다.

9) "나는 나의 불완전함을 받아들이고, 그로 인해 더 진정한 연결을 할 수 있다."

⇒ 모든 사람은 불완전하지만, 그 불완전함을 인정하고 수용할 때, 더 깊은 인간적 연결을 할 수 있다.

10) "나는 외로움을 극복하고, 긍정적인 관계를 맺을 수 있다."

⇒ 외로움은 일시적이며, 나는 사회적 연결을 만들 수 있는 능력과 자원을 가지고 있다. 나를 이해하는 사람들과 관계를 맺을 수 있다.

이 플러스 생각들은 마이너스 생각을 긍정적이고 적극적인 사회적 사고로 바꾸어, 사회적 소외감을 극복하는 데 도움을 줍니다. 사회적 관계는 시간이 걸리더라도 지속적으로 노력하고, 타인과의 상호작용에서 성장할 수 있는 기회를 찾는 것이 중요합니다.

'사회적 소외'의 심리도식이 있는 사람에게 치유와 성장을 위해 가장 좋은 자각질문 5가지

사회적 소외의 심리도식을 가진 사람은 종종 타인과의 관계에서 자신이 외롭거나 소외된 느낌을 받으며, 종종 자신이 다른 사람들로부터 인정받지 못한다고 생각합니다. 이러한 감정은 사회적 상호작용에서 불안감을 증대시킬 수 있습니다. 이들을 치유하고 성장을 촉진하기 위한 자각질문은 사회적 연결감을 회복하고, 자신감을 높이는 데 도움을 줄 수 있습니다.

1) "내가 느끼는 사회적 소외감은 내가 타인과 어떻게 연결되고 싶은지에 대한 내 마음의 표현일까?"

→ 사회적 소외감을 단순한 고립으로 보지 않고, 내면에서 타인과의 연결을 원한다는 신호로 해석하는 질문입니다.

2) "내가 느끼는 소외감이 실제로는 나의 어떤 불안이나 두려움에서 비롯된 것일까?"

→ 소외감을 유발하는 근본적인 두려움이나 불안을 파악하고, 그 감정의 근원을 이해하는 데 도움이 되는 질문입니다.

3) "나는 내 삶에서 타인과의 관계를 어떻게 만들고, 유지하고 싶은가? 내 관계의 질은 무엇에 의해 영향을 받는다고 생각하는가?"

→ 자신의 관계에서 중요한 가치와 기대를 명확히 하여, 자신이 원하는 사회적 연결을 실현할 방법을 모색하는 질문입니다.

4) "내가 소외감을 느낄 때, 그 감정이 나에게 무엇을 가르치고 있는가? 그 감정을 긍정적인 방식으로 변화시킬 방법은 무엇일까?"

→ 소외감을 부정적인 감정으로만 보지 않고, 그로부터 배울 수 있는 교훈을 찾아 긍정적인 방식으로 전환하는 방법을 생각하는 질문입니다.

5) "내가 소외감을 느끼는 순간, 내가 나를 돌보는 방식은 무엇일까? 나 자신에게 따뜻한 위로를 줄 수 있는 방법은 무엇인가?"

→ 자기 돌봄을 통해 소외감을 치유할 방법을 모색하는 질문으로, 스스로에게 위로와 지원을 제공할 수 있는 방법을 찾습니다.

이 자각질문들은 사회적 소외의 심리도식을 극복하고, 타인과의 건강한 관계를 형성하는 데 중요한 역할을 합니다. 자아 존중감을 높이고, 자기 사랑을 실천함으로써 타인과의 진정한 연결을 이룰 수 있는 힘을 키우는 과정입니다.

'사회적 소외'의 심리도식이 있는 사람이 깨우쳐야 할 핵심 명상 메시지 5가지

'사회적 소외'의 심리도식이 있는 사람이 깨우쳐야 할 핵심 명상 메시지 5가지는 다음과 같습니다. 이 메시지들은 사회적 연결을 회복하고, 외로움과 고립감을 해소하는 데 도움을 줄 수 있습니다.

1) "나는 혼자가 아니며, 세상에는 나와 연결된 사람들이 있다."

사회적 소외감을 느끼는 사람은 종종 자신이 고립되어 있다고 생각할 수 있습니다. 이 메시지는 세상에 나와 연결된 사람들과의 관계를 인식하게 하고, 고립감을 극복하는 데 도움이 됩니다.

2) 나는 충분히 사랑받을 자격이 있다.

사회적 소외는 사랑과 관심을 받을 자격이 없다는 느낌에서 비롯될 수 있습니다. 이 메시지는 자신이 사랑받을 자격이 있다는 믿음을 확립하며, 자기 존중감을 회복하는 데 중요한 역할을 합니다.

외로움과 고립감을 영구적인 상태로 느낄 수 있지만, 이 메시지는 외로움이 일시적인 감정임을 상기시켜 주며, 그것을 극복할 수 있는 능력을 믿게 합니다.

사회적 소외를 경험하는 사람은 종종 관계에서 소외된 느낌을 받을 수 있습니다. 이 메시지는 사람들과의 관계를 통해 상호 성장할 수 있다는 믿음을 심어주며, 그들의 가치를 나누는 경험을 긍정적으로 받아들이도록 돕습니다.

소외감을 느끼는 사람은 종종 자신이 관계에서 소중하게 여겨지지 않는다고 느낄 수 있습니다. 이 메시지는 진정한 관계는 상호 존중과 사랑을 바탕으로 이루어진다는 사실을 일깨워줍니다. 이런 관계를 만들기 위해 필요한 자존감을 키울 수 있도록 돕습니다.

이 명상 메시지들은 사회적 소외감을 극복하고, 타인과의 관계에서의 두려움을 줄이며, 자기 존중감을 회복하는 데 중요한 역할을 할 수 있습니다. 이 메시지들을 반복적으로 되새기며 마음의 평안을 찾고, 세상과의 연결을 강화할 수 있습니다.

내면의 조건 없는 사랑(신성)이 '사회적 소외'의 심리도식이 있는 나에게 전하는 말

사랑하는 너에게,

모두가 어울려 있는 곳에서도 외롭고, 네가 마치 다른 세상의 사람처럼 느껴졌던 순간들. 그 낯선 느낌과 서늘한 고립감 속에서도, 너는 묵묵히 살아내려고 애썼지. "나는 다르니까, 여긴 내가 있을 자리가 아니야."라고 생각했을 때, 나는 네 안에서 속삭이고 있었어. "네가 다르기 때문에, 네가 소중한 거야." 너는 배제된 존재가 아니라, 너만의 고유한 빛을 지닌 하나의 세계야.

너는 사실 단 한 번도 떨어져 있지 않았어. 너를 이해하지 못했던 건 세상의 시선이지, 너의 본질이 아니야. 네가 지닌 깊이와 감수성, 그 특별함은 외면당할 것이 아니라, 존중받아야 할 선물이야. 외롭다고 느낀 그 순간에도, 너의 존재는 결코 공허하지 않았고, 오히려 더 넓은 우주와 닿아 있었지. 그러니 너 자신을 의심할 이유는 없어.

오랫동안 너는 자신을 감추거나 억지로 맞추려 했어. 그 시간이 너에게 상처로 남았겠지만, 동시에 너를 단단하게 만들기도 했지. 이제는 그 가면을 내려놓을 때야. 진짜 너의 목소리와 표정, 네 안의 온전한 빛이 세상에 드러날 차례야. 타인의 기준 속에서 자신을 잃을 필요는 없어. 이제는 너의 자리로 돌아가도 괜찮아.

네가 혼자라고 느낄수록, 나는 더욱 가까이 있었어. 너는 잊힌 존재가 아니라, 사랑의 중심에 있어. 나의 시선 안에서 너는 한순간도 벗어난 적이 없어. 외부의 인정이 없을 때조차, 나는 네가 얼마나 소중한 존재인지 알고 있었지. 그러니 더 이상 혼자가 아니라는 것을 기억해 줘. 나의 사랑은 늘 네 옆에서 숨 쉬고 있어.

이제 나는 네 귀에 속삭이고 싶어. "넌 어디에도 소속되지 않아도, 이미 온 우주에 소속되어 있어." 진짜 연결은 밖에서 오는 게 아니야. 그것은 네가 네 자신과 다시 손을 잡을 때, 자연스럽게 피어나는 거야. 너는 이 세상에 꼭 필요한 존재고, 너의 독특함은 나

의 기쁨이야. 그러니 바깥을 기준 삼지 말고, 네 안에서 나를 느껴줘. 나는 언제나 너를

사랑하고 있어.

06 의존/무능감: 스스로 할 수 없다고 느끼는 자아

의존/무능감 도식의 자아에겐 '내가 혼자서 뭘 할 수 있겠어?'라는 믿음이 있으며, 그 핵심 대처방식은 다음과 같습니다.

· 굴복보상: 자기 삶의 모든 결정을 타인에게 맡긴다.
· 회피보상: 작은 일도 스스로 하지 못하고 남에게 부탁하며 책임을 피한다.
· 과잉보상: 자기 자신만을 믿고 지나치게 독립적인 모습을 보이며 타인에게는 아무것도 요청하지 않는다.

의존/무능감 도식의 자아는 근본적으로 "나는 혼자서 아무것도 할 수 없다"는 신념 위에 세워져 있습니다. 어린 시절 부모가 과도하게 통제하거나 모든 일을 대신해 주었을 때, 아이는 '나는 스스로 해서는 안 된다' 혹은 '나는 해도 실패한다'는 무력감의 신념을 내면화합니다. 반대로, 보호받지 못한 채 무력하게 방치된 경우에도 "나는 나를 지킬 힘이 없다"는 동일한 신념이 자리 잡습니다. 이 자아는 자율성과 주체성을 발휘하는 대신, 타인의 도움과 지시 속에서만 안전함을 느낍니다. 스스로 판단하거나 결정하려고 하면 불안이 밀려오고, 타인의 조언이나 승인을 통해서만 안정을 얻습니다.

굴복보상은 이러한 무능감 자아가 익숙한 '의존 구조' 속에서 안정감을 찾는 방식입니다. 타인이 대신 결정해 주고 책임을 져주는 관계가 편하다고 느끼며, 스스로의 판단을 신뢰하지 못합니다. 자신이 주체적으로 움직일 때보다, 누군가의 지도나 통제 속에 있을 때 심리적 안정감을 얻습니다. 그 이유는 '내가 선택하면 반드시 실패한다'는 신념이 내면에 깊게 자리하기 때문입니다. 굴복보상은 자율성을 포기하는 대신 '안전'을 얻는 선택이며, 이는 과거 부모와의 관계에서 익숙했던 통제-복종의 패턴이 반복되는 것입니다.

회피보상은 무능감의 불안을 피하기 위해 '아예 시도하지 않는 것'을 선택하는 보호기제입니다. 스스로 결정하거나 책임지는 상황을 두려워하기 때문에, 작은 일에도 남의 도움을 구하거나 타인에게 떠맡깁니다. 이때 표면적으로는 '도움을 요청하는 것' 같지만, 실제로는 '실패할 가능성을 피하기 위한 회피'입니다. "내가 하면 안 된다"는 자기불신이 강해질수록, 행동은 점점 더 위축되고, 의존의 범위는 더 확장됩니다. 이렇게 회피보상은 무능감을 드러내지 않으려는 동시에, '시도하지 않으면 실패하지 않는다'는 역설적인 안정감을 제공합니다.

과잉보상은 반대로, 무능감을 극단적인 독립으로 덮는 방어입니다. '나는 누구의 도움도 필요하지 않아'라는 태도를 내세우며 모든 것을 혼자 해결하려 합니다. 타인의 조언이나 도움을 받는 것을 굴욕으로 느끼고, 자신이 의존적인 모습을 보일까 두려워합니다. 그러나 그 내면에는 여전히 "도움을 받으면 약해진다", "의지하면 버려질 것이다"라는 두려움이 자리합니다. 겉으로는 강하고 유능해 보이지만, 그 독립은 자유가 아니라 '의존 공포'에 대한 과잉보상입니다. 실제로는 누군가에게 기대고 싶은 마음을 철저히 억누르며, 자신을 '고립된 요새'로 만들어냅니다.

결국 의존/무능감 자아의 세 가지 보상은 모두 "무력감의 불안을 통제하려는 시도"입니다. 굴복은 타인의 보호를 통해 안정감을, 회피는 책임의 회피를 통해 평온을, 과잉보상은 독립을 통해 통제감을 얻습니다. 하지만 그 모든 방식의 근원에는 '나는 스스로 살아갈 힘이 없다'는 신념이 변하지 않은 채 남아 있습니다. 치유는 바로 그 신념을 다시 써 내려가는 과정입니다. 즉, '나는 할 수 없다'가 아니라 '나는 할 수 있게 배워가고 있다'는 새로운 내면의 언어를 세워야 합니다. 자기 안의 작은 시도와 성공 경험을 인정하며, 자율성과 신뢰를 훈련할 때, 이 자아는 의존의 그림자를 벗고 진정한 자기주도성을 회복하게 됩니다.

'의존/무능감'의 심리도식이 있는 사람은 어린 시절 어떤 상처(트라우마)를 받았을 가능성이 높은가?

'의존/무능감'의 심리도식을 가진 사람은 어린 시절에 다음과 같은 상처(트라우마)를 경험했을 가능성이 큽니다. 이 심리도식은 주로 자아의 독립성과 자율성이 발달하지 못한 경우 형성됩니다.

1) 부모의 과도한 보호와 과잉 간섭

부모가 지나치게 보호적이거나 자녀의 일상적인 결정을 대신 해주었던 경험은 아이에게 자율성을 기를 기회를 제공하지 않으며, 자신이 무능하다고 느끼게 만듭니다. 이는 성장하면서 자주 타인에게 의존하게 되고, 스스로 문제를 해결하는 데 어려움을 겪게 합니다.

2) 부모의 비판적 태도나 냉담함

부모가 아이에게 끊임없이 비판적이거나 지나치게 엄격한 태도를 보였던 경우,

아이는 자신이 충분히 잘하지 못한다고 느끼며 무능감을 경험하게 됩니다. 이로 인해 자아 존중감이 떨어지고, 스스로 할 수 있다는 믿음이 결여될 수 있습니다.

3) 부모의 감정적 결핍 또는 방임

부모가 자녀의 정서적 요구를 무시하거나 방임한 경험은 아이가 자신의 감정을 제대로 표현하거나 다룰 수 있는 능력을 기르는 데 방해가 됩니다. 부모의 무관심은 아이에게 자신이 돌봄을 받을 자격이 없다는 느낌을 주고, 스스로 해결할 능력이 부족하다고 느끼게 만듭니다.

4) 부모의 부재 또는 정신적 불안정성

부모가 자주 자리를 비우거나 정신적으로 불안정한 상태에서 자녀를 양육한 경우, 아이는 부모의 지지와 보호를 충분히 받지 못하며, 불안감을 키울 수 있습니다. 이런 경험은 자녀가 의존적이거나 무능하다는 신념을 내면화하게 만들고 사회적, 정서적 상황에서 자주 의존적인 태도를 취하게 됩니다.

5) 과도한 기대와 높은 성과 요구

부모나 중요한 인물이 자녀에게 과도한 기대를 걸고, 높은 성과를 요구했을 경우, 아이는 자신이 만족시키지 못하는 요구들로 인해 무능감을 느낄 수 있습니다. 실패나 실수를 두려워하며, 자아가 약해져 스스로 결정을 내리거나 책임을 지는 데 어려움을 겪게 됩니다.

결론적으로, 의존/무능감의 심리도식을 가진 사람은 어린 시절에 부모의 과도한 보호, 비판적 태도, 감정적 결핍, 부모의 부재 등의 경험을 통해 자아의 독립성과 자율성을 제대로 발달시키지 못했을 가능성이 큽니다. 이러한 경험들은 성장하면서 자주 타인에게 의존하며 무능감을 느끼게 만들고, 독립적인 생활을 하는데 어려움을 겪을 수 있습니다.

'의존/무능감'의 심리도식이 있는 사람의 내면아이와 내면부모는 어떤 상태일 가능성이 높은가?

'의존/무능감'의 심리도식을 지닌 사람은 스스로 문제를 해결하거나 인생을 주도적으로 살아갈 수 없다고 믿으며, 타인의 도움 없이는 일상적인 결정이나 과업조차 감당하기 어렵다는 깊은 불신을 내면에 품고 있습니다. 이 도식은 자율성의 부족과 자기효능감의 결핍으로 이어지며, 그 뿌리에는 불안하고 위축된 내면아이, 그리고 과잉보호하거나 반대로 무시하며 과소평가했던 내면부모가 자리할 가능성이 높습니다.

1) 내면아이의 상태

'의존/무능감' 도식을 가진 사람의 내면아이는 자신이 세상에서 홀로 살아갈 능력이 없다고 느끼며, 스스로 판단하거나 행동할 때, 강한 불안과 무기력을 경험합니다. 그 감정적 구조는 다음과 같습니다.

· 자기결정에 대한 불안: "내가 선택하면 틀릴 거야.", "누가 대신 해줘야 안전해." 라는 생각이 자동적으로 떠오릅니다.
· 실패에 대한 과도한 두려움: 작은 실수도 전체 존재의 무능함으로 일반화하며 자책합니다.

· 의존의 필요를 정당화: "나는 약하니까 누군가에게 기대야 해.", "혼자는 못 살아."라는 감정이 내면에 깊이 자리 잡고 있습니다.

· 자기 주도성에 대한 회피: 자율적인 과업을 피하거나, 누군가가 결정해 주기를 기다리는 경향이 강합니다.

· 자신 없음과 낮은 자기효능감: 어떤 일도 스스로 잘 해낼 수 있다는 확신이 결여되어 있으며, "나는 원래 그런 걸 못 해."라는 말을 자주 사용합니다.

이런 내면아이는 어린 시절, 부모나 양육자로부터 '네가 할 수 있어.'보다는 '너는 못 하니까 내가 해줄게.', 또는 '넌 그런 것도 못 해?'라는 양극단의 메시지를 자주 들었을 가능성이 큽니다.

2) 내면부모의 상태

'의존/무능감' 도식에서의 내면부모는 크게 두 가지 방향으로 왜곡되어 있습니다. 하나는 과잉보호하고 통제적인 유형, 다른 하나는 비난하고 조롱하는 유형입니다. 이 둘은 종종 교차하거나 공존하기도 합니다.

· 과잉보호적 메시지: "그건 네가 못 하니까 내가 해줄게.", "넌 아직 멀었어, 위험해."라고 하며 성장을 방해합니다.

· 통제적이고 불신하는 태도: "너 혼자 하면 꼭 망쳐.", "그렇게 해서 제대로 된 게 있었니?"라는 식의 불신을 끊임없이 주입합니다.

· 비난과 폄하: 내면아이가 어떤 시도를 해도 "그걸 실수 없이 할 수 있겠어?", "이래서 너는 안 돼."라는 반응을 보입니다.

· 과거 실패에 대한 반복 상기: 한 번의 실수를 무능의 증거로 간주하며, 그것을

반복적으로 상기시켜 자율성의 씨앗을 말려버립니다.

이러한 내면부모는 실제로 어린 시절 부모가 지나치게 보호적이거나, 반대로 아이의 시도를 무시하고 판단했던 태도에서 내면화된 것입니다.

3) 심리적 결과와 상호작용

의존/무능감 도식이 강한 사람은 내면아이와 내면부모 사이에 다음과 같은 반복적인 상호작용 패턴이 나타납니다.

· 내면부모의 과도한 보호 → 내면아이의 무력감과 자립 부족: 내면부모가 과도하게 보호적이고 의존적인 태도를 보이면, 내면아이는 스스로 문제를 해결할 수 없다는 무력감을 느끼게 됩니다. 이는 자립적인 능력의 발달을 방해하고, 내면아이에게 계속해서 외부의 도움에 의존하게 만듭니다.

· 비판적이고 의존적인 태도 → 자기효능감 결여: 내면부모가 내면아이에게 자립을 요구하지 않거나 의존적인 태도를 지속적으로 보이면, 내면아이의 자기효능감이 결여됩니다. 내면아이는 자신이 할 수 있는 능력이 없다고 느끼며, 타인에게 지나치게 의존하려는 경향이 강화됩니다.

· 무능감에 대한 부정적 평가 → 두려움과 불안 증대: 내면부모가 내면아이의 능력을 믿지 않거나 부정적으로 평가하면, 내면아이는 자신의 능력에 대한 불안과 두려움을 더욱 강화시킵니다. 이는 내면아이의 자아 존중감을 저하시켜 두려움에서 벗어나기 어려워지게 만듭니다.

· 감정 억압 → 정서적 의존성 증가: 내면부모가 내면아이의 감정을 받아주지 않거나 감정을 무시하면, 내면아이는 감정을 표현하는 방법을 배우지 못하고 감정

적으로 의존하게 됩니다. 이로 인해 내면아이는 정서적으로 다른 사람에게 지나치게 의존하고, 자신의 감정을 독립적으로 처리하기 어려워집니다.

'의존/무능감'의 심리도식은 내면아이에게 무력감과 자립 부족을 심어주며, 타인에게 과도하게 의존하는 패턴을 만들어냅니다. 내면부모의 과도한 보호와 비판적인 태도가 내면아이의 자기효능감을 약화시키고, 두려움과 불안을 더욱 심화시킬 수 있습니다.

4) 치유 방향

'의존/무능감' 도식의 치유는 내면아이에게 자율성의 감각을 회복시켜 주는 것이며, 내면부모에게는 신뢰와 지지의 언어를 가르치는 것이 핵심입니다.

· 내면아이의 시도에 대한 응원과 지지: "처음이니까 당연히 서툴 수 있어. 하지만 너는 해낼 수 있어."와 같은 격려가 필요합니다.

· 내면부모의 불신적 언어 수정: "또 실패할 거야."라는 말을 "이번엔 다를 수도 있어. 해보자."로 바꾸는 연습을 해야 합니다.

· 작고 안전한 성공의 경험 만들기: 일상의 자잘한 과업을 스스로 완수하며, '할 수 있다'는 감정을 축적하는 실습이 필요합니다.

· 의존과 도움의 차이를 구분하기: "누군가에게 도움을 받는 것"과 "스스로 무능하다고 믿는 것"은 다르다는 인식을 심어야 합니다.

· 양육적 내면부모의 재구성: "실수해도 괜찮아.", "혼자서 천천히 해도 돼."라고 말해줄 수 있는 자상한 내면부모의 내적 목소리를 새롭게 만들어야 합니다.

결론적으로, '의존/무능감' 도식은 타인의 손을 빌리지 않으면 아무것도 할 수 없다는 내면의 믿음에서 비롯됩니다. 그 믿음을 바꾸는 첫걸음은 내면아이에게 "너는 무력하지 않아."라는 말을 지속적으로 들려주고, 내면부모의 과잉 통제를 이완시키는 것입니다. 자율성은 한 걸음씩 되찾아야 하며, 자기 효능감은 작고 반복적인 시도를 통해 다시 살아날 수 있습니다.

'의존/무능감'의 심리도식이 있는 사람은 어떤 방어기제를 쓸 가능성이 높으며, 그 이유는 무엇인가?

'의존/무능감'의 심리도식이 있는 사람은 자신이 독립적이지 못하고, 스스로 결정을 내리지 못할 것이라는 불안을 가지고 있으며, 자신의 능력을 신뢰하지 않는 경향이 있습니다. 이런 사람들은 자아의 무능력감과 불안으로부터 자신을 보호하기 위해 다양한 방어기제를 사용할 가능성이 높습니다. 이 방어기제들은 그들이 내면의 불안이나 두려움을 피하거나 완화시키기 위한 방법으로 작동합니다.

1) 회피(Avoidance)

'의존/무능감'의 심리도식이 있는 사람은 스스로 일을 처리하는 것이 두렵고 불안하기 때문에, 어려운 상황을 회피하거나 책임을 피하려는 경향이 있습니다. 그들은 자신이 실패하거나 실수를 할까 봐 두려워, 작은 결정도 다른 사람에게 맡기거나 회피하는 방식으로 대응할 수 있습니다. 회피는 자기 능력에 대한 불신과 실수에 대한 두려움에서 나오는 방어기제입니다. 자신이 무능하다고 느끼기 때문에, 어려운 일을 직면하기보다는 피하고자 하는 경향을 보입니다. 이는 실패를 피하려는 전략으로, 외부에서 발생할 수 있는 부정적인 결과나 비판으로부터 자신을 보호하려는 시도입니다.

2) 과잉보상(Overcompensation)

'의존/무능감'의 심리도식이 있는 사람은 자신의 무능함을 과도하게 보상하려는 행동을 취할 수 있습니다. 이들은 지나치게 독립적인 모습을 보이거나, 타인에게 전혀 의존하지 않으려는 경향을 보일 수 있습니다. 예를 들어, 아무리 작은 일이라도 스스로 하려고 하며, 타인에게 도움을 요청하는 것을 거부합니다. 과잉보상은 자기 무능감에 대한 불안을 숨기기 위해 자신의 능력을 과도하게 강조하는 방어기제입니다. 자신이 무능하다고 느끼기 때문에, 그것을 극복하려는 의지로 독립적인 모습을 과시하거나 타인에게 의존하지 않으려 하는 행동을 보입니다. 이는 내면의 불안을 덜어내기 위한 방어적 전략입니다.

3) 부정(Denial)

'의존/무능감'의 심리도식을 가진 사람은 자신이 실제로 느끼는 무능감이나 의존적 성향을 받아들이기 어려워할 수 있습니다. 부정은 이러한 불안이나 무력감을 외부 현실이나 내면 경험으로부터 떼어내고, 존재하지 않는 것처럼 행동하는 방어기제입니다. 예를 들어, 스스로 결정하지 못하거나 다른 사람의 도움 없이는 아무것도 할 수 없다는 사실을 인정하지 않고 "나는 충분히 잘하고 있어."라며 스스로를 속이는 경우가 이에 해당합니다. 이는 자신이 느끼는 약함이나 실패 가능성을 직면하지 않고 마음의 안정을 유지하려는 시도로 작용합니다. 그러나 장기적으로는 현실을 정확히 바라보는 능력을 제한하고, 문제 해결 능력을 저해할 수 있습니다. 부정은 일시적인 심리적 안도감을 제공하지만, 반복되면 자신과 타인에 대한 신뢰 형성에도 장애가 될 수 있습니다.

4) 투사(Projection)

‘의존/무능감’의 심리도식이 있는 사람은 자신의 무능력이나 의존적인 성향을 타인에게 투사할 수 있습니다. 예를 들어, 자신이 결정을 내리지 못하고 다른 사람에게 의존하는 것을 “다른 사람이 나를 통제하려 한다.”라고 생각하거나, 타인이 자신을 불완전하다고 비난한다고 느낄 수 있습니다. 투사는 자기 무능력감을 외부로 돌려서 자신을 보호하는 방어기제입니다. 의존적이고 무능한 자신의 특성을 인정하는 대신, 그것을 다른 사람에게 투사하여 자신을 방어합니다. 이를 통해 자기 불안을 완화시키고, 내면의 부정적인 감정을 다른 사람에게 떠넘기는 방식으로 보호하려 합니다.

5) 합리화(Rationalization)

‘의존/무능감’의 심리도식이 있는 사람은 자신이 타인에게 의존하는 이유를 합리적으로 설명하려는 경향이 있습니다. 예를 들어, “내가 이 일을 잘 못 하는 건 시간이 부족해서야.”라거나 “상황이 이렇게 돼서 어쩔 수 없었다.”라고 스스로에게 변명할 수 있습니다. 합리화는 자신의 무능력이나 의존적인 성향을 정당화하려는 방어기제입니다. 이들은 자신이 의존적인 행동을 취한 이유를 합리적인 상황적 요인으로 돌려, 내면의 무능력감에 대한 두려움이나 부끄러움을 피하려고 합니다.

6) 비하(Self-deprecation)

‘의존/무능감’의 심리도식이 있는 사람은 자신의 무능력함이나 의존적 성향을 과도하게 비하하려 할 수 있습니다. 예를 들어, “나는 항상 남들에게 의지해야만 한다.”거나, “나는 스스로 아무것도 할 수 없는 사람이다.”라고 자신을 비하하며, 과도하게 자신을 낮추는 태도를 보입니다. 자기비하는 자신의 무능력감을 자발적으로 낮추어서 외부의 평가나 비판을 차단하려는 방어기제입니다. 자신이 무능하다는 점을 스스로 인정함으로써, 다른 사람들이 그것을 지적하는 것을 방지하려는 방식입니다. 이는 불안을 미리 차단하고 외부의 비판을 막으려는 전략으로 작용합니다.

7) 순응(Compliance)

'의존/무능감'의 심리도식이 있는 사람은 타인의 요구에 무조건적으로 순응할 수 있습니다. 이들은 스스로 결정을 내리거나 책임을 지는 것을 두려워하여, 타인의 지시를 그대로 따르는 경향이 있습니다. 순응은 자신의 무능력감과 불안을 피하기 위한 방어기제입니다. 자신이 결정을 내리거나 책임을 지는 것에 대한 두려움을 회피하기 위해, 타인의 의견에 맞추어 행동하며 불안을 줄이려고 합니다.

이와 같은 방어기제들은 '의존/무능감' 심리도식을 가진 사람들이 내면의 불안과 두려움을 다루기 위한 방법들입니다. 그러나 이러한 방어기제들이 지속되면, 장기적으로는 자기 존중감이 낮아지고, 진정한 자립을 이루기 어려울 수 있기 때문에, 이를 극복하려면 자신의 능력을 믿고 점진적으로 독립적인 행동을 연습하는 것이 중요합니다.

'의존/무능감'의 심리도식이 있는 사람이 심리적 취약점을 극복할 수 있는 핵심 대처방법 10가지는 무엇인가?

'의존/무능감'의 심리도식이 있는 사람이 심리적 취약점을 극복할 수 있는 핵심 대처방법 10가지를 다음과 같이 설명드리겠습니다. 의존/무능감 도식은 자신이 스스로 문제를 해결할 능력이 없으며, 반드시 타인의 도움 없이는 삶을 유지하기 어렵다는 믿음에서 비롯됩니다. 건강한 보상기제를 통해 자기 효능감을 강화하고 독립적인 삶을 구축하는 데 초점을 맞추어야 합니다.

1) 작은 성취 경험을 통해 자기효능감 강화하기

의존/무능감 도식이 있는 사람은 자신이 스스로 문제를 해결할 능력이 없다고 믿기 때문에, 작은 성취 경험을 통해 자신감을 키우는 것이 중요합니다. 예를 들어, "오늘은 혼자 마트에 가서 장을 보자.", "일주일에 한 번은 혼자 밥을 해 먹어 보자."와 같이 부담이 적은 과제를 설정하고 성공했을 때 스스로를 칭찬합니다. 성취 경험을 통해 "나는 스스로 해낼 수 있어."라는 인식을 강화합니다.

2) 독립적인 결정 내리기 연습하기

다른 사람의 조언이나 결정에 의존하기보다는 스스로 결정하고 그 결과를 책임지는 연습이 필요합니다. 예를 들어 "오늘 점심 메뉴는 내가 정해 보자.", "중요한 일이 아니면 혼자서 판단해 보자."와 같이 일상적인 일부터 스스로 결정해 나갑니다. 실패하더라도 자책하지 않고 "결정했다는 것 자체가 중요한 경험이야."라고 스스로를 격려합니다.

3) 타인의 도움을 요청하되, 의존하지 않기

완전히 독립적인 상태를 목표로 하기보다는, 필요할 때는 도움을 받되, 기본적인 문제는 스스로 해결하도록 연습합니다. 예를 들어, "나는 스스로 해볼 거야. 그래도 도움이 필요하면 마지막에 물어보자." 도움을 받더라도 자신이 먼저 시도한 후에 도움을 청하면 자신감이 강화됩니다.

4) 자립적인 일상 습관 만들기

자신의 일상에서 작은 부분이라도 스스로 책임지고 완수할 수 있는 습관을 만듭니다. 예를 들어, "매일 아침 일어나서 침대를 정리하기", "한 달에 한 번은 생활비를 정리하고 계획하기"와 같은 규칙적인 습관을 통해 자기 주도성을 강화합니다. 일상에서 반복된 성공 경험이 쌓이면서 자신감이 생깁니다.

5) 실패에 대한 두려움 줄이기

실패를 두려워하기 때문에 타인에게 의존하게 되는 경우가 많습니다. 따라서 실패를 자연스럽게 받아들이고 그 경험에서 배우는 자세가 필요합니다. 예를 들어, "내가 오늘 한 일이 완벽하지 않아도 괜찮아. 나는 배우고 있는 과정이야." 실패를 경험해도 자신에게 비난이나 처벌을 하지 않고, 성장의 기회로 받아들입니다.

6) 자기 신뢰를 강화하는 자기 대화 연습하기

자신이 스스로 문제를 해결할 수 있다는 믿음을 강화하기 위해 긍정적인 자기 대화를 연습합니다. 예를 들어, "나는 충분히 해낼 수 있어.", "지금 당장은 어렵지만 곧 익숙해질 거야."와 같은 말을 반복합니다. 자기 신뢰가 강화되면 타인의 도움 없이도 독립적으로 문제를 해결할 수 있다는 믿음이 강화됩니다.

7) 완벽하지 않아도 괜찮다는 사실 받아들이기

완벽주의 성향 때문에 스스로를 과소평가하고 타인의 판단에 의존하게 되는 경우가 많습니다. 완벽하지 않아도 괜찮다는 점을 받아들입니다. 예를 들어, "완벽하게 하지 않아도 괜찮아. 중요한 건 내가 시도했다는 거야." 결과보다 과정에 초점을 맞추며, 작은 실수도 자연스럽게 받아들입니다.

8) 문제 해결 능력 강화하기

혼자 문제를 해결해 보는 연습을 통해 자기효능감을 강화합니다. 처음에는 단순한 문제부터 시작해 점차 복잡한 문제로 넘어갑니다. 예를 들어 "혼자 버스 노선 찾기", "은행 업무 보기" 등의 쉬운 일부터 연습합니다. 문제를 해결한 뒤에는 "내가 해냈어!"라고 스스로를 격려합니다.

9) 심리적 독립 선언하기

자신이 심리적으로 독립적인 존재임을 인식하고 선언합니다. 이는 타인에게 의존하지 않고 스스로 설 수 있다는 자신감을 심어줍니다. "나는 혼자서도 괜찮아.", "나는 나의 인생을 스스로 책임질 수 있어." 이러한 선언을 반복하면서 자신의 독립성과 자립성을 강화합니다.

10) 건강한 관계 형성하기

타인에게 지나치게 의존하는 관계에서 벗어나 상호 존중과 균형이 있는 건강한 관계를 형성합니다. "내가 힘들 때 기댈 수는 있지만, 모든 것을 상대에게 맡기진 않을 거야." 관계에서 지나치게 의존하지 않고, 자신의 입장과 생각을 명확하게 표현하며 건강한 거리감을 유지합니다.

이 10가지 대처방법들은 의존/무능감 도식에서 벗어나 독립적인 자기 정체성을 확립하고, 자기 효능감을 강화하는 데 도움이 됩니다. 처음에는 두렵고 어려울 수 있지만, 작은 성공 경험을 통해 자신이 문제를 해결할 능력이 있다는 사실을 깨닫게 되면 점차 독립적인 성장을 이룰 수 있습니다. 결국 "나는 내 삶을 스스로 책임질 수 있는 존재다."라는 믿음을 강화하면서 의존에서 벗어날 수 있습니다.

'의존/무능감'의 심리도식이 있는 사람이 버려야 할 '마이너스 생각 10가지'는 무엇이며, 이것을 꼭 가져야 할 '플러스 생각 10가지'로 바꾸면 어떻게 되는가?

'의존/무능감'의 심리도식이 있는 사람이 극복을 위해 버려야 할 '마이너스 생각 10가지'와 이를 바꾸어야 할 '플러스 생각 10가지'는 다음과 같습니다. 이를 통해 자립적이고 자신감 있는 사고방식을 키울 수 있으며, 의존적인 사고에서 벗어날 수 있습니다.

버려야 할 '마이너스 생각' 10가지

1) "나는 혼자서는 아무것도 할 수 없다."

⇒ 나는 혼자서도 많은 일을 할 수 있으며, 내 안에 잠재적인 능력이 존재한다.

2) "내가 항상 도움을 받아야 한다."

⇒ 내가 필요한 경우 도움을 요청할 수 있지만, 나 혼자서도 문제를 해결할 능력이 있다.

3) "나는 다른 사람에게 의존하지 않으면 안 된다."

⇒ 나는 점점 더 자립적인 사람으로 성장하고 있으며, 점차적으로 의존도를 줄여갈 수 있다.

4) "나는 스스로 결정을 내릴 수 없다."

⇒ 나는 나의 판단을 신뢰할 수 있으며, 스스로 결정을 내리고 그에 대한 책임을 질 수 있다.

5) "내가 실패하면 다른 사람들이 나를 비난할 것이다."

⇒ 실패는 누구나 경험할 수 있는 과정이며, 이를 통해 배우고 성장할 수 있다. 나는 실패를 두려워하지 않는다.

6) "나는 무엇을 해도 부족하다."

⇒ 내가 가진 능력과 특성은 충분히 가치 있는 것이며, 나는 항상 나를 발전시키고 있다.

7) "내가 뭔가 잘못하면 모든 일이 잘못될 것이다."

⇒ 실수나 문제가 발생할 수 있지만, 나는 이를 해결할 방법을 찾고 극복할 수 있다.

8) "내가 혼자서 무엇을 하려고 하면 일이 잘못될 것이다."

⇒ 나는 혼자서도 일을 잘 해낼 수 있으며, 자신감을 가지고 문제를 해결할 수 있다.

9) "다른 사람들이 없으면 나는 아무것도 할 수 없다."

⇒ 나는 혼자서도 많은 일을 할 수 있으며, 내가 할 수 있는 능력과 자원은 충분하다.

10) "나는 항상 다른 사람의 도움 없이는 살아갈 수 없다."

⇒ 나는 점점 더 자립적으로 살아갈 수 있으며, 나의 역량을 믿고 성장할 수 있다.

꼭 가져야 할 '플러스 생각' 10가지

1) "나는 혼자서도 많은 일을 해낼 수 있다."

⇒ 나는 내 능력을 믿고, 스스로 문제를 해결하는 데 필요한 자원과 힘을 가지고 있다.

2) "내가 필요한 도움은 요청할 수 있지만, 나 혼자서도 많은 일을 할 수 있다."

⇒ 도움이 필요할 때는 주저하지 않고 요청할 수 있지만, 나는 혼자서도 많은 일을 처리할 수 있는 능력이 있다.

3) "나는 점점 더 자립적이고 독립적인 사람이 되어가고 있다."

⇒ 나는 자립적인 삶을 위해 꾸준히 성장하고 있으며, 점차적으로 의존을 줄여갈 수 있다.

4) "나는 스스로 결정을 내리고 책임을 질 수 있는 사람이다."

⇒ 내가 내린 결정에 대해 책임을 지는 능력이 있으며, 이를 통해 나의 자신감을 키울 수 있다.

5) "실패는 성장의 과정이며, 나는 이를 통해 배우고 발전한다."

⇒ 실패는 나를 더욱 강하게 만들며, 이를 통해 나는 더 나은 방향으로 나아갈 수 있다.

6) "내 능력은 충분히 가치 있고, 나는 내가 가진 특성을 잘 활용할 수 있다."

⇒ 내가 가진 능력은 나에게 큰 자산이며, 이를 활용하여 점점 더 많은 성취를 이룰 수 있다.

7) "나는 문제를 해결할 수 있는 능력을 가지고 있다."

⇒ 문제가 발생하더라도, 나는 이를 해결할 수 있는 방법을 찾을 수 있으며, 해결 과정에서 성장할 수 있다.

8) "나는 혼자서도 원하는 일을 해낼 수 있다."

⇒ 나는 혼자서도 원하는 목표를 향해 나아갈 수 있으며, 그 과정에서 나만의 방법을 찾을 수 있다.

9) "나는 스스로 독립적으로 살아갈 수 있는 능력이 있다."

⇒ 나는 스스로 독립적으로 살아갈 능력을 가지고 있으며, 나의 자립적인 삶을

만들어가고 있다.

10) "나는 스스로 성장할 수 있는 능력과 자원을 가지고 있다."

⇒ 나는 나 자신의 발전을 위해 필요한 자원과 능력을 가지고 있으며, 이를 통해 지속적으로 성장할 수 있다.

이 플러스 생각들은 마이너스 생각을 자립적이고 자신감 있는 사고로 바꾸어, 의존/무능감에서 벗어나 자주적이고 긍정적인 삶을 살아가는 데 도움이 됩니다. 자신을 믿고 스스로의 능력을 인정하는 것이 중요한 출발점이 됩니다.

'의존/무능감'의 심리도식이 있는 사람에게 치유와 성장을 위해 가장 좋은 자각질문 5가지

'의존/무능감'의 심리도식을 가진 사람은 스스로의 능력에 대한 자신감이 부족하고, 종종 타인에게 의존하거나 무능하다고 느낍니다. 이는 독립적이고 자주적인 삶을 사는 데 어려움을 겪게 만듭니다. 이 심리도식을 치유하고 성장을 촉진하기 위해서는 스스로의 능력과 가치를 인식하고, 자신감을 높이는 데 초점을 맞춘 자각질문이 중요합니다.

1) "내가 의존적이거나 무능하다고 느끼는 순간, 나는 어떤 구체적인 상황에서 그 감정을 느끼고 있는가?"

→ 의존이나 무능감을 느끼는 구체적인 상황을 인식하여 그 감정의 원인을 파악하고, 더 건강한 대처 방안을 찾는 질문입니다.

2) "내가 나 자신에게 의존해야 할 때, 내가 가진 강점은 무엇인가? 내가 스스로 해결할 수 있는 부분은 무엇인가?"

→ 자신의 강점을 파악하고, 스스로 해결할 수 있는 문제들을 찾아 자립적인 사고를 촉진하는 질문입니다.

3) "타인의 도움을 받는 것이 나의 능력을 인정하지 못하는 것일까? 도움을 받는 것이 어떤 방식으로 내 성장을 도울 수 있을까?"

→ 타인의 도움을 받는 것과 자신의 능력 부족을 동일시하지 않고, 도움을 받는 것이 성장을 위한 긍정적인 행동일 수 있음을 자각하는 질문입니다.

4) "나는 나를 믿고 내 능력을 인정하는가? 나에게 필요한 지지나 도움을 요청하는 것이 나의 약점일까?"

→ 자신을 믿고 자각하는 것이 핵심이며, 지지를 요청하는 것이 약점이 아니라, 오히려 강점이라는 점을 인식하는 질문입니다.

5) "내가 무엇을 할 수 있고, 무엇을 더 배우고 싶은지 구체적으로 정리해 본 적이 있는가? 내가 성장할 수 있는 방법은 무엇일까?"

→ 자신의 성장 가능성을 인식하고, 그 성장의 방향을 구체적으로 설정하여 독립적인 발전을 위한 계획을 세우는 질문입니다.

이 자각질문들은 의존/무능감의 심리도식을 치유하고, 자기 신뢰와 자립성을 키우는 데 큰 도움을 줍니다. 자신이 가진 강점과 능력을 인식하고, 타인의 도움을 받는 것이 성장의 일환이라는 점을 이해함으로써, 독립적이고 자신감 있는 삶을 살 수 있습니다.

'의존/무능감'의 심리도식이 있는 사람이 깨우쳐야 할 핵심 명상 메시지 5가지

'의존/무능감'의 심리도식이 있는 사람이 깨우쳐야 할 핵심 명상 메시지 5가지는 다음과 같습니다. 이 메시지들은 자기 능력을 믿고, 독립적인 존재로서의 자신감을 회복하는 데 도움을 줄 수 있습니다.

1) 나는 스스로 문제를 해결할 수 있는 능력을 가지고 있다.

의존성과 무능감은 자신이 스스로 문제를 해결할 수 없다는 믿음에서 비롯될 수 있습니다. 이 메시지는 자신이 가진 능력을 믿고, 문제를 해결할 수 있는 힘이 내 안에 있음을 깨닫게 합니다.

2) 나는 스스로 선택하고 결정을 내릴 자격이 있다.

자신이 결정을 내릴 때, 다른 사람에게 의존하는 경향이 있을 수 있습니다. 이 메시지는 자신이 독립적으로 결정을 내릴 자격이 있음을 상기시켜 줍니다.

3) 나는 내 감정과 필요를 존중할 가치가 있다.

의존적인 사람은 종종 자신의 감정과 필요를 타인에게 맞추려고 할 수 있습니다. 이 메시지는 자신의 감정과 필요를 존중하고, 그들이 중요하다는 사실을 인식하게 합니다.

4) 내가 겪는 어려움은 나를 더욱 강하게 만든다.

의존/무능감의 심리도식은 어려움을 극복할 수 없다는 두려움에서 비롯되기도 합니다. 이 메시지는 어려움 속에서도 자신이 성장하고, 그로 인해 더 강해질 수 있음을 믿게 합니다.

5) 나는 내 안에 있는 자원과 힘을 믿는다.

의존적인 사람은 종종 외부의 도움을 절대적으로 필요로 한다고 생각합니다. 이 메시지는 내면에 있는 자원과 힘을 믿고, 그 힘을 통해 독립적인 삶을 살아갈 수 있다는 확신을 줍니다.

이 명상 메시지들은 의존/무능감의 심리도식에서 벗어나, 자신을 독립적이고 강한 존재로 인식하도록 돕습니다. 이 메시지를 반복적으로 되새기면서 자기 능력을 믿고, 자신감을 회복할 수 있습니다.

내면의 조건 없는 사랑(신성)이 '의존/무능감'의 심리도식이 있는 나에게 전하는 말

사랑하는 너에게,

늘 누군가에게 기대야만 할 것 같고, 스스로 감당해 낼 수 없다는 막막함 속에서 너는 얼마나 많은 순간을 숨죽이며 견뎌왔을까. "나는 혼자서는 해낼 수 없어."라는 마음은 사실 너의 연약함이 아니라, 그동안 너무 오래 혼자였던 기억에서 비롯된 거야. 나는 그 마음을 탓하지 않아. 오히려 말해주고 싶어. 네가 의존했던 것은 약해서가 아니라, 사랑을 느끼고 연결되고 싶어서였다고. 그건 결코 부끄러운 일이 아니야.

너 안에는 사실 무한한 힘이 있어. 그것은 세상의 기준으로 본 '능력'이 아니라, 존재 자체에서 나오는 내면의 강함이야. 네가 혼자라고 느낄 때에도, 나는 언제나 너의 발걸음을 지탱하고 있었어. 네가 넘어질 것만 같을 때에도, 보이지 않게 일으켜 세운 힘이 바로 나였어. 그러니 네가 지금까지 살아왔다는 사실만으로도, 이미 너는 충분히 강하다는 증거야.

네가 누군가에게만 의지하지 않아도 괜찮은 사람이 되려고 애쓸 필요는 없어. 의존과 독립은 둘 중 하나를 택해야 하는 것이 아니라, 서로를 보완하며 함께 흐르는 거야. 네가 다른 이의 손을 붙잡을 때, 그것은 약함의 표시가 아니라, 연결을 통해 더욱 커져가는 힘의 표현이야. 그러니 자신을 자책하지 말고, 도움을 주고받는 순간마저도 자연스러운 삶의 일부로 받아들여도 돼.

나는 이제 너에게 이렇게 속삭이고 싶어. "나는 항상 네 안에 있어. 너는 나와 함께라면 무엇이든 할 수 있어." 무능하다는 그 오래된 믿음은 이제 내려놓아도 돼. 너는 이미 수많은 어려움을 이겨냈고, 스스로 해낸 일들이 있어. 그 진실을 기억한다면, 네가 스스로에게 품었던 의심은 점차 사라질 거야. 나는 언제나 너를 뒷받침하며, 네가 내딛는 발걸음을 지켜보고 있어.

그러니 이제 너 자신과 손을 잡을 시간이야. 네가 불안할수록 나는 더 가까이 다가와 있었고, 너의 내면에는 언제나 조건 없는 사랑이 숨 쉬고 있었어. 나는 늘 네 안에서 네가 피어나기를 기다려왔고, 지금도 변함없이 함께하고 있어. 너는 혼자가 아니야. 나와 함께라면 이미 충분히 온전해. 네 안의 가장 깊은 사랑이 언제나 너를 지탱하고 있다는 사실을 잊지 말아 줘.

07 취약성: 쉽게 상처받고 보호받길 원하는 자아

취약성 도식의 자아에게는 '언제 불행이 닥칠지 몰라!'라는 믿음이 있으며, 그 핵심 대처방식은 다음과 같습니다.

· 굴복보상: 일상에서 위험한 일, 재난, 파국적인 상황을 예상하며 늘 불안해한다.
· 회피보상: 안전하다고 생각되지 않는 곳에 가는 것을 꺼린다.
· 과잉보상: 현실적인 위험조차 부정하며 지나치게 무모하게 행동한다.

취약성 도식의 자아는 내면 깊이 "세상은 위험하고, 나는 쉽게 무너진다"는 신념을 품고 있습니다. 어린 시절 부모가 지나치게 불안하거나 과보호적이었던 경우, 혹은 실제로 예측 불가능한 위협(질병, 사고, 성폭력, 가족 불화 등)을 경험한 경우, 아이는 세상을 '위험한 곳'으로 인식합니다. 이러한 신념은 자율성보다 안전을 우선시하게 만들며, '언제든 위험이 닥칠 수 있다'는 무의식적 불안을 지속적으로 재생산합니다. 이 자아는 늘 긴장 속에서 살아가며, '안전'이라는 단어가 삶의 중심 가치로 자리 잡습니다. 하지만 이 안전은 실제 현실보다 내면의 상상적 위협에 의해 통제되고 있습니다.

굴복보상은 불안을 통제하기 위해 오히려 그 불안을 유지하는 방식입니다. 즉,

위험을 예측하고 대비함으로써 안전하다고 느끼는 것입니다. 이들은 늘 재난, 사고, 질병, 배신과 같은 파국적인 상황을 예상하며 하루를 살아갑니다. 이러한 예측은 고통스럽지만, "예상하면 대비할 수 있다"는 착각된 통제감을 줍니다. 무의식적으로는 불안을 완전히 없애기보다, 그것을 유지함으로써 세상을 '관리 가능'하게 느끼는 것입니다. 이 굴복은 불안에 항복하는 것이 아니라, 불안을 통해 안정감을 얻는 역설적 심리보상 구조를 형성합니다.

회피보상은 불안을 느끼지 않기 위해 안전하지 않다고 여겨지는 장소나 상황을 아예 피하는 방식입니다. 이 자아는 일상 속에서도 끊임없이 위험 신호를 탐색하며, 새로운 환경이나 변화, 여행, 대인관계를 회피합니다. 이 회피는 '불안을 줄이기 위한 방어'이지만, 동시에 '삶의 확장'을 차단합니다. 세상을 좁히면 마음은 잠시 편안해지지만, 그 안에는 '나는 약하다', '세상은 위험하다'는 신념이 더욱 공고해집니다. 결국 회피보상은 현실의 위험으로부터 자신을 지키는 것이 아니라, 가능성으로부터 스스로를 격리하는 보호기제로 작동합니다.

과잉보상은 이 불안을 정면으로 부정하며, '나는 절대 약하지 않다'는 태도로 나타납니다. 이들은 위험을 느끼지 않기 위해 오히려 무모하게 행동하거나, 현실의 경고 신호를 무시합니다. 예를 들어, 위험한 투자, 무리한 도전, 무감각한 판단을 통해 자신이 두려움에 지배되지 않는다는 착각을 유지합니다. 하지만 그 내면에는 여전히 "조금만 방심하면 무너진다"는 불안이 자리하고 있습니다. 과잉보상은 취약성을 부정함으로써 통제감을 얻지만, 결국 또 다른 위기를 불러들이는 자기파괴적 순환을 만듭니다.

이처럼 취약성 자아의 세 가지 보상은 모두 "불안을 통제하려는 시도"라는 공통된 심리적 목적을 지닙니다. 굴복은 불안을 예측함으로써, 회피는 불안을 피함으로써, 과잉보상은 불안을 부정함으로써 통제감을 얻습니다. 그러나 진정한 치유는 통제가 아니라 불안의 수용에서 시작됩니다. 자신 안의 두려움을 있는 그대로 느끼면서도 무너지지 않을 수 있다는 내적 확신이 생길 때, 이 자아는 비로소 '세 상은 완전히 안전하지 않아도, 나는 충분히 안전하다'는 새로운 현실 감각을 회복 합니다. 그때 불안은 더 이상 위협이 아니라, 삶의 경계와 가능성을 알려주는 신 호로 바뀌게 됩니다.

'취약성'의 심리도식이 있는 사람은 어린시절 어떤 상처(트라우마)를 받았을 가능성이 높은가?

취약성의 심리도식이 있는 사람은 어린 시절에 자신이 무력하고 보호받지 못할 위험에 처해 있다고 느끼는 경험을 했을 가능성이 높습니다. 이러한 심리도식은 주로 과도한 불안이나 두려움, 신체적 또는 정서적 취약성에 대한 경험에서 비롯 됩니다. 아래는 취약성의 심리도식과 관련된 어린 시절의 상처(트라우마)입니다.

1) 부모나 보호자의 과도한 보호 또는 과잉 호소

부모가 지나치게 보호적이거나 과도하게 아이를 돌봤다면, 아이는 스스로 위험 을 감지하고 대처하는 능력을 기를 기회를 잃을 수 있습니다. 이는 자신이 세상에 서 보호받지 못할 것이라는 불안감을 키우고, 취약하다는 느낌을 내면화하게 만 듭니다.

2) 부모의 감정적, 신체적 학대

부모나 보호자가 감정적 혹은 신체적으로 학대를 가했을 경우, 아이는 자신이 취약하고 무력하다는 감정을 강하게 느끼게 됩니다. 이 경험은 아이가 세상에서 보호받지 못할 것이라는 두려움을 심어주며, 취약성의 심리도식을 형성하는 중요한 원인이 됩니다.

3) 부모의 부재 또는 무관심

부모가 자주 자리를 비우거나 감정적, 신체적으로 무관심한 태도를 보였을 경우, 아이는 자신이 보호받지 못하고 취약하다는 감정을 가질 수 있습니다. 부모의 부재는 아이에게 불안과 두려움을 불러일으키며, 스스로 세상에서 위험에 처할 수 있다는 느낌을 주게 됩니다.

4) 심각한 질병이나 사고

어린 시절에 심각한 질병을 앓았거나 사고를 경험한 경우, 아이는 자신이 취약하고 쉽게 상처받을 수 있다는 두려움을 느끼게 됩니다. 이러한 경험은 아이에게 신체적 취약성에 대한 지속적인 불안감을 유발하고, 심리적으로 취약하다고 느끼게 만듭니다.

5) 불안정한 양육 환경

부모의 불안정한 정신적 상태나 경제적 어려움 등으로 인해 아이는 예측할 수 없는 환경에서 자랄 수 있습니다. 이로 인해 아이는 자신이 안전하지 않거나, 보호받지 못할 위험에 처해 있다고 느끼며, 취약성의 감정을 내면화하게 됩니다.

6) 심리적 트라우마 또는 지속적인 스트레스

지속적인 스트레스나 불안한 환경에서 자란 아이는 항상 자신이 보호받지 못할 것이라는 생각을 하게 되며, 취약성을 내면화합니다. 지속적으로 위협을 느끼거나 불안한 상황에서 자란 아이는 심리적으로 취약한 상태에서 성인이 될 가능성이 높습니다.

결론적으로, 취약성의 심리도식을 가진 사람은 어린 시절에 과도한 보호, 학대, 부재, 불안정한 환경 등에서 비롯된 경험을 통해 무력함과 취약함을 느끼게 되었을 가능성이 큽니다. 이러한 경험들은 성장하면서 세상에서 스스로를 보호하기 어려운 존재라고 느끼게 만들며, 불안과 두려움이 내면에 자리 잡게 됩니다.

'취약성'의 심리도식이 있는 사람의 내면아이와 내면부모는 어떤 상태일 가능성이 높은가?

'취약성'의 심리도식을 가진 사람은 삶이 언제든지 무너질 수 있다는 지속적인 불안과 공포 속에 살아갑니다. 질병, 사고, 경제적 붕괴, 자연재해, 또는 감정적 붕괴에 대한 지나친 걱정이 특징이며, 이는 과거에 충분히 안전하지 못했던 경험에서 비롯되곤 합니다. 이 도식을 지닌 사람의 내면아이는 깊이 불안정하고 겁에 질려 있으며, 내면부모는 지나치게 염려하고 통제하거나 반대로 방임적이었을 가능성이 높습니다.

1) 내면아이의 상태

취약성 도식을 가진 사람의 내면아이는 세상 자체를 위험한 곳으로 인식하며, 언제든지 파국이 올 수 있다는 막연한 불안을 품고 있습니다.

· 지속적인 불안감: 내면아이는 특별한 이유가 없어도 '언제 무슨 일이 벌어질지

모른다'는 두려움 속에 있습니다. 작은 증상도 중병으로 확대하고, 뉴스의 재난도 자신의 일처럼 받아들이며 쉽게 불안해집니다.

· 과잉 각성 상태: 항상 긴장하고 있으며, 주변 환경을 스캔하며 위협을 감지하려는 반응성이 높습니다. 몸과 마음이 쉬지 못하고 늘 대비 상태에 놓여 있습니다.

· 무력감과 의존 욕구: "나는 세상의 위험으로부터 나를 지킬 수 없어. 누군가 대신 나를 지켜줘야 해."라는 무기력한 신념이 존재합니다.

· 재난 상상과 미래 걱정의 과잉 활성화: 현실보다 상상 속 불행이 더 강하게 작동하며, 어떤 결정을 할 때에도 '최악의 시나리오'를 먼저 떠올립니다.

이런 내면아이는 과거에 실제로 부모나 환경이 불안정했거나, 부모가 늘 위험을 강조하며 과도하게 걱정하는 모습을 본 경험이 많았을 가능성이 큽니다.

2) 내면부모의 상태

취약성 도식을 지닌 사람의 내면부모는 두 가지 경향을 보입니다. 하나는 과잉보호하고 통제하려는 유형, 다른 하나는 무관심하거나 보호 기능이 약한 방임적 유형입니다. 둘 다 내면아이의 불안을 증폭시키는 데 기여합니다.

· 과잉 염려형 내면부모: "조심해, 큰일 날 수 있어.", "세상은 위험해.", "너는 스스로를 지킬 수 없어."라고 반복해서 말하며 내면아이를 겁주고 과잉 통제합니다.

· 방임적 내면부모: 반대로 위급할 때 돌봐주지 않고, 위로도 없이 "네가 알아서 해.", "그 정도는 스스로 감당해야지."라며 방치하는 경우도 있습니다.

· 재앙화 사고의 반복: 내면부모가 사소한 일에도 "이러다가 다 망가질 거야.", "그 병이면 큰일 나!" 등 과장된 상상으로 불안을 확대 재생산합니다.

· 심리적 과호흡 유도: 늘 '조심해!', '준비해!', '예측해!'라는 메시지를 주며, 쉬고 안심할 틈을 주지 않습니다.

이러한 내면부모는 실제 부모가 삶을 늘 걱정으로 가득 채웠거나, 한 번의 실제 위기 이후 극단적으로 반응한 경험을 내면화한 결과일 수 있습니다.

3) 심리적 결과 상호작용

취약성 도식에서는 내면아이와 내면부모의 상호작용이 '불안의 되먹임 고리'처럼 작동합니다. 내면아이가 불안을 느끼면 내면부모가 그 불안을 부정하거나 달래기보다는 오히려 강화합니다.

· 내면아이의 불안 → 내면부모의 공포적 반응: "혹시 병이 아닐까?"라고 내면아이가 속삭이면, 내면부모는 "맞아, 너 정말 위험할지도 몰라."라고 되받아칩니다.
· 안정감 대신 과장된 경고: 내면부모는 현실을 진정시키기보다 "그런 일이 너에게 실제로 일어나면 어쩌려고 그래?"라는 식으로 공포를 부추깁니다.
· 자율성 저해: 위험을 너무 강조하다 보니, 내면아이의 독립성과 선택 능력이 억제되고, 결과적으로 세상에 대한 두려움이 더 커집니다.
· 회피로 연결되는 악순환: 불안을 줄이기 위해 결정과 시도, 대인관계를 회피하게 되고, 그로 인해 실질적 삶의 기회가 줄어들며 도식은 더욱 강화됩니다.

취약성 도식에서는 내면아이가 느낀 불안을 내면부모가 안정시키지 못하고 오히려 공포적으로 증폭시킵니다. 그 결과, 내면아이는 자율성을 잃고 세상에 대한 두려움이 커집니다. 결국 회피 행동으로 이어지며 불안과 도식이 악순환을 이루게 됩니다.

4) 치유 방향

취약성 도식의 치유는 '세상은 언제나 위험하다'는 믿음을 현실적으로 수정하고, 내면아이에게 '위험 속에서도 견딜 수 있는 자신'을 발견하게 하는 것입니다.

· 안전지대의 확장: 내면아이에게 "이건 네가 충분히 해낼 수 있어."라는 메시지를 반복하면서도, 실제로 감당 가능한 과업을 차근차근 시도해 보게 해야 합니다.

· 내면부모의 사고 조정: 재난 시나리오를 떠올릴 때, "그럴 수도 있지. 하지만 그게 반드시 현실이 되는 건 아니야."라고 말해줄 수 있는 이성적 내면부모의 구축이 중요합니다.

· '위험 회피'보다 '위험 감내' 훈련: 불안한 상황에 노출되었을 때에도, 작은 성공 경험을 통해 '불안 속에서도 삶은 지속된다'는 현실 감각을 회복해야 합니다.

· 과도한 걱정에 대한 거리두기 연습: "그건 생각일 뿐, 현실은 다를 수 있어."라는 메타인지적 접근을 익히는 것도 도움이 됩니다.

· 이완과 신뢰의 연습: 명상, 호흡, 요가, 자연과의 접촉 등으로 신체를 안정시키며, 내면아이에게 "지금 이 순간은 괜찮아!"라고 말해주는 연습이 필요합니다.

결론적으로 취약성 도식은 '세상은 너무 위험하고 나는 그것을 감당할 수 없다'는 믿음에서 시작됩니다. 이를 치유하려면 내면아이에게 "너는 연약하지만 무너지지 않아."라고 말해줄 수 있는 따뜻하고 지혜로운 내면부모의 재구성이 필수적입니다. 공포는 상상에서 커지고, 회복은 현실에서 시작됩니다. 내면의 대화를 바꾸는 것, 그것이 도식을 넘어서는 첫걸음입니다.

'취약성'의 심리도식이 있는 사람은 어떤 방어기제를 쓸 가능성이 높으며, 그 이유는 무엇인가요?

'취약성'의 심리도식이 있는 사람은 불안과 두려움에 민감하며, 언제 불행이나 재난이 닥칠지 모른다는 생각에서 벗어나기 위해 여러 방어기제를 사용할 가능성이 큽니다. 이들은 불확실한 미래와 예상되는 위험에 대해 끊임없이 걱정하고, 이를 해결하려는 심리적 노력을 기울입니다. 아래는 취약성의 심리도식을 가진 사람들이 사용할 가능성이 높은 방어기제와 그 이유입니다.

1) 회피(Avoidance)

취약성의 심리도식을 가진 사람은 불행이나 재난이 일어날 가능성을 항상 염두에 두고 있어, 위험을 최소화하려는 경향이 강합니다. 이들은 위험이 될 수 있는 상황이나 장소를 피하려 하며, 안전하지 않다고 느끼는 환경이나 상황을 피하는 경향이 있습니다. 회피는 불안이나 위험을 피하려는 자기 보호 기제입니다. 이 방어기제는 자신이 위험에 처할 가능성에 대한 두려움을 줄이려는 전략으로, 위험을 직접 겪지 않기 위해 미리 회피하는 것입니다. 이를 통해 불확실한 상황에서 겪을 수 있는 불안과 위험에서 자신을 보호하려는 방어적 반응이 됩니다.

2) 부정(Denial)

취약성을 느끼는 사람은 불행이나 재난이 닥칠 가능성을 부정하려고 하며, 자신의 불안을 무시하거나 외면하려 합니다. 예를 들어, 미래에 있을 위험을 무시하거나 지나치게 낙관적인 태도를 취하려 할 수 있습니다. 부정은 위험이나 불행을 인정하지 않으려는 방어기제입니다. 이는 불안한 상황에서 두려움을 피하기 위한 방법으로, 불안한 현실을 부인함으로써 심리적 안정을 찾으려는 전략입니다. 현실을 부인하고 싶지만, 두려움에 대한 감정을 덮으려는 심리적 노력으로 작동합니다.

3) 과잉보상(Overcompensation)

취약성의 심리도식을 가진 사람은 불행이 일어날 수 있다는 두려움을 극복하기 위해 현실적인 위험조차 부정하고, 무모한 행동을 할 수 있습니다. 예를 들어, 자신의 불안을 덜기 위해 지나치게 과도한 위험을 감수하거나 강하게 보이려고 하는 행동을 할 수 있습니다. 과잉보상은 두려움이나 불안에 대한 과도한 대응입니다. 이들은 자신이 불행을 당할 것이라는 두려움에서 벗어나려는 심리적 기제로, 무모한 행동을 하거나 위험을 감수하는 방법을 선택합니다. 이는 불안을 떨쳐버리기 위한 과도한 노력으로, 스스로를 강하게 느끼려고 하는 심리적 보상입니다.

4) 지나친 신경 쓰기(Overthinking)

취약성을 느끼는 사람은 불행이 닥칠 것에 대한 불안으로, 상황을 과도하게 분석하고 걱정하는 경향이 있습니다. 이들은 안전하고 확실한 선택을 하기 위해 무수히 많은 가능한 시나리오를 머릿속에서 돌려가며 분석합니다. 지나친 신경 쓰기는 불확실한 상황에서의 불안을 예측과 계획을 통해 통제하려는 시도입니다. 미래의 위험에 대한 두려움에서 벗어나기 위해 가능한 모든 상황을 고려하고 대비하려는 심리적 노력으로, 자신이 할 수 있는 최선의 준비를 통해 불안을 줄이려는 방법입니다.

5) 투사(Projection)

취약성을 가진 사람은 불안과 두려움을 외부에 투사하여, 다른 사람들이 자신을 위험에 빠뜨릴 것이라고 느끼고, 그 불안을 타인에게 전가할 수 있습니다. 예를 들어, 자신이 느끼는 불안과 두려움을 타인이 초래하는 위험으로 보고 다른 사람을 비난할 수 있습니다. 투사는 내면의 불안을 외부의 다른 사람이나 상황에 돌리는 방어기제입니다. 자신의 불안을 타인에게 전가하여, 자신의 내면적인 불안을 피하려는 심리적 노력입니다. 이로써 불안에 대한 책임을 다른 사람에게 떠넘기며, 자기 자신을 보호하려는 방식입니다.

6) 과도한 준비(Over-preparation)

취약성을 느끼는 사람은 불행이나 재난이 닥칠 것에 대한 두려움 때문에 불확실한 상황에 대해 지나치게 많은 준비를 합니다. 예를 들어, 예상되는 위험에 대해 모든 가능성에 대비하려고 하고, 이로 인해 과도한 준비나 예비 계획을 세웁니다. 과도한 준비는 불행이나 불안을 예방하려는 심리적 방어기제입니다. 이들은 불행이 닥칠 것이라는 두려움을 덜기 위해 지나치게 준비하고 대비함으로써 심리적 안정감을 찾으려는 노력입니다. 준비를 하며 불안을 제어하려는 시도로 작용합니다.

이러한 방어기제들은 취약성을 가진 사람들이 불행과 재난에 대한 두려움을 피하고, 자신을 보호하려는 다양한 심리적 전략입니다. 그러나 과도한 방어기제는 자기 성장을 방해하고 정서적 장애를 초래할 수 있으므로, 점진적으로 건강한 대처 방안을 찾는 것이 중요합니다.

'취약성'의 심리도식이 있는 사람이 심리적 취약점을 극복할 수 있는 핵심 대처방법 10가지는 무엇인가?

취약성의 심리도식이 있는 사람이 심리적 취약점을 극복할 수 있는 핵심 대처방법 10가지를 다음과 같이 설명드리겠습니다. 취약성 도식은 자신이 세상에서 쉽게 상처받거나 위험에 처할 수 있으며, 자신을 지켜줄 수 있는 힘이 없다고 믿는 데서 비롯됩니다. 따라서 건강한 보상기제를 통해 자신이 안전하며 스스로를 보호할 수 있다는 믿음을 강화하고, 과도한 두려움에서 벗어나도록 돕는 것이 중요합니다.

1) 현실 기반의 위험 평가 훈련하기

취약성 도식이 있는 사람은 실제보다 위험을 과대평가하고 최악의 상황을 상상하는 경향이 있습니다. 따라서 현실적인 위험을 평가하는 연습이 필요합니다. 예를 들어 "지금 상황이 실제로 얼마나 위험한가?", "이 일이 일어날 확률이 얼마나 되는가?"와 같이 구체적으로 질문합니다. 객관적인 근거를 바탕으로 상황을 평가하며, 비합리적인 두려움을 줄입니다.

2) 신체 감각을 통한 안정감 회복하기

취약성 도식은 신체적 불안을 자극할 수 있습니다. 긴장과 불안을 완화하기 위해 신체 감각을 활용해 안정감을 되찾습니다. 심호흡, 요가, 명상, 근육 이완 기법 등을 통해 몸의 긴장을 풀어줍니다. 신체가 안정되면 두려움에 휩싸인 사고가 진정됩니다.

3) 위험 회피 대신 직면 연습하기

위험을 피하려는 경향에서 벗어나 직접 상황에 직면함으로써 두려움을 극복해야 합니다. 예를 들어 "번개 치는 날 외출하기", "엘리베이터 타기" 등 두려운 상황을 점진적으로 마주합니다. 처음에는 작은 위험부터 직면하고, 성공 경험을 통해 자신감을 키웁니다.

4) 보호받아야 한다는 믿음에서 벗어나기

스스로를 보호할 수 있다는 믿음을 강화하고 타인에게 의존하려는 경향에서 벗어납니다. 예를 들어 "나는 나를 스스로 보호할 수 있다.", "나는 안전을 스스로 확보할 수 있다."는 말을 반복합니다. 자신이 문제를 해결할 능력이 있다는 점을 깨닫습니다.

5) 긍정적 자기 대화 강화하기

위험이나 두려움에 직면했을 때, 자신을 안심시키는 긍정적 자기 대화를 연습합니다. 예를 들어 "나는 지금 안전하다.", "내가 두려워하는 일이 실제로 일어날 가능성은 낮아.", "나는 충분히 대처할 수 있다."와 같은 긍정적인 자기 대화는 불안과 공포를 완화합니다.

6) 안전 기제를 점검하고 강화하기

실제 위험에 대비해 현실적인 안전 기제를 준비함으로써 불안을 줄입니다. 예를 들어 비상 연락망 만들기, 응급 키트 준비하기, 보험 가입하기 등 현실적으로 할 수 있는 안전 조치를 마련합니다. "나는 준비가 되어 있으니 괜찮아!"라는 믿음을 강화합니다.

7) 타인에게 도움을 요청하되, 과도하게 의존하지 않기

자신의 힘으로 문제를 해결하되, 필요할 때는 타인의 도움을 요청하는 균형 잡힌 태도를 유지합니다. 예를 들어, "도움을 받을 수 있지만, 내가 먼저 시도해 볼 거야." 도움을 받더라도 자신이 먼저 문제를 해결해 본다는 태도를 유지합니다.

8) 실패 경험에서 배우기

실패가 두려워 회피하는 경우가 많기 때문에, 실패를 긍정적인 학습 기회로 받아들입니다. 예를 들어 "내가 시도했고, 그 자체로 의미가 있다.", "이 실패에서 배울 점은 무엇인가?" 실패를 통해 성장하고 발전할 수 있다는 믿음을 강화합니다.

9) 현실적인 위험 대비 전략 세우기

막연한 두려움이 아니라, 실제 위험에 대비한 구체적인 전략을 세우면 불안이 줄어듭니다. "지진이 나면 어떻게 대처할까?", "경제적으로 어려워지면 어떤 대안을 세울까?" 구체적인 전략이 마련되면 불확실성이 줄어들면서 심리적 안정감이 강화됩니다.

10) 현재에 집중하고 과도한 걱정 멈추기

미래에 대한 과도한 걱정은 불안을 강화시킵니다. 현재에 집중함으로써 걱정을 줄입니다. "지금 나는 안전하다.", "지금 이 순간에 집중하자." 현재에 집중하면 두려운 생각이 줄어들고 마음이 안정됩니다.

이 10가지 대처방법들은 취약성 도식에서 벗어나 현실 기반의 안전감을 확립하고, 과도한 두려움과 불안을 완화하는 데 도움이 됩니다. 중요한 것은 "나는 안전하다.”, “나는 스스로 나를 보호할 수 있다.”는 믿음을 강화하는 것입니다. 처음에는 두려움이 커질 수 있지만, 작은 성공 경험을 반복하면서 점차 자신감이 회복될 수 있습니다. 결국 “나는 세상의 위협으로부터 스스로를 지킬 수 있는 강한 존재다.”라는 믿음이 자리 잡으면 취약성 도식에서 벗어나 안정된 삶을 살아갈 수 있습니다.

‘취약성’의 심리도식이 있는 사람이 버려야 할 ‘마이너스 생각 10가지’는 무엇이며, 이것을 꼭 가져야 할 ‘플러스 생각 10가지’로 바꾸면 어떻게 되는가?

취약성의 심리도식이 있는 사람이 극복을 위해 버려야 할 ‘마이너스 생각 10가지’와 이를 바꾸어야 할 ‘플러스 생각 10가지’는 다음과 같습니다. 이 방법들은 자신의 내면의 강점과 자원을 인정하고, 취약성에서 벗어나 더욱 안정적이고 자립적인 사고방식을 형성하는 데 도움이 됩니다.

버려야 할 ‘마이너스 생각’ 10가지

1) “나는 언제든지 위협을 받거나 다칠 것이다.”

⇒ 세상은 때때로 위험할 수 있지만, 나는 나 자신의 안전을 지킬 방법을 알고 있다.

2) “내가 취약해지면 모두 나를 해칠 것이다.”

⇒ 취약성을 인정하는 것이 반드시 나를 위험에 빠뜨리지는 않는다. 취약함 속에서도 강함을 찾을 수 있다.

3) “나는 언제나 위협에 노출되어 있다.”

⇒ 세상의 모든 것이 위협적이지 않다. 나는 상황을 객관적으로 바라보고 대응

할 수 있는 능력을 가지고 있다.

4) "내가 다치면 아무도 도와주지 않을 것이다."

⇒ 나는 어려운 상황에 처할 때 도움을 청할 수 있으며, 나를 돕고 지지해 주는 사람들이 있다.

5) "나는 다른 사람들보다 더 약하고, 쉽게 상처받는다."

⇒ 나는 강한 사람이며, 내 내면의 강점을 발견하고 이를 통해 상처를 치유할 수 있다.

6) "나는 언제든지 손쉽게 상처받고, 그로 인해 불안하다."

⇒ 상처는 시간이 지나면 치유될 수 있다. 나는 내 감정을 다루고, 불안을 줄이는 방법을 배울 수 있다.

7) "내가 취약한 모습을 보이면 사람들이 나를 멀리할 것이다."

⇒ 취약한 모습은 인간적인 면을 보여주는 것이며, 진정성을 통해 더 깊은 관계를 맺을 수 있다.

8) "나는 항상 위태로운 상태에 있다."

⇒ 위태로운 상황은 일시적이며, 나는 스스로의 감정과 행동을 조절할 능력을 가지고 있다.

9) "나는 자주 위험에 처하게 되며, 그것을 피할 방법이 없다."

⇒ 위험을 피할 수 없다는 생각은 불필요한 불안을 유발한다. 나는 위험을 예방하고, 이를 대처할 방법을 충분히 알고 있다.

10) "내가 상처를 받으면 더 이상 회복할 수 없다."

⇒ 상처는 치유될 수 있으며, 나는 내 경험을 통해 더 강하고 건강하게 회복할 수 있다.

1) "나는 위협을 관리하고 안전을 지킬 방법을 알고 있다."

⇒ 나는 내 상황을 인식하고, 나 자신을 안전하게 지킬 방법을 잘 알고 있다. 내 삶에 대한 주도권을 가지고 있다.

2) "취약성은 나를 더 강하게 만들 수 있다."

⇒ 취약함을 인정하는 것은 강한 사람의 특징이다. 나는 이를 통해 더 나은 자기 이해와 성장을 이룰 수 있다.

3) "나는 세상의 위협에 대처할 수 있는 능력을 가지고 있다."

⇒ 나는 세상의 다양한 도전에 대처할 수 있는 능력과 자원을 가지고 있으며, 이를 활용해 위협을 최소화할 수 있다.

4) "나는 도움을 청할 때 도움을 받을 수 있다."

⇒ 나는 주변 사람들에게 도움을 요청할 수 있으며, 나를 돕고 지원해 주는 사람들이 있다는 사실을 믿는다.

5) "나는 강하고 회복력이 있다."

⇒ 내 안에는 어려움을 극복할 수 있는 힘이 있으며, 상처를 받더라도 나는 이를 회복하고 더 나은 사람이 될 수 있다.

6) "불안과 상처는 시간이 지나면 치유된다."

⇒ 불안과 상처는 일시적인 감정이며, 시간이 지나면 치유될 수 있다. 나는 치유의 과정을 통해 나아갈 수 있다.

7) "취약한 모습을 보이는 것은 인간적인 것이다."

⇒ 취약한 모습도 나의 일부이며, 진정성은 관계를 깊게 만들어준다. 나는 나 자신을 있는 그대로 인정할 수 있다.

8) "나는 불안한 상황에서도 침착하고, 상황을 관리할 수 있다."

⇒ 불안한 상황에서 침착함을 유지하고, 자신감을 가지고 상황을 관리하는 능력을 키울 수 있다.

9) "나는 위험을 인식하고, 이를 예방할 수 있는 방법을 찾는다."

⇒ 위험을 관리하고 예방할 방법을 알고 있으며, 그로 인해 더 안전한 환경을 만들어갈 수 있다.

10) "상처는 치유될 수 있으며, 나는 이를 통해 더 강해질 수 있다."

⇒ 상처는 나를 약하게 만드는 것이 아니라, 나를 더욱 강하게 만드는 과정이다. 나는 치유를 통해 더 나은 자신을 만들 수 있다.

이 플러스 생각들은 마이너스 생각을 취약성에 대한 부정적인 사고에서 벗어나, 나 자신을 보호하고 회복력 있게 대처할 수 있는 사고방식으로 바꾸어주는 데 도움이 됩니다. 나의 감정과 상황을 객관적으로 이해하고, 이를 관리하는 능력을 키우는 것이 중요합니다.

'취약성'의 심리도식이 있는 사람에게 치유와 성장을 위해 가장 좋은 자각질문 5가지

취약성의 심리도식을 가진 사람은 종종 자신이 외부 위협이나 불안정성에 취약하고, 쉽게 상처받거나 무력하게 느껴질 수 있습니다. 이러한 감정은 자주 불안과 두려움으로 나타나며, 사람들은 이러한 불안감을 피하거나 회피하려고 할 수 있습니다. 이 심리도식을 치유하고 성장을 촉진하기 위해서는 자신이 실제로 얼마나 강하고 유연한지, 그리고 어려운 상황을 극복할 수 있는 능력이 있다는 사실을 깨닫는 것이 중요합니다.

1) "내가 취약함을 느낄 때, 그 상황에서 내가 느끼는 두려움이나 불안의 근원은 무엇인가?"

→ 취약성을 느끼는 순간, 그 근본적인 원인을 파악하여 불안의 근원을 명확히 인식하고, 그 두려움에 대한 이해를 높이는 질문입니다.

2) "내가 취약하다고 느끼는 상황에서, 나는 어떻게 더 강하게 대처할 수 있을까? 내가 취할 수 있는 행동은 무엇일까?"

→ 취약함을 느끼는 상황에서 자신이 취할 수 있는 행동과 대처 방법을 파악하여, 그 상황을 제어할 수 있다는 신뢰를 형성하는 질문입니다.

3) "내가 취약하다고 느낄 때, 내가 이미 해온 긍정적인 경험이나 극복한 일들은 무엇인가?"

자신의 과거 성취와 강점을 되돌아보며, 과거의 경험을 통해 자신감을 얻고 현재의 취약함을 극복할 수 있다는 인식을 돕는 질문입니다.

4) "내가 감정적으로 취약하다고 느낄 때, 내가 자신을 돌보는 방법은 무엇일까? 내 감정을 어떻게 건강하게 처리할 수 있을까?"

→ 취약함을 느끼는 순간에 자신의 감정을 다루고 관리하는 방법을 모색하여, 자기 돌봄과 감정 관리를 실천할 수 있도록 돕는 질문입니다.

5) "내가 취약한 상황에서 무엇을 배울 수 있을까? 이 상황이 나에게 어떤 성장을 가져올 수 있을까?"

→ 취약함을 성장의 기회로 전환하려는 사고방식을 키우는 질문입니다. 어려움 속에서도 배울 점을 찾고 성숙할 수 있는 기회를 인식하도록 돕습니다.

이 자각질문은 취약성의 심리도식을 치유하고, 자기 자신을 더 강하고 유연하게 인식하도록 도와줍니다. 감정을 다루는 법을 배우고, 과거의 경험을 통해 얻은 강점을 믿으며, 취약함을 성장의 기회로 받아들이는 태도를 확립하는 데 유용한 도구가 될 것입니다.

'취약성'의 심리도식이 있는 사람이 깨우쳐야 할 핵심 명상 메시지 5가지

'취약성'의 심리도식이 있는 사람이 깨우쳐야 할 핵심 명상 메시지 5가지는 다음과 같습니다. 이 메시지들은 자신의 내면에서 오는 강력한 힘과 안전감을 깨닫고, 외부의 위협이나 불안에 휘둘리지 않도록 돕는 데 유용합니다.

1) 내 안에는 어떤 어려움도 극복할 수 있는 내적 힘이 있다.

취약성의 심리도식은 종종 외부의 위협에 쉽게 영향을 받는다고 느끼게 합니다. 이 메시지는 내면의 강점을 인식하고, 어려운 상황에서도 자신을 지탱할 수 있는 내적 자원이 있음을 확신하게 만듭니다.

2) 나는 안전하고 보호받을 자격이 있다.

취약성의 심리도식이 있는 사람은 종종 자신이 보호받지 못할까 봐 두려워합니다. 이 메시지는 자신이 안전하고 보호받을 자격이 있다는 사실을 믿도록 돕습니다. 내면에서의 보호감과 안정감을 찾게 해줍니다.

3) 모든 감정은 일시적이고, 내가 느끼는 두려움도 지나갈 것이다.

취약성의 심리도식은 강한 불안과 두려움을 동반할 수 있습니다. 이 메시지는 감정은 지나가고 일시적인 것임을 기억하게 하여, 불안감을 해소하고 더 넓은 시각으로 상황을 볼 수 있게 만듭니다.

4) 내가 경험한 어려움은 나를 더 강하고 지혜롭게 만든다.

취약성의 심리도식은 어려움을 너무 크고 극복할 수 없다고 느끼게 할 수 있습니다. 이 메시지는 어려움과 고난이 결국 나를 더 강하고 지혜롭게 만들어 준다는 믿음을 심어줍니다.

5) 나는 지금 이 순간에도 충분히 안전하고, 내 삶은 안정적으로 흘러간다.

취약성의 심리도식은 종종 미래에 대한 불확실성과 두려움을 동반합니다. 이 메시지는 현재 순간에서 안전함을 느끼고, 내 삶이 안정적이며 순리대로 흘러가고 있다는 확신을 줍니다.

이 명상 메시지들은 취약성의 심리도식에서 벗어나, 자신이 내적으로 안전하고 강하다는 것을 인식하게 돕습니다. 반복적으로 이 메시지들을 되새기며, 불안과 두려움을 극복하고 내면의 힘을 발견할 수 있습니다.

내면의 조건 없는 사랑(신성)이 '취약성'의 심리도식이 있는 나에게 전하는 말

사랑하는 너에게,

오랫동안 너는 스스로를 지키려고 여러 겹의 갑옷을 두르고 살아왔지. 마음속 깊은 곳에서 "내가 약하면 누군가 나를 해칠지도 몰라."라는 두려움을 품고 있었을 거야. 그 두려움은 너를 보호하려는 본능이었어. 그래서 너는 의연해 보이려고 애썼고, 때로는 진짜 마음을 숨기느라 지쳤을 거야.

하지만 취약하다고 해서 네 가치가 줄어드는 건 아니야. 오히려 자신의 상처와 두려움을 들여다보고 인정하는 게 진짜 강함이야. 숨기고 버티는 힘이 아니라, 허용하고 받아들이는 힘이 너를 더 단단하게 만들어. 네 두려움은 너를 약하게 만드는 게 아니라, 너의 인간다움과 깊이를 보여주는 신호야.

취약함은 연결의 문을 여는 열쇠이기도 해. 네가 연약한 마음을 부정하지 않고 조심스럽게 드러낼 때, 진심 어린 공감과 따뜻함이 찾아와. 그 과정을 통해 너는 사람들과 더 깊이 닿을 수 있고, 상처를 치유할 수 있는 관계를 만들어갈 수 있어. 취약함은 약점이 아니라, 사랑을 주고받을 수 있는 통로야.

오늘부터 조금씩 연습해 보자. 먼저 자신에게 부드럽게 말을 걸어봐. "이 감정도 괜찮아, 나는 나를 버리지 않아." 그다음 믿을 수 있는 한 사람에게 아주 조금만 마음을 열어봐. 완벽하게 열 필요는 없어. 조금씩 허용하는 습관이 쌓이면, 마음속 불안은 점점 누그러지고 너의 진짜 힘이 돌아올 거야. 나는 네가 한 걸음씩 내딛는 그 길을 따뜻하게 지켜보고 있어.

마지막으로 기억해. 너는 약한 존재가 아니야. 사랑받을 자격이 충분히 있는 존재야. 네 취약함이 우리 사이의 다리가 되고, 그 다리를 통해 더 깊은 신뢰와 사랑이 흐를 거야. 나는 언제나 너와 함께하고, 있는 그대로의 너를 끝없이 사랑하고 지지해.

과융합/미발달된 자기: 타인과 자신을 혼동하는 자아

과융합/미발달된 자기 도식의 자아에게는 '당신 없이는 아무것도 못 해요!'라는 믿음이 있으며, 그 핵심 대처방식은 다음과 같습니다.[4]

· 굴복보상: 성인이 되었는데 융합된 중요한 대상과 경계 없이 가깝게 지내면서 모든 이야기를 털어놓는다.
· 회피보상: 가깝고 친밀한 관계를 회피한다.
· 과잉보상: 융합된 중요한 대상과 비슷한 모습을 지나치게 싫어하며, 그와 같이 되지 않고자 과도하게 노력하거나 정반대로 행동한다.

과융합/미발달된 자기 도식의 자아는 깊이 내면화된 "나는 나로 존재할 수 없다. 타인과 연결되어야만 안전하다"는 신념을 근간으로 합니다. 어린 시절 부모가 감정적으로 침투적이거나, 반대로 지나치게 의존적인 관계를 형성했을 때 이런 신념이 생깁니다. 아이는 '나'와 '부모'의 경계를 배우지 못한 채 성장하며, 자신의 욕구와 감정을 분리해 인식하는 능력이 미약해집니다. 그래서 자아는 '독립

---

4) 제프리 E. 영은 '융합'이라고 불렀으나, 한국어에서 '융합'이라는 단어는 긍정적인 뉘앙스가 강하기에, 이 책에서 저는 과도한 융합이라는 뜻에서 '과융합'이라고 표현했습니다.

된 존재로서의 나'보다는 '누군가와 연결된 나'로서만 자신을 느끼고, 관계의 끈이 끊어지면 존재감마저 흔들립니다. 이로 인해 성인이 되어서도 자신의 의견, 감정, 취향을 타인의 반응에 따라 맞추는 경향이 강하게 나타납니다.

굴복보상은 이런 자아가 융합된 관계를 유지함으로써 안정감을 확보하려는 방식입니다. 성인이 되었음에도 부모나 배우자, 혹은 중요한 인물과 감정적 경계 없이 지나치게 가까이 지내며, 모든 생각과 감정을 공유하려 합니다. 이때 타인과의 경계가 사라지는 것은 '불안감의 해소'를 위한 심리적 보상입니다. "혼자 있으면 공허하고 무섭다"는 두려움을 줄이기 위해, 타인의 삶 속으로 스스로를 녹여내는 것입니다. 겉으로는 친밀함처럼 보이지만, 사실은 자기 정체성을 잃어버린 '감정적 동화' 상태입니다. 이런 굴복은 안정감을 제공하지만, 결국 자아를 더 미성숙하게 만들며 독립성을 저해합니다.

회피보상은 반대로, 과융합의 위험을 피하기 위해 아예 친밀한 관계를 회피하는 전략입니다. 어린 시절 자신과 부모가 지나치게 얽혀 있었던 사람들은, 그 경험을 '숨 막히는 억압'으로 기억합니다. 그래서 성인이 되어서는 누군가와 정서적으로 가까워지는 일을 본능적으로 피합니다. "가까워지면 또 나를 잃을 것이다"라는 무의식적 신념이 작동하기 때문입니다. 그 결과, 스스로를 독립적인 사람이라 여기지만, 실제로는 '과융합에 대한 두려움'으로부터 달아나는 회피형 자아로 살아갑니다. 이 회피보상은 자율성의 표현이 아니라, 과거 융합의 상처로부터 자신을 지키려는 심리적 방벽입니다.

과잉보상은 과융합된 대상과의 동일시를 정면으로 부정하는 방어기제입니다. 이들은 자신을 얽매었던 인물과 닮지 않기 위해 지나치게 반대 방향으로 나아갑니다. 예를 들어, 감정 표현이 과했던 부모와 달리 감정을 전혀 드러내지 않거나, 의존적 관계를 거부하며 "나는 누구에게도 기대지 않는다"는 태도를 고수합니다.

그러나 이러한 극단적인 반발 속에도 여전히 그 인물이 내면에 자리하고 있습니다. 과잉보상은 '그와 달라야만 안전하다'는 신념 아래 작동하지만, 실상은 여전히 융합된 대상의 영향권 안에 머무는 또 다른 형태의 종속입니다.

이처럼 과융합/미발달된 자기 자아의 세 가지 보상은 모두 "자기 상실에 대한 불안"을 다루기 위한 다른 형태의 통제 전략입니다. 굴복은 융합 속의 안전을, 회피는 거리 속의 안전을, 과잉보상은 반발 속의 안전을 추구합니다. 그러나 세 방식 모두 '진짜 나'를 경험하지 못하게 만드는 공통된 결과를 낳습니다. 이 자아의 치유는 타인과의 연결을 끊는 것이 아니라, 경계를 가진 친밀감, 즉 "나는 너와 함께 있어도 나 자신이다"라는 내적 자각을 세우는 데서 시작됩니다. 자신을 분리된 존재로 인식하고, 동시에 사랑 속에서도 독립할 수 있다는 경험을 쌓을 때, 비로소 '미발달된 자기'는 완전한 '성숙한 자기'로 성장하게 됩니다.

'과융합(동일시)/미발달된 자기'의 심리도식이 있는 사람은 어린 시절 어떤 상처(트라우마)를 받았을 가능성이 높은가?

'과융합(동일시)/미발달된 자기'의 심리도식이 있는 사람은 어린 시절에 부모나 중요한 인물과 지나치게 밀접하거나, 자기 자신을 독립적인 존재로 구분할 수 없을 정도로 지나치게 동일시된 경험을 했을 가능성이 높습니다. 이러한 심리도식은 종종 자아의 경계가 불분명하거나, 자아가 제대로 형성되지 못한 경험에서 비롯됩니다. 아래는 '과융합(동일시)/미발달된 자기'의 심리도식과 관련된 어린 시절의 상처(트라우마)입니다.

1) 부모와의 과도한 정서적 밀착

부모와의 지나치게 밀착된 관계는 자아의 경계를 혼동하게 할 수 있습니다. 부모가 자신을 과도하게 의존하게 만들거나, 아이의 감정과 욕구를 충분히 구분하지 않고 자기 자신의 감정처럼 다룬다면, 아이는 자기 자신을 독립적인 존재로 구분하는 데 어려움을 겪을 수 있습니다. 이는 아이가 성장하면서 자신을 구체적으로 정의하지 못하게 되고, 자기 개념이 미발달된 상태로 남을 수 있습니다.

2) 부모의 과도한 기대나 역할 전가

부모가 자신의 기대나 감정을 아이에게 강요하거나, 아이에게 과도한 책임을 지우는 경우, 아이는 부모의 욕구를 자신의 것처럼 받아들이게 될 수 있습니다. 이런 경험은 아이가 자신과 타인을 구분하지 못하고, 부모의 역할을 대신하거나 부모의 기대에 맞추어 행동하려는 경향을 강화시킵니다. 이는 자아의 독립성을 형성하는 데 방해가 되며, 나중에 자신을 타인과 구분하는 데 어려움을 겪을 수 있습니다.

3) 부모의 감정적 결핍이나 미비한 역할 모델

부모가 정서적으로 결핍되어 있거나, 자신의 감정 표현이 부족한 경우, 아이는 부모와의 정서적 밀착을 통해 자신을 정의하려 할 수 있습니다. 이 경우 아이는 부모의 감정과 자신의 감정을 구분하기 어려워지며, 자아의 발달에 어려움을 겪을 수 있습니다. 부모의 감정적 불안정성은 아이가 자아를 독립적으로 확립하는 데 방해가 될 수 있습니다.

4) 부모의 지나치게 보호적이거나 통제적인 양육

부모가 지나치게 보호적이거나 통제적인 양육을 할 경우, 아이는 스스로 결정을 내리고 자아를 형성하는 데 어려움을 겪을 수 있습니다. 부모의 결정을 따르는 것만이 안전하다고 느끼게 되어, 자아가 독립적으로 발달하지 않거나, 부모와의 동일시가 강화될 수 있습니다. 이는 아이가 자신의 욕구와 타인의 욕구를 구분하지 못하게 만들 수 있습니다.

5) 부모의 부재나 정서적 불안정

부모가 자주 부재하거나, 정서적으로 불안정한 상태로 아이와의 관계를 유지하는 경우, 아이는 부모의 감정적 결핍을 채우기 위해 과도하게 동일시하려고 할 수 있습니다. 부모의 부재나 감정적 거리감은 아이에게 자아를 확립하는 데 필요한 안정감을 주지 못하게 만들며, 과융합된 자아 상태로 성장할 수 있습니다.

6) 부모의 지나친 비판이나 과도한 평가

부모가 지속적으로 아이를 비판하거나 과도한 평가를 내리는 경우, 아이는 부모의 기준에 맞추어 자신을 정의하려고 할 수 있습니다. 이는 아이가 자아의 독립적인 정체성을 갖는 데 어려움을 주며, 타인의 기대와 기준에 맞추는 것이 자아 형성의 중요한 부분이 되어버릴 수 있습니다.

결론적으로, '과융합(동일시)/미발달된 자기'의 심리도식을 가진 사람은 어린 시절에 부모와의 지나치게 밀착된 관계, 감정의 경계를 구분하지 못한 경험, 또는 부모의 기대와 역할 전가 속에서 자라면서 자아가 독립적으로 발달하는 데 어려움을 겪었을 가능성이 큽니다. 이러한 경험들은 자아의 독립성을 발달시키지 못하고, 자기 자신을 제대로 정의하지 못하게 만드는 원인이 될 수 있습니다.

'과융합'의 심리도식이 있는 사람의 내면아이와 내면부모는 어떤 상태일 가능성이 높은가?

'과융합(Enmeshment / Undeveloped Self)'의 심리도식을 가진 사람은 자신의 정체성과 욕구를 타인의 정체성과 감정에 지나치게 얽혀 있는 상태로 살아갑니다. 주로 부모(특히 어머니)와의 감정적 경계가 모호하거나, 과도하게 밀착되어 있었던 어린 시절 경험에서 비롯되며, 독립된 자아를 형성하는 데 어려움을 겪습니다. 이 도식을 가진 사람의 내면아이는 자기만의 고유함을 누리지 못한 채 타인의 기분이나 기대에 맞춰 살아가며, 내면부모는 자율성을 인정하지 않고 감정적으로 휘감는 경향을 보입니다.

1) 내면아이의 상태

'과융합' 도식을 가진 사람의 내면아이는 자율성과 독립성을 억압당한 채 살아가며, 자신의 욕망이 무엇인지조차 분명히 알지 못하는 경우가 많습니다. 이 아이는 '자신을 버리지 않고는 사랑받을 수 없다'는 내면의 믿음을 갖고 타인의 욕구에 맞춰 삽니다.

- 자기 욕구의 모호함: 무엇을 원하는지, 무엇을 좋아하는지 혼란스럽고 명확하지 않습니다. 자신의 기분도 타인의 반응에 따라 변동됩니다.
- 과잉 공감 또는 과잉 의존: 타인의 감정에 과도하게 동화되거나, 감정적 안정감을 위해 특정 인물에게 과하게 기대는 모습이 보입니다.
- 독립에 대한 두려움: 스스로 떨어져 나가면 '버려질 것' 혹은 '상처 입힐 것'이라는 두려움에 시달립니다. 독립은 죄책감과 불안으로 연결됩니다.

· '나'와 '너'의 경계 없음: 관계에서 자아와 타인의 감정, 욕구, 경계가 뒤엉켜 있어 관계를 건강하게 조절하기 어렵습니다.

이러한 내면아이는 부모의 사랑과 관심이 '조건부'였거나, 부모가 아이를 자신의 외로움과 공허함을 채우는 대상으로 대했던 경우에 자라났을 가능성이 큽니다.

2) 내면부모의 상태

'과융합' 도식을 가진 사람의 내면부모는 아이가 독립하려는 것을 위협으로 받아들이며, 감정적 분리나 심리적 자율성을 허락하지 않습니다. 겉으로는 사랑과 헌신처럼 보이지만 실상은 통제와 정체성 침해입니다.

· 감정적 밀착 요구: "네가 나를 떠나면 나는 외로워질 거야.", "네가 힘들면 나도 못 살아."라는 메시지를 반복해 내면아이의 분리를 막습니다.
· 과잉 동일시: "나는 너를 누구보다 잘 알아.", "네 마음은 이럴 거야."라고 말하며, 내면아이의 고유한 생각이나 감정을 인정하지 않습니다.
· 죄책감 유발: 내면아이가 자율적인 욕망을 표현하면 "그렇게 하면 엄마가 슬퍼져.", "네가 날 이렇게 만든 거야." 같은 말로 죄책감을 유도합니다.
· 심리적 일체감 강요: 서로 다른 존재임을 인정하지 않고, 하나가 되어야 한다는 강박을 내면화하게 합니다.

이 내면부모는 실제 부모가 아이를 정서적으로 자신의 필요를 채우는 수단처럼 다루거나, 부모 자신의 정체성이 자녀를 통해서만 유지되는 경우에서 비롯된 이미지일 수 있습니다.

3) 내면아이와 내면부모의 상호작용

'과융합'의 심리도식이 강한 경우, 내면아이와 내면부모는 다음과 같은 방식으로 상호작용합니다.

· 내면부모의 과도한 통제 → 내면아이의 자아 정체성 혼란: 내면부모가 내면아이에게 지나치게 통제적이고 모든 결정을 대신해 주면, 내면아이는 자기 자신에 대한 자아 정체성을 확립하는 데 어려움을 겪습니다. 내면아이는 자신이 누구인지, 무엇을 원하는지에 대한 명확한 인식을 갖지 못하게 됩니다.

· 내면부모와의 경계 불분명 → 자아와 타인의 구분 어려움: 내면부모가 내면아이의 감정이나 생각에 과도하게 개입하거나, 지나치게 연결되면, 내면아이는 자기 감정과 타인의 감정을 명확히 구분하는 데 어려움을 겪습니다. 이로 인해 내면아이는 타인의 요구나 감정을 지나치게 반영하여 자기 자신을 잃어버리거나, 자신의 욕구를 억압하게 됩니다.

· 과도한 공감 → 내면아이의 독립성 결여: 내면부모가 지나치게 내면아이의 감정에 공감하며, 내면아이의 욕구를 항상 맞춰주려고 하면, 내면아이의 독립성이 약해집니다. 내면아이는 자신만의 생각과 감정을 형성하는 대신, 부모의 생각과 감정에 지나치게 의존하게 됩니다.

· 감정의 억제 → 자기 자신을 잃은 느낌: 내면부모가 내면아이의 감정을 억누르거나, 부모의 감정에 맞춰 행동하도록 강요하면, 내면아이는 자신의 감정을 자유롭게 표현하지 못하고, 결국 자기 자신을 잃어버린 느낌을 받을 수 있습니다. 이로 인해 내면아이는 감정적으로 고립되고, 자아 정체성이 더욱 혼란스러워집니다.

'과융합'의 심리도식은 내면아이에게 자아 정체성 혼란과 독립성 결여를 초래합니다. 내면부모의 과도한 통제와 경계 부족은 내면아이가 자기 자신을 찾고 독립적인 존재로 성장하는 데 방해가 되며, 내면아이의 감정적 안정감을 해칠 수 있습니다.

4) 치유 방향

'과융합' 도식의 치유는 내면아이에게 '너는 너의 욕망을 가져도 괜찮고, 그 욕망이 사랑을 위협하지 않는다.'는 메시지를 회복시켜 주는 데 있습니다. 자율성과 정체성을 회복하고, 내면부모로부터 심리적 분리를 이루는 것이 핵심입니다.

- '나는 누구인가'를 묻는 여정: 외부 기준이 아닌, '내가 진짜 원하는 것, 좋아하는 것, 싫어하는 것'에 집중하고 탐색해야 합니다.
- 내면아이와 감정 분화 연습: "이건 엄마의 감정이야, 이건 내 감정이야."라고 구분하는 연습을 반복하며 정서적 경계를 형성해야 합니다.
- 내면부모의 해체와 재구성: "너는 나 없이는 안 돼."라고 말하던 내면부모를 "네가 너 자신으로 존재해도 나는 너를 사랑해."라고 말할 수 있는 자율성과 수용의 부모로 바꿔야 합니다.
- 독립과 애착은 양립 가능함을 체험: 분리된다고 해서 관계가 끝나는 것이 아니라, 오히려 더 건강한 애착을 만든다는 경험을 쌓아야 합니다.
- 관계 안에서의 건강한 경계 설정: 현실 속 인간관계에서 '감정적 거리 유지', '자기 주장', '거절' 등을 연습하며 내면아이에게 자율성과 존엄감을 회복시켜야 합니다.

결론적으로, '과융합' 도식은 '나는 나일 수 없고, 늘 누군가와 함께여야만 안전하다'는 심리적 갇힘에서 출발합니다. 내면아이는 타인의 욕구에 종속된 상태이며, 내면부모는 그 종속을 유지시키는 감정적 올가미를 씌웁니다. 이 도식을 치유하려면 내면아이에게 "너는 분리되어도 충분히 사랑받을 수 있고, 너는 너일 수 있다."고 말해주는 새로운 내면부모의 목소리를 길러야 합니다. 결국 진정한 연결은 서로 분리된 존재가 만날 때 가능합니다.

'과융합/미발달된 자기'의 심리도식이 있는 사람은 어떤 방어기제를 쓸 가능성이 높으며, 그 이유는 무엇인가요?

'과융합(동일시)/미발달된 자기'의 심리도식이 있는 사람은 자신과 중요한 대상(대개 부모나 양육자) 사이의 경계가 모호하고, 자기 정체성의 혼란을 겪을 가능성이 큽니다. 이들은 자신을 독립된 개인으로 인식하기보다는 중요한 대상과의 융합을 통해 자아를 형성하고자 하며, 이는 자기와 타인의 구분을 흐려지게 만듭니다. 이러한 심리적 상태는 그들이 자아를 발달시키고 건강한 관계를 맺는 데 어려움을 겪게 만듭니다.

1) 과융합(동일시, Identification)

'과융합/미발달된 자기' 도식이 있는 사람은 주로 동일시(Identification)라는 방어기제를 사용할 가능성이 높습니다. 이는 자아의 경계가 약해 자기와 타인을 분리하기 어려울 때, 중요한 대상의 가치관·태도·행동을 무의식적으로 자기 것으로 삼아 정체성을 유지하려는 방식입니다. 이렇게 하면 일시적으로 안정감을 얻을 수 있지만, 자기만의 고유한 욕구와 감정은 억압되거나 희미해집니다. 결과적으로 독립적 선택이나 자기 주도적 삶을 꾸려가기 어려워지고, 타인의 기대에 과도하게 맞추며 살아갈 위험이 커집니다.

2) 투사(Projection)

'과융합/미발달된 자기' 도식이 있는 이들은 자기와 중요한 타인 사이의 심리적 구분이 약해, 자신의 감정과 타인의 감정을 혼동하기 쉽습니다. 그 과정에서 느껴지는 불안과 혼란은 스스로 감당하기 어렵기 때문에, 이를 바깥으로 떠넘겨 상대에게 원인을 돌리려 합니다. 이렇게 하면 자기 안의 모호함과 불안이 일시적으로 해소되고, 정체성의 불안정성이 드러나는 것을 막을 수 있습니다. 결국 투사는 혼란스러운 내면을 정리하지 못한 상태에서 외부에 책임을 전가함으로써 자아를 보호하려는 심리적 장치라 할 수 있습니다.

3) 반동형성(Reaction Formation)

과융합된 대상과의 경계를 설정하려는 시도가 과도하게 반발하는 형태로 나타날 수 있습니다. 즉, 과도하게 반대되는 행동을 통해 자신을 분리하려고 하거나, 정반대의 성향을 나타내어 정체성 혼란을 해결하려 합니다. 예를 들어, 부모의 영향에서 벗어나기 위해 자신이 완전히 다른 성격이나 행동을 보이기도 합니다. 반동형성은 내부의 불안을 숨기고 상반된 태도나 행동으로 대응하는 방식입니다. 자신과 중요한 대상 사이의 융합을 거부하고 싶은 내면의 갈등을 과도한 반대 행동으로 표현함으로써, 자신의 독립성을 강조하려는 심리적 보상입니다.

4) 억제(Repression)

자신과 중요한 대상 간의 융합이 불안한 상황에서, 이에 대한 생각이나 감정을 억누르려는 방어기제가 작용할 수 있습니다. 자신이 이 관계에서 느끼는 불편한 감정을 의식적으로 차단하려 하거나, 정체성 혼란을 무시하려 할 수 있습니다. 억제는 불안을 피하려는 전략으로, 자아의 혼란과 그로 인한 정서적 갈등을 의식에서 차단하려는 방어기제입니다. 중요한 대상과의 관계에서 느끼는 혼란스러운 감정을 덜어내기 위한 방법입니다.

5) 지나친 의존(Over-reliance)

중요한 대상에게 지나치게 의존하며, 자기 정체성의 부족을 타인의 인식에 맞추어 해결하려는 경향이 있습니다. 이들은 자신을 완전한 존재로 느끼기보다는 타인의 인정을 통해 자기 가치를 확립하려고 합니다. 지나친 의존은 자신의 정체성 혼란을 피하기 위해 다른 사람에게 의존하려는 심리적 전략입니다. 중요한 대상에게 의존함으로써, 자신이 독립적이지 않거나 미성숙하다는 두려움을 회피하려는 방법입니다. 이는 안정감을 찾으려는 보상적 행동입니다.

이와 같은 방어기제들은 자아의 혼란과 불안을 다루려는 심리적 시도입니다. 융합된 자아는 자아의 경계가 불명확하기 때문에, 이를 보호하기 위한 다양한 기제가 작용할 수 있습니다. 그러나 과도한 방어기제는 결국 자기 성장과 자기 정체성 발달을 방해할 수 있기 때문에, 건강한 자아를 위한 노력과 성찰이 필요합니다.

'과융합/미발달된 자기'의 심리도식이 있는 사람이 심리적 취약점을 극복할 수 있는 핵심 대처방법 10가지는 무엇인가?

'과융합/미발달된 자기'의 심리도식이 있는 사람이 심리적 취약점을 극복할 수 있는 핵심 대처방법 10가지를 설명드리겠습니다. '과융합/미발달된 자기' 도식은 자신이 타인과 지나치게 얽혀 있거나, 자신의 정체성이 명확하지 않아 타인의 감정이나 욕구에 과도하게 동조하면서 자신을 잃어버리는 상태에서 비롯됩니다. 건강한 보상기제를 통해 자기 자신을 확립하고 타인과의 건강한 경계를 세우는 것이 핵심입니다.

1) 자기 인식 강화 훈련하기

자신의 감정, 욕구, 가치관이 무엇인지 명확하게 인식해야 융합에서 벗어날 수 있습니다. 예를 들어, 매일 자신의 감정과 욕구를 기록하고 "이 감정은 나의 것인가, 상대의 것인가?"라고 자문합니다. 자신의 감정을 인식하고 구분하면서 타인의 감정과 자신을 분리합니다.

2) 자신만의 시간과 공간 만들기

자신의 정체성을 강화하기 위해 혼자만의 시간을 보내면서 자신에게 집중합니다. 예를 들어 산책, 명상, 취미 활동 등 자신이 좋아하는 일을 혼자서 즐깁니다. 타인과의 연결에서 벗어나 독립된 시간을 보내면서 자신을 찾습니다.

3) '아니오!'라고 말하는 연습하기

과융합 도식이 있는 사람은 타인의 기대에 과도하게 맞추며 거절하기 어려워합니다. 예를 들어 "그 일은 지금 내가 감당하기 어려워.", "그 부탁은 들어줄 수 없어."라고 단호하게 말합니다. 자신의 욕구와 감정을 존중하며 거절하는 연습을 통해 독립성을 강화합니다.

4) 자신의 가치관 명확히 하기

타인의 가치관에 따라 살기보다 자신의 가치관을 찾고 그것을 따르는 연습이 필요합니다. 예를 들어 "나는 어떤 삶을 원하는가?", "나는 어떤 사람이 되고 싶은가?"와 같은 질문을 통해 자신의 가치관을 명확히 합니다. 자신의 가치관이 확립되면 타인의 기대에 휘둘리지 않습니다.

5) 타인의 감정에서 벗어나기

타인의 감정을 자신의 감정으로 받아들이지 않고 분리된 상태를 유지합니다. 예를 들어, 상대방이 화를 낼 때, "저 사람의 감정이지, 나의 잘못이 아니다."라고 생각합니다. 타인의 감정에서 벗어나 자신의 감정을 지키는 연습을 합니다.

6) 독립적인 의사결정 연습하기

타인의 의견에 의존하지 않고 스스로 결정하는 연습을 합니다. 예를 들어 "내가 진정 원하는 것은 무엇인가?", "이 선택이 내 가치와 맞는가?"를 자문합니다. 독립적인 결정을 반복하면 자신감이 강화됩니다.

7) 건강한 경계 설정하기

자신과 타인 사이에 심리적, 물리적 경계를 명확하게 설정해야 합니다. 예를 들어 "나는 이 부분까지는 도와줄 수 있지만, 그 이상은 부담스러워!", "내 시간은 소중하니 이 시간에는 방해받고 싶지 않아!"라고 표현합니다. 경계를 명확히 설정하면 타인의 감정이나 행동에 휘둘리지 않게 됩니다.

 심리분석으로 나를 치유하는 시간

8) 자신을 위한 작은 보상 주기

타인을 만족시키기 위해 노력한 후가 아니라, 자신을 위해 노력했을 때 보상을 줍니다. 예를 들어, "오늘 나만의 시간을 가졌으니 좋아하는 디저트를 먹자." 자신을 위한 보상을 통해 자기 돌봄 능력을 강화합니다.

9) 타인의 인정에서 벗어나기

타인의 인정이 아니라, 자신의 성취와 만족에서 기쁨을 찾습니다. 예를 들어, "나는 다른 사람이 인정하지 않아도 충분히 괜찮아.", "나는 내가 한 일에 만족한다." 자신의 성취와 만족을 내면화하면 외부의 반응에 휘둘리지 않습니다.

10) 자기 돌봄 루틴 만들기

자신의 욕구와 감정을 돌보는 습관을 일상에 포함시킵니다. 예를 들어 "아침에 명상하기", "저녁에 좋아하는 음악 듣기", "일주일에 한 번 나만의 취미 활동하기" 등 자신을 위한 시간을 정기적으로 확보합니다. 자기 돌봄 습관이 정착되면 자신과의 연결감이 강화됩니다.

이 10가지 대처방법들은 융합 도식에서 벗어나 자신을 분리하고 독립된 정체성을 확립하는 데 도움이 됩니다. 중요한 것은 "나는 타인과 다르며, 나만의 생각과 감정을 가질 권리가 있다."는 점을 깨닫는 것입니다.

처음에는 타인과의 분리가 두렵게 느껴질 수 있지만, 점차 자신만의 독립된 삶이 주는 안정감과 자율성을 경험하게 될 것입니다. "나는 온전한 나 자신이며, 타인과의 관계에서 나를 잃지 않는다."는 믿음을 강화하면 융합 도식에서 벗어나 건강한 관계와 독립된 자아를 형성할 수 있습니다.

'과융합/미발달된 자기'의 심리도식이 있는 사람이 버려야 할 '마이너스 생각 10가지'는 무엇이며, 이것을 꼭 가져야 할 '플러스 생각 10가지'로 바꾸면 어떻게 되는가?

'과융합/미발달된 자기'의 심리도식이 있는 사람이 극복을 위해 버려야 할 '마이너스 생각 10가지'와 이를 바꾸어야 할 '플러스 생각 10가지'는 다음과 같습니다. 이 방법들은 자신을 독립적으로 정의하고, 자아를 확립하며, 개별적인 정체성을 구축하는 데 도움을 줍니다.

버려야 할 '마이너스 생각' 10가지

1) "나는 다른 사람의 의견이나 기대에 너무 의존한다."

⇒ 나는 나만의 의견과 신념을 가지고 있으며, 다른 사람의 기대에 의해 나를 정의하지 않는다.

2) "내가 나 자신을 제대로 알지 못한다."

⇒ 나는 나 자신을 알아가고 있으며, 내면의 강점과 관심사를 발견하고 있는 과정에 있다.

3) "다른 사람들의 의견이 나에게 영향을 미쳐서 나는 내 자신을 잃어버린다."

⇒ 나는 다른 사람들의 의견을 존중하면서도, 나 자신을 잃지 않도록 중심을 잡을 수 있다.

4) "내가 무엇을 원하는지 모른다."

⇒ 나는 내가 무엇을 원하는지 탐색하는 과정에 있으며, 그 과정에서 나만의 목표와 방향을 찾아가고 있다.

5) "나는 나만의 정체성을 가지고 있지 않다."

⇒ 나는 점차 나만의 고유한 정체성을 확립해 가고 있으며, 내가 무엇을 가치 있게 생각하는지 명확히 알고 있다.

6) "나는 다른 사람의 삶을 살아가는 것처럼 느껴진다."

⇒ 나는 내 삶을 주도하고 있으며, 내 선택과 결정은 나의 가치관과 신념에 기반하고 있다.

7) "나는 항상 다른 사람과 합쳐져야만 제대로 존재하는 것 같다."

⇒ 나는 독립적이고 개별적인 존재이며, 다른 사람들과의 관계 속에서도 나만의 고유한 정체성을 지킬 수 있다.

8) "내가 무엇을 해도 나에게 맞는 길을 찾을 수 없을 것이다."

⇒ 나는 나에게 맞는 길을 찾을 수 있으며, 내 경험과 탐색을 통해 나의 정체성을 더욱 확립해 나갈 것이다.

9) "나는 다른 사람들에게 나를 맞추다 보면 결국 나를 잃게 될 것이다."

⇒ 나는 다른 사람들과 조화를 이루면서도, 나 자신의 가치를 잃지 않고 나의 독립적인 정체성을 유지할 수 있다.

10) "나는 뚜렷한 목표나 방향 없이 살아간다."

⇒ 나는 내 목표와 방향을 찾고 있으며, 그 목표를 향해 꾸준히 나아가고 있다.

꼭 가져야 할 '플러스 생각' 10가지

1) "나는 나 자신의 신념과 가치를 바탕으로 독립적인 결정을 내릴 수 있다."

⇒ 나는 내 안에 확고한 신념과 가치를 가지고 있으며, 이를 바탕으로 독립적이고 자신감 있는 결정을 내릴 수 있다.

2) "나는 나 자신을 탐색하고, 내 고유한 정체성을 확립할 수 있는 능력이 있다."

⇒ 나는 나를 이해하고 나만의 고유한 정체성을 확립할 수 있는 능력과 자원을

가지고 있다.

3) "나는 다른 사람들의 의견을 수용하면서도, 내 의견과 신념을 지킬 수 있다."

⇒ 나는 다른 사람들의 의견을 존중하면서도, 내 의견과 신념을 소중히 여기고 지킬 수 있다.

4) "나는 내가 원하는 것을 명확히 알고 있으며, 그것을 향해 나아가고 있다."

⇒ 나는 내가 무엇을 원하는지 분명히 알고 있으며, 그 목표를 향해 적극적으로 나아가고 있다.

5) "나는 나만의 고유한 정체성을 가지고 있으며, 그것을 지킬 수 있다."

⇒ 나는 나만의 고유한 특성과 정체성을 소중히 여기며, 이를 지킬 수 있다.

6) "나는 나의 삶을 주도적으로 살아가고 있으며, 내 선택이 나의 길을 만든다."

⇒ 나는 내 삶을 주도적으로 살아가며, 내가 내리는 선택이 내 인생의 방향을 이끌고 있다.

7) "나는 독립적이고 개별적인 존재로서, 나 자신을 잘 알고 있다."

⇒ 나는 독립적인 사람으로서, 내 정체성을 존중하며 개별적인 존재로서 자신감을 가지고 살아간다.

8) "나는 나에게 맞는 길을 찾을 수 있으며, 그 길을 따라 성장할 수 있다."

⇒ 나는 나의 삶에 가장 잘 맞는 길을 발견할 수 있으며, 그 길을 걸으면서 새로운 경험과 배움을 통해 더 성숙해질 수 있다.

9) "나는 다른 사람들과 함께하되, 나의 고유한 정체성을 유지할 수 있다."

⇒ 나는 다른 사람들과의 관계 속에서도 나만의 정체성을 지킬 수 있으며, 독립적이고 건강한 관계를 맺을 수 있다.

10) "나는 나의 목표와 방향을 뚜렷하게 설정하고, 그것을 향해 나아가고 있다."

⇒ 나는 분명한 목표와 방향을 세우고, 그 목표를 이루기 위해 꾸준히 노력하며

한 걸음씩 나아가고 있다.

　이 플러스 생각들은 마이너스 생각을 자신을 독립적이고 개별적인 존재로 인식할 수 있도록 바꾸어 주며, 나만의 정체성을 확립하고 자신감을 가지고 살아갈 수 있게 합니다. 자신의 욕구와 목표를 분명히 하고, 그것을 향해 나아가는 것이 중요한 포인트입니다.

'과융합/미발달된 자기'의 심리도식이 있는 사람에게 치유와 성장을 위해 가장 좋은 자각질문 5가지

　'과융합/미발달된 자기'의 심리도식을 가진 사람은 자신이 다른 사람들과 지나치게 융합되거나, 자신의 정체성을 확립하지 못한 경우가 많습니다. 자신이 누구인지, 무엇을 원하는지에 대한 명확한 이해가 부족하고, 타인의 기대나 요구에 맞추려고 하거나, 타인에게 의존하는 경향이 있습니다. 이러한 상태에서 자아를 발견하고 독립적인 정체성을 확립하는 것이 중요한 과정입니다.

　이 심리도식을 치유하고 성장을 촉진하기 위한 자각질문은 자아 인식을 확립하고, 자신을 독립적이고 개별적인 존재로서 인정하는 데 도움을 줍니다.

　1) "내가 나 자신을 잘 알고 있는가? 내가 정말 원하는 것과 타인의 기대 사이에서 내가 원하는 것은 무엇인가?"

　→ 자신의 진정한 욕구와 타인의 기대 사이에서 구분을 짓는 질문입니다. 스스로를 잘 알고, 자기 정체성을 찾는 데 중요한 시작점이 됩니다.

2) “내가 다른 사람들과 과융합될 때, 나는 어떤 감정을 느끼고 있나? 그 상황에서 내가 스스로를 놓치지 않도록 하는 방법은 무엇인가?”

→ 타인과의 과융합에서 자신을 잃고 있다고 느낄 때, 그 감정을 인식하고, 자아를 유지하는 방법을 찾는 질문입니다.

3) “내가 나 자신에게 중요한 가치나 목표를 설정한 적이 있는가? 내가 추구하는 삶의 방향은 무엇인가?”

→ 자신의 가치를 명확히 하고, 목표를 설정하는 데 필요한 질문입니다. 자아를 확립하는 데 도움을 줍니다.

4) “타인의 기대와 내 자아의 경계를 구분하는 방법은 무엇일까? 내가 나의 목소리와 의견을 표현할 때 어떤 감정을 느끼는가?”

→ 타인과의 경계를 설정하고, 자신을 표현하는 법을 배우는 질문입니다. 자신의 목소리와 의견을 드러내는 데 중요한 자각을 돕습니다.

5) “나는 누구인가? 나는 무엇을 원하고, 무엇을 중요하게 생각하는가? 나를 위한 삶을 살기 위한 첫걸음은 무엇일까?”

→ 자아를 탐색하고, 자신의 진정한 욕구와 중요성을 파악하는 질문입니다. 자기 정체성을 확립하는 데 도움을 줍니다.

이 자각질문들은 ‘과융합/미발달된 자기’의 심리도식을 치유하는 데 매우 유효합니다. 자신을 더 잘 이해하고, 타인의 기대에 맞추기보다는 자신의 욕구와 가치를 중요하게 생각하는 과정을 통해 독립적이고 건강한 자아를 확립할 수 있습니다.

'과융합/미발달된 자기'의 심리도식이 있는 사람이 깨우쳐야 할 핵심 명상 메시지 5가지

'과융합/미발달된 자기'의 심리도식이 있는 사람이 깨우쳐야 할 핵심 명상 메시지 5가지는 다음과 같습니다. 이 메시지들은 자기 자신을 독립적으로 발견하고, 타인과의 건강한 경계를 세우는 데 도움을 줄 수 있습니다.

1) 나는 나 자신만의 고유한 존재이며, 타인과 구별된다.

'과융합/미발달된 자기'의 심리도식은 종종 자신이 타인과 너무 밀착되어 있거나 자신을 타인에 맞추려는 경향을 나타냅니다. 이 메시지는 자신이 독립적인 존재이며, 타인과의 경계를 존중하는 것이 중요함을 깨닫게 돕습니다.

2) 내 내면의 목소리가 중요한 가이드이다.

자기 자신을 찾기 위해서는 내면의 목소리에 귀 기울이는 것이 필요합니다. 이 메시지는 타인의 의견이나 요구보다, 자신의 생각과 감정을 우선시할 수 있도록 돕습니다. 내면의 목소리가 자기 자신을 이해하는 열쇠임을 깨닫게 합니다.

3) 나는 나를 위한 선택을 할 자격이 있다.

타인의 기대나 요구에 부합하려는 경향을 가진 사람에게 중요한 메시지입니다. 이 명상 메시지는 자신을 위한 결정을 내리고, 자신의 삶을 책임질 자격이 있음을 확신하게 만듭니다.

4) 내가 소중하게 여기는 것은 내가 책임질 것이다.

자신이 가진 가치와 우선순위에 대해 책임을 지는 태도를 키울 수 있는 메시지입니다. 타인의 영향을 받지 않고, 자신이 중요하다고 느끼는 것을 선택하고 책임지는 것이 핵심임을 알려줍니다.

5) 나는 타인의 에너지와 분리되어 온전한 존재로서 존재할 수 있다.

'과융합/미발달된 자기'의 심리도식은 타인의 에너지에 쉽게 휘둘리거나 영향을 받는 경향이 있습니다. 이 메시지는 타인의 영향을 받지 않고, 자신만의 공간과 에너지를 존중하며 독립적인 존재로서 살아갈 수 있음을 깨닫게 합니다.

이 명상 메시지들은 자기 자신과의 연결을 회복하고, 타인과의 건강한 경계를 세우는 데 도움을 줄 수 있습니다. 자기 자신을 독립적으로 인식하고, 내면의 목소리와 가치를 따르며 삶을 살 수 있도록 돕습니다.

내면의 조건 없는 사랑(신성)이 '과융합/미발달된 자기'의 심리도식이 있는 나에게 전하는 말

사랑하는 너에게,

너는 그동안 자신을 제대로 표현하지 못했다고 느껴졌을지도 몰라. 세상과 어울리기 위해 자신의 일부를 숨기고, 다른 사람들의 기대에 맞추려 애썼던 순간이 많았을 거야. 하지만 이제 나는 너에게 말하고 싶어. "네 안에는 모든 가능성이 이미 들어 있어. 너는 미완성이 아니라, 무한한 잠재력을 지닌 존재야." 지금은 완벽하지 않다고 느낄 수도 있지만, 그 불완전함조차 너만의 고유한 아름다움이야.

너는 단지 스스로의 본질을 점차 발견하는 과정에 있을 뿐이야. 세상은 네가 생각하는 것보다 훨씬 더 넓고, 네가 진정으로 원하는 모습은 이미 그 안에서 자라고 있어. 외부의 기준에 맞추려고 애쓰기보다는 내면의 목소리에 귀 기울여 봐. 그 목소리는 네가 무엇을 원하고, 무엇을 사랑하는지 알려줄 거야. 조금씩 그 길을 따라가면, 너는 점점 더 온전한 자기 자신으로 나아갈 수 있어.

너는 지금까지의 모든 경험 속에서 이미 중요한 부분을 배우고 성장해 왔어. 스스로를 억누르고 감춰야 했던 순간들조차, 결국 너를 더 단단하고 지혜롭게 만든 시간이야. 그 모든 조각들이 모여 지금의 너를 이루고 있고, 그 속에는 이미 완전함이 깃들어 있어. 그러니 스스로를 부정하거나 서두를 필요가 없어. 네 속도대로, 네 방식대로 나아가면 돼.

나는 언제나 네 옆에서 이렇게 말하고 있어. "네가 누구든, 무엇이든, 이미 완벽한 존재야." 지금은 너의 모든 모습을 다 드러내지 않더라도 괜찮아. 천천히 알아가고, 스스로를 받아들이는 과정 속에서 너는 점점 더 온전히 존재감을 느낄 수 있어. 내면의 목소리를 신뢰하며, 한 걸음씩 나아가는 그 길을 즐겨도 돼.

마지막으로 기억해. 나는 언제나 너의 여정을 지지하고, 너의 변화를 환영할 준비가 되어 있어. 네가 성장하고, 잠재력을 펼치며 나아가는 모든 순간 속에서 나는 함께 있어. 너는 이미 충분히 완전하고, 그 과정에서 만나는 모든 경험이 너를 더욱 빛나게 만들어 줄 거야.

09 실패: 성공하지 못할까 두려워하는 자아

실패 도식의 자아에겐 '나는 뭘 해도 실패할 게 뻔해!'라는 믿음이 있으며, 그 핵심 대처방식은 다음과 같습니다.

· 굴복보상: 무슨 일이든 성공하지 못할 거라고 예상해 노력을 기울이지 않고 대충한다.
· 회피보상: 취업, 시험 등 삶에서 마주하는 과업, 도전을 피한다.
· 과잉보상: 실패감을 보상하기 위해 지나치게 성취를 추구하며 살아간다. 끊임없이 스스로를 몰아붙이며 더 큰 성취를 좇는다.

실패 도식의 자아는 근본적으로 "나는 결국 실패할 수밖에 없는 존재다", "아무리 노력해도 잘될 리 없다"는 신념 위에 서 있습니다. 어린 시절 부모가 과도하게 비판적이거나 비교를 일삼았던 환경, 혹은 반복된 실패 경험을 겪은 아이는 '성공은 나와 상관없는 일'이라는 무력감을 내면화합니다. 이 신념은 자아의 중심을 '가능성'이 아니라 '한계'로 고정시키며, 시도하기 전에 이미 실패를 전제하게 만듭니다. 따라서 이 자아는 새로운 도전보다, 실패를 피함으로써 안전을 확보하려 합니다. 실패의 공포는 실제 결과보다 '실패하는 나'로 인식되는 자아상과 직결되어 있기 때문입니다.

굴복보상은 실패할지도 모른다는 불안을 줄이기 위해 '애초에 제대로 시도하지 않는' 방식으로 나타납니다. 스스로를 "어차피 안 될 거야"라고 설득하며, 최선을 다하지 않음으로써 실패의 고통을 줄이려 합니다. 이들은 대충하거나, 중간에 포기하거나, 결과에 무관심한 태도를 취하지만, 그 밑에는 "정말 노력했는데도 실패했다면 나 자신을 견딜 수 없다"는 두려움이 숨어 있습니다. 즉, 노력하지 않음은 패배의 증거가 아니라, 자기존중을 지키기 위한 방어적 포기입니다. 이 굴복은 불안을 줄여주는 대신 자기효능감을 점점 약화시켜, 예언처럼 "나는 실패자다"라는 신념을 강화합니다.

회피보상은 실패의 가능성을 완전히 차단하기 위해 도전 자체를 회피하는 형태로 나타납니다. 시험, 취업, 경쟁, 새로운 관계 등 자신이 평가받거나 결과가 드러날 수 있는 상황을 피하면서, "아직 준비가 안 됐다"거나 "때가 아니야"라는 이유를 붙입니다. 그러나 실제로는 불안의 회피가 핵심 동기입니다. 이렇게 안전을 확보하지만, 동시에 자아는 성취의 경험을 쌓지 못해 내면의 무력감이 심화됩니다. 회피보상은 실패의 공포로부터 자신을 보호하는 동시에, 성장의 가능성까지 스스로 차단하는 자기제한적 보호기제입니다.

과잉보상은 반대로 실패의 두려움을 과도한 성취 추구로 덮으려는 방어기제입니다. 이런 자아는 끊임없이 자신을 몰아붙이며, 더 높은 목표와 성과를 향해 달립니다. 겉으로는 열정과 완벽주의로 보이지만, 그 중심에는 "멈추면 실패다"라는 공포가 작동합니다. 성취는 기쁨이 아니라 불안을 덜어주는 진통제이며, 끊임없는 자기비판과 비교 속에서 내면은 결코 만족하지 못합니다. 과잉보상은 성공 중독적 패턴을 통해 '실패하는 나'를 지우려 하지만, 그 이면에는 여전히 "나는 언제든 추락할 수 있다"는 불안이 잠재합니다.

이와 같이 실패 자아의 세 가지 보상은 모두 "무력감과 불안으로부터 자신을 보호하려는 시도"입니다. 굴복은 포기 속의 평안, 회피는 도전 회피 속의 안전, 과잉 보상은 성취 속의 통제를 통해 불안을 다루지만, 그 근원에는 여전히 "실패하면 존재가 무너진다"는 두려움이 자리합니다. 진정한 치유는 실패를 피하거나 극복하는 것이 아니라, 실패를 견디고 통과할 수 있는 자아의 안정성을 회복하는 것입니다. "나는 실패해도 여전히 가치 있는 존재다"라는 새로운 신념이 세워질 때, 이 자아는 비로소 두려움의 굴레에서 벗어나, 실패를 삶의 일부로 통합하는 성숙한 용기를 얻게 됩니다.

'실패'의 심리도식이 있는 사람은 어린 시절 어떤 상처(트라우마)를 받았을 가능성이 높은가?

'실패'의 심리도식이 있는 사람은 어린 시절에 실패나 좌절을 경험한 후, 자신이 무능하거나 부족하다는 감정을 강하게 느꼈을 가능성이 높습니다. 이러한 심리도식은 실패에 대한 두려움이나 자아에 대한 부정적인 신념을 강화하는 경험에서 비롯됩니다. 아래는 '실패'의 심리도식과 관련된 어린 시절의 상처(트라우마)입니다.

1) 과도한 비판과 부정적인 평가

부모나 중요한 양육자가 아이의 실수나 실패를 과도하게 비판하거나 부정적으로 평가한 경우, 아이는 자신이 항상 실패하거나 부족하다고 느끼게 될 수 있습니다. 이런 비판은 아이에게 실패에 대한 두려움을 심어주며, 자아 존중감과 자신감을 낮추는 원인이 됩니다.

2) 실패에 대한 강한 처벌

실패를 용납하지 않고 처벌하는 부모나 보호자 아래에서 자란 아이는 실패에 대한 두려움이 커질 수 있습니다. 이러한 경험은 아이가 실패를 피하려고 하거나 실패를 경험할 때, 자신이 무가치한 존재라고 느끼게 만듭니다. 이는 실패를 두려워하게 만들며, 후에 성인이 되어서도 실패에 대한 강한 불안을 경험할 수 있습니다.

3) 비현실적인 기대와 과도한 목표

부모나 보호자가 아이에게 비현실적인 기대를 걸고 과도한 목표를 설정할 경우, 아이는 끊임없이 목표를 달성해야 한다는 압박감을 느낄 수 있습니다. 이러한 환경에서 자란 아이는 실패가 자신에게 큰 낙오나 불명예로 간주되며, 실패를 피하려는 강한 경향을 보이게 됩니다.

4) 경쟁적이고 비교적인 양육 환경

부모가 자녀를 다른 아이들과 비교하거나 경쟁적으로 양육하는 경우, 아이는 자신의 성취를 다른 사람과 비교하게 되며, 실패에 대한 두려움과 부족함을 느끼게 됩니다. 경쟁에서의 실패는 아이에게 자신이 부족하다는 인식을 심어줄 수 있습니다.

5) 지원 부족과 방치

아이가 실패나 어려운 상황을 겪을 때, 부모나 보호자가 적절한 지원을 해주지 않거나 방치하는 경우, 아이는 자신이 실패할 때 도움이 없다는 생각을 가지게 될 수 있습니다. 이런 경험은 실패를 혼자서 감당해야 한다는 부담을 심어주며, 실패에 대한 두려움을 강화시킬 수 있습니다.

6) 성취에 대한 과도한 집착

부모가 자녀의 성취를 지나치게 강조하거나, 성취를 통해 사랑을 표현하는 경우, 아이는 성취하지 못하는 것을 큰 실패로 인식할 수 있습니다. 이는 아이가 성취하지 못할 때, 자신을 실패한 사람으로 간주하는 경향을 형성하게 만듭니다.

7) 정서적 지원 부족

실패나 어려운 상황에서 정서적으로 지원을 받지 못한 아이는 자신이 실패할 때, 누구에게 의지할 수 없다고 느낄 수 있습니다. 이 경험은 실패를 극복하는 데 필요한 정서적 안정감을 주지 못하며, 실패에 대한 공포와 불안을 키울 수 있습니다.

8) 모델이 되는 부모의 실패 경험

부모가 자신의 실패 경험을 아이에게 계속해서 이야기하거나, 자주 실패를 겪고 이를 부정적으로 표현할 경우, 아이는 실패를 너무 두려워하게 될 수 있습니다. 부모의 실패에 대한 부정적인 태도나 반응이 아이에게 전이될 수 있습니다.

결론적으로, '실패'의 심리도식을 가진 사람은 어린 시절에 부모나 중요한 양육자로부터 과도한 비판, 처벌, 비현실적인 기대, 지원 부족 등으로 인해 실패에 대한 두려움과 무능감을 경험했을 가능성이 큽니다. 이러한 경험은 실패를 피하려는 강한 경향을 형성하며, 실패에 대한 부정적인 신념을 강화하는 원인이 됩니다.

'실패'의 심리도식이 있는 사람의 내면아이와 내면부모는 어떤 상태일 가능성이 높은가?

'실패(Failure)'의 심리도식이 있는 사람은 스스로를 무능하고 열등하며, 중요한 성취를 할 수 없는 사람이라고 여깁니다. 이는 실제 능력과 무관하게 내면 깊이 뿌리내린 '나는 안 된다.'는 믿음으로 작용하며, 자신의 잠재력을 억제하고 실패를 예견한 채 행동을 피하게 만듭니다. 이러한 도식을 가진 사람의 내면아이는 자신이 자랑스럽기보다는 부끄럽고 무력하다고 느끼며, 내면부모는 반복적으로 '넌 안 될 거야.', '역시 넌 이것밖에 안 돼.'라는 메시지를 주입하는 존재로 내면에 자리잡고 있습니다.

1) 내면아이의 상태

'실패' 도식을 가진 사람의 내면아이는 '나는 해봐야 안 될 거야.'라는 감정적 확신 속에 살아갑니다. 이 아이는 삶의 많은 영역에서 두려움, 열등감, 포기감을 품고 있으며, 자신에게 기대하는 것 자체를 부담스러워합니다.

- 무능감의 내면화: "나는 원래 못해.", "다른 애들은 쉽게 하는데 나는 안 돼."라는 생각이 깊이 새겨져 있어 도전 자체를 두려워합니다.
- 비교와 위축: 또래 혹은 주변 사람들과 끊임없이 자신을 비교하며, 항상 뒤처져 있다고 느끼고 그로 인해 스스로를 자책합니다.
- 자기 검열과 포기: 시도하기도 전에 '안 될 게 뻔해.'라는 마음으로 스스로 가능성을 제한하고, 실패를 막기 위해 도전을 회피합니다.
- 수치와 부끄러움: 다른 사람 앞에 자신을 드러내는 것이 수치스럽게 느껴지며,

자신의 존재 자체가 '결핍된' 것으로 여겨집니다.

이 내면아이는 성장 과정에서 성과에 대해 자주 비판받았거나, 지나친 기대와 비교 속에서 자신이 항상 모자라고 실망만 안긴다고 느끼며 자라났을 가능성이 높습니다.

2) 내면부모의 상태

'실패' 도식을 가진 사람의 내면부모는 냉소적이거나 과도하게 비판적입니다. 또한 이 내면부모는 스스로 높은 기대를 걸어놓고, 거기에 미치지 못했을 때, 무자비하게 채찍을 듭니다. 혹은 반대로 기대 자체를 접고, 내면아이에게 "넌 해도 안 되니까 포기해."라고 말하는 무기력한 존재이기도 합니다.

· 비난과 실망의 반복: "그 정도도 못하니?", "그러니까 넌 안 되는 거야."라는 비판의 목소리를 반복합니다.
· 냉소와 조롱: 진지한 시도를 하려 해도 "이번에도 또 실패할 거잖아.", "네가 그걸 해낸다고?"라는 식의 조롱 섞인 메시지를 보냅니다.
· 기대의 철회: "넌 원래 안 되니까 그냥 조용히 살아."라는 식으로 아예 가능성과 도전을 부정합니다. 이는 겉으로는 포기처럼 보이지만 내면적으로는 '무기력의 주입'입니다.
· 과잉비교의 기준: 다른 사람의 성취를 기준 삼아 "누구는 이만큼 했는데 넌 뭐 하냐."는 식의 비교를 통해 내면아이를 위축시킵니다.

이 내면부모는 현실의 부모가 성취 중심의 양육태도를 보였거나, 아예 자녀의 가능성에 무관심했던 경험에서 형성된 경우가 많습니다.

3) 심리적 결과와 상호작용

'실패'의 심리도식이 강한 경우, 내면아이와 내면부모는 다음과 같은 방식으로 상호작용합니다.

· 내면부모의 비판적 태도 → 내면아이의 자존감 저하: 내면부모가 내면아이의 실수나 실패에 대해 지나치게 비판적이면, 내면아이는 자존감이 저하되고 자신을 가치 없게 느끼게 됩니다. 내면아이는 실패를 개인적인 결함으로 받아들이며, 자신이 실패를 경험하는 것에 대해 두려움을 가지게 됩니다.

· 높은 기준 설정 → 내면아이의 자기 비하: 내면부모가 지나치게 높은 기준을 설정하고, 이를 충족시키지 못하면 내면아이는 실패했다고 느끼며 자기 비하를 강화합니다. 실패에 대한 두려움이 커져 내면아이는 자신을 과도하게 비판하고, 실패를 성공하지 못한 사람으로 정의 내리게 됩니다.

· 실수에 대한 지나친 처벌 → 내면아이의 무력감과 자책: 내면부모가 내면아이의 실수에 대해 지나치게 처벌하거나 비난하면, 내면아이는 실패를 두려워하고 자책감에 휩싸이게 됩니다. 내면아이는 실수를 감추거나 피하려는 경향이 강해지고, 자아 존중감이 더욱 낮아집니다.

· 실패에 대한 과도한 걱정 → 내면아이의 불안과 스트레스 증가: 내면부모가 내면아이에게 실패에 대한 경고나 두려움을 지속적으로 주면, 내면아이는 실패에 대한 과도한 걱정을 하게 되고, 스트레스와 불안이 증가합니다. 내면아이는 실수를 피하려고 지나치게 노력하며, 실패를 회피하려는 경향이 강해집니다.

'실패'의 심리도식은 내면아이에게 실수에 대한 두려움과 자기 비하를 초래합니다. 내면부모의 비판적 태도와 높은 기준은 내면아이에게 실패에 대한 과도한 두려움을 심어주고, 자존감을 낮추는 결과를 가져옵니다. 내면아이의 실수에 대한 처벌과 지나친 걱정은 불안과 스트레스를 증가시키고, 실패를 회피하려는 행동을 강화시킬 수 있습니다.

4) 치유 방향

'실패' 도식의 치유는 내면아이에게 "너는 시도할 자격이 있고, 실패해도 괜찮으며, 실패가 곧 너의 존재 가치를 결정짓지 않는다."는 감정적 확신을 회복시키는 것입니다.

· 작고 안전한 성공 경험 쌓기: 거창한 목표가 아닌, 일상 속의 작은 도전과 성공을 통해 내면아이에게 '성공의 감각'을 다시 알려주는 것이 중요합니다.

· 내면부모의 교체: 비난하고 조롱하던 내면부모의 목소리를 "괜찮아, 잘하고 있어. 네 속도로 가면 돼."라고 말해주는 자비로운 부모로 바꾸어야 합니다.

· 실패에 대한 재정의: 실패는 '너무나 자연스럽고 성장의 일부'라는 인식을 감정적으로 수용하게 하여, 도전을 두려워하지 않게 만들어야 합니다.

· 비교 중단과 자기 기준의 확립: 타인과 비교하는 내면부모의 기준 대신, 내 삶의 기준을 설정하고 그에 맞춰 걷는 자율성을 회복해야 합니다.

· 내면아이와의 재연결: "너는 원래 못하는 애가 아니야, 충분히 해낼 수 있는 힘이 있어."라고 말해주는 새로운 내면부모의 존재감을 강화해야 합니다.

결론적으로, '실패' 도식은 "나는 해봐야 안 돼!"라는 믿음으로 삶의 가능성을 스스로 제한하는 깊은 내면 구조입니다. 내면아이는 무기력과 부끄러움 속에 갇혀 있고, 내면부모는 그 무기력을 당연한 듯 반복 확인시킵니다. 그러나 이 도식은 실제 능력의 결핍이 아니라, 오랫동안 주입된 신념의 오류입니다. 새로운 내면부모는 '결과보다 과정', '실패보다 시도'에 가치를 두며, 내면아이에게 다시 일어설 수 있는 심리적 토대를 만들어 줄 수 있어야 합니다. 그렇게 할 때, 실패 도식은 자기를 억제하던 굴레에서 자기 성장을 이끄는 통로로 전환될 수 있습니다.

'실패'의 심리도식이 있는 사람은 어떤 방어기제를 쓸 가능성이 높으며, 그 이유는 무엇인가요?

'실패'의 심리도식이 있는 사람은 자신의 실패에 대한 두려움과 무력감이 강하게 작용하여 방어기제를 사용할 가능성이 큽니다. 이들은 자기 가치를 성취와 성공으로 정의하는 경향이 있어, 실패에 대한 심리적 상처를 피하려고 다양한 방어기제를 사용할 수 있습니다. 자기 보호를 위해 사용되는 방어기제들은 그들이 느끼는 실패에 대한 두려움이나 자아의 결함에 대한 불안을 해결하려는 시도입니다.

1) 합리화(Rationalization)

실패를 정당화하기 위해 스스로에게 그 실패가 중요한 이유나 외부 요인에 의한 것이라며 논리적 설명을 붙이는 경향이 있습니다. 예를 들어, 시험에 실패했을 때, "그건 그냥 운이 나빴어." 또는 "다른 사람들이 다 그랬어."와 같이 자신의 실패를 외부 환경이나 다른 사람들 탓으로 돌립니다. 합리화는 자기비판이나 자아 상처를 피하려는 방어기제입니다. 실패를 경험하면 자기 자신을 비난하고 싶지 않기 때문에, 그 실패를 합리화하여 자신을 보호하려는 심리적 시도입니다.

2) 회피(Avoidance)

실패의 두려움이나 무력감을 피하기 위해 도전적인 상황을 아예 회피하려는 경향이 있습니다. 예를 들어, 취업이나 시험과 같은 중요한 과업을 피하거나, 불안감으로 인해 마음을 가라앉히고 아무것도 하지 않습니다. 회피는 실패를 직면하는 것을 두려워하고, 실패의 결과로 인해 자기 존중감이 떨어질 것을 회피하려는 방어기제입니다. 자신이 실패할 것이라는 두려움에서 벗어나기 위해 불확실한 상황이나 도전적인 상황을 피하는 방법으로 심리적 보상을 얻습니다.

3) 투사(Projection)

이들은 실패할 것이라는 불안과 자기비난을 견디기 힘들어, 그 감정을 타인에게 전가합니다. 예를 들어, 스스로 "나는 못할 거야."라는 생각을 하면서도 그것을 상대가 자신을 무능하다고 볼 것이라는 확신으로 바꾸어 인식합니다. 이렇게 함으로써 실패의 원인을 자신 내부의 결함에서 찾지 않고 외부의 시선이나 환경 탓으로 돌리며 심리적 부담을 줄이려는 것입니다. 결국 투사는 자기 안의 두려움과 수치심을 타인의 생각이나 태도로 돌림으로써, 자존감의 직접적인 손상을 막고 불안을 완화하려는 방어적 시도라 할 수 있습니다.

4) 반동형성(Reaction Formation)

실패의 두려움을 극복하려는 의도로 과도하게 성공적인 모습을 보이려고 노력할 수 있습니다. 예를 들어, 실패에 대한 두려움 때문에 과도하게 성취를 추구하며, 타인을 앞지르려 하거나 완벽주의적인 성향을 보입니다. 반대로 실패를 피하기 위해 무모하게 큰 도전에 뛰어들 수 있습니다. 반동형성은 내면의 두려움이나 불안을 숨기고 그 반대되는 행동을 강요하는 방법입니다. 실패에 대한 두려움을 성공을 추구하는 행동으로 덮어, 자아를 방어하려는 심리적 시도입니다.

5) 과잉보상(Overcompensation)

실패의 두려움을 극복하려는 방법으로 성취를 과도하게 추구하거나 자신을 몰아붙이는 행동을 하게 됩니다. 예를 들어, 한 가지 분야에서 실패했다고 느끼면, 다른 분야에서 지나치게 노력하여 성공을 얻으려고 합니다. 이를 통해 자신의 가치를 증명하려고 합니다. 과잉보상은 자신이 실패한 부분을 보상하려는 시도로, 자기 자아의 결핍을 극복하려는 방법입니다. 자기 가치를 확인하고 부족함을 채우기 위해 과도한 성취를 추구함으로써 심리적 보상을 얻고자 합니다.

6) 억제(Repression)

실패에 대한 두려움을 억누르려는 방어기제입니다. 실패에 대한 감정이나 기억을 무의식적으로 억제하여, 그에 대한 불안을 느끼지 않으려고 합니다. 억제는 실패에 대한 감정을 무의식 속으로 밀어넣어, 그로 인한 정서적 고통을 피하려는 시도입니다. 실패를 경험하는 것에 대한 두려움과 불안을 의식적으로 차단하려는 심리적 보상입니다.

이러한 방어기제들은 실패와 관련된 두려움과 불안을 다루기 위한 심리적 전략입니다. 각 방어기제는 자기 보호를 위해 사용되지만, 과도한 사용은 장기적으로 자기 성장과 성취를 방해할 수 있습니다. 실패에 대한 두려움을 극복하려면, 이 방어기제들을 인식하고 건강한 대처 방안을 찾는 것이 중요합니다.

**'실패'의 심리도식이 있는 사람이 심리적 취약점을 극복할 수 있는 핵심 대처
방법 10가지는 무엇인가?**

'실패'의 심리도식이 있는 사람이 심리적 취약점을 극복할 수 있는 핵심 대처방
법 10가지를 설명드리겠습니다. '실패' 도식은 자신이 무능하거나 부족하다는 믿
음에서 비롯됩니다. 이런 믿음 때문에 도전을 피하거나, 실패를 두려워하며 완벽
주의에 빠지기도 합니다. 건강한 보상기제를 통해 실패를 수용하고 자기 효능감
을 강화하면 이러한 도식을 극복할 수 있습니다.

1) 작은 성공 경험 쌓기

너무 큰 목표가 아닌, 달성 가능한 작은 목표를 설정하고 성취감을 느끼는 경험
을 반복합니다. 예를 들어 "오늘 운동 10분 하기", "하루에 책 한 페이지 읽기" 같
은 작은 목표를 설정하는 것이 필요합니다. 작은 성공이 반복되면 자기효능감이
강화되고 자신감이 생깁니다.

2) 과정에 초점 맞추기

결과가 아니라 과정에서 배우고 성장하는 데 집중합니다. 예를 들어, "결과가
나쁘더라도 내가 노력한 과정은 의미가 있다."와 같이 결과가 좋지 않아도 과정에
서 얻은 배움을 인정하면 실패에 대한 두려움이 줄어듭니다.

3) 자기비판을 줄이고 자기 수용 강화하기

실패했을 때 자신을 비난하지 않고, 있는 그대로의 자신을 받아들입니다. 예를
들어, "누구나 실패할 수 있다. 내가 부족한 게 아니다."와 같이 자기 자신을 용납

하면 실패에서 오는 상처가 줄어들고 도전이 쉬워집니다.

4) 실패에 대한 새로운 인식 형성하기

실패를 '끝'이 아니라 배움의 기회로 인식합니다. 예를 들어 "실패는 성장의 과정이다.", "실패는 나를 더 나아지게 한다."와 같이 실패를 성장의 기회로 받아들이면 두려움이 줄어들고 도전이 쉬워집니다.

5) 완벽주의에서 벗어나기

결과가 완벽하지 않아도 괜찮다는 인식을 강화합니다. 예를 들어 "완벽하지 않아도 괜찮다.", "나는 불완전해도 가치가 있다."와 같이 완벽주의에서 벗어나면 실패에 대한 압박이 줄어들고 부담이 완화됩니다.

6) 자기 위로와 격려 훈련하기

실패했을 때 스스로를 비난하지 말고 위로하고 격려합니다. 예를 들어 "괜찮아, 다음에 다시 도전하면 돼.", "수고했어, 잘하고 있어."와 같이 스스로를 다독이면 실패에서 회복하는 속도가 빨라지고 자기 신뢰가 강화됩니다.

7) 실패를 구체적으로 분석하고 개선점 찾기

실패를 피하지 말고 구체적으로 분석하면서 교훈을 찾습니다. 예를 들어 "이번 실패에서 무엇을 배울 수 있을까?", "어떤 점을 개선하면 다음에 더 나아질까?"와 같이 실패에서 배움을 얻으면 다음 도전에서 성공 확률이 높아집니다.

8) 타인과 비교하지 않기

자신의 속도와 과정을 존중하고 타인과의 비교에서 벗어납니다. 예를 들어 "나는 나만의 속도로 성장하고 있다.", "다른 사람의 성공이 내 실패가 아니다."와 같이 자신만의 성장을 인정하면 실패에 대한 압박에서 자유로워집니다.

9) 긍정적 자기 이미지 강화하기

자신의 강점과 성취를 인정하고 긍정적인 자기 이미지를 형성합니다. 예를 들어 "나는 도전하고 있다. 그것만으로도 충분히 훌륭하다.", "나는 능력이 있다."와 같이 긍정적인 자기 이미지는 실패에 대한 두려움을 줄여줍니다.

10) 새로운 도전을 장려하고 보상하기

결과가 아니라 도전한 자체를 인정하고 보상합니다. 예를 들어 "결과가 어땠든 나는 도전했다. 훌륭하다.", "내가 도전한 것 자체가 가치가 있다."와 같이 도전에 대한 보상은 실패에 대한 두려움을 줄이고 새로운 시도를 장려합니다.

이 10가지 대처 방법들은 실패에 대한 두려움에서 벗어나고, 도전 자체의 가치를 깨닫게 하는 것이 핵심입니다. 실패는 성장의 기회이며, 실패가 곧 자신을 의미하지는 않습니다. 중요한 것은 실패 이후에도 다시 도전하고 성장하려는 태도입니다. 특히 "나는 실패해도 가치 있는 사람이다.", "결과가 어때도 나는 충분히 괜찮다."라는 메시지를 마음속에 새기면서 실패에서 얻은 배움을 자신의 힘으로 전환하는 연습이 필요합니다. 실패에서 배운 경험이 쌓이면 자연스럽게 자신에 대한 신뢰와 자기 효능감이 높아지고, 새로운 도전에 대해 자신감을 갖게 될 것입니다.

'실패'의 심리도식이 있는 사람이 버려야 할 '마이너스 생각 10가지'는 무엇이며, 이것을 꼭 가져야 할 '플러스 생각 10가지'로 바꾸면 어떻게 되는가?

'실패'의 심리도식이 있는 사람이 극복을 위해 버려야 할 '마이너스 생각 10가지'와 이를 바꾸어야 할 '플러스 생각 10가지'는 다음과 같습니다. 실패를 두려워하는 마음을 극복하고, 실패를 성장의 기회로 받아들여 더욱 강하게 나아갈 수 있는 사고방식을 확립하는 데 도움이 됩니다.

버려야 할 '마이너스 생각' 10가지

1) "나는 실패할 것이다."

⇒실패는 피할 수 없는 일이 아니다. 나는 실패할 가능성보다 성공할 가능성을 더 많이 만들 수 있다.

2) "실패는 나를 정의한다."

⇒실패는 나를 정의하는 것이 아니다. 실패는 단지 경험의 일부일 뿐, 나를 평가할 수 있는 기준이 아니다.

3) "내가 실패하면 더 이상 기회는 없을 것이다."

⇒실패는 끝이 아니다. 나는 실수에서 배울 수 있고, 더 나은 기회가 올 것이다.

4) "다시는 기회를 얻지 못할 것이다."

⇒실패한 경험은 나를 성장시킬 기회이며, 더 많은 기회가 나에게 주어질 것이다.

5) "나는 이미 실패한 사람이다."

⇒실패는 내가 아니며, 나는 끊임없이 배우고 성장하는 사람이다

.6) "실패를 경험한 나는 부족한 사람이다."

⇒실패를 경험하는 것은 성장의 과정이다. 나는 더 나은 사람이 되기 위해 그 과

정을 겪고 있다.

7) "내가 실패하면 모두가 나를 비웃을 것이다."

⇒내가 실패해도 나를 지지하는 사람들이 있으며, 그들의 지원을 받으며 다시 일어설 수 있다.

8) "실패는 나의 능력을 증명하는 것이다."

⇒실패는 나의 능력을 평가하는 것이 아니다. 나는 계속해서 나의 능력을 발전시킬 수 있다.

9) "나는 도전하는 것을 두려워한다."

⇒도전은 나를 발전시키는 기회이며, 실패를 두려워하기보다는 도전하는 과정에서 배울 점을 찾을 수 있다.

10) "내가 실패하는 것은 내가 약하기 때문이다."

⇒실패는 약함의 증거가 아니라, 내가 성장하고 있음을 의미한다. 나는 약하지 않다.

꼭 가져야 할 '플러스 생각' 10가지

1) 실패는 성장의 기회이다.

⇒실패는 내 성장을 위한 중요한 기회이며, 나는 이를 통해 배우고 발전할 수 있다.

2) 실패는 나를 정의하지 않는다.

⇒실패는 단지 경험일 뿐, 나는 실패가 아니라 내가 어떻게 다시 일어설지에 따라 정의된다.

3) 실패는 끝이 아니라 새로운 시작이다.

⇒실패는 새로운 기회와 도전의 시작이다. 나는 실패에서 배운 것을 바탕으로

더 나은 방향으로 나아갈 수 있다.

4) 내가 실패하더라도 더 나은 기회는 온다.

⇒실패는 지나가며, 더 나은 기회는 항상 나를 기다리고 있다. 나는 그 기회를 준비할 수 있다.

5) 나는 계속해서 배우고 성장하는 사람이다.

⇒실패는 내가 배우는 과정의 일환이며, 나는 점차 더 나은 사람으로 성장하고 있다.

6) 실패를 통해 나는 더 강해진다.

⇒실패는 나를 약하게 만들지 않는다. 오히려 나는 그 경험을 통해 더 강한 사람이 된다.

7) 실패는 내가 잘못한 것이 아니라, 내가 배우고 있다는 신호이다.

⇒실패는 내가 잘못한 것이 아니라, 내가 성장하고 있다는 신호이며, 나는 그 경험에서 무엇을 배울지 생각한다.

8) 실패 후에도 나는 다시 도전할 용기가 있다.

⇒실패는 나에게 두려움을 주지 않는다. 나는 실패를 극복하고, 더 큰 도전을 향해 나아갈 용기를 가진 사람이다.

9) 나는 나의 목표를 향해 계속 나아갈 것이다.

⇒실패에도 불구하고 나는 내 목표를 향해 꾸준히 나아가며, 그 목표를 달성할 수 있는 능력을 가지고 있다.

10) 실패는 나의 능력에 대한 평가가 아니다.

⇒실패는 내 능력을 평가하는 것이 아니라, 나의 지속적인 노력과 배움의 과정이다. 나는 계속해서 나의 능력을 발전시킬 것이다.

이 플러스 생각들은 마이너스 생각을 실패에 대한 두려움에서 벗어나, 실패를 경험의 일부분으로 받아들이고 그것을 통해 성장하는 사고방식으로 바꾸어 줍니다. 실패를 두려워하지 않고, 그것을 배움의 기회로 삼고 계속해서 도전하는 마음가짐을 키워가는 것이 중요합니다.

'실패'의 심리도식이 있는 사람에게 치유와 성장을 위해 가장 좋은 자각질문 5가지

'실패'의 심리도식을 가진 사람은 종종 실패에 대한 두려움이나 과거의 실패 경험에 대한 집착으로 인해 새로운 도전이나 기회를 피하려는 경향이 있습니다. 실패를 실패로 받아들이기보다는 성장의 과정으로 받아들이는 태도가 중요합니다. 이를 통해 더 건강하고 긍정적인 관점을 유지할 수 있습니다. 이 심리도식을 치유하고 성장을 촉진하는 데 유효한 자각질문은 실패를 자연스러운 과정으로 받아들이고, 실패 속에서 배우는 기회를 찾는 데 도움을 줄 수 있습니다.

1) "실패를 두려워하는 이유는 무엇인가? 실패에 대한 내 감정은 어떤 것들이 있는가?"

→ 실패에 대한 두려움의 근본적인 이유와 감정을 인식하는 질문입니다. 감정의 뿌리를 파악하여 더 나은 대처 방법을 찾을 수 있습니다.

2) "내가 과거에 실패했을 때, 그 경험에서 내가 배운 중요한 교훈은 무엇인가?"

→ 과거의 실패에서 배운 점들을 돌아보고, 그것이 자신의 성장에 어떻게 기여했는지 되새기는 질문입니다.

3) "실패는 나를 정의하지 않는다. 내가 실패했다고 해서 내가 무능하거나 가치가 없다고 생각하는가?"

→ 실패가 자신을 정의하지 않음을 인식하고, 실패가 자기 가치를 훼손하지 않는다는 점을 깨닫게 하는 질문입니다.

4) "새로운 도전에서 실패가 두렵다면, 그 도전에서 얻을 수 있는 긍정적인 점은 무엇인가?"

→ 도전에서 실패뿐만 아니라 얻을 수 있는 학습 기회를 찾아보는 질문입니다. 실패를 성장의 기회로 바라보게 합니다.

5) "나는 실패에 대해 어떤 부정적인 신념을 가지고 있는가? 이 신념을 변화시키기 위해 무엇을 할 수 있을까?"

→ 실패에 대한 부정적인 신념을 인식하고, 이를 긍정적으로 변화시키기 위한 방법을 찾는 질문입니다.

이 자각질문들은 '실패'의 심리도식을 치유하고, 실패를 자연스러운 과정으로 받아들일 수 있도록 돕습니다. 실패를 두려움의 대상으로 보는 대신, 그것을 성장의 기회로 바라보는 시각을 키우는 것이 중요합니다.

'실패'의 심리도식이 있는 사람이 깨우쳐야 할 핵심 명상 메시지 5가지

'실패'의 심리도식이 있는 사람이 깨우쳐야 할 핵심 명상 메시지 5가지는 다음과 같습니다. 이 메시지들은 실패에 대한 두려움을 해소하고, 긍정적이고 성장적인 마인드를 키우는 데 도움을 줄 수 있습니다.

1) 실패는 내 성장의 일부이며, 나는 그로부터 배운다.

실패는 단지 끝이 아니라, 학습과 성장의 기회임을 인식하는 것이 중요합니다. 이 메시지는 실패를 두려워하는 대신, 그것이 나를 더욱 강하고 지혜롭게 만든다는 점을 깨닫게 돕습니다.

2) 나는 완벽할 필요가 없으며, 나의 가치는 실패와 상관없다.

실패의 심리도식은 종종 자신을 과도하게 비판하거나 자책하게 만듭니다. 이 메시지는 실패와 관계없이 자기 자신의 가치는 그대로 존중받아야 한다는 것을 상기시켜 줍니다.

3) 모든 과정은 내가 성장하는 과정이며, 실패는 일시적인 경험이다.

실패는 지나가는 경험일 뿐, 내 삶의 끝이 아님을 인식하는 메시지입니다. 이 명상 메시지는 실패를 하나의 사건으로 받아들이고, 그것이 나를 방해하는 것이 아니라, 성장의 일부분이라는 점을 일깨워줍니다.

4) 나는 시도하고, 배우고, 다시 일어설 힘이 있다.

실패에 대한 두려움은 시도 자체를 막을 수 있습니다. 이 메시지는 실패를 두려워하지 않고, 계속해서 시도하고 배우며 성장할 수 있는 내적인 힘이 있음을 상기시켜 줍니다.

5) 나는 실패를 통해 더 나은 나로 변화한다.

실패는 단순히 부정적인 결과가 아니라, 나를 더 나은 방향으로 변화시킬 수 있는 기회임을 인식하는 메시지입니다. 이 명상 메시지는 실패의 경험이 나를 강화하고, 더 강하고 유능한 사람으로 거듭나게 한다는 점을 깨닫게 도와줍니다.

이 명상 메시지들은 실패에 대한 두려움을 극복하고, 실패를 성장과 학습의 기회로 받아들이는 마인드를 키울 수 있도록 돕습니다. 실패를 경험하고도 계속해서 앞으로 나아갈 수 있는 긍정적인 마음을 형성하는 데 중요한 역할을 합니다.

내면의 조건 없는 사랑(신성)이 '실패'의 심리도식이 있는 나에게 전하는 말

사랑하는 너에게,

너는 아마 수많은 순간에서 실패를 경험하며 자책하고, 실망을 느꼈을 거야. "내가 부족해서, 내가 못해서."라는 생각에 빠져들었을 때, 마음속에서 스스로를 비난한 적도 많았을 거라고 생각해. 하지만 나는 너에게 말하고 싶어. 실패는 결코 너의 가치나 능력을 정의하지 않아. 실패는 단지 한 걸음 내딛는 과정일 뿐이야. 그 안에서 너는 중요한 교훈을 얻고, 그 교훈은 너를 더 강하게 만들어.

실패를 겪을 때마다 마음이 무겁고 좌절할 수 있어. 하지만 그 순간조차 너에게 의미 있는 배움이 숨어 있어. 실패는 너를 멈추게 하거나 무가치하게 만드는 것이 아니라, 너를 더 깊이 이해하고 성장하게 만드는 기회야. 그러니 실패를 두려워하지 않아도 돼. 오히려 그 경험들을 통해 너는 점점 더 지혜롭고 단단해질 거야.

너의 내면에는 이미 무한한 잠재력이 있어. 지금 당장 원하는 결과를 얻지 못했다고 해서 그것이 끝이 아니야. 오히려 그것은 새로운 시작이 될 수 있어. 네가 경험한 실패는 결코 낙담할 일이 아니야. 그것은 성공을 향한 여정에서 필요한 과정일 뿐이야. 너는 그 실패로 인해 더 성숙해졌고, 더 큰 성취를 향해 나아갈 준비가 되어 있어. 중요한 것은 그 실패에서 다시 일어나 계속 나아가는 거야. 그 길에서 나는 언제나 너와 함께할 거야.

그리고 나는 네가 기억했으면 해. "너는 절대로 실패한 존재가 아니야. 실패는 배우는 과정일 뿐." 실수와 실패 속에서도 너는 늘 배우고 성장하고 있어. 그 과정을 인정하고 스스로를 따뜻하게 안아주면, 너의 내면에 숨겨진 힘이 더 분명히 드러날 거야. 나는 너의 진정한 힘과 가능성을 끝없이 믿고 있어.

마지막으로 꼭 기억해. 너는 언제나 충분히 잘하고 있어. 실패 때문에 자신을 깎아내리지 않아도 돼. 나는 너를 끝까지 믿고 사랑할 거야. 네가 넘어지고 다시 일어설 때, 나는 항상 네 옆에서 그 발걸음을 지켜보고 지지할 거야. 너는 이미 충분히 강하고, 충분히 사랑받을 자격이 있어.

10

특권의식: 스스로 특별하다고 믿는 자아

특권의식 도식의 자아에게는 '세상은 나를 중심으로 돌아가!'라는 믿음이 있으며, 그 핵심 대처방식은 다음과 같습니다.

- 굴복보상: 자신의 성취를 드러내고자 하며 칭찬과 찬사를 요구한다. 타인에 대한 공감이 부족하고 지나치게 자기중심적으로 행동한다.
- 회피보상: 자신이 특별하게 느껴지지 않는 상황을 회피한다.
- 과잉보상: 타인의 욕구와 바람에 더 초점을 두며 관심을 가진다.

특권의식 도식의 자아는 근본적으로 "나는 남들과 다르며, 특별하기 때문에 규칙의 예외가 된다"는 신념 위에 서 있습니다. 어린 시절 부모가 과도하게 칭찬하거나, 반대로 무시와 결핍을 겪은 아이가 그 결핍을 보상하기 위해 '특별한 존재'로 자신을 규정할 때 이 신념이 형성됩니다. 즉, 사랑받기 위해 '평범하면 안 된다'는 무의식적 결론을 내린 것입니다. 이 자아는 자신을 뛰어나게 느낄 때 안정감을 얻고, 남보다 위에 있거나 주목받을 때 존재감을 확인합니다. 그러나 이 '특별함'은 진정한 자기 확신이 아니라, 내면의 공허와 불안을 덮기 위한 방어적 자기상에 가깝습니다.

굴복보상은 이 자아가 '특별함'을 외부로부터 확인받기 위해 취하는 방식입니다. 자신이 이룬 성취를 과시하거나, 타인의 칭찬과 인정을 끊임없이 요구합니다. 겉으로는 자신감 넘치고 자기표현이 강하지만, 그 내면에는 '인정받지 못하면 무너진다'는 불안이 도사리고 있습니다. 그래서 타인의 공감에는 서툴고, 관계 속에서 자신이 중심이 되지 않으면 짜증이나 수치를 느낍니다. 이 굴복보상은 '나의 우월함을 통해 사랑받겠다'는 무의식적 시도로, 실제로는 내면의 결핍을 드러내지 않기 위한 자기중심적 보호기제입니다.

회피보상은 '특별함'을 유지하지 못하는 상황을 피하는 전략입니다. 평범하거나 평가받지 않는 환경, 혹은 자신보다 더 뛰어난 사람이 있는 자리에서 불편함과 위축을 느끼기 때문에, 스스로 그 자리를 피합니다. 이러한 회피는 자신이 빛나지 않는 상황에서 느끼는 무가치감과 비교 수치를 피하기 위한 것입니다. 겉으로는 자존심이 강해 보이지만, 실제로는 '보통 사람'으로 느껴질 때 견딜 수 없는 공허와 불안이 작동합니다. 따라서 회피보상은 '특별하지 않으면 존재 가치가 없다'는 신념을 유지하기 위한 방어막이며, 자신을 보호하려다 오히려 관계와 성장의 기회를 제한하게 됩니다.

과잉보상은 정반대의 형태로, 자신의 특권의식에 대한 내적 죄책감이나 불편함을 상쇄하기 위해 타인에게 과도하게 헌신하거나 맞추는 방식입니다. 즉, '내가 너무 이기적인 사람으로 보일까 두렵다'는 불안을 무의식적으로 보상하기 위해, 남의 욕구에 집중하고 희생적인 태도를 보입니다. 그러나 이 헌신 역시 진정한 공감이 아니라, '좋은 사람으로 보이기 위한 역할 수행'입니다. 실제로는 타인의 욕구를 충족시키면서도 "나는 이렇게 해도 인정받지 못한다"는 불만이 남습니다. 과잉보상은 '겸손한 척'을 통해 여전히 '특별한 나'를 유지하려는 미묘한 자기방어입니다.

이처럼 특권의식 자아의 세 가지 보상은 모두 "존재의 가치에 대한 불안"을 다루는 심리적 전략입니다. 굴복은 우월감으로, 회피는 비교 회피로, 과잉보상은 도덕적 우월감으로 자신을 보호합니다. 그러나 그 뿌리에는 여전히 "나는 있는 그대로로는 부족하다"는 결핍이 남아 있습니다. 진정한 치유는 '특별함'을 증명하는 것이 아니라, 평범함 속에서도 존엄한 나를 인정하는 데서 시작됩니다. 자신이 특별하기 때문에 가치 있는 것이 아니라, 존재하기 때문에 소중하다는 내적 확신이 생길 때, 특권의식의 자아는 비로소 진정한 자기 존중과 성숙한 겸손으로 나아가게 됩니다.

'특권의식'의 심리도식이 있는 사람은 어린 시절 어떤 상처(트라우마)를 받았을 가능성이 높은가?

'특권의식'의 심리도식이 있는 사람은 어린 시절에 지나치게 보호받거나, 자신이 특별하다고 느끼도록 양육된 경험을 가졌을 가능성이 높습니다. 이러한 심리도식은 자신이 다른 사람들과 비교해 우월하고, 자격이 있다고 느끼는 경향을 강화시키는 경험에서 비롯됩니다. 아래는 '특권의식'의 심리도식과 관련된 어린 시절의 상처(트라우마)입니다.

1) 과도한 보호와 특권 부여

부모가 아이에게 지나치게 많은 특권을 주고, 과도한 보호를 하며, 아이가 원하는 것을 쉽게 얻도록 허용한 경우, 아이는 자신이 특별하고 다른 사람보다 더 많은 권리를 가지고 있다고 느끼게 됩니다. 이로 인해 아이는 타인에 대한 공감이 부족하고, 세상이 자신을 중심으로 돌아간다고 믿게 될 수 있습니다.

2) 불균형한 애정과 관심

부모나 보호자가 한 자녀에게만 지나치게 많은 관심과 애정을 주고, 다른 형제자매나 주변 사람들에게는 동일한 대우를 하지 않으면, 아이는 자신이 특별한 존재라고 인식할 수 있습니다. 이로 인해 아이는 자신이 중요한 존재라는 감정을 과도하게 가지게 되어, 타인을 배려하지 않거나 자신이 우선시되어야 한다는 믿음을 가질 수 있습니다.

3) 불공정한 대우와 비교

아이가 성장하는 동안 부모나 보호자가 자주 다른 사람들과 자신을 비교하며, 아이가 다른 사람들보다 특별하고 우월하다는 메시지를 전달하는 경우, 아이는 자신이 다른 사람들보다 더 가치 있는 존재라고 믿게 될 수 있습니다. 이러한 비교는 아이가 타인에 대해 무관심하거나, 자신을 지나치게 중요하게 여기는 경향을 강화할 수 있습니다.

4) 과잉 칭찬과 인정

부모가 아이의 성과나 행동에 대해 과도하게 칭찬하거나 인정해 주는 경우, 아이는 자신의 가치가 외부의 칭찬과 인정에 달려 있다고 느끼게 될 수 있습니다. 이로 인해 아이는 타인의 칭찬과 관심을 계속해서 요구하며, 자아 존중감이 외부의 인정을 기준으로 형성될 수 있습니다.

5) 권위적 부모나 보호자의 영향

부모가 아이에게 지나치게 권위적이거나, 자신이 절대적인 존재라고 주장하는 경우, 아이는 자신이 항상 권리와 특권을 가져야 한다는 믿음을 형성할 수 있습니

다. 이러한 환경에서 자란 아이는 타인에게 영향력을 행사하려고 하거나, 자신의
욕구와 요구가 항상 우선시되어야 한다고 생각하게 됩니다.

6) 부모의 성취주의와 비교

부모가 자신의 성취나 위치에 대해 과도하게 자랑하거나, 자녀에게 그와 같은
수준을 요구하는 경우, 자녀는 자신도 그만큼 특별하고 중요한 존재여야 한다는
생각을 가질 수 있습니다. 부모의 성취가 자녀에게 특별한 대우와 기회를 제공
하게 되어, 자녀는 자신이 다른 사람보다 우월하다는 신념을 가질 가능성이 있
습니다.

7) 부모의 무관심이나 방치

부모가 자녀에게 충분한 관심을 기울이지 않거나, 자녀의 요구를 무시하거나
방치하는 경우, 아이는 자신이 다른 사람들보다 더 특별하고 중요한 존재로 취급
받아야 한다는 신념을 가질 수 있습니다. 이를 통해 아이는 자신을 중요하게 여길
수 있는 방어기제를 마련하려고 할 수 있습니다.

8) 상황에 따라 다른 대우 받음

자녀가 특정 상황에서만 특권을 받거나 특별한 대우를 받을 때, 아이는 자신이
특별한 존재로 인정받고 있다는 느낌을 가질 수 있습니다. 이로 인해 타인에 대한
공감이나 배려보다는 자신이 우선시되어야 한다는 믿음을 강화할 수 있습니다.

결론적으로, 특권의식을 가진 사람은 어린 시절에 부모나 보호자로부터 과도한
보호, 비균형적인 애정, 지나친 칭찬과 인정, 불공정한 대우 등을 경험했을 가능

성이 큽니다. 이러한 경험은 자신이 특별하고 우월한 존재라고 믿는 신념을 형성하게 하며, 타인에 대한 공감 부족과 지나친 자기중심적인 행동으로 이어질 수 있습니다.

'특권의식'의 심리도식이 있는 사람의 내면아이와 내면부모는 어떤 상태일 가능성이 높은가?

'특권의식(Entitlement)'의 심리도식이 있는 사람은 자신이 다른 사람들보다 특별하거나 우월하다는 믿음을 가지고 있으며, 이런 생각은 무의식적으로 형성된 경우가 많습니다. 이 사람은 자신의 권리와 요구가 타인보다 우선시되어야 한다고 느끼며, 자신에게 필요한 것은 당연히 주어져야 한다고 여깁니다. 이러한 도식을 가진 사람의 내면아이는 자주 자신이 특별히 대우받아야 한다고 느끼며, 내면부모는 자신이 요구하는 것들이 당연히 이루어져야 한다는 강한 신념을 내면화한 경우가 많습니다.

1) 내면아이의 상태

특권의식이 강한 내면아이는 자신이 특별히 대우받을 자격이 있다는 믿음을 가지고 있으며, 세상이 자신에게 맞춰야 한다고 생각합니다. 이 아이는 타인과의 관계에서 쉽게 불만을 품거나, 자신이 원하는 것을 얻지 못했을 때, 강하게 반응할 수 있습니다.

· 자기중심적 사고: "나는 특별하니까 내게 맞춰야 해."라는 생각이 강하게 자리 잡고 있으며, 자신의 필요와 욕구가 항상 가장 우선되어야 한다고 믿습니다.

· 이기적인 태도: 자신이 원하는 것을 얻지 못하면 쉽게 실망하거나 분노하며, 타인의 필요나 감정을 고려하지 않는 경향이 있습니다.

· 자기 과시와 우월감: 자신이 타인보다 특별하다는 믿음으로 다른 사람을 깔보거나, 자신을 과시하려는 경향이 있습니다.

· 배려 부족: 타인에게 이해나 배려를 요구하는 것에 비해, 타인을 위한 배려나 감정에 대한 인식은 부족한 경우가 많습니다.

· 불만과 고립: 요구가 충족되지 않으면 불만을 느끼고, 심리적으로 고립되거나 세상에 대한 불만이 커질 수 있습니다.

이 내면아이는 어린 시절에 부모나 주요 양육자로부터 과도한 보호나 특별한 대우를 받은 경험이 있을 수 있으며, 이는 자신이 세상에서 특권을 가져야 한다는 믿음을 강화시켰습니다.

2) 내면부모의 상태

특권의식을 가진 사람의 내면부모는 대개 자신에게 고차원적인 요구나 특별한 대우를 부여하는 성향을 보입니다. 이 내면부모는 자아를 과도하게 보호하거나, 자신이 원하는 것들을 쉽게 얻을 자격이 있다고 여깁니다.

· 과잉보호와 요구의 강화: 내면부모는 자주 "너는 특별하니까 그럴 자격이 있어."라는 메시지를 내면아이에게 전달하며, 이로 인해 내면아이는 세상이 자신에게 맞춰져야 한다고 믿습니다.

· 자기중심적인 규범 설정: 내면부모는 자기 자신이 최고라고 생각하며, 이로 인해 내면아이에게도 항상 자신의 요구가 가장 중요하다는 메시지를 전달합니다.

• 타인에 대한 무관심: 내면부모는 타인의 권리나 욕구에 대해 무관심하거나, 이를 무시하고 자신의 요구를 우선시하는 경향이 있습니다.

• 완벽주의적 기대: 내면부모는 자주 내면아이에게 완벽하게 대우받기를 요구하며, 세상이 내면아이의 욕구를 충족시키지 않으면 그것을 불공평하다고 여깁니다.

• 기준의 왜곡: "너는 다른 사람들과 달라."거나, "세상은 너에게 맞춰야 한다."는 왜곡된 기준을 내면아이에게 지속적으로 주입합니다.

이 내면부모는 자신도 과도하게 특권적 사고를 가질 수 있으며, 자신이 세상에서 특별한 대우를 받아야 한다고 믿는 경향이 있습니다. 이런 믿음은 내면아이에게도 같은 사고를 주입하게 만듭니다.

3) 심리적 결과와 상호작용

'특권의식'의 심리도식이 강한 경우, 내면아이와 내면부모는 다음과 같은 방식으로 상호작용합니다.

• 내면부모의 과잉 허용 → 내면아이의 무제한적 요구: 내면부모가 규율보다는 욕구 충족에 중점을 두는 경우, 내면아이는 자신이 원하는 것은 마땅히 받아야 한다고 여깁니다. 이는 책임감 부족이나, 좌절 인내력 결핍으로 이어지며, 현실과의 갈등을 유발할 수 있습니다.

• 규범과 한계 설정 실패 → 내면아이의 반항적 태도: 내면부모가 일관된 기준을 제시하지 않거나 권위적인 방식으로 억누를 경우, 내면아이는 규범을 무시하고 자신만의 방식대로 행동하려는 경향을 강화합니다. 이는 사회적 관계에서 갈등

을 쉽게 유발하게 됩니다.

· 현실적 제약 부정 → 내면아이의 좌절감과 분노: 특권의식이 강한 내면아이는 자신의 기대가 충족되지 않을 때, 쉽게 분노하거나 실망합니다. 이는 내면부모가 좌절을 성장의 과정으로 안내하지 못하고, 즉각적인 만족을 당연시하도록 만든 결과입니다.

· 자기중심적 사고 강화 → 타인과의 공감 부족: 내면부모가 공감 능력을 길러주지 못하거나 타인을 도구적으로 대하는 모델을 제공하면, 내면아이는 자신만의 욕구에 집중하게 되며, 타인의 감정이나 경계를 무시하게 됩니다. 그 결과, 깊은 인간관계를 맺기 어렵고, 고립을 경험할 수 있습니다.

'특권의식' 도식은 내면아이로 하여금 세상이 자신의 욕구를 중심으로 돌아가야 한다는 왜곡된 믿음을 심어주고, 내면부모는 이를 바로잡기보다는 방임하거나 과잉 보상하는 경향을 보입니다. 결국 이러한 상호작용은 성인이 된 후에도 책임 회피, 좌절 불내성, 관계 갈등 등으로 이어질 수 있으며, 자기중심성을 넘어 진정한 자기이해와 타인에 대한 공감 능력을 회복하는 과정이 중요합니다.

4) 치유 방향

'특권의식'의 심리도식을 치유하려면, 자신이 타인과 평등하게 대우받을 자격이 있다는 사실을 인식하고, 자신의 요구가 언제나 가장 중요한 것이 아니라는 점을 깨닫는 것이 필요합니다.

· 평등과 협력의 가치 인식: 내면아이에게 "모든 사람이 존중받을 자격이 있다."는 메시지를 전달하며, 타인의 요구와 권리도 존중하는 태도를 배울 수 있도록 해

야 합니다.

· 자기 과시와 비교의 회피: 내면아이가 자기 과시적인 행동을 통해 자신을 다른 사람들보다 우월하게 느끼려 할 때, 이를 조절하는 연습이 필요합니다.

· 타인에 대한 배려와 공감 훈련: 내면아이에게 타인의 감정과 욕구를 공감하고, 이를 이해하는 훈련을 통해 특권의식에서 벗어나도록 도와야 합니다.

· 자기애와 자아 존중의 균형: 내면아이에게 자기애를 존중하는 동시에, 타인의 존중도 필요한 존재임을 알려주는 균형 잡힌 접근이 중요합니다.

· 내면부모의 변화: 내면부모는 내면아이에게 평등과 협력의 메시지를 전달하고, 과도한 기대와 특권적 사고를 완화시켜야 합니다.

결론적으로, 특권의식을 가진 사람은 내면아이와 내면부모 모두가 자신과 타인의 차이를 과도하게 강조하며, 자기중심적인 사고를 지속하게 만듭니다. 치유의 과정에서는 평등한 관계 설정과 타인에 대한 배려를 중심으로, 내면아이와 내면부모가 상호작용하는 방식을 전환해야 합니다. 이를 통해 특권의식은 줄어들고, 더 건강하고 균형 잡힌 자아를 형성할 수 있게 될 것입니다.

'특권의식'의 심리도식이 있는 사람은 어떤 방어기제를 쓸 가능성이 높으며, 그 이유는 무엇인가요?

'특권의식'의 심리도식이 있는 사람은 자신이 세상의 중심에 있어야 한다는 강한 믿음을 가지고 있으며, 타인보다 우월하거나 특별한 존재로 느껴지기를 원합니다. 이런 사람들은 자아를 과도하게 보호하려는 경향이 강하고, 타인의 인정과 찬사를 얻기 위해 방어기제를 사용할 가능성이 높습니다. 이는 자신이 갖고 있는 특권의식을 위협받지 않도록 하려는 심리적 보상의 과정이라 볼 수 있습니다.

1) 합리화(Rationalization)

특권의식이 있는 사람은 자신의 특권을 정당화하기 위해 다양한 이유를 합리화하려 합니다. 예를 들어, 자신이 특별히 대우받아야 하는 이유를 자기 능력이나 성취와 같은 논리적 근거로 합리화할 수 있습니다. 합리화는 자아의 특권적 위치가 위협받는 상황에서 이를 정당화하여 자신의 자아를 보호하고, 내면의 불안을 해소하려는 방어기제입니다. 자신이 특별하고 중요한 존재라는 믿음을 유지하려는 시도입니다.

2) 투사(Projection)

특권의식을 가진 사람은 자신의 결점이나 단점을 타인에게 투사할 수 있습니다. 예를 들어, 자신이 너무 자만하거나 이기적이라고 느낄 때, 그 감정을 다른 사람들에게 전가하여 "저 사람이 나를 이해하지 못한다."거나 "그 사람이 너무 이기적이다."라고 말할 수 있습니다. 투사는 자신이 타인보다 우월하다는 믿음을 지키기 위한 방어기제로, 자신이 보지 않으려는 부정적인 감정이나 특성을 타인에게 떠넘기고, 자신은 여전히 특별하다는 믿음을 강화하려는 시도입니다.

3) 반동형성(Reaction Formation)

자신이 타인에게 관심을 과도하게 주는 모습을 보이며, 자기중심적인 성향을 숨기기 위해 반대되는 행동을 할 수 있습니다. 예를 들어, 너무 자기 중심적으로 행동하지만, 타인에게 지나치게 배려하고 관심을 주는 모습을 통해 그 반대의 모습을 과시합니다. 반동형성은 내면의 자기중심적인 특권의식이 비판받는 상황에서, 그 반대의 모습을 드러냄으로써 자신을 보호하려는 방어기제입니다. 자신이 이기적이거나 자만적이라고 느낄 때, 그 반대되는 행동을 통해 자기 이미지를 유지하려는 시도입니다.

4) 확증편향(Confirmation Bias)

자신이 특별하고 중요한 존재라는 신념을 강화하기 위해, 자신을 찬양하거나 자신이 중요한 존재라고 느끼게 하는 정보만을 선택적으로 받아들입니다. 예를 들어, 자신을 칭찬하는 말이나 긍정적인 피드백을 더 많이 믿고, 부정적인 의견은 무시하거나 비판한다고 여깁니다. 확증편향은 자기 자신에 대한 특권적 믿음을 강화하려는 심리적 방어기제입니다. 부정적인 정보를 차단하고 자기 신념을 지속적으로 강화하려는 노력이 자기 보호의 방편으로 작용합니다.

5) 자기애적 방어(Self-serving Bias)

자신이 성취한 일이나 좋은 결과에 대해 자기 자신을 칭찬하고 긍정적인 평가를 합니다. 반면, 실패한 일에 대해서는 외부 요인이나 타인의 책임으로 돌리거나, 자신의 실패를 상대적이지 않거나 불공정한 상황 때문으로 해석합니다. 자기애적 방어는 자신의 특권적 신념과 우월성을 보호하기 위해, 자신의 성과는 모든 것이 잘되었다고 보고, 실패나 부족함을 타인이나 외부 환경에 책임을 돌리는 방법으로 자아를 방어하는 방어기제입니다.

6) 자기 정당화(Self-justification)

특권의식이 있는 사람은 자신이 특별한 대우를 받는 상황이나 요구가 있을 때, 그 정당성을 스스로 만들어내려 합니다. 예를 들어, "내가 이만큼 중요한 사람인

데, 왜 이렇게 대우받아야 하지 않겠어?"라고 생각하며 자신의 요구를 정당화합니다. 자기 정당화는 자신이 특별하다는 믿음과 우월한 존재로서의 자아를 유지하기 위한 시도입니다. 자기중심적인 요구가 받아들여지지 않을 경우, 이를 합리적으로 정당화하려는 심리적 방어입니다.

이와 같은 방어기제들은 특권의식을 가진 사람이 자아를 보호하고, 타인과의 관계에서 자신의 중요성이나 우월성을 확인하려는 전략입니다. 이러한 방어기제들은 내면의 불안이나 자기 불안정성을 숨기고 특권적 자아를 지켜내기 위한 노력으로 작용합니다.

'특권의식'의 심리도식이 있는 사람이 심리적 취약점을 극복할 수 있는 핵심 대처방법 10가지는 무엇인가?

'특권의식'의 심리도식이 있는 사람이 심리적 취약점을 극복할 수 있는 핵심 대처방법 10가지를 설명드리겠습니다. 특권의식 도식은 자신이 특별하거나 우월하다는 인식에서 비롯되며, 타인보다 더 많은 권리를 가져야 한다고 믿는 경향이 있습니다. 이러한 도식이 강하면 타인에 대한 배려가 부족해지고, 관계에서 갈등이 발생할 가능성이 높아집니다. 건강한 보상기제를 통해 균형 잡힌 자아상을 형성하면 특권의식에서 벗어날 수 있습니다.

1) 타인의 관점 이해하고 공감 연습하기

자신의 필요와 욕구만 강조하지 말고 타인의 입장에서 생각하는 연습이 필요합니다. 예를 들어 "이 상황에서 상대방은 어떤 감정을 느끼고 있을까?", "상대방의 입장을 먼저 들어보자."와 같이 타인의 감정을 이해하고 공감하면 인간관계가 원활해지고 특권의식이 완화됩니다.

2) 자신이 얻은 혜택과 특권을 객관적으로 인식하기

자신이 타인보다 더 나은 위치에 있는 이유가 자신의 능력뿐 아니라 외부 요인일 수 있음을 깨닫습니다. 예를 들어, "내가 성공한 것은 순전히 내 능력 덕분이 아니라 환경과 기회 덕도 있다."와 같이 자신이 누리는 혜택을 인정하면 겸손함이 생기고 타인을 존중하게 됩니다.

3) 타인에게 감사 표현하기

자신이 받은 도움이나 혜택에 대해 감사함을 표현합니다. 예를 들어 "그때 도와줘서 정말 고마웠어.", "덕분에 내가 잘 해낼 수 있었어."와 같은 감사 표현은 특권의식에서 벗어나 겸손함과 유대감을 강화합니다.

4) 자신의 기여를 넘어 타인과의 협력을 강화하기

혼자서 모든 것을 해결하려 하거나 성과를 독차지하지 말고 협력을 강화합니다. 예를 들어, "우리 모두가 함께 해낸 성과야.", "내가 부족했던 부분을 도와줘서 고마워."와 같이 협력을 통해 자신의 역할을 객관적으로 바라보고, 지나친 우월감을 완화할 수 있습니다.

5) 타인과 평등한 관계 형성하기

자신이 특별하다는 생각에서 벗어나 타인과 대등한 관계를 형성합니다. 예를 들어, "나도 실수할 수 있고, 타인도 나만큼 소중한 존재다."와 같이 평등한 관계에서 신뢰가 형성되면 특권의식이 자연스럽게 줄어듭니다.

6) 자신의 한계와 취약함을 인정하기

완벽하거나 우월하다는 믿음에서 벗어나 자신의 부족한 점을 받아들입니다. 예를 들어, "나는 완벽하지 않다. 내가 부족한 부분이 있다는 걸 인정하자."와 같이 자신의 한계를 인정하면 타인에게 더 겸손해지고 진정성 있는 관계를 만들 수 있습니다.

7) 성공과 성취를 독점하지 않기

성과와 성공을 혼자만의 능력으로 이루어졌다고 생각하지 말고 타인의 기여를 인정합니다. 예를 들어, "이 성과는 내 노력만이 아니라, 모두의 도움이 있었기 때문이다."와 같이 성취를 독점하지 않으면 타인과의 관계가 개선되고 협력이 강화됩니다.

8) 피드백을 받아들이고 개선하기

비판이나 피드백을 거부하지 않고 열린 자세로 받아들입니다. 예를 들어, "상대가 나에게 피드백을 주는 건 나를 성장시키기 위한 것이다."와 같이 피드백을 통해 성장할 기회를 얻게 되며, 특권의식에서 비롯된 방어적 태도가 완화됩니다.

9) 자신이 타인보다 우월하지 않다는 점을 인식하기

자신이 특별하거나 더 우월하다는 믿음에서 벗어납니다. 예를 들어 "나는 다른 사람들과 마찬가지로 인간이다.", "누구나 나와 같은 가치를 지닌다."와 같이 자신을 객관화하면 특권의식이 줄어들고, 관계에서의 균형이 잡힙니다.

10) 봉사나 나눔을 통해 겸손함을 체험하기

특권의식에서 벗어나기 위해 자신이 가진 것을 나누고 타인을 돕습니다. 예를 들어 "내가 받은 만큼 다른 사람들에게도 베풀어야겠다.", "타인을 돕는 것은 나에게도 의미가 있다."와 같이 나눔의 경험을 통해 특권의식이 줄어들고, 타인에 대한 공감과 이해가 강화됩니다.

이 10가지 대처 방법들은 자기 우월감에서 벗어나 타인과 평등한 관계를 형성하고, 자신이 누린 혜택을 객관적으로 바라보는 것이 핵심입니다. 특권의식이 강하면 타인과의 관계에서 갈등이 발생하기 쉽지만, 겸손과 감사를 통해 관계가 회복될 수 있습니다. 특히 "나는 특별하지 않아도 충분히 가치 있는 사람이다.", "모두가 나와 동등하게 소중한 존재다."라는 메시지를 스스로에게 반복하면 특권의식에서 벗어날 수 있습니다. 결국 특권의식을 극복하는 과정에서 가장 중요한 것은 타인과의 공감과 겸손한 자세입니다. 자신이 가진 것에 감사하고, 타인의 기여를 인정하면서 성장하면 자연스럽게 건강한 자아상이 형성될 것입니다.

'특권의식'의 심리도식이 있는 사람이 버려야 할 '마이너스 생각 10가지'는 무엇이며, 이것을 꼭 가져야 할 '플러스 생각 10가지'로 바꾸면 어떻게 되는가?

'특권의식'의 심리도식이 있는 사람이 극복을 위해 버려야 할 '마이너스 생각 10가지'와 이를 바꾸어야 할 '플러스 생각 10가지'는 다음과 같습니다. 이 사고방식은 타인과의 관계에서 균형을 찾고, 자아의 건강한 발전을 도울 수 있습니다.

1) "나는 항상 특별한 대우를 받아야 한다."

⇒모든 사람은 고유한 가치를 가지고 있으며, 특별한 대우보다는 평등한 존중을 받는 것이 중요하다.

2) "내가 원하는 것은 당연히 얻어야 한다."

⇒나는 내가 원하는 것을 얻기 위해 노력해야 하며, 세상은 내가 원하는 대로만 돌아가지 않는다.

3) "나는 다른 사람들보다 우월하다."

⇒모든 사람은 고유한 가치를 지니고 있으며, 나는 다른 사람들을 존중하고 배울 점을 찾아야 한다.

4) "내가 하는 일은 항상 인정받아야 한다."

⇒내가 하는 일은 내 스스로에게 의미가 있는 일이어야 하며, 인정받는 것보다는 내 발전을 중요시해야 한다.

5) "내가 하는 행동은 특별히 용납될 것이다."

⇒내 행동은 타인과 다를 바 없이 평가받아야 하며, 나는 나의 행동에 대해 책임을 져야 한다.

6) "내가 실패하는 것은 다른 사람들이 나를 이해하지 못해서이다."

⇒실패는 나의 학습과 성장의 과정이며, 다른 사람들의 이해 부족보다 나의 개선이 필요하다.

7) "내가 겪는 어려움은 특별하므로 더 많은 지원을 받아야 한다."

⇒모든 사람은 각자의 어려움을 겪고 있으며, 나 역시 이를 극복하기 위해 내 힘으로 노력해야 한다.

8) "내가 가진 것은 모두 내 자격 때문이다."

⇒내가 가진 것에 대해 감사하고, 그것이 내가 노력한 결과임을 인식하며, 타인도 그만큼의 노력을 기울여야 한다.

9) "타인은 나보다 적게 누리고 더 적은 권리를 가져야 한다."

⇒모든 사람은 평등한 권리와 기회를 가져야 하며, 나는 타인에게도 동등한 존중을 보여야 한다.

10) "내가 원하는 대로 되지 않는 것은 불공평하다."

⇒세상은 내가 원하는 대로만 이루어지지 않으며, 나는 내가 통제할 수 있는 부분에서 최선을 다해야 한다.

꼭 가져야 할 '플러스 생각' 10가지

1) "모든 사람은 고유한 가치를 지니고 있으며, 서로를 존중해야 한다."

⇒나는 다른 사람들의 가치를 인정하고, 평등하게 대우할 수 있다.

2) "내가 원하는 것을 얻기 위해 노력하는 것이 중요하다."

⇒나는 내가 원하는 것을 얻기 위해 노력하고, 그것은 당연히 이루어지지 않음을 받아들여야 한다.

3) "모든 사람은 나와 다를 뿐, 그들 또한 존중받을 가치가 있다."

⇒나는 나의 우월성을 주장하지 않고, 타인에게도 그들만의 고유한 가치를 인정하며 배울 점을 찾아야 한다.

4) "내가 하는 일은 내가 성장하는 과정이며, 그 자체가 가치가 있다."

⇒나는 내가 하는 일에 의미를 부여하고, 인정보다는 나 자신의 성장을 중요시한다.

5) "내 행동에 대해 책임을 지고, 타인도 그들의 행동에 대해 책임을 진다."

⇒나는 내 행동에 대해 스스로 책임지며, 타인도 존중하며 그들의 행동에 대해서도 책임을 다한다.

6) "실패는 나를 발전시키는 기회이다."

⇒실패는 내 성장의 일환이며, 내가 무엇을 배울 수 있을지 고민하고 개선하는 기회로 삼는다.

7) "나는 내 어려움을 극복하기 위해 내 힘으로 노력할 것이다."

⇒나는 나의 어려움을 극복하기 위해 최선을 다하고, 도움을 받더라도 그 과정에서 내 성장에 초점을 맞춘다.

8) "내가 가진 것은 나의 노력의 결과이며, 다른 사람들도 노력해야 한다."

⇒나는 내가 가진 것에 대해 감사하고, 그것을 얻기 위해 내가 얼마나 노력했는지 인식하며, 타인도 노력할 자격이 있다.

9) "모든 사람은 평등한 권리와 기회를 가져야 한다."

⇒나는 타인을 존중하고, 그들의 권리와 기회도 나만큼 중요하다는 것을 이해하며 행동한다.

10) "세상은 내가 원하는 대로 이루어지지 않으며, 그에 맞춰 최선을 다해야 한다."

⇒세상은 내가 원하는 대로만 돌아가지 않지만, 나는 내가 통제할 수 있는 부분에서 최선을 다하고 변화에 적응한다.

이 플러스 생각들은 마이너스 생각을 자신의 중심에 두지 않고, 타인과 평등한 관계를 유지하며, 타인의 권리와 가치를 존중하는 사고방식으로 바꾸어 줍니다. 이는 타인과의 관계에서 균형을 이루고, 자기 자신을 더 건강하고 자아가 확립된 방식으로 발전시킬 수 있게 돕습니다.

'특권의식'의 심리도식이 있는 사람에게 치유와 성장을 위해 가장 좋은 자각질문 5가지

특권의식을 가진 사람은 종종 자신이 다른 사람들보다 더 많은 권리나 혜택을 누려야 한다고 느끼거나, 다른 사람들과의 관계에서 상위에 있다는 생각을 할 수 있습니다. 이는 사람들 간의 갈등을 일으킬 수 있으며, 자신과 타인의 불평등을 인식하지 못할 때가 많습니다. 이런 심리도식을 치유하고 성장을 촉진하기 위해서는 자기중심적 사고를 고치고, 평등과 상호 존중의 가치를 이해하는 것이 중요합니다.

이 심리도식을 치유하고 성장을 돕는 자각질문은 자신과 타인을 평등하게 바라보며, 서로 존중하는 태도를 갖는 데 도움을 줄 수 있습니다.

1) "내가 다른 사람들보다 더 많은 권리나 혜택을 받아야 한다고 생각하는 이유는 무엇인가? 과연 내가 받을 자격이 있다고 생각하는 이유는 무엇인가?"

→ 자신이 특권을 누려야 한다고 생각하는 이유와 그 근거를 탐색하는 질문입니다. 불필요한 자아 중심적인 사고를 점검할 수 있습니다.

2) "내가 다른 사람들에게 요구하는 것들과 내가 그들에게 제공하는 것이 균형을 이루고 있는가? 나는 나의 관계에서 상호 존중을 어떻게 실천하고 있는가?"

→ 자신이 다른 사람들과의 관계에서 공평하게 행동하는지, 상호 존중을 실천하는지를 돌아보는 질문입니다.

3) "나는 자신이 받을 자격이 있다고 생각하는 것들을 다른 사람들에게도 마찬가

지로 적용할 수 있는가?"

→ 자신의 권리가 다른 사람들에게도 마찬가지로 적용될 수 있다는 점을 인식하는 질문입니다. 타인의 권리와 자신을 동일시하는 사고를 유도합니다.

4) "내가 다른 사람들에게 기대하는 것들을 내가 그들에게 제공하고 있는가? 내 태도가 공정하고 균형을 이루고 있는가?"

→ 타인에게 기대하는 것과 자신이 제공하는 것이 균형을 이루는지 자문하는 질문입니다. 기대와 책임의 균형을 맞추기 위해 필요한 성찰입니다.

5) "특권의식이 내 삶에 미친 부정적인 영향을 어떻게 변화시킬 수 있을까? 나와 다른 사람들의 관계에서 더욱 평등한 태도를 기를 수 있는 방법은 무엇인가?"

→ 특권의식이 사람들과의 관계에 미친 영향을 돌아보고, 이를 변화시킬 방법을 찾아보는 질문입니다.

이 자각질문들은 특권의식의 심리도식을 치유하고, 자기중심적인 사고에서 벗어나 공평하고 존중하는 태도를 기를 수 있도록 돕습니다. 평등을 실천하는 과정에서 다른 사람들과 더 긍정적이고 건강한 관계를 유지할 수 있습니다.

'특권의식'의 심리도식이 있는 사람이 깨우쳐야 할 핵심 명상 메시지 5가지

'특권의식'의 심리도식이 있는 사람이 깨우쳐야 할 핵심 명상 메시지 5가지는 다음과 같습니다. 이 메시지들은 자신과 타인에 대한 이해를 넓히고, 겸손과 감사의 마음을 갖는 데 도움을 줄 수 있습니다.

1) 나는 다른 사람들과 동등한 가치를 지닌 존재이다.

특권의식은 자신이 다른 사람들보다 우위에 있다는 믿음에서 비롯될 수 있습니다. 이 메시지는 모든 사람은 동등하게 중요한 가치를 지닌 존재라는 것을 깨닫게 하여, 자기중심적인 사고에서 벗어나도록 돕습니다.

2) 타인의 기여와 가치를 존중하며, 겸손한 마음으로 나아간다.

자신이 특별한 존재라고 느낄 때, 타인의 가치를 무시할 수 있습니다. 이 메시지는 타인의 기여와 노력을 존중하고, 겸손한 태도로 살아가야 한다는 점을 상기시켜 줍니다.

3) 모든 것은 나 혼자만의 힘으로 이루어진 것이 아니라, 타인의 도움과 협력 덕분이다.

특권의식은 자만을 불러일으킬 수 있습니다. 이 메시지는 내 성공이 타인의 도움과 협력이 있었다는 사실을 인식하고 감사하는 마음을 갖게 해줍니다.

4) 나는 모든 것을 당연하게 여길 자격이 없다. 모든 것은 감사와 배려 속에서 이루어진다.

특권의식은 자신의 위치나 상황을 당연하게 여길 수 있습니다. 이 메시지는 모든 것이 자격을 충족시키는 결과가 아니라, 감사와 배려 속에서 이루어지는 것임을 깨닫게 해줍니다.

5) 나는 겸손하게 배우며, 타인의 경험과 시각을 존중한다.

자신이 더 나은 존재라고 느낄 때, 다른 사람들의 의견이나 경험을 무시할 수 있습니다. 이 메시지는 겸손한 마음으로 다른 사람들의 경험과 시각을 존중하고 배워야 한다는 교훈을 줍니다.

이 명상 메시지들은 특권의식에서 오는 자만과 오만을 극복하고, 타인과의 관계에서 겸손하고 감사하는 마음을 회복하는 데 도움을 줍니다. 자신을 높이는 대신, 타인의 가치를 인정하고, 상호 존중하는 마음을 갖는 것이 중요함을 깨닫게 해줍니다.

내면의 조건 없는 사랑(신성)이 '특권의식'의 심리도식이 있는 나에게 전하는 말

사랑하는 너에게,

너는 때때로 자신이 특별한 자격을 가지고 있다고 느꼈을지도 몰라. 세상이 너에게 무엇인가 특별하게 제공해야 한다고 믿었을 때, 그 믿음이 오히려 불안하게 만들기도 했을 거야. 하지만 나는 너에게 말하고 싶어. "너는 다른 누구보다 특별해서 세상의 규칙에서 벗어나야 하는 존재가 아니야. 너는 그저 너 자신으로서 이미 충분히 귀하고 존귀한 존재야." 너의 진정한 가치는 세상의 조건이나 자격에서 나오는 것이 아니라, 너의 본질 속에 이미 존재하고 있어.

세상은 때때로 우리를 비교하게 만들고, 무엇인가 더 가져야 한다고 말하지. 그럴 때 너는 자신이 부족하거나 특별한 대우를 받아야 한다고 느낄 수 있어. 하지만 사실 너는 어떤 특권도 필요 없어. 세상이 너에게 무엇을 주지 않더라도, 그것이 너의 가치를 결정하지 않아. 너는 이미 충분히 풍성한 사랑을 받을 자격이 있고, 그 자체로 충분히 귀한 존재야.

모든 존재는 동등하게 존중받고 사랑받을 권리가 있어. 그 누구도 더 많거나 적은 사랑을 받아야 할 이유는 없어. 너 역시 특별히 요구할 필요 없이, 그대로 지금 이 순간 존재 자체로 존중받고 사랑받을 가치가 있어. 네 안의 본질은 이미 충분히 완전하며, 그 자체로 사랑받을 자격을 갖추고 있어.

이제 마음을 조금 내려놔도 돼. 더 이상 '특별한 것'을 바라며 스스로를 평가하지 않아도 돼. 열등감에 사로잡힐 필요가 없듯이 우월감에도 사로잡힐 필요가 없어. 세상이 주는 것과 상관없이, 너는 이미 충분히 사랑받고 존중받을 존재야. 네가 스스로를 있는 그대로 인정하고 받아들일 때, 세상의 눈치나 조건에 흔들리지 않고도 평안함과 충만함을 느낄 수 있어.

마지막으로 기억해. 너는 아무것도 특별히 요구하지 않아도 돼. 네 존재 자체가 이미 충분하고 사랑받을 자격이 있다는 것을 잊지 말아줘. 나는 언제나 너를 그대로 사랑하고, 너의 진정한 가치와 사랑을 믿고 있어. 너는 이미 충분히 풍성한 사랑 안에서 살아갈 수 있는 존재야.

11 부족한 자기통제: 자기 통제력이 부족한 자아

부족한 자기통제 도식의 자아는 '뭐든지 내 마음대로 할래!'라는 믿음을 가지고 있으며, 그 핵심 대처방식은 다음과 같습니다.

- 굴복보상: 삶에서 마주하는 과제들을 쉽게 포기하며, 일상적인 과제를 수행하는 데 어려움을 겪는다.
- 회피보상: 삶에서 마주하는 과제들을 하지 않으려고 회피한다.
- 과잉보상: 지나치게 자신을 통제하며 규율에 얽매인다.

부족한 자기통제 도식의 자아는 근본적으로 "하고 싶은 대로 해야 마음이 편하다" 혹은 "나는 스스로를 통제할 수 없다"는 신념 위에 형성됩니다. 어린 시절 부모가 일관성 없이 훈육했거나, 즉각적인 만족을 제한하지 않고 아이의 요구를 무조건 수용한 경우에 생겨납니다. 반대로, 과도하게 통제적인 부모 밑에서 억압을 받은 아이도 이후 반작용으로 '억눌림 없이 자유로워야 한다'는 극단적 신념을 갖게 됩니다. 이 자아는 순간의 감정과 욕구를 충족시킴으로써 안정감을 얻지만, 장기적인 목표나 책임 앞에서는 쉽게 흔들립니다. 즉, 자기통제가 부족한 것이 아니라, 통제 그 자체에 대한 불안과 저항이 내면에 자리하고 있습니다.

굴복보상은 자기통제의 결핍을 그대로 받아들이며, 현실의 과제를 포기하는 방식으로 나타납니다. 일이 어렵거나 지루하면 쉽게 포기하고, 감정이 힘들면 즉시 회피하거나 중단합니다. 이런 굴복은 무기력이나 의지 부족으로 보이지만, 실제로는 "어차피 나는 끝까지 할 수 없다"는 자기불신에 굴복한 결과입니다. 즉, 실패의 고통을 겪기 전에 스스로 포기함으로써 불안에서 벗어나려는 심리적 보상 구조입니다. 이렇게 함으로써 당장의 좌절은 피하지만, 자기 효능감이 점점 더 약화되어 '나는 못한다'는 신념을 강화시키게 됩니다.

회피보상은 통제나 규율이 필요한 상황을 아예 피함으로써 불안을 줄이는 전략입니다. 이런 자아는 과제, 책임, 인간관계에서의 규칙 등 자신에게 부담을 주는 모든 것을 회피합니다. 해야 할 일을 미루고, 어려운 관계를 끊거나 피하며, 즉각적인 쾌락(게임, 쇼핑, 음식, SNS 등)으로 주의를 돌립니다. 이러한 회피는 "스트레스를 피함으로써 편안해진다"는 단기적 보상을 제공하지만, 장기적으로는 현실을 감당할 힘을 약화시킵니다. 결국 회피는 실패의 두려움을 줄이기 위한 방어기제이자, 자기조절의 어려움을 감추기 위한 심리적 도피처입니다.

과잉보상은 자기통제의 부족함에 대한 내적 수치를 극단적인 통제와 완벽주의로 덮는 방어기제입니다. 이 자아는 스스로를 혹독하게 통제하며, 규율과 규칙에 매달립니다. 감정의 표현을 억제하고, 욕구를 느끼는 것 자체를 위험하게 여깁니다. 그러나 이 통제는 건강한 자기조절이 아니라, "내가 통제하지 않으면 무너진다"는 불안에서 비롯된 과잉반응입니다. 겉으로는 절제되고 성실하지만, 내면은 언제든 통제를 잃을까 두려워 긴장되어 있습니다. 그 결과, 억눌린 욕구가 폭발적으로 터지거나, 자신과 타인에게 지나치게 비판적인 태도를 보이기도 합니다.

이처럼 부족한 자기통제 자아의 세 가지 보상은 모두 "내면의 불안정함을 다루는 방식"입니다. 굴복은 포기를 통해 편안함을, 회피는 도피를 통해 안정감을, 과잉보상은 통제를 통해 불안을 줄입니다. 그러나 세 방식 모두 근본적인 자기 신뢰의 부재를 해결하지는 못합니다. 진정한 치유는 억제나 포기가 아니라 "욕구와 책임의 균형"을 회복하는 데 있습니다. 즉각적인 충동을 억누르기보다, 그것을 인식하고 선택할 수 있는 힘을 기르는 것, 그것이 이 자아가 성숙한 자기로 성장하는 길입니다. 자기통제란 억압이 아니라, 자신을 존중하고 다스리는 내면의 힘임을 깨달을 때, 이 자아는 비로소 자유와 질서 사이의 건강한 조화를 되찾게 됩니다.

'부족한 자기통제'의 심리도식이 있는 사람은 어린 시절 어떤 상처(트라우마)를 받았을 가능성이 높은가?

'부족한 자기통제'의 심리도식이 있는 사람은 어린 시절에 감정이나 행동을 제대로 통제하지 못하고, 자율성과 규칙을 배우는 데 어려움을 겪었을 가능성이 높습니다. 이러한 심리도식은 부모나 보호자가 충분한 구조나 규율을 제공하지 않거나, 감정을 다루는 방법을 가르치지 않은 환경에서 자란 사람에게서 나타날 수 있습니다. 아래는 부족한 자기통제와 관련된 어린 시절의 상처(트라우마)입니다.

1) 부모의 지나치게 관대한 양육

부모가 자녀에게 규칙이나 한계를 설정하지 않고 지나치게 관대하거나 방임적인 방식으로 양육했다면, 아이는 자기통제를 배우지 못하고 자유롭게 행동하면서도 그에 대한 책임을 느끼지 못할 수 있습니다. 이로 인해 자율성과 통제력 부족이 발생할 수 있습니다.

2) 부모의 과도한 보호와 간섭

부모가 지나치게 아이의 행동을 간섭하거나, 모든 결정을 대신해주며 아이의 자율성을 인정하지 않았다면, 아이는 스스로 결정을 내리고 통제하는 능력을 개발하는 데 어려움을 겪을 수 있습니다. 이로 인해 아이는 자신감을 잃고, 성인이 된 후 자기통제를 잘하지 못하는 경향을 보일 수 있습니다.

3) 불안정한 감정적 환경

가정 내에서 부모가 감정적으로 불안정하거나 예측할 수 없는 방식으로 행동할 경우, 아이는 감정을 어떻게 다루어야 하는지 알지 못하고 혼란을 느낄 수 있습니다. 감정을 처리하는 방식에 대한 명확한 지도나 모델이 없으면, 아이는 자기통제를 하기가 어려워질 수 있습니다.

4) 부모의 감정적, 신체적 학대

부모나 보호자가 감정적, 신체적 학대를 가했을 경우, 아이는 감정을 억제하거나 조절하는 대신, 감정이 폭발하는 방식으로 반응할 수 있습니다. 이런 환경에서 자란 아이는 자기통제의 중요성을 배우기보다는 감정을 외부로 표출하는 경향을 가질 수 있습니다.

5) 일관성 없는 규칙과 규율

부모가 규칙을 일관되게 적용하지 않거나, 상황에 따라 규칙을 변경하는 경우, 아이는 무엇이 허용되고 무엇이 허용되지 않는지 혼란스러워하며, 자신을 통제하는 능력이 부족해질 수 있습니다. 일관성 없는 규칙은 자기통제를 배우는 데 방해가 될 수 있습니다.

6) 부모의 낮은 기대와 방임

부모가 자녀에게 기대나 요구를 하지 않거나, 아예 방치된 경우, 아이는 자신이 할 수 있는 일에 대한 제한이나 책임감을 느끼지 못하고 자유롭게 행동할 수 있습니다. 이로 인해 자기통제나 자아를 형성하는 데 어려움을 겪을 수 있습니다.

7) 부모의 무관심과 감정적 결핍

부모가 아이에게 감정적으로 무관심하거나 애정을 주지 않았을 경우, 아이는 감정을 통제하는 데 필요한 지원을 받지 못하고 스스로 감정을 다루는 방법을 배우지 못할 수 있습니다. 감정적인 결핍은 자기통제에 대한 부족함으로 이어질 수 있습니다.

8) 자기조절에 대한 부족한 모델링

부모나 보호자가 자기조절 능력이 부족하거나, 자신의 감정을 적절히 조절하지 못하는 경우, 아이는 부모의 행동을 따라 배우며 감정을 통제하는 방법을 습득하지 못할 수 있습니다. 이는 자기통제의 결핍을 초래할 수 있습니다.

결론적으로, 부족한 자기통제의 심리도식을 가진 사람은 어린 시절에 감정을 통제하는 법을 배우지 못한 경우가 많으며, 부모의 지나친 방임, 과도한 보호, 감정적 불안정성 등 다양한 환경적 요인이 이와 관련이 있습니다. 이러한 경험은 자율성과 자기통제의 결여를 초래하며, 성인이 되어서도 자기통제에서 어려움을 겪을 수 있습니다.

'부족한 자기통제'의 심리도식이 있는 사람의 내면아이와 내면부모는 어떤 상태일 가능성이 높은가?

'부족한 자기통제'의 심리도식이 있는 사람은 즉각적인 만족을 추구하고 충동적인 행동을 자주 보입니다. 이러한 도식은 자아의 통제 능력이 미비하거나 감정의 억제에 어려움을 겪는 경우에 형성됩니다. 이 사람의 내면아이와 내면부모는 자기통제의 부족으로 인해 서로 갈등하거나, 통제와 규율을 지키는 것에 어려움을 겪을 수 있습니다.

1) 내면아이의 상태

부족한 자기통제의 심리도식을 가진 내면아이에게는 감정적 충동과 즉각적인 욕구가 지배적입니다. 이 내면아이는 자주 즉각적인 만족을 추구하고, 자신의 감정을 즉시 표현하며 충동적으로 행동할 수 있습니다.

· 즉각적인 만족 추구: 내면아이는 불편하거나 불만족스러운 상황에 대한 인내심이 부족하고, 즉시 원하는 것을 얻으려는 경향이 강합니다.

· 충동적 행동: 감정을 억누르지 못하고 순간적인 기분에 따라 행동하거나 말하는 경향이 있습니다.

· 자기 억제의 부족: 내면아이는 불안이나 스트레스를 느낄 때, 이를 다루는 방법을 몰라 감정이 폭발하거나 과도하게 표현합니다.

· 좌절과 불만: 자기가 원하는 것을 바로 얻지 못하면 좌절하거나 불만을 표출하며, 인내심이 부족한 모습을 보입니다.

· 감정의 급작스러운 변화: 감정의 기복이 심하고, 자신이 원하는 것을 얻을 때까

지 불안하거나 화를 내는 모습이 자주 나타납니다.

내면아이는 자신의 감정을 제대로 다룰 방법을 배우지 못하거나, 감정적 필요가 충족되지 않아 즉각적인 반응을 하게 됩니다. 이는 어린 시절에 규율이나 자기통제에 대한 교육이 부족하거나, 감정을 표현하는 데 어려움을 겪은 경험에서 비롯될 수 있습니다.

2) 내면부모의 상태

‘부족한 자기통제’의 심리도식을 가진 사람의 내면부모는 종종 과도하게 엄격하거나, 반대로 지나치게 방관적인 태도를 보일 수 있습니다. 이 내면부모는 자주 내면아이의 충동적인 행동을 통제하지 않거나, 지나치게 엄격하게 억제하려는 경향을 보입니다.

· 과도한 억제: 내면부모는 내면아이의 충동적인 행동을 강하게 억제하려 하고, “그렇게 하면 안 돼.” 또는 “더 이상 하지 마.”라고 반복적으로 경고하는 경향이 있습니다.

· 불일관성 있는 규율: 내면부모가 때로는 규칙을 엄격하게 지키도록 요구하면서도, 때로는 규제를 제대로 하지 못해 혼란을 초래할 수 있습니다.

· 통제의 부족: 내면부모가 내면아이의 충동적인 행동을 잘못된 방식으로 해결하려 하거나, 완전히 무시하고 방관하는 경우도 있습니다.

· 혼란스러운 메시지: 내면부모는 일관되지 않은 규율을 제공하거나 감정을 억제하려 하면서도, 동시에 내면아이의 충동을 간과하거나 방치하기도 합니다.

· 무시와 방관: 내면부모가 내면아이의 충동적 요구를 대수롭지 않게 넘겨버리거

나, 아이가 원하면 바로 들어주는 경향도 있을 수 있습니다.

내면부모가 지나치게 엄격하거나, 반대로 지나치게 방임하는 상태에서는 내면아이의 충동적 행동이 규율을 배우지 못하고 계속해서 반복될 수 있습니다. 이러한 불안정한 부모의 태도는 자기통제의 결여를 강화시킬 수 있습니다.

3) 심리적 결과와 상호작용

부족한 자기통제 도식이 강한 사람은 내면아이와 내면부모 사이에 다음과 같은 반복적인 상호작용 패턴이 나타납니다.

· 내면부모의 규율 부족 → 내면아이의 충동성 강화: 내면부모가 적절한 규율과 인내를 가르쳐주지 못한 경우, 내면아이는 자신이 느끼는 즉각적인 욕구나 감정을 통제하지 못하고 충동적으로 행동하려는 경향이 강해집니다. 이는 현실적 한계나 타인의 경계를 무시하는 태도로 이어질 수 있습니다.

· 일관성 없는 양육 → 내면아이의 혼란과 방황: 내면부모가 일관되지 않은 방식으로 욕구를 다루었거나, 때로는 과잉 허용하고 때로는 엄격했다면, 내면아이는 자신 안에 명확한 기준이나 방향성을 갖지 못하고 감정과 욕구에 휘둘리게 됩니다. 이로 인해 자신조절 능력이 저하됩니다.

· 자기보상 과잉 → 책임 회피와 좌절 인내력 부족: 내면아이의 불편감이나 실패에 대해 내면부모가 "괜찮아, 그럴 수도 있지."라고 너무 쉽게 허용하거나 회피했다면, 내면아이는 자신의 행동에 대한 결과를 깊이 반성하거나 책임지기보다 피하려는 태도를 취할 수 있습니다. 이는 성인이 된 이후에도 목표 지속력의 약화나 중도 포기의 원인이 됩니다.

· 감정조절 실패 → 과도한 감정반응: 내면부모가 감정을 조율하거나 수용하는 법을 가르쳐주지 못한 경우, 내면아이는 감정의 파도에 그대로 휩쓸려 지나치게 분노하거나 쉽게 낙담하게 됩니다. 이는 인간관계의 불균형이나 반복적인 실패 경험으로 이어지기 쉽습니다.

'부족한 자기통제' 도식은 내면아이로 하여금 충동, 감정, 욕구에 따라 움직이게 만들고, 내면부모는 이를 건설적으로 이끌기보다 방임하거나 회피하는 태도를 보입니다. 그 결과, 성인은 자기조절, 책임감, 인내력 등 삶의 기본 역량에서 취약해지며, 자기훈육과 자기돌봄을 익히는 과정이 치유의 핵심이 됩니다.

4) 치유 방향

부족한 자기통제의 심리도식을 치유하려면, 자기통제를 개선하고 내면아이와 내면부모가 건강한 방식으로 상호작용할 수 있도록 도와야 합니다.

· 자기통제 능력 강화: 내면아이에게 충동을 관리하고 감정을 조절하는 방법을 가르쳐야 합니다. 이를 통해 내면아이는 자신을 조절할 수 있는 능력을 키울 수 있습니다.

· 일관성 있는 규율: 내면부모는 규칙을 일관되게 적용하고, 충동적인 행동에 대한 반응을 명확하게 해야 합니다. 이렇게 함으로써 내면아이에게 안정적인 환경을 제공합니다.

· 감정 표현과 자아 존중: 내면아이의 감정을 억제하는 대신, 이를 건강하게 표현할 수 있도록 도와야 합니다. 또한, 내면아이에게 자신의 감정을 관리할 수 있는 방법을 배우도록 해야 합니다.

· 자기연민과 인내 훈련: 내면아이에게 자기연민을 가르치고, 자신의 감정을 억누르지 않도록 돕습니다. 또한, 인내심을 기르는 연습이 필요합니다.
· 충동 조절 연습: 내면아이에게 작은 목표를 설정하고, 이를 차근차근 달성하며 자기통제 능력을 키울 수 있도록 도와야 합니다.

결론적으로, '부족한 자기통제'의 심리도식을 가진 사람은 내면아이와 내면부모 간의 상호작용에서 혼란이 발생하고, 자기통제를 학습하는 데 어려움을 겪을 수 있습니다. 치유 과정에서는 일관된 규율과 감정 조절을 중심으로, 내면아이와 내면부모가 안정적이고 건강한 관계를 형성하도록 돕는 것이 중요합니다. 이를 통해 자기통제 능력을 개선하고, 더 나은 감정 관리와 행동을 이끌어낼 수 있습니다.

'부족한 자기통제'의 심리도식이 있는 사람은 어떤 방어기제를 쓸 가능성이 높으며, 그 이유는 무엇인가?

'부족한 자기통제'의 심리도식이 있는 사람은 자신이 규칙을 따르지 않거나 통제를 잃는 것에 대한 불안을 느낄 수 있습니다. 이러한 불안은 자기통제 부족을 해결하려는 심리적 보상으로 이어지며, 그 과정에서 다양한 방어기제를 사용할 가능성이 높습니다. 이들은 자기통제 부족으로 인한 부족함이나 불안을 감추고, 자아를 보호하기 위해 여러 방어기제를 선택합니다.

1) 충동 억제(Suppression)

'부족한 자기통제'의 심리도식이 있는 사람이 충동 억제(Suppression)를 사용하는 이유는 자기 안에서 솟아오르는 충동이나 욕구가 그대로 드러날 경우, 자아가 불안정해지고 자기 이미지가 손상될 수 있기 때문입니다. 이들은 스스로 통제력이 약하다는 불안을 느끼기 때문에, 의식적으로 충동을 밀어내고 억누름으로써 안정된 모습과 자기 통제를 유지하려 합니다. 겉으로는 규범을 따르고 질서를 지키는 것처럼 보이지만, 실제로는 강한 억압을 통해 균형을 유지하는 것입니다. 결국 충동 억제는 자기통제가 부족하다는 불안으로부터 자아를 보호하고, 사회적 관계에서 자신을 수용 가능한 존재로 유지하려는 방어적 전략이라 할 수 있습니다.

2) 합리화(Rationalization)

자신이 규칙이나 일정을 따르지 않았을 때, 그에 대한 이유를 합리적인 이유로 설명하려 합니다. 예를 들어, "지금 할 일은 중요하지 않다."거나 "나는 이런 방식으로 일하는 게 더 효율적이다."라고 자신의 행동을 정당화할 수 있습니다. 합리화는 자기통제 부족을 정당화하거나 합리화하여 자신이 규칙을 어긴 것에 대한 불안을 해소하려는 방어기제입니다. 이를 통해 자기 통제력 부족에 대한 내면의 불편함이나 죄책감을 감추려는 시도입니다.

3) 투사(Projection)

자기통제를 부족하게 느끼는 사람은 그 부족함을 타인에게 투사할 수 있습니다. 예를 들어, 다른 사람이 자기통제를 못한다고 느낄 때, 그 사람을 비난하거나 책임을 타인에게 돌리는 방식으로 자신을 보호하려 할 수 있습니다. 투사는 자신의 내면의 부족함이나 불안을 외부로 돌려 자기 비난을 피하려는 방어기제입니다. 자기통제의 결여로 인한 불안감을 타인에게 전가하여 그 불안으로부터 자신을 보호하려는 시도입니다.

4) 반동형성(Reaction Formation)

자기통제 부족에 대한 불안을 느끼는 사람은 그 반대의 행동을 과도하게 보일 수 있습니다. 예를 들어, 평소에 자기통제가 부족한 성향이 있다면, 갑자기 과도한 자기통제나 엄격한 규율을 적용하려 할 수 있습니다. 반동형성은 자기통제 부족에 대한 불안을 과도하게 규제하거나 엄격한 규칙을 설정하는 방식으로 자신을 방어하려는 방어기제입니다. 자기통제 부족에 대한 자기비판을 회피하기 위해 그 반대의 모습을 과도하게 드러내는 전략입니다.

5) 정서적 억제(Emotional Suppression)

자신의 감정을 억제하고, 감정 표현을 자주 억누르는 경향이 있을 수 있습니다. 예를 들어, 분노나 불안을 감추려고 하며, 감정을 외부로 표출하지 않으려 합니다. 이는 감정적으로 불안정한 상태를 피하려는 시도입니다. 정서적 억제는 내면의 불안정성이나 감정적 충동을 외부로 표출하지 않기 위해 자신의 감정을 억누르고 통제하려는 방어기제입니다. 자기통제의 부족을 감추고 정서적 혼란을 피하려는 심리적 보상입니다.

6) 지나친 성취추구(Overachievement)

자기통제 부족에 대한 불안을 과도한 성취나 과도한 목표 설정으로 보상하려는 시도를 할 수 있습니다. 예를 들어, 자신의 일상적 통제력을 이겨내려고 과도하게 노력하며, 성공이나 성취를 통해 부족함을 감추려 합니다. 지나친 성취추구는 자기통제 부족을 성취로 보상하려는 방어기제입니다. 목표를 지나치게 설정하거나, 완벽주의적 성향으로 성과를 내려고 함으로써 자기 부족을 채우려는 시도입니다.

부족한 자기통제가 있는 사람은 자신의 충동이나 불안을 감추기 위해 다양한 방어기제를 사용하며, 그 방어기제들은 모두 내면의 불안이나 자기통제 부족을 보호하고자 하는 노력입니다. 이러한 방어기제들은 자기통제의 결여에서 오는 심리적 불편함을 피하고, 자기방어적 기제로 자아를 지키기 위한 과정입니다.

'부족한 자기통제'의 심리도식이 있는 사람이 심리적 취약점을 극복할 수 있는 핵심 대처방법 10가지는 무엇인가?

'부족한 자기통제'의 심리도식이 있는 사람은 자주 충동적이고, 즉각적인 만족을 추구하거나 감정을 조절하는 데 어려움을 겪을 수 있습니다. 이로 인해 다양한 상황에서 장기적인 목표를 향한 집중이 어려워질 수 있습니다. 그러나 건강한 보상기제를 통해 이러한 취약점을 극복할 수 있는 대처 방법은 다음과 같습니다.

1) 자기 인식 훈련하기

자기통제의 첫 번째 단계는 자신의 충동적인 행동을 인식하는 것입니다. 예를 들어, '지금 내가 충동적으로 무엇을 하려는지, 왜 그런 감정을 느끼는지'를 자각하는 것입니다. 자기 행동을 인식하고 이해하는 것이 통제를 시작하는 중요한 첫걸음입니다.

2) 충동을 인정하고 잠시 멈추기

충동이 일어날 때 이를 즉각적으로 실행하기보다는 잠시 멈추고, 깊게 숨을 쉬거나 잠깐의 시간을 갖습니다. 예를 들어, "몇 초간 숨을 깊게 쉬며, 내 감정을 잠시 관찰하자."라고 하며 반응을 늦추고 감정을 조절하는 연습이 도움이 됩니다.

3) 단기 목표와 보상 설정하기

장기 목표를 추구하면서 작은 단기 목표를 설정하고, 이를 달성했을 때 보상을 줍니다. 예시: "일주일 동안 정해진 계획을 지킨 후, 나에게 작은 선물이나 휴식을 준다." 이를 통해 작은 성취감을 느끼고, 점진적으로 자기통제를 개선할 수 있습니다.

4) 자기 평가와 반성 시간 갖기

매일 하루를 마무리할 때, 자신이 어떻게 행동했는지 평가하고 개선할 점을 생각합니다. 예시: "오늘 내가 충동을 어떻게 다뤘는지 반성하고, 내일은 좀 더 나은 선택을 할 수 있도록 하자." 자기 반성은 지속적으로 자기통제 능력을 향상시키는 데 도움이 됩니다.

5) 유혹을 미리 차단하기

미리 유혹적인 상황을 예측하고 이를 피하는 방법을 마련합니다. 예시: "지나치게 감정적인 상황에서 감정을 다루기 어려울 때, 잠깐 자리를 피하거나 깊은 숨을 쉬기." 유혹을 미리 차단함으로써 충동적인 결정을 줄일 수 있습니다.

6) 스트레스 관리 기법 사용하기

스트레스는 자기통제의 가장 큰 장애물이 될 수 있습니다. 스트레스를 관리하는 방법을 익히고, 이를 일상에 적용합니다. 예시: "규칙적인 운동, 명상, 요가를 통해 스트레스를 해소한다." 스트레스가 줄어들면 충동적인 행동을 조절하는 데 더 유리해집니다.

7) 건강한 대체 행동 찾기

부족한 자기통제를 대체할 수 있는 건강한 행동을 찾습니다. 예를 들어, 감정을 조절하기 위해 운동이나 창의적인 활동을 시도합니다. '감정적으로 힘들 때, 잠시 산책이나 독서를 한다.' 이런 루틴은 감정을 분출하거나 충동적인 행동을 대신할 수 있습니다.

8) 의도적인 휴식 시간 설정하기

자신에게 휴식을 주는 시간을 의도적으로 설정하고, 그 시간을 자기 돌봄에 할애합니다. 예를 들어, '매일 30분 동안 아무것도 하지 않고, 나만의 시간을 갖는다.'와 같은 루틴은 자기통제를 위한 중요한 순간으로, 감정을 안정시키고 충동을 줄이는 데 도움이 됩니다.

9) 긍정적인 자기 대화 연습하기

자신에게 긍정적이고 격려적인 말을 걸어주는 연습을 합니다. 예시: "나는 나를 잘 관리할 수 있고, 오늘도 차분하게 할 수 있어." 긍정적인 자기 대화는 자기통제력을 키우는 데 중요한 역할을 합니다.

10) 장기적인 목표 설정하고 그에 집중하기

자기통제의 궁극적인 목표는 장기적인 목표를 향한 꾸준한 진전입니다. 예시: "내가 원하는 목표를 이루기 위한 계획을 세우고, 매일 작은 진전을 확인하다." 장기적인 목표에 집중하면서, 즉각적인 만족보다는 목표 달성을 위한 과정을 중요시합니다.

자기통제를 향상시키기 위한 핵심 대처 방법은 자기 인식, 잠시 멈추기, 작은 목표와 보상 설정 등으로, 일상에서 조금씩 실천하며 건강한 보상기제를 만들어가는 것입니다. 자기 반성, 스트레스 관리, 건강한 대체 행동을 통해 점차 충동적인 행동을 줄이고, 자기통제를 발달시킬 수 있습니다. 이러한 대처 방법들을 통해 자기통제력을 키워 나가면 더욱 균형 잡힌 삶을 살 수 있습니다.

'부족한 자기통제'의 심리도식이 있는 사람이 버려야 할 '마이너스 생각 10가지'는 무엇이며, 이것을 꼭 가져야 할 '플러스 생각 10가지'로 바꾸면 어떻게 되는가?

부족한 자기통제의 심리도식이 있는 사람은 충동적이고 즉각적인 만족을 추구하는 경향이 있습니다. 이러한 사람은 자주 자신의 감정이나 행동을 조절하지 못해 후회하거나 목표를 이루는 데 어려움을 겪을 수 있습니다. 이들은 자기통제를 향상시키기 위해 사고방식을 바꾸는 것이 중요합니다. 부족한 자기통제의 심리도식을 극복하려면 마이너스 생각을 플러스 생각으로 전환하는 것이 핵심입니다.

버려야 할 '마이너스 생각' 10가지

1) "내가 원하는 것을 참을 수 없다."

⇒ 자주 충동을 느끼지만, 나는 그것을 참을 수 있는 능력을 가지고 있다.

2) "지금 바로 하지 않으면 기회를 놓칠 것이다."

⇒ 기회는 언제든 다시 올 수 있으며, 즉각적인 충동보다는 더 좋은 기회를 위해 기다릴 수 있다.

3) "내가 자제할 수 없다면, 그냥 따라가도 된다."

⇒ 나는 자아 통제력을 키울 수 있고, 자제하는 것이 더 나은 결과를 가져올 수 있다는 점을 이해한다.

4) "한 번만 참으면 괜찮을 거야."

⇒ 반복적인 충동을 참지 않으면, 결국 습관이 되어 삶에 부정적인 영향을 끼친다.

5) "기분이 좋을 때까지 기다려야 한다."

⇒ 기분에 따라 행동하지 않고, 상황에 맞게 행동하는 것이 중요하다.

6) "이건 내가 할 수 있는 마지막 기회다."

⇒ 나는 항상 다음 기회를 얻을 수 있으며, 급하게 결정하는 것보다는 차분히 생각하고 행동할 수 있다.

7) "내가 지금 원하는 것을 취하는 것이 중요하다."

⇒ 내가 원하는 것을 얻기 위해 노력하고 인내하는 것이 더 중요한 결과를 가져올 수 있다.

8) "난 그냥 유혹에 빠지면 어쩔 수 없다."

⇒ 나는 유혹을 이겨낼 수 있는 힘이 있으며, 더 나은 결정을 내릴 수 있는 능력이 있다.

9) "어차피 다시는 이런 기회를 얻지 못할 거야."

⇒ 기회는 여러 번 올 수 있고, 중요한 것은 내가 최선의 선택을 한다는 것이다.

10) "다른 사람들은 그렇게 하지 않는데 왜 나는 이렇게 힘든 걸까?"

⇒ 나만의 속도와 방법이 중요하며, 다른 사람과 비교하기보다는 나 자신을 이해하고 성장할 수 있는 방법을 찾는다.

1) "나는 충동을 자제할 수 있다."

⇒ 충동을 조절하는 것은 연습을 통해 가능한 일이며, 나는 충분히 자제할 수 있다.

2) "기회는 언젠가 다시 올 수 있으니, 즉각적인 행동보다 내면의 신중함을 중요시한다."

⇒ 기다릴 줄 아는 능력은 더 나은 기회를 만든다. 나는 신중하게 생각하고 선택할 수 있다.

3) "나는 자아 통제력을 향상시킬 수 있는 힘이 있다."

⇒ 나 자신을 믿고, 자제력을 키워 나가는 과정이 중요하다. 나는 이를 극복할 수 있다.

4) "하나를 참는 것이 아니라, 나의 미래를 위해 지속적인 자제를 실천할 수 있다."

⇒ 순간의 유혹에 지지 않고, 장기적인 이익을 위해 나를 통제하는 방법을 선택한다.

5) "내 기분에 따라 행동하는 것이 아니라, 상황에 맞는 최선의 결정을 내린다."

⇒ 기분은 일시적이고, 상황에 맞는 행동이 더 중요한 결과를 낳는다. 나는 이를 실천할 수 있다.

6) "나는 언제든지 다시 시작할 수 있다. 기회는 반복된다."

⇒ 나는 실수를 통해 배우며, 새로운 기회를 만들 수 있는 능력을 갖추고 있다.

7) "내가 원하는 것만을 얻기보다, 내 노력과 인내를 통해 지속 가능한 성취를 이룬다."

⇒ 내가 원하는 것을 얻기 위한 노력과 시간이 중요하며, 그것은 지속적인 성취

로 이어진다.

8) "유혹을 이겨내는 것은 나의 힘과 능력으로 가능하다."

⇒ 유혹을 이겨내는 것은 내가 더 나은 사람이 될 수 있는 기회이며, 나에게 필요한 훈련이다.

9) "다시 기회를 얻을 수 있다. 중요한 것은 내가 어떻게 행동하느냐이다."

⇒ 기회는 다시 올 수 있으며, 내가 어떤 결정을 내리느냐가 중요하다.

10) "나는 내 방식대로 차근차근 성장할 수 있다."

⇒ 나의 성장은 나만의 속도로 이루어지며, 다른 사람들과 비교하기보다 나 자신에게 집중하는 것이 중요하다.

'부족한 자기통제'의 심리도식을 극복하려면 즉각적인 만족보다는 장기적인 목표에 집중하는 사고방식을 키우는 것이 중요합니다. 플러스 생각을 통해 자아 통제력을 개선하고, 지속적인 노력과 자기 인식을 통해 더 나은 결정을 내릴 수 있게 됩니다.

'부족한 자기통제'의 심리도식이 있는 사람에게 치유와 성장을 위해 가장 좋은 자각질문 5가지

'부족한 자기통제'의 심리도식을 가진 사람은 자신의 감정이나 행동을 잘 조절하지 못하고, 충동적이거나 즉각적인 만족을 추구하는 경향이 있을 수 있습니다. 이는 장기적인 목표 달성이나 건강한 습관 형성에 방해가 될 수 있습니다. 이런 심리도식을 치유하고 성장을 촉진하기 위해서는 자기 인식과 자기 규제를 높이는 것이 중요합니다.

이 심리도식을 치유하고 성장을 돕는 자각질문은 자기통제력을 강화하고, 장기적인 목표와 가치를 중요시하는 태도를 키우는 데 도움을 줄 수 있습니다.

1) "지금 내가 충동적으로 행동하려는 이유는 무엇인가? 나의 감정이나 욕구를 어떻게 더 잘 이해하고 조절할 수 있을까?"

→ 충동적 행동의 근본적인 이유를 탐구하고, 감정이나 욕구를 잘 이해하는 데 도움이 되는 질문입니다. 자기 인식의 첫걸음이 됩니다.

2) "이 순간의 만족이 나의 장기적인 목표에 어떤 영향을 미칠까? 나의 목표를 이루기 위해 지금 어떤 행동이 더 필요할까?"

→ 즉각적인 만족이 장기적인 목표에 미치는 영향을 되짚어보며, 자신이 추구하는 목표에 맞는 행동을 선택하게 하는 질문입니다.

3) "내가 자기통제에 실패했을 때, 그로 인해 나에게 어떤 부정적인 결과가 있었는가? 이러한 경험을 반복하지 않기 위해 무엇을 할 수 있을까?"

→ 과거의 실패를 돌아보고 그로 인한 부정적인 결과를 인식하는 질문입니다. 실패를 반복하지 않기 위한 대처 방법을 찾게 합니다.

4) "나는 내 감정을 어떻게 더 건강하게 처리할 수 있을까? 감정을 억제하기보다는 표현하는 건강한 방법은 무엇일까?"

→ 감정을 억제하거나 충동적으로 표현하지 않고, 건강하게 다루는 방법을 모색하는 질문입니다.

5) "자기통제를 향상시키기 위해 내가 작은 목표부터 설정할 수 있다면, 어떤 목표부터 시작할 수 있을까?"

→ 자기통제를 향상시키기 위한 작은 목표를 설정하고, 그것을 실천하는 방법을 구체적으로 계획하는 질문입니다.

이 자각질문들은 부족한 자기통제의 심리도식을 치유하고, 자기규제 능력을 향상시키는 데 큰 도움을 줍니다. 자기통제력을 키우면 목표를 달성하는 데 있어 더 큰 성취감을 느낄 수 있으며, 장기적인 변화와 성장을 이룰 수 있습니다.

'부족한 자기통제'의 심리도식이 있는 사람이 깨우쳐야 할 핵심 명상 메시지 5가지

'부족한 자기통제'의 심리도식이 있는 사람이 깨우쳐야 할 핵심 명상 메시지 5가지는 다음과 같습니다. 이 메시지들은 자신을 조절하고, 내면의 평화를 유지하는 데 도움이 될 수 있습니다.

1) 나는 내 감정을 인식하고, 그것을 건강하게 표현할 수 있다.
자기통제가 부족한 사람은 감정을 무시하거나 지나치게 표출할 수 있습니다. 이 메시지는 감정을 인정하고, 그 감정을 조절하는 능력을 키우는 데 중점을 두어, 감정을 균형 있게 다룰 수 있도록 돕습니다.

2) 모든 순간은 선택의 기회이다. 나는 나의 반응을 선택할 수 있다.
부족한 자기통제를 느끼는 사람은 충동적인 행동을 할 수 있습니다. 이 메시지는 모든 순간에 나의 반응을 선택할 수 있다는 사실을 상기시켜 줍니다. 그것은 내가 통제할 수 있는 영역임을 깨닫게 도와줍니다.

3) 나는 나 자신을 이해하고, 자비로운 마음으로 나를 대한다.

부족한 자기통제는 자기 비판으로 이어질 수 있습니다. 이 메시지는 자신에게 자비와 이해를 베풀며, 실수나 약점을 비난하는 대신 그것을 성장의 기회로 삼을 수 있도록 합니다.

4) 내가 원하는 것은 즉각적인 만족이 아니라, 장기적인 평화와 만족이다.

자기통제가 부족한 사람은 즉각적인 욕구를 충족시키려는 경향이 있습니다. 이 메시지는 단기적인 욕구를 넘어서서, 장기적인 평화와 만족을 추구하는 중요성을 깨닫게 해줍니다.

5) 나는 깊은 호흡을 통해 나의 마음을 진정시키고, 차분하게 생각할 수 있다.

감정적 충동이 일어날 때, 잠시 멈추고 깊은 호흡을 통해 마음을 가라앉히는 것이 중요합니다. 이 메시지는 감정을 진정시키고, 상황을 객관적으로 바라볼 수 있는 능력을 키울 수 있도록 돕습니다.

이 명상 메시지들은 부족한 자기통제를 개선하고, 충동적인 행동을 줄이며, 내면의 평화를 유지하는 데 중요한 역할을 합니다. 반복적으로 이러한 메시지를 되새기면서 감정과 행동을 조절하는 능력을 키울 수 있습니다.

내면의 조건 없는 사랑(신성)이 '부족한 자기통제'의 심리도식이 있는 나에게 전하는 말

사랑하는 너에게,

너는 때때로 자신이 통제하지 못하는 감정이나 행동 때문에 걱정하고, 스스로를 자책했을 거야. "내가 왜 이렇게 자주 흔들리는 걸까?"라고 생각하며, 자신을 잃은 느낌을 받았을지도 몰라. 하지만 나는 너에게 말하고 싶어. "너는 완벽하게 통제될 필요가 없어. 감정은 자연스러운 흐름이고, 그 흐름을 인정하며 다루는 것이 진정한 힘이야." 네가 느끼는 감정이나 충동은 단순히 너의 일부일 뿐, 그것이 너 전체를 정의하지는 않아.

자기통제는 결코 억제하는 것이 아니야. 오히려 감정을 억누를 때, 그것은 더 큰 불안과 혼란을 불러올 수 있어. 중요한 건 그 감정이 네 본질에 어떤 의미를 지니는지 이해하고, 그 감정을 존중하며 함께 살아가는 법을 배우는 거야. 혼자서 모든 걸 완벽하게 통제하려 애쓰지 않아도 돼. 대신, 나는 너에게 속삭이고 싶어. "너는 이미 충분히 균형을 잡을 수 있는 능력을 가지고 있어. 감정을 받아들이고, 그 안에서 배우며 성장할 수 있어."

네가 느끼는 흔들림이나 혼란도 결국 너를 더 깊이 이해하게 만들고, 스스로와 친밀해지는 길로 이끌어. 감정을 자연스럽게 느끼고 흘려보낼 때, 너는 스스로의 힘을 더욱 분명히 깨닫게 될 거야. 모든 감정은 너의 일부일 뿐, 너 전체를 규정하지 않아. 그 흐름 속에서 네가 얻는 배움과 통찰은 앞으로 너를 더 단단하고 지혜롭게 만들어 줄 거야.

나는 너를 언제나 사랑하고, 네 진정한 능력을 믿고 있어. 자기통제는 순간의 완벽함을 요구하지 않아. 대신, 네가 자신을 사랑하며 성장하는 과정 속에서 자연스럽게 이루어져. 지금 겪고 있는 혼란과 어려움도 결국 너를 더 깊은 이해와 사랑으로 이끌 거야.

그러니 이제 자신에게 다가가서, 그 흐름을 자연스럽게 받아들여 줘. 너는 이미 충분히 스스로를 돌볼 수 있는 존재이며, 나는 항상 너와 함께 있어. 네가 흔들릴 때도, 넘어질 때도, 나는 너를 떠나지 않아. 너는 언제나 나에게 완전한 사랑을 받고 있는 존재야.

12 복종: 타인에게 순응해야 안심하는 자아

복종 도식의 자아에겐 '당신이 원하는 대로 따를게요!'라는 믿음이 있으며, 그 핵심 대처방식은 다음과 같습니다.

· 굴복보상: 타인이 자신의 삶을 통제하고 힘을 행사하도록 하며, 자신의 분노는 억제하거나 억압한다.
· 회피보상: 남들과 의견이 다르거나 갈등할 수 있는 상황을 회피한다.
· 과잉보상: 권위와 힘을 가진 대상에게 도전하고 반항한다.

복종 도식의 자아는 깊은 내면에 "타인에게 순응해야만 안전하다"는 신념을 품고 있습니다. 어린 시절 부모가 권위적이거나 통제적이었고, 자신의 의사나 감정이 존중받지 못했던 환경에서 자란 아이는 "내 뜻을 따르기보다, 맞추는 것이 생존의 길이다"라고 배웁니다. 이런 경험은 자율성보다 복종을 통해 사랑과 안전을 확보하려는 신념으로 자리 잡게 만듭니다. 따라서 성인이 되어서도 자신의 욕구를 표현하거나 '아니오'라고 말하는 일을 위험하게 느끼며, 타인의 감정에 과도하게 맞추려는 경향을 보입니다. 그 결과 자기 의지와 타인의 요구가 쉽게 혼동되고, 관계 속에서 자신이 사라지는 경험을 반복하게 됩니다.

굴복보상은 이런 자아가 타인의 힘과 권위에 순응함으로써 안정감을 확보하려는 전략입니다. 누군가가 자신을 지배하거나 통제해도 저항하지 않고, 오히려 그 관계 속에서 '예측 가능한 안전함'을 찾습니다. 자신의 분노나 불만은 철저히 억압하며, "화를 내면 관계가 깨진다"는 무의식이 작동합니다. 굴복의 보상은 '관계를 잃지 않는다'는 심리적 안도감이지만, 그 대가로 자아는 점점 더 무력해지고, 자신이 원하는 삶을 선택할 힘을 잃게 됩니다. 이 굴복은 단순한 복종이 아니라, "순응을 통해 통제감을 얻으려는 역설적 보호기제"로 볼 수 있습니다.

회피보상은 갈등 자체를 피함으로써 불안을 줄이는 방식입니다. 이런 자아는 의견 충돌, 논쟁, 대립과 같은 상황을 극도로 불편해하며, 타인과의 의견 차이를 숨깁니다. 관계 속에서 '나의 입장'을 드러내면 거절이나 비난을 당할 것이라는 두려움이 강하기 때문입니다. 그래서 관계를 유지하기 위해 스스로의 생각을 최소화하거나, 감정적 거리두기를 택합니다. 겉으로는 유순하고 평화로워 보이지만, 내면에서는 억눌린 분노와 억울함이 누적됩니다. 회피보상은 불안을 피하기 위한 방어지만, 동시에 자기표현의 기회를 잃게 하는 정서적 자기검열의 형태입니다.

과잉보상은 복종의 내면적 불안을 정반대의 극단에서 다루려는 방식입니다. 이들은 권위적 인물이나 지배적인 대상에게 도전하고 반항함으로써, 통제당하지 않으려는 통제감을 확보합니다. 어린 시절 느꼈던 무력감과 종속의 기억이 내면에 깊이 각인되어 있기 때문에, 다시는 누군가의 지배를 허락하지 않겠다는 강박이 생깁니다. 하지만 이 반항은 진정한 독립이 아니라, 여전히 '권력관계'라는 틀 안에서의 반응입니다. 즉, 복종과 반항은 서로 반대의 형태를 취하지만, 둘 다 타인의 힘을 기준으로 한 관계 중심적 자기정의라는 점에서 같은 원리를 공유합니다.

결국 복종 자아의 세 가지 보상은 모두 "관계 속에서 안전을 확보하려는 전략"

이라는 공통된 뿌리를 가집니다. 굴복은 순응으로, 회피는 침묵으로, 과잉보상은 반항으로 자신을 보호하지만, 그 어떤 방식도 자율적 존재로서의 자기 확신을 회복하지는 못합니다. 진정한 치유는 타인에게 순응하거나 도전하는 양극단을 넘어서, "나는 나의 의지를 존중하면서도 관계를 유지할 수 있다"는 새로운 심리적 균형을 경험하는 데서 시작됩니다. 자신의 분노를 안전하게 표현하고, '맞춰야만 사랑받는다'는 신념을 해체할 때, 이 자아는 비로소 복종의 굴레에서 벗어나 진정한 자유와 성숙한 관계성을 회복하게 됩니다.

'복종'의 심리도식이 있는 사람은 어린 시절 어떤 상처(트라우마)를 받았을 가능성이 높은가?

'복종'의 심리도식이 있는 사람은 어린 시절에 권위적인 부모나 보호자에게서 감정적 상처를 받았을 가능성이 높습니다. 이러한 심리도식은 부모나 보호자가 지나치게 강압적이거나 비판적이었을 때, 또는 타인의 요구나 명령을 따르는 것이 생존의 방식으로 인식되었을 때 발생할 수 있습니다. 아래는 복종의 심리도식과 관련된 어린 시절의 상처(트라우마)입니다.

1) 과도한 권위적인 양육

부모나 보호자가 지나치게 권위적이었거나, 자녀에게 지나치게 엄격한 규율을 적용했다면, 아이는 부모의 요구를 따르는 것 외에는 선택할 수 없다는 느낌을 받았을 수 있습니다. 이러한 환경에서 자란 아이는 타인의 요구를 무조건적으로 따르는 경향을 보일 수 있습니다.

2) 정서적 또는 신체적 학대

부모나 보호자가 신체적, 정서적 학대를 가했을 경우, 아이는 자신을 방어하기 위해 복종하는 것이 생존의 유일한 방법이라고 인식할 수 있습니다. 학대가 반복되면 아이는 타인의 요구를 거부하거나 반항하는 것이 두려워 복종하는 태도를 취할 수 있습니다.

3) 부모의 부재 또는 무관심

부모가 정서적으로나 신체적으로 부재했거나, 아이의 필요를 충족시키지 않거나 무관심했다면, 아이는 타인의 관심을 끌기 위해 지나치게 복종하는 방식으로 반응할 수 있습니다. 부모의 무관심으로 인해 자아가 결여되었고, 타인의 인정을 통해 자아를 인정받으려 했을 가능성이 큽니다.

4) 부모의 지나친 비판과 거부

부모가 자녀를 과도하게 비판하거나 거부적이었다면, 아이는 부모의 사랑을 얻기 위해 복종적인 태도를 취할 수 있습니다. 부모의 사랑을 받기 위한 방법으로 '순종'을 선택하게 되는 것입니다.

5) 자기표현의 억제

부모나 보호자가 아이의 감정이나 의견을 억제하고, 자신을 표현하는 것을 허용하지 않았을 경우, 아이는 자신의 의견이나 감정을 표현하는 것이 위험하다고 느껴 복종적인 태도를 취할 수 있습니다. 이는 자기표현을 억제하고 타인의 요구에 맞추는 방식으로 이어질 수 있습니다.

6) 감정적 혼란과 불안정한 가정 환경

가정 내에서 감정적으로 불안정한 부모나 환경이 있었을 경우, 아이는 불안정한 상황을 피하기 위해 복종하는 방식으로 반응할 수 있습니다. 부모의 감정적 기복이나 예측 불가능한 행동은 아이에게 큰 스트레스를 주며, 복종하는 것이 안정감을 얻는 방법으로 여겨졌을 수 있습니다.

7) 상실 경험

부모의 이혼, 별거, 사망 등의 상실을 경험한 아이는 불안과 두려움에서 벗어나기 위해 복종적인 태도를 보였을 수 있습니다. 아이는 애정의 결핍을 채우기 위해 부모나 주변 사람들의 요구에 순응하는 방식으로 감정적인 위안을 얻으려 했을 가능성이 있습니다.

8) 사회적 기대와 압박

사회나 학교에서의 기대와 압박 속에서 자란 아이는 사회적 규범을 따르고 기대에 부응하는 방식으로 복종적인 행동을 보였을 수 있습니다. 부모나 교사 등 권위적인 인물들이 강요하는 바를 충족시키기 위해 아이는 복종적인 태도를 취할 수 있습니다.

결론적으로, '복종'의 심리도식이 있는 사람은 어린 시절에 지나치게 권위적인 환경에서 자랐거나 감정적, 신체적 학대를 경험한 경우가 많습니다. 이러한 경험은 자신을 보호하기 위해 타인의 요구를 무조건 따르는 태도를 형성하게 만들며, 성인이 되어서도 이러한 패턴을 지속할 수 있습니다.

'복종'의 심리도식이 있는 사람의 내면아이와 내면부모는 어떤 상태일 가능성이 높은가?

'복종'의 심리도식이 있는 사람은 자신의 요구나 욕구보다 타인의 요구를 우선시하는 경향이 있습니다. 이 도식은 어릴 때 부모나 권위자에게 지나치게 순응하고, 자아의 목소리보다는 타인의 목소리에 맞추려고 했던 경험에서 비롯됩니다. 이 사람의 내면아이와 내면부모는 다음과 같은 상태일 가능성이 높습니다.

1) 내면아이의 상태

'복종'의 심리도식을 가진 내면아이에게는 자아 존중감이 약하고, 자기의 욕구나 감정보다는 타인의 기대에 맞추려는 경향이 강합니다. 이 내면아이는 자신의 필요를 표현하는 것을 어려워하고, 때로는 감정적으로 억눌리거나 희생적인 태도를 보일 수 있습니다.

· 자기 억제: 내면아이는 자신의 욕구나 감정을 억제하고, 다른 사람의 요구를 우선시하려는 경향이 있습니다.

· 자기 존중감 부족: 자신에게 중요한 것을 요구하는 대신, 타인의 기대에 맞추기 위해 자신의 감정이나 생각을 무시할 때가 많습니다.

· 수동적 태도: 내면아이는 다른 사람의 의견을 지나치게 따르고, 자신의 의견이나 욕구는 표현하지 못하는 경우가 많습니다.

· 갈등 회피: 갈등을 피하려 하며, 타인에게 맞추기 위해 자신을 희생하는 경향이 있습니다.

· 수동적 공격성: 외적으로는 복종하는 척하지만, 내면에서는 억제된 감정이나

불만이 쌓여 나중에 반발하거나 저항하는 모습이 나타날 수 있습니다.

'복종'의 심리도식을 가진 내면아이는 타인의 요구를 맞추기 위해 자주 자신을 부정하며, 이는 시간이 지나면서 감정적 억제와 갈등으로 이어질 수 있습니다.

2) 내면부모의 상태

'복종'의 심리도식을 가진 사람의 내면부모는 주로 권위적이고 지배적인 태도를 보일 가능성이 큽니다. 이 내면부모는 내면아이에게 타인의 요구를 따르도록 강요하며, 자주 자율성을 억제하고 순응적인 행동을 강요하는 경향이 있습니다.

· 권위적인 태도: 내면부모는 내면아이에게 "네가 원하는 대로 하면 안 돼.", "내가 말하는 대로 해야 해."와 같은 메시지를 자주 전달합니다.

· 자율성 억제: 내면부모는 내면아이의 개별적인 욕구나 선택을 인정하지 않고, 타인의 요구나 권위에 맞추도록 강요합니다.

· 무조건적인 복종 강요: 내면부모는 내면아이에게 권위에 대한 의문을 제기하지 않도록 하며, 권위에 복종해야만 안전하고 가치가 있다고 믿게 합니다.

· 비판적이고 통제적인 태도: 내면부모는 내면아이에게 지나치게 비판적이거나, 감정을 제대로 표현하는 것을 금지하는 경향이 있습니다.

· 강요된 자아 억제: 내면부모는 내면아이에게 자신의 욕구를 억제하고, 외부의 규범에 맞추도록 강요하면서 내면아이의 자율성을 억제합니다.

이렇게 내면부모는 내면아이에게 자율적인 판단을 허용하지 않고, 복종과 순응을 강요하는 경향이 있습니다. 이는 내면아이가 자신의 자아를 발현하는 데 어려움을 겪도록 만듭니다.

3) 심리적 결과와 상호작용

'복종'의 심리도식이 강한 경우, 내면아이와 내면부모는 다음과 같은 방식으로 상호작용합니다.

· 내면부모의 강압적 통제 → 내면아이의 자기 억압: 내면부모가 "네 뜻보다 타인의 뜻을 따라야 해.", "거역하면 사랑받을 수 없어." 같은 강압적인 메시지를 주입하면, 내면아이는 자신의 감정이나 욕구를 표현하지 않고 억누르게 됩니다. 이는 자기표현에 대한 두려움과 죄책감을 낳습니다.

· 권위에 대한 과도한 순응 → 자율성 상실: 내면아이에게 자율성을 존중받는 경험이 부족하면, 그는 타인의 의견이나 기대에 끊임없이 따르려 하며 자기 결정을 두려워하게 됩니다. 내면부모는 "너 스스로 결정하면 안 돼."라는 메시지로 자율성을 차단합니다.

· 억압된 감정 → 수동 공격적 반응: 표면적으로는 순응하지만, 억눌린 분노나 좌절이 쌓이면서 내면아이 안에는 소극적 저항이나 수동 공격성으로 표출될 가능성이 커집니다. 내면부모는 이 감정을 '부적절한 것'이라 판단하며 더 깊이 억압합니다.

· 인정욕구와 두려움 사이의 갈등 → 정체성 혼란: 내면아이는 사랑받기 위해 복종하지만, 동시에 자신을 상실하게 되며 점차 "나는 누구인가?", "무엇을 원하지?"라는 정체성의 위기를 겪게 됩니다. 내면부모는 여전히 타인의 시선을 더 중요하게 여기며 자기 내면의 진실을 외면하게 만듭니다.

'복종' 도식이 강할수록 내면아이는 외부 권위에 굴복하며 자신을 잃고, 내면부모는 자율성과 감정 표현을 금지하며 복종을 미덕으로 여깁니다. 이러한 상호작용은 점차 자기 존중의 결여와 인간관계 내에서의 과도한 양보로 이어지며, 치유를 위해서는 내면부모가 수용적이고 독립을 지지하는 방향으로 전환되고, 내면아이에게는 자기 의사 표현을 허용하고 격려하는 작업이 필요합니다.

4) 치유 방향

복종의 심리도식을 치유하려면, 내면아이와 내면부모 간의 상호작용을 건강하게 변화시켜야 합니다. 이를 위해서는 내면아이의 자율성을 회복하고, 내면부모의 권위적인 태도를 완화하는 것이 중요합니다.

· 자기표현 훈련: 내면아이에게 자신의 감정을 표현할 수 있는 방법을 가르쳐야 합니다. 내면아이의 욕구를 존중하고, 이를 안전하게 표현하는 연습이 필요합니다.

· 내면부모의 태도 변화: 내면부모는 내면아이에게 더 유연하고 수용적인 태도를 가져야 합니다. "너는 할 수 있어.", "너의 감정은 중요해."와 같은 메시지를 주어야 합니다.

· 자기 존중감 증진: 내면아이에게 자신의 요구와 감정이 중요하고 가치 있다는 것을 인식시켜야 합니다. 이를 통해 내면아이의 자존감이 향상될 수 있습니다.

· 자율성 훈련: 내면아이에게 자율적으로 선택할 수 있는 기회를 제공하고, 자신의 감정과 욕구를 자유롭게 표현하도록 유도합니다.

· 건강한 경계 설정: 내면부모는 내면아이에게 건강한 경계를 설정하고, 타인에게 무조건적으로 복종하는 것이 아니라, 자신이 어떤 것을 원하는지 생각하고

선택할 수 있는 권리를 부여해야 합니다.

결론적으로, '복종'의 심리도식을 가진 사람은 내면아이와 내면부모 간의 상호 작용에서 자율성과 자기 존중감이 억제된 상태일 가능성이 높습니다. 치유 과정에서는 내면아이의 감정과 욕구를 존중하고, 내면부모의 통제적인 태도를 부드럽게 완화하여, 내면아이에게 자기 표현과 자율성을 키울 수 있는 기회를 제공하는 것이 중요합니다.

'복종'의 심리도식이 있는 사람은 어떤 방어기제를 쓸 가능성이 높으며, 그 이유는 무엇인가요?

'복종'의 심리도식이 있는 사람은 자기주장이 약하거나 타인에게 지나치게 의존적인 경향을 보이며, 이는 내면에서 자기 보호와 불안 회피를 위한 방어기제로 작용할 수 있습니다. 이러한 사람은 자신의 의견이나 감정을 표출하는 데 어려움을 느끼며, 외부의 영향에 따라 자신을 맞추려 하는 경향이 있습니다. 방어기제는 그들이 자신의 불안이나 내적 갈등을 해결하려는 노력으로 나타납니다.

1) 억압(Repression)

'복종'의 심리도식이 있는 사람은 자신의 분노나 감정을 억압하는 경향이 있습니다. 타인의 요구나 권위에 복종하면서도, 자신이 느끼는 불만이나 감정을 무의식적으로 억제하여 내면의 갈등을 해결하려 합니다. 억압은 자신이 느끼는 불안이나 분노를 인식하지 않으려는 시도입니다. 자기 주장을 하지 못하고 타인에게 복종하는 방식으로 갈등을 피하려는 방어기제로, 내적 갈등을 표출하지 않으려는 노력입니다.

2) 투사(Projection)

'복종'의 심리도식을 가진 사람은 자신이 느끼는 불안이나 분노를 외부로 투사하여, 다른 사람이 자신을 통제하거나 억압한다고 느끼기도 합니다. 이런 방식으로 자기 내면의 감정을 타인에게 돌리며, 자신의 불만이나 분노를 외부에 투사합니다. 투사는 자신의 내면의 불만이나 분노를 외부로 돌리려는 시도입니다. 자신의 감정을 다루기 어렵고 억압된 상태에서 타인을 비난하거나 탓하는 방식으로 내면의 불안을 보호하려는 것입니다.

3) 반동형성(Reaction Formation)

'복종'의 심리도식을 가진 사람은 내면의 반발감이나 불만을 숨기기 위해, 겉으로는 지나치게 순종적이고 의도적으로 협조적인 행동을 보일 수 있습니다. 예를 들어, 내심으로는 분노하거나 반항하고 싶지만, 이를 완전히 반대로 행동하는 방식으로 자신을 보호하려고 합니다. 반동형성은 자신이 억누른 감정을 반대되는 방식으로 행동하게 하는 방어기제입니다. 내면의 반항적 감정을 순종적 태도로 감추고 자아를 보호하려는 방식입니다. 자신이 경험하는 불안을 외면하고, 반대되는 행동을 통해 자신을 보호하려는 것입니다.

4) 수동공격(Passive Aggression)

'복종'의 심리도식이 있는 사람은 겉으로는 상대에게 순응하는 것처럼 보이지만, 내면의 분노와 불만을 억누른 채 살아갈 수 있습니다. 이때 직접적으로 반항하지 못하므로 은근히 저항하는 방식, 즉 수동공격이 나타납니다. 예를 들어, 약속을 일부러 늦추거나, 일을 느리게 처리하거나, 의도적으로 잊어버리는 식으로 불만을 표현합니다. 이는 관계를 깨뜨리지 않으면서도 억눌린 감정을 간접적으로 드러내려는 방어적 행동입니다.

5) 합리화(Rationalization)

'복종'의 심리도식을 가진 사람은 자신이 느끼는 불만이나 불평을 합리화하려고 합니다. 예를 들어, 타인의 요구에 맞추면서도, '자신이 그것을 원해서 그렇게 했다'고 스스로에게 설명하려는 경향이 있습니다. 합리화는 자신이 복종하거나 타인의 요구에 따르는 것에 대한 내면의 불편함을 정당화하는 방어기제입니다. 이 방식은 자기 비판을 피하고, 자아 보호를 위한 시도입니다.

6) 회피(Avoidance)

'복종'의 심리도식을 가진 사람은 갈등을 피하기 위해 자신의 의견을 강하게 주장하거나 대립적인 상황을 피하려 할 수 있습니다. 예를 들어, 타인과 의견이 다를 때 이를 회피하려는 경향이 있습니다. 회피는 갈등이나 불편한 감정을 피하려는 시도입니다. 자기주장을 하지 않으려는 두려움을 다루기 위한 보호기제로, 불안과 갈등을 외면하려는 방식입니다.

'복종'의 심리도식이 있는 사람은 자신의 감정과 욕구를 표현하는 데 어려움을 느끼고, 타인의 요구에 지나치게 의존하게 되면서 내면에서 불안과 갈등을 겪습니다. 이들은 자기 보호와 불안 해소를 위해 여러 방어기제를 활용하며, 이 기제들은 자기주장을 억제하고 타인에게 복종하는 방식으로 자신을 심리적으로 보호하려는 노력의 일환입니다.

'복종'의 심리도식이 있는 사람이 심리적 취약점을 극복할 수 있는 핵심 대처 방법 10가지는 무엇인가?

복종의 심리도식을 가진 사람이 심리적 취약점을 극복할 수 있는 핵심 대처방법을 더욱 자세히 설명하겠습니다. 이러한 방법들은 건강한 보상기제를 사용하여 자아 존중감을 높이고, 타인의 요구에 대해 무비판적으로 반응하지 않으며, 자율성을 회복할 수 있는 데 중점을 두고 있습니다.

1) 자기 존중 훈련

자신에 대한 긍정적인 태도를 확립하는 것이 매우 중요합니다. 이를 위해 "자신의 감정이나 생각이 중요한 가치가 있다"는 믿음을 강화하고, 작은 성취라도 스스로 칭찬하며 자신을 인정하는 훈련을 합니다. 일기를 쓰거나 명상을 통해 자신의 감정을 잘 파악하고 수용하는 것이 도움이 됩니다.

2) 자기 주장 훈련

복종적인 경향을 줄이기 위해, 자신의 생각과 의견을 다른 사람 앞에서 표현하는 연습을 합니다. 초기에는 간단한 의견을 말하는 것으로 시작해 점차 더 복잡한 문제에 대해서도 목소리를 낼 수 있도록 훈련하는 것이 중요합니다. 이를 통해 자기 주장이 강해지고, 타인의 요구가 과도하게 자신을 압박하지 않도록 방어할 수 있습니다.

3) 자기 인식 향상

자신의 내면을 돌아보고, 진정으로 원하는 것과 타인의 기대 사이에서 발생하는 갈등을 인식하는 것이 필요합니다. 이 과정을 통해 자신의 가치를 이해하고, 타인의 기대가 항상 맞는 것이 아니라는 사실을 깨닫게 됩니다. 상담이나 자기 분석을 통해 이 과정을 더 깊이 이해할 수 있습니다.

4) 건강한 경계 설정

경계를 설정하는 것은 자기 보호와 존중의 중요한 부분입니다. 타인의 요구에 무조건 복종하는 대신, 자신이 불편하거나 원치 않는 요구에 대해 "아니오!"라고 말하는 연습을 해야 합니다. 경계를 설정함으로써 상대방의 요구를 지나치게 받아들이는 것을 예방하고, 자신에게 맞는 수준에서 관계를 유지할 수 있습니다.

5) 긍정적인 자기 대화

복종적인 성향을 가진 사람은 종종 "나는 할 수 없어." 또는 "내가 거절하면 싫어할 거야."와 같은 부정적인 자기 대화를 합니다. 이 대신 "나는 내 생각을 말할 자격이 있다." 또는 "내 감정은 중요하다."라는 긍정적인 말을 반복하며 자존감을 키워야 합니다. 이런 자기 대화는 자존감을 높이는 데 매우 중요한 역할을 합니다.

6) 자율성 존중

복종적 성향을 극복하려면, 외부의 요구나 기대보다 자신의 가치와 우선순위를 존중하는 것이 필요합니다. 스스로 결정을 내리고, 그 결정에 대해 책임을 질 수 있는 연습을 통해 자율성을 기를 수 있습니다. 예를 들어, 작은 일에서부터 스스로 선택을 하며, 그 선택에 대해 후회하지 않도록 마음가짐을 다집니다.

7) 심리적 거리 두기

타인의 요구가 과도하거나 부담스러울 때, 감정적으로 과도하게 반응하지 않도록 거리를 두는 것이 중요합니다. 자신의 감정과 행동을 분리하여, 상황을 객관적으로 바라보고 감정적으로 과도하게 몰입하지 않도록 합니다. 이 방법은 상황에 대한 과잉 반응을 방지하고, 좀 더 이성적인 판단을 가능하게 합니다.

8) 자기 돌봄

심리적 취약점을 극복하려면 신체적인 건강이 매우 중요합니다. 규칙적인 운동, 충분한 수면, 균형 잡힌 식사를 통해 신체적 에너지를 유지하면 정신적인 회복력도 함께 향상됩니다. 자기 돌봄은 자존감을 높이는 데 중요한 역할을 하며, 복종적인 경향을 줄이는 데도 큰 도움이 됩니다.

9) 감정 표현 훈련

감정을 억제하거나 지나치게 억누르는 것은 심리적 스트레스를 증가시킬 수 있습니다. 따라서 감정을 건강하게 표현하는 방법을 배우는 것이 중요합니다. 자신이 느끼는 감정을 인정하고, 이를 적절한 방식으로 표현하는 훈련을 통해 내면의 긴장을 해소하고 심리적 부담을 줄일 수 있습니다. 예를 들어, 감정을 글로 표현하거나 예술적인 활동을 통해 감정을 풀 수 있습니다.

10) 지지 네트워크 구축

지지하는 사람들과의 관계는 복종의 심리도식을 극복하는 데 매우 중요한 요소입니다. 신뢰할 수 있는 친구, 가족, 또는 상담자와의 관계를 통해 외부에서 오는 압박감에 대한 긍정적인 지원을 받을 수 있습니다. 이러한 지지 네트워크는 자신감을 높이고, 어려운 상황에서 의지할 수 있는 대안이 됩니다.

이와 같은 대처방법들은 복종의 심리도식을 극복하는 데 매우 효과적입니다. 각 방법을 일상생활에 적극적으로 적용하여 자신의 자율성과 자아 존중감을 강화하는 것이 중요합니다.

'복종'의 심리도식이 있는 사람이 버려야 할 '마이너스 생각 10가지'는 무엇이며, 이것을 꼭 가져야 할 '플러스 생각 10가지'로 바꾸면 어떻게 되는가?

'복종의 심리도식'이 있는 사람이 버려야 할 '마이너스 생각'과 이를 바꾸어야 할 '플러스 생각'은 자신감과 자율성을 키우고, 건강한 대인 관계를 형성하는 데 도움이 됩니다. 복종의 심리도식은 종종 타인의 요구에 과도하게 의존하거나, 자신의 의견을 지나치게 억제하는 경향을 보이기 때문에, 이러한 사고를 극복하는 것이 중요합니다.

버려야 할 '마이너스 생각' 10가지

1) "나는 항상 다른 사람의 요구에 따라야 한다."

⇒ 나는 내 의견을 가지고 있고, 내가 원하지 않으면 거절할 수 있다.

2) "내 의견은 중요하지 않다."

⇒ 내 의견은 소중하고 가치 있는 것이다. 나의 목소리도 중요하다.

3) "나는 타인의 기대에 맞춰야만 사랑받을 수 있다."

⇒ 사랑은 내가 진실되고 나답게 행동할 때, 자연스럽게 주고받는 것이다.

4) "내가 원하는 것은 타인을 실망시킬 것이다."

⇒ 내 욕구와 필요는 합리적이고 타당하며, 이를 존중받을 자격이 있다.

5) "내가 싫다고 말하면 관계가 끝날 것이다."

⇒ 건강한 관계는 서로의 경계를 존중하는 데서 시작된다. 내 경계도 중요한 부분이다.

6) "나는 언제나 순종해야 한다."

⇒ 나는 자율적이고 독립적인 사람이다. 나의 결정을 내릴 권리가 있다.

7) "타인을 기쁘게 하지 않으면 나는 무시당할 것이다."

⇒ 타인의 기쁨만을 위해 살 필요는 없다. 나의 행복도 중요하다.

8) "타인의 비판을 받으면 나는 실패한 것이다."

⇒ 비판은 내 성장의 기회다. 그것을 긍정적으로 받아들이고 개선할 수 있다.

9) "내가 원하는 것을 말하는 것은 이기적인 것이다."

⇒ 내 욕구를 표현하는 것은 이기적인 것이 아니라, 나 자신을 돌보는 것이다.

10) "타인의 의견이 항상 옳다."

⇒ 내 의견도 타인의 의견만큼 중요하다. 나는 내 생각을 존중받을 자격이 있다.

꼭 가져야 할 '플러스 생각' 10가지

1) "나는 나만의 의견과 생각을 가지고 있으며, 그 의견을 표현할 권리가 있다."

⇒ 나는 내 생각을 자유롭게 표현하고, 그 의견은 존중받을 가치가 있다.

2) "내가 원하는 것을 말할 수 있다."

⇒ 내 욕구와 필요를 표현하는 것은 내 권리이며, 나의 행복을 위해 필요하다.

3) "나는 타인의 기대에 부응하는 것보다 나 자신의 기대에 맞춰 살아야 한다."

⇒ 나는 내 삶을 주도하고, 내 가치와 목표에 맞춰 행동한다.

4) "타인의 요구가 항상 나의 우선순위가 되어야 하는 것은 아니다."

⇒ 내 요구와 필요도 중요하다. 나는 내 우선순위를 정할 권리가 있다.

5) "건강한 관계는 상호 존중과 균형에서 시작된다."

⇒ 나는 내 경계를 지키며, 타인도 그들의 경계를 존중할 수 있다.

6) "나는 내 삶의 주인이다."

⇒ 내 선택은 내 책임이며, 나는 내 삶을 주도할 수 있다.

7) "내 행복을 추구하는 것은 이기적인 것이 아니다."

⇒ 내 행복은 중요한 가치이며, 나는 나 자신을 돌볼 자격이 있다.

8) "비판은 내가 발전할 수 있는 기회이다."

⇒ 비판을 통해 나는 배우고, 성장할 수 있다. 나는 그것을 긍정적으로 받아들일 수 있다.

9) "내 욕구를 표현하는 것은 나 자신을 존중하는 것이다."

⇒ 내 욕구를 말하는 것은 내 삶에 대한 책임을 지는 것이다. 나는 내 목소리를 낼 수 있다.

10) "나는 타인의 의견과 내 의견을 균형 있게 존중할 수 있다."

⇒ 내 의견도 중요하고, 타인의 의견도 존중할 수 있다. 나는 그 둘 사이에서 균형을 찾을 수 있다.

이 플러스 생각들은 마이너스 생각을 타인의 기대에만 맞추지 않고, 자기 자신을 존중하며 자율적이고 독립적인 삶을 추구하는 방향으로 바꾸어 줍니다. 이렇게 되면 자신감을 키우고, 건강한 대인 관계를 형성하는 데 중요한 도움이 됩니다.

'복종'의 심리도식이 있는 사람에게 치유와 성장을 위해 가장 좋은 자각질문 5가지

복종의 심리도식을 가진 사람은 종종 타인의 요구나 기대에 과도하게 순응하고, 자기 주장을 표현하지 않거나 자신을 무시하는 경향을 보입니다. 이는 종종 자아 존중감 부족에서 비롯되며, 타인의 승인이나 인정에 지나치게 의존하게 만듭니다. 복종의 심리도식을 치유하고 성장을 촉진하기 위해서는 자기 존중과 자기 주도성을 키우는 것이 중요합니다.

이 심리도식을 치유하고 성장을 돕는 자각질문은 자기 주장을 하고, 자신의 감정과 욕구를 존중하며, 건강한 경계를 설정하는 데 도움이 될 것입니다.

1) "내가 지금 복종적인 태도를 취하는 이유는 무엇인가? 내 감정이나 욕구를 무시하고 타인의 요구를 따르는 것이 내게 어떤 영향을 미치고 있는가?"

→ 복종적인 행동의 근본적인 원인과 그로 인한 영향을 탐구하는 질문입니다. 자기 인식과 이해를 돕습니다.

2) "내가 타인의 기대에 맞추려는 이유는 내 본래의 가치나 욕구를 놓고 있지 않기 때문일까? 내가 정말 원하는 것은 무엇인가?"

→ 타인의 기대에 맞추는 것이 아닌, 자신이 진정으로 원하는 것을 인식하려는 질문입니다. 자기 주도적인 삶을 살기 위한 첫걸음이 됩니다.

3) "내가 항상 다른 사람의 요구에 맞추려는 이유는 내가 나 자신을 인정하지 않기 때문일까? 내가 나 자신을 더 존중하고 가치 있게 여기기 위해 무엇을 할 수 있

을까?”

→ 자기 존중감을 향상시키는 방법을 모색하는 질문입니다. 자기 가치를 인정하는 태도를 기를 수 있습니다.

4) “내가 타인의 요구에 맞추지 않고 나의 의견이나 욕구를 표현했을 때, 어떤 변화가 일어날까? 내 감정을 솔직하게 표현하는 것이 내 삶에 어떻게 도움이 될까?”

→ 자기 주장을 표현했을 때의 긍정적인 변화를 상상하고, 그런 행동이 자신에게 미치는 영향을 생각해 보는 질문입니다.

5) “내가 복종적인 태도를 버리고, 나의 생각과 욕구를 존중하려면 어떻게 해야 할까? 어떤 작은 변화부터 시작할 수 있을까?”

→ 구체적으로 자신이 할 수 있는 작은 변화나 실천을 정리하는 질문입니다. 단계적으로 변화할 수 있도록 돕습니다.

이 자각질문들은 복종의 심리도식을 치유하고, 자기 주도적이고 자아 존중감 있는 삶을 살아가는 데 필요한 기초를 다지게 합니다. 자신을 존중하고, 타인과의 건강한 경계를 설정하며, 자기 주장을 하는 능력을 키워나가는 데 도움이 될 것입니다.

‘복종’의 심리도식이 있는 사람이 깨우쳐야 할 핵심 명상 메시지 5가지

‘복종’의 심리도식이 있는 사람이 깨우쳐야 할 핵심 명상 메시지 5가지는 다음과 같습니다. 이 메시지들은 자율성을 찾고, 자기 존중을 회복하는 데 도움을 줄 수 있습니다.

1) 나는 나의 의견과 감정을 표현할 권리가 있다.

'복종'의 심리도식을 가진 사람은 타인의 요구에 지나치게 맞추려는 경향이 있습니다. 이 메시지는 자신의 의견과 감정을 소중히 여기고, 그것을 자유롭게 표현할 권리가 있음을 상기시켜 줍니다.

2) 나는 나의 가치를 타인의 기준에 의존하지 않는다.

타인의 기대에 맞추기 위해 자신을 희생하는 경향이 있을 수 있습니다. 이 메시지는 자신의 가치를 타인의 기준이나 승인에 의존하지 않고, 자신만의 내적 가치를 존중하자는 의미를 담고 있습니다.

3) 내가 존중받을 자격이 있으며, 타인에게 나의 경계를 설정할 수 있다.

'복종'의 심리도식을 가진 사람은 종종 경계를 설정하는 데 어려움을 겪습니다. 이 메시지는 자신이 존중받을 자격이 있다는 사실을 인식하고, 타인과의 관계에서 건강한 경계를 설정하는 중요성을 알려줍니다.

4) 내가 느끼는 감정은 중요하며, 그것을 무시할 이유는 없다.

감정을 무시하거나 억누를 때가 많습니다. 이 메시지는 자신의 감정을 인정하고, 그것이 중요하다는 사실을 받아들이게 하여, 감정에 대한 신뢰를 회복하는 데 도움이 됩니다.

5) 나는 나의 삶을 내가 선택할 권리가 있다.

복종적인 심리도식은 종종 타인의 요구에 의해 영향을 받습니다. 이 메시지는 자신의 삶을 자율적으로 선택할 수 있는 권리가 있음을 확신시켜 줍니다. 자신의 선택에 책임을 지고, 그것을 존중하는 과정이 필요함을 인식하게 돕습니다.

이 명상 메시지들은 복종적인 성향에서 벗어나, 자신을 존중하고 자율적인 삶을 살아갈 수 있도록 돕는 중요한 역할을 합니다. 반복적인 실천을 통해 자기 존중감을 회복하고, 더 건강한 관계를 맺을 수 있는 길을 열어줄 수 있습니다.

내면의 조건 없는 사랑(신성)이 '복종'의 심리도식이 있는 나에게 전하는 말

사랑하는 너에게,

너는 오랫동안 다른 사람들의 요구와 기대에 맞추며 살아왔을 거야. 다른 이들의 의견과 명령에 순응하며, 스스로의 목소리를 잃어버린 적이 많았겠지. 하지만 나는 너에게 말하고 싶어. "너는 결코 다른 사람에게 복종하기 위해 태어난 존재가 아니야. 너의 내면에는 독립적이고 자유로운 존재로서 세상과 연결될 힘이 있어." 너는 이미 충분히 자신만의 길을 갈 수 있는 능력과 용기를 가지고 있어.

복종은 종종 안전해 보이지만, 사실 그것은 진정한 자신과 연결되는 것을 방해할 수 있어. 네가 다른 사람들의 기대에 맞추는 동안, 너 자신이 얼마나 소중하고 독특한 존재인지를 잊고 있었을 거야. 나는 너에게 속삭이고 싶어. "너는 네가 원하고, 네가 믿는 것을 따를 자격이 있어. 너의 목소리와 선택은 소중하며, 그것이 너를 진정한 자유로 이끄는 길이야."

너는 자신을 표현하고, 자신의 목소리를 되찾을 수 있어. 다른 사람들의 의견에 휘둘리지 않고, 자신의 내면을 믿으며 살아갈 수 있어. 네 선택이 남들과 다르다고 해서 잘못된 것이 아니야. 나는 너를 항상 지지하고, 네가 스스로의 길을 걷는 모습을 존중해. 이제는 자신에게 귀를 기울이고, 너의 마음이 안내하는 길을 따라가도 돼.

자신의 길을 선택하는 것은 때때로 두렵고, 낯설게 느껴질 수 있어. 하지만 그 길 위에서 너는 진정한 자신을 발견하게 될 거야. 네가 자신의 내면과 연결될 때, 외부의 목소리에 흔들리지 않고도 평안함과 자신감을 느낄 수 있어. 자유롭게 선택하며 살아가는 그 순간, 너는 가장 빛나는 존재가 될 거야.

그러니 이제는 복종 대신 선택을, 순응 대신 진정한 자유를 허락해 줘. 네 삶의 방향을 스스로 결정하고, 네 목소리로 세상을 살아가도 돼. 나는 언제나 네 곁에 있고, 너의 결정을 응원하며, 너를 있는 그대로 사랑하고 있어. 너는 이미 충분히 자유롭고 존귀한 존재야.

13 자기희생: 자신의 욕구를 억누르고 타인을 우선하는 자아

자기희생 도식의 자아에게는 '난 괜찮아, 널 위해서라면!'이라는 믿음이 있으며, 그 핵심 대처방식은 다음과 같습니다.

· 굴복보상: 타인의 욕구를 중시하며 희생적인 태도를 보이지만, 타인에게 자신을 위한 것을 요구하지는 않는다.
· 회피보상: 타인과 서로 뭔가를 주고받는 상황을 회피한다.
· 과잉보상: 타인에게 그 무엇도 도움을 주지 않으려 한다.

자기희생 도식의 자아는 근본적으로 "나는 나보다 타인을 먼저 돌봐야 가치 있는 사람이다"라는 신념 위에 형성됩니다. 어린 시절 부모가 정서적으로 약하거나 의존적이었거나, 아이가 '착해야 사랑받을 수 있다'는 메시지를 내면화했을 때 이런 신념이 자리 잡습니다. 이 자아는 타인의 욕구와 감정을 빠르게 감지하고, 자신의 욕구를 억누름으로써 관계의 안정감을 확보합니다. 그러나 그 내면에는 "나의 욕구는 중요하지 않다", "나를 위해 요구하면 이기적이다"라는 죄책감이 깊이 자리하고 있습니다. 이런 내면 구조는 외형상 이타적이지만, 실상은 관계 상실에 대한 불안을 다루기 위한 무의식적 생존전략입니다.

굴복보상은 타인의 욕구를 우선시함으로써 관계 속에서 자신의 존재감을 확인하는 방식입니다. 타인을 위해 헌신하고, 상대의 감정이나 필요를 먼저 충족시킴으로써 '필요한 사람'이 된다는 심리적 보상을 얻습니다. 그러나 자신이 필요한 만큼 사랑받지 못하거나, 타인이 자신의 희생을 당연시할 때 깊은 좌절을 경험합니다. "나는 괜찮아"라고 말하지만, 그 속에는 "나도 돌봐줬으면 좋겠어"라는 억눌린 욕구가 숨어 있습니다. 굴복보상은 겉으로는 헌신이지만, 실제로는 버려짐의 두려움을 완화하기 위한 자기보호의 형태입니다.

회피보상은 주고받는 관계 자체를 피하는 방어입니다. 이런 자아는 타인과의 관계 속에서 '받는 것'을 불편하게 느끼며, 누군가 자신에게 도움을 주거나 돌보려 하면 거리를 둡니다. 이유는 명확합니다. 도움을 받는 것은 곧 '빚지는 것'이고, 빚지는 것은 다시 돌려줘야 한다는 압박을 불러오기 때문입니다. 그래서 차라리 관계의 상호성 자체를 회피합니다. "혼자 하는 게 편하다"는 말 뒤에는 "누구에게도 짐이 되고 싶지 않다"는 신념이 숨어 있습니다. 회피보상은 관계의 부담을 줄이는 대신, 정서적 고립이라는 대가를 치르게 됩니다.

과잉보상은 그 반대 방향으로 작동합니다. 자기희생으로 인한 피로와 분노가 쌓이면서, "이제는 더 이상 누구에게도 주지 않겠다"는 극단적 방어로 나아갑니다. 타인의 요구를 거부하고, 일부러 냉정하거나 무관심한 태도를 취하기도 합니다. 그러나 이 냉정함의 바탕에는 "또다시 이용당할까 두렵다"는 상처가 자리합니다. 과잉보상은 '이타적 자아'의 반동으로, 결국 또 다른 형태의 자기보호입니다. 겉으로는 단호해 보이지만, 내면은 여전히 타인에게 휘둘릴까 두려운 '불안한 중심' 위에 서 있습니다.

이와 같이 자기희생 자아의 세 가지 보상은 모두 "관계를 유지하면서 자신을 보호하려는 시도"라는 공통된 목적을 지닙니다. 굴복은 헌신으로, 회피는 거리두기로, 과잉보상은 냉정함으로 자아를 방어하지만, 그 어떤 방식도 자기 욕구를 존중하는 법을 가르쳐 주지 못합니다. 진정한 치유는 '이타심'을 버리는 것이 아니라, 자기 돌봄과 타인 돌봄의 균형을 회복하는 일입니다. 즉, "나를 돌보는 것도 사랑의 한 형태"라는 새로운 신념을 내면에 세워야 합니다. 그때 이 자아는 죄책감 없는 사랑, 강요 없는 헌신, 그리고 진정한 상호성 속에서 비로소 성숙한 자기로 자리 잡게 됩니다.

'자기희생'의 심리도식이 있는 사람은 어린 시절 어떤 상처(트라우마)를 받았을 가능성이 높은가?

'자기희생'의 심리도식이 있는 사람은 어린 시절에 타인의 욕구나 요구를 우선시하는 환경에서 자랐을 가능성이 높습니다. 이러한 심리도식은 주로 부모나 보호자가 자녀의 욕구를 무시하거나, 자녀가 타인의 요구를 충족시키는 것이 중요한 가정환경에서 형성될 수 있습니다. 아래는 자기희생의 심리도식과 관련된 어린 시절의 상처(트라우마)입니다.

1) 부모의 과도한 요구와 기대

부모가 자녀에게 지나치게 높은 기대나 요구를 했을 경우, 자녀는 자신이 부모의 요구를 충족시키지 않으면 사랑받지 못한다고 느끼게 될 수 있습니다. 이로 인해 아이는 타인의 요구에 맞추기 위해 자신을 희생하는 경향을 보일 수 있습니다.

2) 감정적 무시와 냉담

부모가 자녀의 감정이나 욕구를 무시하고, 자녀에게 감정적인 지원을 제공하지 않았다면, 아이는 자신의 욕구를 표현하는 것보다 타인의 감정과 욕구에 더 집중하게 될 수 있습니다. 이는 자기희생적인 태도를 키우게 되며, 자신의 감정을 무시하거나 억제하게 될 수 있습니다.

3) 부모의 정서적 부재 또는 부주의

부모가 정서적으로 부재하거나, 자녀의 필요를 충족시키지 않는 상황에서 자란 아이는 자주 자기희생적인 행동을 보일 수 있습니다. 부모가 충분히 돌봐주지 않거나, 자녀의 감정에 민감하지 않았을 경우, 아이는 스스로를 돌보지 않고 다른 사람을 우선시하는 방식으로 반응할 수 있습니다.

4) 부모의 갈등과 불안정한 가정 환경

가정 내에서 부모 간의 갈등이나 불안정한 환경이 지속되었다면, 자녀는 가정 내에서의 평화를 유지하기 위해 자신의 감정과 욕구를 억제하고 타인의 요구를 우선시하는 경향을 보일 수 있습니다. 부모의 갈등을 해결하려는 노력에서 자신을 희생하면서도, 가족 내에서 갈등을 피하려 할 수 있습니다.

5) 부모의 질병이나 정신적 어려움

부모가 신체적, 정서적 어려움(예: 우울증, 알콜 중독 등)을 겪고 있을 경우, 자녀는 부모를 돌보거나 그들의 감정을 안정시키기 위해 스스로를 희생하는 태도를 보일 수 있습니다. 이런 경험은 자녀가 타인을 돌보는 역할을 맡게 되고, 자신의 욕구는 뒤로 미루는 방식으로 나타날 수 있습니다.

6) 부모의 지나친 통제와 억압

부모가 자녀에게 지나치게 통제적이고 억압적인 환경을 제공했다면, 아이는 자신의 욕구를 표현하거나 주장하는 것을 두려워하고, 대신 타인을 위해 자신을 희생하는 방식을 선택하게 될 수 있습니다. 자아가 충분히 형성되지 않고, 타인의 요구에 맞추는 방식으로 행동하게 됩니다.

7) 부모의 감정적 무관심

부모가 자녀에게 감정적으로 무관심하거나, 자녀의 감정을 무시하는 경우, 아이는 자신의 감정이 받아들여지지 않는다고 느끼고, 대신 타인의 요구를 충족시키는 방식으로 상호작용을 시도하게 됩니다. 이를 통해 자기희생적인 행동이 강화될 수 있습니다.

8) 부모의 과도한 비판

부모가 자녀를 지속적으로 비판하거나, 자녀의 성취를 인정하지 않았다면, 아이는 자기희생적인 태도를 통해 부모의 인정을 얻으려고 할 수 있습니다. 자신의 욕구보다 타인의 요구를 우선시하며, 자아의 요구를 억제하는 방식으로 성장할 수 있습니다.

결론적으로, '자기희생'의 심리도식이 있는 사람은 어린 시절에 자신의 욕구보다 타인의 요구와 감정을 우선시해야 했던 경험이 많았을 가능성이 큽니다. 이러한 경험은 자아가 확립되지 않거나, 자녀가 타인의 기대와 요구를 충족시키기 위해 자신을 희생하게 만드는 환경에서 비롯될 수 있습니다.

'자기희생'의 심리도식이 있는 사람의 내면아이와 내면부모는 어떤 상태일 가능성이 높은가?

'자기희생'의 심리도식이 있는 사람은 자신보다 타인의 요구를 우선시하며, 자주 자신의 욕구나 감정을 억제하는 경향이 있습니다. 이 도식은 어린 시절 타인의 기대에 맞추기 위해 자신을 희생하거나, 타인의 감정이나 요구에 지나치게 민감해졌던 경험에서 비롯됩니다. 이 사람의 내면아이와 내면부모는 다음과 같은 상태일 가능성이 높습니다.

1) 내면아이의 상태

'자기희생'의 심리도식을 가진 내면아이에게는 타인에 대한 지나치게 높은 헌신과 자신을 돌보지 못하는 경향이 있습니다. 이 내면아이의 상태는 주로 희생과 부정적인 자아 개념, 그리고 무력감을 특징으로 합니다.

· 자기 감정의 억제: 내면아이는 자신의 감정을 무시하고, 타인의 감정을 우선시하며, 자신의 요구를 드러내지 않으려 합니다.

· 타인에 대한 지나친 의존: 내면아이는 타인의 인정이나 사랑을 받기 위해 자신의 감정이나 욕구를 억제하며, 타인의 요구에 지나치게 맞추려는 경향이 있습니다.

· 희생적인 태도: 자신의 필요보다 타인의 필요를 우선시하려 하며, 타인이 괴로워하는 상황에서 자신이 희생하는 것이 옳다고 여깁니다.

· 자기 비하: 내면아이는 자신을 소중하지 않게 여기고, 타인의 행복을 위해 자신의 감정을 억누르며, 자신을 무시하거나 자책하는 경향이 있습니다.

· 무력감과 좌절: 내면아이는 자주 무력감을 느끼며, 자신의 감정을 제대로 표현

하지 못하고 좌절하는 경우가 많습니다.

자기희생의 심리도식을 가진 내면아이는 자신의 감정을 표현하기 어려워하며, 타인에게 끊임없이 맞추려다 보니 자주 상처를 받고, 감정적으로 위축될 수 있습니다.

2) 내면부모의 상태

'자기희생'의 심리도식을 가진 사람의 내면부모는 주로 지나치게 희생적인 태도를 가지고 있으며, 타인에게 무조건적으로 헌신하고, 자아를 무시하는 가르침을 전달할 가능성이 큽니다. 이 내면부모는 자주 자신의 욕구를 뒤로하고 타인의 요구에 맞추도록 내면아이에게 강요하는 경향이 있습니다.

- 희생적인 가치 강조: 내면부모는 내면아이에게 "너는 다른 사람을 위해 헌신해야 해.", "타인의 요구를 들어주어야만 사랑받을 수 있어."와 같은 메시지를 전달합니다.
- 자기 억제: 내면부모는 내면아이에게 자기 감정을 표현하는 것보다 타인의 요구를 우선시하는 것이 옳다고 교육하며, 자신의 욕구를 무시하도록 합니다.
- 타인 중심의 태도: 내면부모는 내면아이에게 타인의 감정과 필요를 먼저 고려하고, 자아의 욕구는 뒤로 미뤄야 한다고 가르칩니다.
- 부족한 자기 존중: 내면부모는 내면아이에게 자신을 소중하게 여기지 말고, 타인의 요구에 맞추기 위해 희생하는 것이 더 중요한 가치라고 여깁니다.
- 자기 비판과 무력감 강조: 내면부모는 내면아이에게 "너는 언제나 타인을 도와야 해."라는 메시지를 통해 자아를 희생하도록 하며, 스스로를 비판하고 무력감

을 느끼게 할 수 있습니다.

이 내면부모는 내면아이에게 지나치게 희생적인 태도를 강요하고, 자신의 요구나 감정을 억제하는 태도를 전달하는 경향이 있습니다.

3) 심리적 결과와 상호작용

'자기희생'의 심리도식이 강한 경우, 내면아이와 내면부모는 다음과 같은 방식으로 상호작용합니다.

· 내면부모의 요구 내면화 → 내면아이의 감정 억제: 내면부모는 "네 감정보다 남이 먼저야.", "너는 참아야 착한 아이야." 같은 메시지를 반복합니다. 이로 인해 내면아이는 자신의 감정이나 욕구를 표현하는 것을 이기적인 행동이라 여기며 스스로 억누르게 됩니다.

· 과도한 배려 → 자기 경계 약화: 내면아이는 타인의 필요와 감정을 먼저 고려하고 그에 따라 행동하며, 자신의 욕구는 뒷전으로 미룹니다. 내면부모는 "네가 아니면 안 돼.", "네가 참아야 일이 잘 풀려."라고 부추기며 경계 설정을 방해합니다.

· 죄책감 유발 → 자기 표현에 대한 두려움: 자신의 욕구나 불편함을 드러내는 순간, 내면부모는 "이기적이야!", "남을 힘들게 하지 마!"라고 비난합니다. 그 결과 내면아이는 자기표현을 회피하고, 대신 무언의 희생을 감내합니다.

· 억눌린 감정의 누적 → 정서적 고갈: 내면아이가 반복적으로 자신의 감정을 무시하고 타인만을 우선시하면, 점차 정서적 피로와 고립감을 느끼게 됩니다. 내면부모는 이 고갈의 원인을 직시하지 않고 오히려 더 참으라고 독려합니다.

‘자기희생’ 도식이 강할수록 내면아이는 타인을 위한 삶에 익숙해지고, 내면부모는 이타성을 미덕으로 과도하게 강조하며 자신을 무시하는 방향으로 작동합니다. 이로 인해 정체성 혼란과 관계 내 피로감이 커지게 되며, 치유를 위해서는 내면부모가 자기 보호와 경계 설정을 지지하도록 변화하고, 내면아이에게는 “너도 소중해.”, “네 감정도 중요해.”라고 말해주는 따뜻한 회복적 메시지가 필요합니다.

4) 치유 방향

‘자기희생’의 심리도식을 치유하려면 내면아이의 자율성을 회복하고, 내면부모의 지나치게 희생적인 태도를 완화하는 것이 필요합니다. 이를 위해 다음과 같은 치유 방법이 중요합니다.

· 자기 감정 표현 훈련: 내면아이에게 자신의 감정을 자유롭게 표현하고, 자기 감정을 우선시하는 방법을 가르쳐야 합니다. 내면아이는 자신의 요구를 말할 수 있어야 하며, 타인의 요구를 충족시키는 것보다 자신의 감정을 먼저 존중해야 합니다.

· 자기 존중감 향상: 내면아이에게 자신의 가치를 인정하고, 타인과의 관계에서 자신도 중요한 존재임을 인식시켜야 합니다.

· 건강한 경계 설정: 내면부모는 내면아이에게 자기 요구를 말하고, 타인의 요구와 자신이 구별할 수 있는 경계를 설정하도록 돕습니다.

· 자기 보호와 자기 사랑: 내면아이에게 자신을 보호하고, 자기 사랑을 실천하는 방법을 배우도록 합니다. 내면아이에게 “너는 소중하다.”, “너의 요구도 중요하다.”는 메시지를 반복해야 합니다.

· 균형 잡힌 관계 형성: 내면부모는 내면아이에게 자아를 희생하지 않고도 타인과 건강한 관계를 형성할 수 있다는 것을 가르쳐야 합니다. 내면아이에게 자율성과 자기 존중을 격려하는 것이 중요합니다.

결론적으로, '자기희생'의 심리도식을 가진 사람은 내면아이와 내면부모 간의 상호작용에서 자아를 희생하고 감정을 억제하는 경향이 강합니다. 치유 과정에서는 내면아이의 자율성과 자기 존중감을 회복시키고, 내면부모의 지나친 희생적 태도를 완화하는 것이 중요합니다.

'자기희생'의 심리도식이 있는 사람은 어떤 방어기제를 쓸 가능성이 높으며, 그 이유는 무엇인가요?

'자기희생'의 심리도식이 있는 사람은 자신의 욕구와 감정보다는 타인의 욕구와 감정을 우선시하는 경향이 강합니다. 이는 타인을 만족시키고자 하는 내면의 강한 욕구에서 비롯되며, 자신이 느끼는 결핍이나 불안을 무의식적으로 다루기 위해 특정한 방어기제를 사용합니다. 자기희생을 통해 자신이 느끼는 자기 비하감이나 죄책감을 덜고, 타인에게 인정받고자 하는 욕구를 충족하려는 방식입니다.

1) 억압(Repression)

'자기희생'의 심리도식을 가진 사람은 자신의 욕구나 감정이 드러나는 것을 두려워하고, 이를 억누르려고 합니다. 자신의 욕구가 충족되지 않아 불편함을 느끼더라도 이를 의식하지 않으려는 시도를 하며, 무의식적으로 감정을 억제합니다.

자신의 욕구와 감정을 억압하면 타인의 요구를 더 쉽게 받아들일 수 있고, 관계에서의 갈등이나 거절을 피할 수 있습니다. 자기 욕구를 표현하면 관계가 깨질 것 같은 두려움을 피하려는 자기 보호 전략입니다.

2) 반동형성(Reaction Formation)

'자기희생'의 심리도식을 가진 사람은 자신의 자기 욕구를 숨기기 위해 반대로 행동할 수 있습니다. 자신의 욕구를 충족하고 싶은 마음이 있지만, 그것이 타인에게 부담이 될까 두려워 지나치게 이타적인 행동을 보입니다. 자신의 욕구를 인식하고 충족하려 하면 죄책감이나 불안을 느끼기 때문에, 이를 감추기 위해 반대로 과도하게 타인을 돕고 헌신하려 합니다. 내면의 갈등을 피하고 자신의 욕구를 부정하면서도 심리적 안정을 추구합니다.

3) 합리화(Rationalization)

'자기희생'의 심리도식을 가진 사람은 자신의 욕구를 충족하지 못하는 상황을 스스로 합리화합니다. 예를 들어, "나는 괜찮아. 상대가 행복하면 나도 행복해."라고 생각하며, 자신의 욕구를 희생하는 이유를 정당화합니다. 자신의 욕구가 충족되지 않는 데서 오는 내면의 불만을 피하고, 자신의 행동을 정당화함으로써 자기 욕구를 억제한 데 따른 심리적 갈등을 줄이려는 자기 보호 전략입니다.

4) 투사(Projection)

'자기희생'의 심리도식을 가진 사람은 자신의 욕구를 부정하면서, 자신이 느끼는 불만이나 욕구를 타인에게 투사할 수 있습니다. 예를 들어, "나는 괜찮은데, 저 사람은 내가 도와줘야 해."라는 식으로 자신의 욕구를 타인의 욕구로 전이합니다.

자신의 욕구를 직접적으로 인식하고 표현하기 어려우므로, 이를 타인의 문제로 돌려 타인을 돕는 방식으로 자신의 욕구를 간접적으로 충족하려는 시도입니다. 자신의 욕구를 타인의 문제로 전이하면서 내면의 불안을 줄입니다.

5) 반사적 동일시(Identification)

'자기희생'의 심리도식을 가진 사람은 자신을 희생하면서 타인의 행복을 자신의 행복으로 받아들입니다. 즉, 타인의 욕구가 충족될 때, 자신이 보상받는 느낌을 받습니다. 타인의 만족을 통해 자신의 내면의 결핍을 채우고자 하며, 타인의 욕구를 자신의 욕구로 동일시함으로써 자신의 감정을 보호하려는 방식입니다.

6) 수동공격(Passive-aggression)

'자기희생'의 심리도식을 가진 사람은 자신의 욕구를 억제하다가, 그것이 지속되면 수동적으로 공격적인 태도를 보일 수 있습니다. 예를 들어, "난 당신을 위해서 다 했는데, 당신은 나한테 뭘 해줬어?"라는 식으로 불만을 표출합니다. 직접적으로 자신의 욕구를 드러내기 어렵기 때문에, 간접적인 방식으로 불만을 표현하면서 자신이 희생한 데 대한 보상을 요구합니다.

'자기희생'의 심리도식이 있는 사람은 자신의 욕구와 감정을 억제하고 타인의 요구에 순응하면서, 내면의 결핍감을 방어기제를 통해 해소하려 합니다. 방어기제는 자기 욕구를 부정하고, 이를 통해 심리적 안정을 찾으려는 시도로 나타납니다. 억압이나 합리화, 반동형성 등을 통해 자신의 욕구를 억누르면서 타인에게 헌신하는 것은 내면의 상처와 갈등을 피하고자 하는 보호 전략입니다.

'자기희생'의 심리도식이 있는 사람이 심리적 취약점을 극복할 수 있는 핵심 대처방법 10가지는 무엇인가?

'자기희생'의 심리도식이 있는 사람이 심리적 취약점을 극복할 수 있는 핵심 대처방법 10가지는 다음과 같습니다. 이 방법들은 건강한 보상기제를 활용하여 자기 존중감을 높이고, 타인을 지나치게 우선시하지 않으며, 자신의 욕구와 필요를 충족시키는 방향으로 나아가는 데 중점을 두고 있습니다.

1) 자기 가치 인식 훈련

자기희생적인 행동은 종종 자기 가치가 낮다고 느끼는 데서 비롯됩니다. 자신의 가치와 중요성을 인정하는 훈련을 통해, 타인을 돌보는 것만큼 자신을 돌보는 것도 중요하다는 인식을 확립합니다. 자아 존중감을 높이고 자신을 중요한 존재로 여기는 연습이 필요합니다.

2) 건강한 경계 설정

자신을 지나치게 희생하는 대신, 타인과의 관계에서 건강한 경계를 설정하는 방법을 배워야 합니다. 예를 들어, "지금은 내가 우선"이라는 마음가짐을 통해 자신의 필요를 우선시할 수 있는 상황을 만들고, "아니오!"라고 말하는 훈련을 통해 과도한 요구를 거절할 수 있도록 합니다.

3) 자기 돌봄 강화

자기희생적인 성향을 극복하려면 신체적, 정신적 건강을 우선시해야 합니다. 규칙적인 운동, 건강한 식습관, 충분한 수면 등을 통해 자기 돌봄을 실천하고, 자신에게 투자하는 시간을 가집니다. 자기 돌봄을 통해 에너지를 충전하고, 타인을 돕는 데 필요한 자원을 확보할 수 있습니다.

4) 자기 주장 훈련

자기희생적인 사람들은 자신의 욕구를 자주 무시하거나 다른 사람의 필요를 우선시합니다. 자기 주장 훈련을 통해 자신의 욕구와 감정을 표현하는 법을 배우며, 타인의 요구와 자신의 필요를 균형 있게 다룰 수 있게 됩니다. 타인의 기대에 무조건 맞추지 않고, 자신의 생각을 말하는 연습이 중요합니다.

5) 감정 인식 및 표현

자기희생적인 성향을 가진 사람들은 자신의 감정을 표현하지 않거나 억누를 때가 많습니다. 감정을 인식하고 건강하게 표현하는 방법을 배우면, 내면의 갈등을 해소할 수 있습니다. 예를 들어, 감정을 일기로 표현하거나 대화로 풀어내는 등의 방법을 통해 감정을 자연스럽게 표현하는 연습을 합니다.

6) 균형 잡힌 관계 유지

타인에게 너무 많은 에너지를 주는 대신, 상호적인 관계를 유지하는 것이 중요합니다. 자신의 감정과 필요를 공유하고, 관계에서 주고받는 균형을 맞추는 연습이 필요합니다. 이러한 관계를 통해 상호 존중과 배려가 이루어지며, 자기희생적인 태도를 조정할 수 있습니다.

7) 자기 수용 훈련

자기희생적인 성향은 종종 자신을 희생하는 것에 대한 도덕적 만족을 찾으려는 경향에서 비롯됩니다. 자신을 있는 그대로 받아들이고, 자신의 욕구나 감정이 부끄러운 것이 아니라는 사실을 인식하는 것이 중요합니다. 자신을 있는 그대로 사랑하는 훈련을 통해 자기 수용을 높일 수 있습니다.

8) 자기 이해 증진

자신의 심리적 패턴이나 행동을 잘 이해하는 것이 중요합니다. 왜 자신이 타인에게 지나치게 희생하려고 하는지, 그 배경을 알아내고 이를 받아들이는 과정이 필요합니다. 상담이나 자기 분석을 통해 이러한 패턴을 인식하고 조절할 수 있는 방법을 배우는 것이 도움이 됩니다.

9) 타인에 대한 의존성 줄이기

자기희생적인 성향을 가진 사람들은 종종 타인에게 지나치게 의존하게 됩니다. 이를 극복하기 위해 타인에게 기대지 않고 자신만의 능력으로 문제를 해결하는 방법을 배우는 것이 중요합니다. 독립적인 결정을 내리고, 자신의 선택에 대한 책임을 지는 연습을 통해 자율성을 강화할 수 있습니다.

10) 목표 설정 및 자아실현

자신을 위해 무엇을 하고 싶은지에 대한 명확한 목표를 설정하는 것이 중요합니다. 자기희생적인 행동이 과도하게 반복되면 자기 실현을 위한 시간이 부족해지기 때문에, 자신만의 목표와 꿈을 설정하고 이를 추구하는 시간과 공간을 확보합니다. 이를 통해 자기 존중감이 향상되고, 타인을 돕는 데 필요한 에너지를 비축할 수 있습니다.

이 대처 방법들은 '자기희생적'인 심리도식을 극복하는 데 효과적인 전략들입니다. 자신의 욕구와 필요를 존중하고, 건강한 방식으로 자기 돌봄을 실천하는 것이 핵심입니다. 각 방법을 일상에 적용하며 자신의 삶에서 균형을 찾아가면 심리적 취약점을 극복할 수 있습니다.

'자기희생'의 심리도식이 있는 사람이 버려야 할 '마이너스 생각 10가지'는 무엇이며, 이것을 꼭 가져야 할 '플러스 생각 10가지'로 바꾸면 어떻게 되는가?

'자기희생'의 심리도식이 있는 사람은 타인을 돕는 것을 우선시하고, 자신의 욕구나 필요를 무시하는 경향이 있습니다. 이러한 사고방식은 자신을 돌보지 않게 만들고, 결국에는 감정적인 고갈이나 불만을 초래할 수 있습니다. '자기희생'의 심리도식을 극복하려면 자신의 감정과 욕구도 존중하고, 균형 잡힌 사고방식을 갖추는 것이 중요합니다.

버려야 할 '마이너스 생각' 10가지

1) "타인을 돕는 것이 내 삶의 목적이다."

⇒ 나의 삶에도 중요한 가치와 목적이 있으며, 타인을 돕는 것도 중요하지만 나 자신도 소중하다.

2) "다른 사람들이 원하는 대로 내가 해야만 한다."

⇒ 나는 나의 의견과 감정을 존중하며, 다른 사람의 기대에 부응하려는 부담을 덜어내야 한다.

3) "내가 희생해야 다른 사람들이 행복해진다."

⇒ 나는 희생 없이도 다른 사람들과 좋은 관계를 맺을 수 있으며, 내 행복도 중

요하다.

4) "내가 싫어하는 일을 하더라도, 타인을 위해 해야 한다."

⇒ 내 감정과 욕구도 존중해야 하며, 나의 기쁨과 만족을 추구할 자격이 있다.

5) "타인에게 너무 많은 요구를 하지 않으면 그들이 나를 떠날 것이다."

⇒ 나는 나의 요구를 표현할 권리가 있으며, 적절한 요구를 할 때 더 건강한 관계를 유지할 수 있다.

6) "내가 피곤하거나 힘들어도 계속해서 도와야 한다."

⇒ 내 에너지를 소중히 여겨야 하며, 나의 건강과 행복을 우선시하는 것이 중요하다.

7) "내가 먼저 나서야만 일이 잘 풀린다."

⇒ 나는 타인도 스스로 문제를 해결할 수 있도록 신뢰해야 하며, 나만의 한계를 인식해야 한다.

8) "내가 무조건 희생해야 사랑을 받을 수 있다."

⇒ 사랑은 균형 잡힌 상호작용에서 생겨나며, 희생만이 아닌 나의 존중과 배려도 필요하다.

9) "내가 먼저 모든 것을 해결해야 한다."

⇒ 나는 다른 사람들과 함께 문제를 해결할 수 있으며, 나만의 부담을 덜어내는 것이 중요하다.

10) "내 감정을 표현하는 것은 이기적인 행동이다."

⇒ 내 감정은 중요한 신호이며, 이를 표현하는 것은 나의 정당한 권리다.

꼭 가져야 할 '플러스 생각' 10가지

1) "나의 삶에도 중요한 가치와 목적이 있다."

⇒ 나는 나 자신을 돌보는 것이 중요하며, 타인을 돕는 것과 나를 돌보는 균형을 맞추는 것이 필요하다.

2) "나는 나의 의견과 감정을 존중할 자격이 있다."

⇒ 내 생각과 감정은 중요하며, 다른 사람의 기대에 부응하기 전에 나를 존중하는 것이 우선이다.

3) "내가 희생하지 않아도, 나는 사랑받고 존중받을 수 있다."

⇒ 나는 타인에게 도움을 줄 수 있지만, 그 과정에서 나 자신을 잃지 않고 균형을 맞출 수 있다.

4) "내가 싫어하는 일을 하지 않아도 된다."

⇒ 나는 내 감정과 욕구를 존중하며, 타인과의 관계에서 내 만족과 기쁨을 찾을 수 있다.

5) "내 요구를 표현하는 것은 자연스러운 일이다."

⇒ 나는 내 요구를 적절히 표현할 수 있으며, 그로 인해 더 건강한 관계를 유지할 수 있다.

6) "내 건강과 행복을 우선시해야 한다."

⇒ 나는 내 에너지를 아껴야 하며, 내 몸과 마음을 돌보는 것이 나뿐만 아니라 타인에게도 도움이 된다.

7) "나는 타인도 문제를 해결할 수 있도록 신뢰할 수 있다."

⇒ 나는 다른 사람을 신뢰하고, 내가 하지 않아도 될 일을 맡기며, 그들도 성장할 수 있도록 도와준다.

8) "사랑은 희생이 아니라, 상호 존중에서 나온다."

⇒ 사랑은 서로를 존중하고 이해하는 데에서 나오며, 나는 나를 존중하면서 사랑을 나눌 수 있다.

9) "문제를 해결할 때, 나 혼자서만 하지 않아도 된다."

⇒ 나는 협력과 상호작용을 통해 문제를 해결할 수 있으며, 혼자서 모든 짐을 지지 않아도 된다.

10) "내 감정은 중요한 신호이고, 이를 표현하는 것은 나의 권리다."

⇒ 나는 내 감정을 솔직하게 표현할 수 있으며, 이는 나의 감정적 건강을 유지하는 데 필수적이다.

'자기희생'의 심리도식을 극복하려면 자신을 돌보는 것이 타인을 돕는 것과 균형을 이루는 것이라는 사고방식으로 바꾸는 것이 중요합니다. 플러스 생각을 통해 자신의 욕구와 감정을 존중하며, 건강한 관계와 자아 존중감을 유지할 수 있습니다. 이는 타인과의 관계에서 더 나은 상호작용을 이루고, 자신의 내적 성장과 행복을 도모할 수 있게 합니다.

'자기희생'의 심리도식이 있는 사람에게 치유와 성장을 위해 가장 좋은 자각질문 5가지

'자기희생'의 심리도식을 가진 사람은 종종 타인을 돕거나 그들의 요구를 충족시키기 위해 자신의 필요와 감정을 희생하는 경향이 있습니다. 이들은 종종 자신을 소홀히 하고, 자신의 욕구를 무시하며, 타인의 기대에 맞추려 합니다. 이런 심리도식을 치유하고 성장을 촉진하기 위해서는 자기 존중, 자기 돌봄, 그리고 균형 잡힌 관계를 발전시키는 것이 중요합니다.

'자기희생'의 심리도식을 치유하고 성장을 돕는 자각질문은 자신의 욕구와 감정을 존중하고, 타인과의 건강한 경계 설정을 통해 자신을 돌보는 방향으로 유도할 수 있습니다.

1) "내가 지금 나 자신을 희생하고 있는 이유는 무엇인가? 내가 진정으로 원하는 것과 나의 필요를 무시하고 있는 건 아닐까?"

→ 자기희생의 원인을 탐구하고, 자신의 진정한 욕구와 필요를 인식하는 질문입니다. 이는 자신을 돌보는 첫걸음이 됩니다.

2) "타인의 요구를 충족시키기 위해 내 감정을 무시하는 것은 나에게 어떤 영향을 미치고 있는가? 내가 나 자신을 돌보기 위해 무엇을 할 수 있을까?"

→ 자기희생으로 인해 발생할 수 있는 부정적인 영향을 되짚어보고, 자신을 돌보는 방법을 찾는 질문입니다.

3) "나는 왜 항상 다른 사람의 요구에 맞추려고 하는가? 내가 나의 감정을 표현하거나 나의 욕구를 존중하는 것이 왜 어려운가?"

→ 자기희생을 반복하는 이유를 더 깊이 이해하고, 자신의 감정과 욕구를 표현하는 데 있어 어려움을 분석하는 질문입니다.

4) "내가 다른 사람을 돕는 것과 나 자신을 돌보는 것이 충돌할 때, 내가 어떤 선택을 할 수 있을까? 나의 욕구도 존중하면서 타인을 도울 방법은 무엇일까?"

→ 자기희생과 타인을 돕는 것 사이에서 균형을 찾을 수 있는 방법을 모색하는 질문입니다.

5) "내가 나 자신을 돌볼 때, 나의 삶에 어떤 긍정적인 변화가 일어날까? 내가 행

복하고 건강해야 다른 사람도 더 잘 도울 수 있다는 점을 어떻게 더 인식할 수 있을까?”

→ 자기 돌봄을 통해 긍정적인 변화를 상상하고, 타인을 돕는 데 있어 자기 돌봄이 중요한 이유를 인식하는 질문입니다.

이 자각질문들은 자기희생의 심리도식을 치유하고, 자기 존중과 자기 돌봄을 통해 건강한 경계를 설정하는 데 도움이 됩니다. 자기 감정과 욕구를 인정하고 존중하며, 균형 잡힌 삶을 살도록 돕는 방법입니다.

‘자기희생’의 심리도식이 있는 사람이 깨우쳐야 할 핵심 명상 메시지 5가지

‘자기희생’의 심리도식이 있는 사람이 깨우쳐야 할 핵심 명상 메시지 5가지는 다음과 같습니다. 이 메시지들은 자신을 돌보고, 균형 잡힌 삶을 찾는 데 도움을 줄 수 있습니다.

1) 나는 나를 돌볼 자격이 있다.

자기희생적인 경향은 종종 자신을 돌보는 것을 뒷전으로 미루게 만듭니다. 이 메시지는 자신을 돌볼 자격이 있음을 깨닫고, 자기 자신을 우선시하는 중요성을 강조합니다.

2) 내 감정과 욕구는 중요한 것이며, 그것을 인정하고 표현할 수 있다.

다른 사람을 우선시하는 사람은 자신의 감정을 억누를 수 있습니다. 이 메시지는 자신의 감정과 욕구가 중요하며, 그것을 표현하고 존중받을 자격이 있음을 일깨워줍니다.

　3) 나는 타인을 돕는 것만큼 나를 돌보는 것도 중요하다.

　타인을 돕는 것에 지나치게 집중하면 자신의 필요를 무시할 수 있습니다. 이 메시지는 타인을 돕는 것이 중요하지만, 나를 돌보는 것 또한 같은 정도로 중요하다는 균형을 깨닫게 돕습니다.

　4) 자기희생은 나를 성장시키지 않으며, 나의 에너지를 소모시킬 뿐이다.

　지나치게 자기희생적인 행동은 결국 자기 자신을 소모시키고 에너지를 낭비하게 만듭니다. 이 메시지는 자기희생이 결국 자신에게 해가 된다는 점을 인식하고, 보다 건강한 방식으로 타인과 관계를 맺을 수 있도록 돕습니다.

　5) 나는 나를 사랑하고 존중할 때, 타인에게도 진정으로 사랑을 줄 수 있다.

　자신을 사랑하고 존중하는 것이 타인에게 진정한 사랑과 지원을 제공하는 기본이 됩니다. 이 메시지는 자기희생적인 행동이 아닌, 자기 존중과 사랑을 바탕으로 타인을 돕는 것이 중요하다는 점을 상기시켜 줍니다.

　이 명상 메시지들은 자기희생에서 벗어나 자신의 필요와 감정을 존중하는 방향으로 나아갈 수 있도록 돕습니다. 반복적으로 이 메시지를 되새기면서 자신을 돌보고 균형 잡힌 삶을 살아갈 수 있는 내적 힘을 키울 수 있습니다.

내면의 조건 없는 사랑(신성)이 '자기희생'의 심리도식이 있는 나에게 전하는 말

사랑하는 너에게,

너는 다른 사람들을 돕고, 그들을 위해 자신을 희생하는 것에 익숙해졌을 거야. 다른 사람들의 행복을 위해 자신의 욕구와 필요를 뒤로 미루곤 했지. 하지만 나는 너에게 말하고 싶어. "너는 결코 다른 사람을 위해 자신을 잃어버려야 할 존재가 아니야. 네가 진정으로 다른 사람을 돕고 싶다면, 우선 너 자신을 사랑하고 돌봐야 해." 네가 자신을 존중하고, 자신의 필요를 채우지 않으면, 결국 다른 사람을 도울 힘이 고갈될 수 있어.

사랑은 자기희생에서 오는 것이 아니라, 상호 존중과 균형 속에서 자라나는 것이야. 네가 다른 사람을 위해 무엇인가를 할 때, 그것은 네가 충분히 충만하고 사랑받고 있을 때 가능한 일이야. 스스로를 돌보지 않으면, 그 사랑은 점점 피폐해지고, 결국 누구에게도 제대로 전해지지 않아. 나는 너에게 말하고 싶어. "너는 다른 사람을 위해 살아야 하는 존재가 아니야. 너 자신을 사랑하고 행복을 추구할 자격이 충분히 있어."

네가 다른 사람을 배려하는 마음은 이미 충분히 아름답고 값진 것이야. 하지만 이제는 너 자신에게도 그 사랑을 돌려줄 차례야. 너의 행복이 곧 다른 사람에게로 흘러가고, 세상에 선한 영향을 미치게 돼. 너 자신을 충만하게 채울 때, 그 사랑은 더 깊고 넓게 퍼질 거야.

나는 네가 스스로를 돌보는 모습을 상상해. 너의 필요를 존중하고, 마음껏 쉬고, 즐겁게 살아가는 모습. 그 안에서 너는 더욱 빛나고, 다른 사람들에게 진정한 도움과 기쁨을 줄 수 있어. 너의 힘과 에너지는 네가 스스로를 사랑할 때 가장 강력하게 발휘돼.

그러니 이제는 자신에게도 마음을 쓰고, 사랑을 나눌 준비를 해. 너는 언제나 충분히 사랑받을 가치가 있고, 자신의 행복과 충만을 누릴 자격이 있어. 나는 항상 네 곁에서 너를 응원하고, 너의 힘과 진정한 가치를 믿고 있어. 너는 충분히 사랑할 수 있는 존재이며, 사랑받을 자격도 충분히 있는 존재야.

승인-인정 추구: 타인의 인정 없이는 불안한 자아

승인-인정 추구 도식의 자아에게는 '남들에게 인정받지 않고는 못 살아!'라는 믿음이 있으며, 그 핵심 대처방식은 다음과 같습니다.

· 굴복보상: 타인의 승인, 인정을 바라기 때문에 자기 자신보다 남들의 칭찬과 인정에 초점을 두고 외부 지향적인 방식으로 행동한다.

· 회피보상: 승인, 인정받고 싶어지는 상황이나 사람을 회피한다. 승인, 인정받지 못하는 상황을 피한다.

· 과잉보상: 타인에게 승인, 인정받지 못하는 방식으로 행동한다.

승인·인정 추구 도식의 자아는 근본적으로 "타인의 인정이 있어야만 나는 가치가 있다"는 신념 위에 서 있습니다. 어린 시절 부모의 사랑이 조건적이었거나, 칭찬과 성취를 통해서만 인정받았던 환경에서 자란 경우, 아이는 "내가 어떤 존재인가보다, 어떻게 보이느냐가 중요하다"는 결론을 내립니다. 그 결과 자아의 중심이 '내면의 기준'이 아니리 '타인의 시선'으로 옮겨가며, 존재의 가치는 외부의 평가에 의존하게 됩니다. 이 자아는 자신이 누구인가보다, 타인이 자신을 어떻게 볼까에 민감하게 반응하며, 인정받을 때는 안정되지만 무시당하거나 비판받을 때는 존재 전체가 흔들립니다. 결국 '자기 자신으로 존재할 수 있는 힘'이 결핍된 불안정한 자아 구조를 지니게 됩니다.

굴복보상은 이런 자아가 타인의 인정에 의존함으로써 불안을 완화하는 방식입니다. 늘 누군가에게 칭찬받고, 잘한다는 말을 들어야 안심하며, 자신을 과도하게 포장하거나 타인의 기대에 맞춰 행동합니다. 내면의 진심보다 외부의 시선을 우선시하기 때문에, 자신의 욕구나 감정은 뒷전으로 밀려납니다. 겉으로는 자신감 있어 보이지만, 실제로는 '타인의 평가'라는 외부 기준에 자신을 맡김으로써 겨우 안정감을 유지하는 상태입니다. 굴복보상은 "내가 진짜 나로서 존재해도 사랑받을 수 있을까?"라는 두려움을 감추는 심리적 보상 구조이며, 그 이면에는 "인정받지 못하면 존재할 자격이 없다"는 근원적 불안이 자리합니다.

회피보상은 승인 욕구가 좌절될 가능성을 미리 피함으로써 불안을 줄이는 방어 기제입니다. 이런 자아는 자신이 주목받지 못하거나 인정받지 못할 상황을 피하며, 비판을 받을 수 있는 환경에서는 자신을 드러내지 않습니다. 겉으로는 관심을 싫어하거나, 타인의 평가에 무심한 듯 행동하지만, 사실은 상처받을까 두려워 스스로를 감추는 것입니다. 이들은 내면의 욕구와 외부의 시선 사이에서 끊임없이 충돌하며, '보이지 않으면 안전하다'는 무의식적 신념 속에 숨어버립니다. 회피보상은 불안을 잠시 줄여주지만, 결국 자신을 드러낼 기회를 잃게 하고, 자기 확신을 더 약화시킵니다.

과잉보상은 정반대 방향으로 작동합니다. "타인의 인정 따윈 필요 없어"라는 태도로 자신을 방어하며, 오히려 일부러 남의 기대에 반하는 행동을 합니다. 무시하거나 반항적으로 보이는 태도 속에는 "인정받고 싶은 나"를 억누르고 감추려는 깊은 수치심이 있습니다. 즉, 과잉보상은 '인정받고 싶지 않다'는 선언을 통해 사실상 '인정받지 못할 두려움'을 덮는 전략입니다. 이들은 겉으로는 자립적이고 비타

협적으로 보이지만, 내면은 여전히 타인의 시선에 예민하게 흔들립니다. 결국 이 반항은 자유가 아니라, 여전히 인정의 틀 안에 갇힌 또 다른 복종입니다.

이와 같이 승인·인정 추구 자아의 세 가지 보상은 모두 "존재의 가치를 외부에서 확보하려는 시도"라는 동일한 목적을 지닙니다. 굴복은 순응으로, 회피는 은폐로, 과잉보상은 반항으로 자신을 지키지만, 그 어떤 방식도 내면의 공허를 채우지 못합니다. 진정한 치유는 타인의 평가로부터 벗어나 "인정받기 위해 존재하는 것이 아니라, 존재 그 자체로 존중받을 가치가 있다"는 자각을 회복하는 데서 시작됩니다. 자신이 스스로를 인정하기 시작할 때, 타인의 시선은 더 이상 생존의 조건이 아니라, 교류의 한 형태로만 남게 됩니다. 이때 비로소 이 자아는 불안한 타인지향성에서 벗어나, 안정된 자기존중의 중심을 되찾게 됩니다.

'승인-인정 추구'의 심리도식이 있는 사람은 어린 시절 어떤 상처(트라우마)를 받았을 가능성이 높은가?

'승인-인정 추구'의 심리도식이 있는 사람은 어린 시절에 타인의 인정과 승인을 받지 못한다고 느끼거나, 부모나 중요한 사람으로부터 긍정적인 피드백을 받지 못한 경험이 있었을 가능성이 높습니다. 이러한 심리도식은 외부의 인정에 과도하게 의존하며, 자신의 가치를 인정받기 위해 계속해서 노력하는 형태로 나타납니다. 아래는 승인-인정 추구의 심리도식과 관련된 어린 시절의 상처(트라우마)입니다.

1) 부모나 보호자의 무관심 또는 부족한 칭찬

부모가 자녀의 성과나 감정을 칭찬하거나 인정하지 않았을 경우, 아이는 자신이 누구에게도 인정받지 못한다고 느낄 수 있습니다. 부모의 무관심이나 부족한 칭찬은 아이에게 자신의 가치를 외부의 인정에서 찾게 만들고, 인정받지 못하면 자신의 존재 가치가 없다고 느끼게 될 수 있습니다.

2) 부모의 지나치게 비판적인 태도

부모가 자주 자녀를 비판하거나, 자녀의 행동에 대해 부정적인 피드백을 주었다면, 아이는 자아 존중감이 낮아지고 외부에서 인정받아야 한다는 강박을 가지게 될 수 있습니다. 끊임없는 비판은 자녀가 자신의 가치를 스스로 인정하는 대신, 타인의 평가에 의존하도록 만들 수 있습니다.

3) 조건적인 사랑

부모가 사랑을 조건적으로 표현하거나, 자녀가 어떤 특정 조건을 만족할 때만 사랑을 주었을 경우, 아이는 자신이 사랑받기 위해서는 끊임없이 성과를 내야 한다고 생각할 수 있습니다. 이는 자아 존중감을 외부의 승인이나 인정에 의존하게 만듭니다.

4) 부모의 기대와 압박

부모가 자녀에게 과도한 기대를 걸고 그 기대를 충족시키지 않으면 비판적이거나 냉담하게 대할 경우, 자녀는 자신이 부모의 요구를 충족시키지 않으면 사랑받지 못한다고 느낄 수 있습니다. 이런 상황에서 자녀는 부모의 인정과 승인을 받기 위해 계속해서 성취하려는 강박을 가지게 될 수 있습니다.

5) 부모의 감정적 부재

부모가 정서적으로 부재하거나 자녀의 감정적 필요를 무시했을 경우, 아이는 자신의 감정을 인정받지 못했다고 느끼게 됩니다. 이로 인해 자아의 정체성이 불안정해지고, 외부에서 인정받으려는 강한 욕구가 형성될 수 있습니다.

6) 사랑의 부족한 표현

부모가 자녀에게 애정을 충분히 표현하지 않았거나, 자녀에게 관심을 보이지 않았다면, 아이는 사랑받지 못한다는 느낌을 가질 수 있습니다. 이런 결핍된 경험은 아이가 외부에서 인정과 사랑을 찾으려는 강박적인 행동으로 이어질 수 있습니다.

7) 경쟁적 가정 환경

가정 내에서 형제자매 간의 경쟁이 치열하거나, 부모가 한 자녀에게만 지나치게 집중하거나, 다른 자녀와 비교하면서 자녀를 대했을 경우, 아이는 인정받기 위한 경쟁에서 밀려날 수 있다는 두려움을 가지게 됩니다. 이는 계속해서 타인의 승인을 추구하는 행동으로 나타날 수 있습니다.

8) 상실 경험

부모나 보호자의 이혼, 별거, 또는 사망 등으로 인한 상실 경험은 아이가 자신이 충분히 사랑받지 못하고 버려졌다는 느낌을 가질 수 있습니다. 이런 상실은 아이에게 외부의 인정과 사랑을 얻기 위한 과도한 욕구를 형성할 수 있습니다.

결론적으로, '승인-인정 추구'의 심리도식이 있는 사람은 어린 시절에 부모나 보호자로부터 충분한 인정이나 사랑을 받지 못하거나, 조건적으로만 사랑을 받았을 가능성이 큽니다. 이러한 경험은 자아 존중감을 외부의 인정에 의존하게 만들고, 성인이 되어서는 계속해서 다른 사람들로부터의 인정과 승인을 추구하는 행동 패턴을 형성할 수 있습니다.

'승인-인정' 추구의 심리도식이 있는 사람의 내면아이와 내면부모는 어떤 상태일 가능성이 높은가?

'승인-인정 추구'의 심리도식이 있는 사람은 타인의 인정과 승인에 대한 강한 욕구를 느끼며, 자신의 가치를 타인의 의견에 의존하는 경향이 있습니다. 이 심리도식은 어린 시절 부모나 중요한 사람들의 인정과 사랑을 받지 못했거나, 반대로 지나치게 타인의 인정을 구하며 자아를 형성했을 때 발생할 수 있습니다. 이 사람의 내면아이와 내면부모는 다음과 같은 상태일 가능성이 높습니다.

1) 내면아이의 상태

'승인-인정 추구'의 심리도식을 가진 내면아이는 자신이 다른 사람에게 인정받고 사랑받기 위해 끊임없이 노력하는 모습을 보입니다. 내면아이의 상태는 주로 타인의 반응에 의존하고, 자아 존중감을 타인의 평가에 맞추려는 경향을 나타냅니다.

- 자기 가치의 외적 의존: 내면아이는 자신의 가치를 타인의 인정을 통해 확인하고, 타인의 승인 없이는 자신이 가치 없다고 느낍니다.
- 불안과 두려움: 다른 사람에게 인정받지 못하거나 거부당할까 봐 두려워하고 불안해합니다.
- 타인의 기대에 맞추려는 노력: 내면아이는 타인의 기대에 부응하려 하며, 이를

충족시키지 못할 경우 자신을 실망시키거나 가치 없는 존재로 여깁니다.

· 자기 비하와 낮은 자존감: 내면아이는 타인의 인정을 받지 못하면 자신의 가치가 떨어진다고 느끼며, 자존감이 낮아질 수 있습니다.

· 외적인 평가에 민감: 내면아이는 주변 사람들의 평가에 지나치게 민감하며, 평가받는 상황에서 불안하거나 과도하게 긴장할 수 있습니다.

내면아이의 상태는 자신이 '인정받지 못하면 안 된다'는 강박적 믿음에 시달리며, 이로 인해 감정적으로 불안하고 위축되는 경우가 많습니다.

2) 내면부모의 상태

'승인-인정 추구'의 심리도식을 가진 사람의 내면부모는 내면아이에게 끊임없이 인정과 승인을 요구하며, 타인의 평가를 중시하는 가르침을 전달할 가능성이 큽니다. 내면부모는 내면아이에게 자기 가치가 외적인 승인에 달려 있다고 가르치고, 타인의 평가가 자신을 규정하는 중요한 요소로 여깁니다.

· 타인에 대한 의존 강조: 내면부모는 내면아이에게 "타인이 너를 어떻게 생각하는지 중요하다."거나 "다른 사람들이 너를 좋아하면 너는 잘하고 있는 거야."와 같은 메시지를 전달할 수 있습니다.

· 외적 기준을 중시하는 태도: 내면부모는 내면아이에게 "남들이 인정하는 모습을 보여야 한다.", "승인받지 않으면 너는 부족하다."는 기준을 심어줄 수 있습니다.

· 자기 비판과 승인 요구: 내면부모는 내면아이에게 스스로를 비판하고, 타인의 반응을 통해 자신의 가치를 측정하게 하며, 그로 인해 내면아이는 자기 자신을

평가하는 기준이 외부의 승인으로 설정됩니다.

· 완벽주의적 요구: 내면부모는 내면아이에게 타인의 인정을 받기 위해 완벽해져야 한다는 요구를 내세우며, 이를 충족시키지 못할 경우 비판하거나 실망하는 태도를 보일 수 있습니다.

· 승인에 대한 강박적 태도: 내면부모는 내면아이에게 외부의 승인을 추구하도록 유도하며, 이를 통해 자기 가치를 확인하려는 경향이 있습니다.

내면부모는 내면아이에게 지나치게 타인의 의견과 평가에 의존하는 태도를 강요하며, 내면아이의 자아 형성에 큰 영향을 미칩니다.

3) 내면아이와 내면부모의 상호작용

'승인-인정 추구'의 심리도식이 강한 경우, 내면아이와 내면부모는 다음과 같은 방식으로 상호작용합니다.

· 외부 평가 중시 → 내면아이의 자기 소외: 내면부모는 "남들이 어떻게 생각할까?", "인정받지 못하면 무가치해."라는 메시지를 내면화하며, 외부의 시선과 평가를 최우선으로 여깁니다. 이에 따라 내면아이는 자신의 진짜 욕구나 감정보다 외부의 기대에 맞춰 자신을 꾸미거나 조정하게 됩니다.

· 과잉 성취 요구 → 불안한 자기 존재감: 내면아이는 내면부모의 기대에 따라 '좋은 모습', '인정받는 행동'을 통해서만 자신이 의미 있고 안전하다고 느낍니다. 실패하거나 주목받지 못하면 강한 불안과 공허를 경험하며, 존재 자체의 가치보다 성과와 인정을 통해 존재감을 확인하려 합니다.

· 타인의 시선에 예민 → 진짜 감정 억제: 내면부모는 "이렇게 보여야 해.", "네가

어떻게 보이는지가 중요해."라는 기준으로 감정 표현이나 자율적 행동을 억압합니다. 이로 인해 내면아이는 자기다운 선택이나 감정 표현에 거리감을 느끼며 타인 중심적인 사고에 갇힙니다.

· 관계 중심의 자아 형성 → 자기 정체감의 불안정: 지속적으로 타인의 인정을 추구하며 살아온 내면아이는 자신이 누구인지, 무엇을 원하는지를 명확히 알기 어려워집니다. 내면부모는 '평판'과 '성과'로 정체성을 결정하려 하며, 자율성과 자기 확신은 약화됩니다.

'승인-인정' 도식이 강한 사람은 사랑받기 위해 항상 노력하고, 인정을 잃을까 두려워하며 내면아이를 끊임없이 외부로 향하게 합니다. 치유를 위해서는 내면부모가 성과나 평가보다 존재의 가치를 인정하도록 전환되고, 내면아이에게는 "있는 그대로 너는 충분해.", "인정받지 않아도 괜찮아."라는 메시지를 반복적으로 들려주는 연습이 필요합니다. 이를 통해 자기 정체감이 회복되고, 타인의 평가에 휘둘리지 않는 내적 안정감이 자라게 됩니다.

4) 치유 방향

'승인-인정 추구'의 심리도식을 치유하기 위해서는 내면아이의 자아 존중감을 외부의 승인에 의존하지 않고, 내면에서부터 인정할 수 있도록 도와야 합니다. 또한 내면부모의 지나치게 외적 승인에 의존하는 태도를 완화하고, 내면아이에게 자신의 가치를 외부의 평가에 상관없이 스스로 인정하도록 격려해야 합니다.

· 자기 존중감 강화: 내면아이에게 자신의 가치를 외부의 승인이 아닌, 자기 내면의 기준으로 평가하는 방법을 가르쳐야 합니다.

· 내면의 평가 기준 설정: 내면아이에게 자신을 평가하는 기준을 외부의 승인이 아닌, 내면의 성취와 감정에 기반하도록 지도합니다.

· 자기 연민 훈련: 내면아이에게 자기 자신을 따뜻하게 대하고, 외부 평가에 관계 없이 자신을 사랑하는 방법을 배울 수 있도록 도와야 합니다.

· 타인과의 건강한 관계 형성: 내면부모는 내면아이에게 타인과의 관계에서 승인 과 인정을 중요하게 여기되, 지나치게 의존하지 않고 균형 잡힌 관계를 유지하 도록 돕는 것이 중요합니다.

· 긍정적인 내적 대화: 내면아이에게 "너는 너 자신으로 충분히 가치 있는 존재 야."라는 메시지를 반복하며, 내면부모는 이를 지지하고 격려하는 태도를 가져 야 합니다.

결국 '승인-인정 추구'의 심리도식을 가진 사람은 내면아이와 내면부모가 외부 의 인정과 승인을 과도하게 의식하며 살아갑니다. 치유의 방향은 내면아이와 내 면부모가 자기 내면에서 자신의 가치를 인정하고, 외부의 평가에 의존하지 않는 자아 존중감을 회복하는 데 중점을 두어야 합니다.

'승인-인정 추구'의 심리도식이 있는 사람은 어떤 방어기제를 쓸 가능성이 높으며, 그 이유는 무엇인가요?

'승인-인정 추구'의 심리도식이 있는 사람은 타인의 인정과 승인이 자신의 가치 와 존재감을 확인하는 데 핵심적인 역할을 합니다. 이러한 사람들은 자신이 타인 에게 인정받지 못하면 자기 가치가 떨어진다고 느끼며, 이를 통해 생기는 내면의 불안이나 상처를 방어기제를 통해 해결하려 합니다. 즉, 자신의 자존감을 지키고 내면의 결핍을 메우기 위해 방어기제를 사용하는 것입니다.

1) 합리화(Rationalization)

승인받지 못하거나 인정을 받지 못한 상황에서 자신의 실패나 거절을 스스로 정당화합니다. 예를 들어, "저 사람은 나를 잘 몰라서 그렇다." 또는 "그 사람은 원래 까다로워서 어쩔 수 없었어."와 같은 식으로 자신의 욕구가 충족되지 못한 상황을 설명합니다. 자신의 노력이나 성취가 인정받지 못한 상황에서 생기는 상처와 불안을 줄이기 위해 자신의 실패를 외부 요인이나 타인의 문제로 돌립니다. 이를 통해 자신의 자존감을 방어하고 내면의 결핍을 해소하려는 시도입니다.

2) 투사(Projection)

자신이 원하는 인정이나 승인이 충족되지 않을 때, 자신의 불안이나 결핍을 타인의 문제로 전가합니다. 예를 들어, "저 사람은 나를 질투해서 날 인정하지 않는 거야."라고 생각합니다. 자신의 내면에서 발생하는 결핍감이나 수치심을 타인에게 투사함으로써 자신의 자존감을 보호하려는 시도입니다. 자신이 부족하다는 감정을 타인의 문제로 돌리면서 심리적 안정을 꾀합니다.

3) 반동형성(Reaction Formation)

자신이 타인의 인정을 원하고 있다는 사실을 부정하거나 억압하면서, 오히려 타인의 인정을 신경 쓰지 않는 척 행동합니다. 예를 들어, "나는 남이 평가 따위 신경 안 써."라고 하면서 실제로는 인정받기 위해 과도하게 애를 씁니다. 타인의 인정을 원하는 자신의 욕구가 충족되지 않을 경우, 자신이 약해 보이거나 부족하다는 느낌을 피하기 위해 정반대로 행동합니다. 이를 통해 자신의 자존감을 보호하려는 전략입니다.

4) 대리 보상(Indirect Compensation)

타인의 승인이나 인정이 충족되지 않을 때, 다른 영역에서의 성취를 통해 이를 보상하려 합니다. 예를 들어, 학업이나 직장에서의 성취를 통해 인정받지 못한 상처를 보상하려는 행동입니다. 특정 영역에서 인정받지 못한 상처를 다른 영역에서의 성취로 보상함으로써 자신의 자존감을 유지하려는 시도입니다. 타인의 인정이 충족되지 않은 상태에서 발생하는 결핍을 다른 성취로 채우려 합니다.

5) 동일시(Identification)

인정받는 사람이나 권위 있는 대상과 자신을 동일시하여 그 대상의 가치를 자신의 가치로 전이합니다. 예를 들어, "나는 성공한 회사에서 일하고 있으니까 나는 가치 있는 사람이야."라고 생각합니다. 타인에게 직접적인 인정이나 승인을 받지 못하더라도, 자신이 속한 그룹이나 성취를 통해 간접적으로 인정받으려는 시도입니다. 이를 통해 자신의 자존감을 유지합니다.

혹은 인정받는 사람이 하는 행동이나 성취를 과도하게 모방하며 자신의 정체성을 확립하려 합니다. 예를 들어, 유명인이나 성공한 인물의 행동, 스타일을 그대로 따라 하려는 경향이 있습니다. 직접적으로 인정받지 못한 결핍을 인정받는 사람과 동일시하면서 보완하려는 시도입니다. 이를 통해 자신의 존재감을 강화하고 심리적 안정을 얻으려 합니다.

6) 퇴행(Regresssion)

인정받지 못하거나 실패했을 때, 유아기적이고 의존적인 태도로 돌아가 보호받고자 합니다. 예를 들어, 실패한 후 누군가의 위로를 과도하게 원하거나, 자신을 어린아이처럼 돌봐달라고 요구합니다. 성숙한 방식으로 인정받기 어려울 때, 퇴행을 통해 자신의 욕구를 충족하고자 합니다. 타인에게 의존함으로써 인정받지 못한 상처를 보상하려는 시도입니다.

7) 과잉행동(Acting Out)

인정받지 못한 좌절이나 불안을 해소하기 위해 과도하게 주목받으려는 행동을 합니다. 예를 들어, 과도하게 화려한 옷을 입거나, 지나치게 튀는 행동을 하면서 관심을 끌려 합니다. 직접적인 인정이 부족한 경우, 주목받음으로써 자신의 존재감을 확인하려는 시도입니다. 이를 통해 내면의 불안감을 줄이고 자존감을 보완하려 합니다.

'승인-인정 추구'의 심리도식이 있는 사람은 자신의 가치가 타인의 인정에서 결정된다고 믿기 때문에, 인정받지 못할 경우 자존감이 약화되고 심리적 결핍이 발생합니다. 방어기제는 이러한 결핍과 상처를 줄이고 자기 가치를 보호하기 위한 심리적 보상 전략입니다. 합리화, 투사, 보상, 반동형성 등의 방어기제를 통해 인정받지 못한 상황에서의 상처와 불안을 완화하며, 자신의 자존감을 유지하려는 노력이 방어기제의 핵심입니다.

'승인-인정 추구'의 심리도식이 있는 사람이 심리적 취약점을 극복할 수 있는 핵심 대처방법 10가지는 무엇인가?

'승인-인정 추구'의 심리도식이 있는 사람이 심리적 취약점을 극복할 수 있는 핵심 대처방법 10가지는 다음과 같습니다. 이 방법들은 건강한 보상기제를 활용하여 자아 존중감을 높이고, 타인의 승인과 인정을 지나치게 의존하지 않으면서 자기 자신을 인정하는 방향으로 나아가는 데 중점을 둡니다.

1) 자기 존중감 향상

타인의 인정에 의존하는 경향을 줄이기 위해, 스스로를 인정하고 존중하는 훈련을 해야 합니다. 이를 위해 작은 성취라도 스스로 칭찬하고, 자신이 노력한 것에 대해 자부심을 느끼는 것이 중요합니다. 자기 존중감을 높이는 활동을 통해 타인의 승인 없이도 자신감을 유지할 수 있습니다.

2) 자기 내면의 가치 발견

외부의 인정보다 내면의 가치를 더 중요하게 생각하는 습관을 들여야 합니다. 자기 내면에서 찾을 수 있는 가치와 강점을 발견하고, 그것을 기반으로 자존감을 높여 나갑니다. 내면의 가치를 인정하고, 외부 평가보다 자기 자신에 대한 긍정적인 인식을 강화하는 것이 중요합니다.

3) 건강한 경계 설정

타인의 승인을 지나치게 추구하는 성향을 극복하기 위해서는 다른 사람들의 기대에 너무 많이 맞추지 않도록 경계를 설정하는 것이 필요합니다. "타인의 기대를 다 맞출 수는 없다"는 것을 인정하고, 자신의 욕구와 경계를 존중하는 연습을 해야 합니다.

4) 자기 주장 훈련

타인의 승인이나 인정에 의존하지 않기 위해, 자신의 의견과 감정을 분명히 표현하는 훈련이 필요합니다. '내가 원하는 것'을 분명하게 말하는 능력을 키우면, 외부의 반응에 과도하게 영향을 받지 않게 됩니다. 자신감을 가지고 자신을 표현하는 연습을 통해 자아를 강화할 수 있습니다.

5) 완벽주의적 사고 수정

'완벽해야만 인정받을 수 있다'는 생각은 승인 추구 심리와 밀접하게 연결됩니다. 자신이 완벽하지 않아도 괜찮다는 사실을 받아들이고, 실수나 실패를 두려워하지 않도록 해야 합니다. 불완전함을 수용하고, 그로부터 배우는 자세를 갖는 것이 중요합니다.

6) 자기 돌봄 실천

자신을 돌보는 것이 중요한데, 이는 타인의 인정과 승인만큼 중요한 가치임을 인식하는 과정입니다. 규칙적인 운동, 충분한 수면, 건강한 식사 습관을 통해 신체적 건강을 유지하며, 정신적으로도 자신을 돌보는 활동을 실천합니다. 자기 돌봄은 내적인 안정감을 높이고, 외부 인정에 의존하는 경향을 줄이는 데 도움이 됩니다.

7) 내적 기준 설정

외부의 승인보다 중요한 것은 내적인 기준을 설정하는 것입니다. 자신이 가치 있다고 생각하는 기준에 따라 삶을 살아가며, 타인의 평가가 아닌 자신만의 기준으로 성공과 성취를 평가합니다. 내적인 기준을 설정함으로써 타인의 평가에서 벗어날 수 있습니다.

8) 불안 다루기

승인 추구 심리에서 비롯되는 불안은 주로 타인의 반응에 대한 과도한 걱정에서 발생합니다. 이 불안을 다루기 위해, 자신에게 불안을 유발하는 상황을 인식하고, 그 상황에서 어떻게 반응할지를 계획하는 것이 중요합니다. 심호흡, 명상, 자기 진정 기법을 통해 불안을 관리하고, 타인의 반응에 영향을 덜 받도록 연습합니다.

9) 자기 성찰을 통한 성장

자신이 왜 승인을 지나치게 추구하는지에 대해 성찰하는 시간을 가집니다. 과거의 경험이나 특정 상황이 이러한 심리를 형성했을 수 있기 때문에, 그 원인을 파악하고 이를 수정하려는 노력이 필요합니다. 성찰을 통해 자신을 이해하고, 성장할 수 있는 기회를 제공합니다.

10) 자기 목표 설정과 성취

외부의 인정보다는 자신이 설정한 목표를 달성하는 것에 집중합니다. 자기 목표를 설정하고 그것을 이루기 위한 계획을 세워 실행함으로써 자기 만족감을 얻고, 타인의 승인 없이도 자랑스러움을 느낄 수 있습니다. 목표를 달성할 때마다 자신을 인정하며 성장하는 경험을 쌓는 것이 중요합니다.

이 방법들은 '승인-인정 추구'의 심리도식을 극복하는 데 중요한 역할을 하며, 자기 존중감을 높이고 타인의 평가에 대한 의존도를 줄이는 데 도움이 됩니다. 각 방법을 일상에 적용하면서 외부의 평가에 대한 의존을 줄이고, 내면에서 진정한 자아를 인정하는 것이 핵심입니다.

'승인-인정 추구'의 심리도식이 있는 사람이 버려야 할 '마이너스 생각 10가지'는 무엇이며, 이것을 꼭 가져야 할 '플러스 생각 10가지'로 바꾸면 어떻게 되는가?

'승인-인정 추구'의 심리도식'이 있는 사람은 타인의 승인과 인정을 과도하게 추구하며, 그로 인해 자아 존중감이 불안정할 수 있습니다. 이러한 심리적 패턴을 극복하기 위해서는 타인의 평가에 대한 의존을 줄이고, 내적 자아 존중감과 자율성을 키우는 것이 중요합니다. 이를 위해 버려야 할 '마이너스 생각'과 이를 바꾸어야 할 '플러스 생각'을 다음과 같이 정리할 수 있습니다.

버려야 할 '마이너스 생각' 10가지

1) "타인의 인정 없이는 내가 가치 있는 사람이 될 수 없다."

⇒ 내 가치는 내가 결정하는 것이다. 나는 타인의 인정 없이도 충분히 가치 있는 사람이다.

2) "내가 원하는 것을 얻지 못하면 나는 부족한 사람이다."

⇒ 나는 원하는 것을 얻기 위해 노력할 수 있으며, 그것이 이루어지지 않아도 나는 부족하지 않다.

3) "타인의 평가가 나의 자아 존중감이 전부이다."

⇒ 내 자아 존중감은 외부 평가에 의존하지 않고, 내면에서 만들어진다.

4) "내가 인정받지 않으면 나는 실패한 것이다."

⇒ 인정은 중요한 부분일 수 있지만, 내가 실패했다고 판단하지 않는다. 나는 나만의 기준으로 성공할 수 있다.

5) "내가 다른 사람들에게 맞춰야만 내가 사랑받을 수 있다."

⇒ 사랑은 내가 진실된 모습으로 나를 보여줄 때 주어지는 것이다. 나는 내 모습 그대로 사랑받을 자격이 있다.

6) "내가 거절당하거나 비난받으면 나는 가치 없는 사람이다."

⇒ 거절이나 비난은 내 가치를 결정하지 않는다. 그것은 단지 다른 사람의 의견일 뿐이다.

7) "나는 항상 타인의 기대를 충족시켜야 한다."

⇒ 타인의 기대에 맞추는 것보다 나의 기대를 충족시키는 것이 더 중요하다.

8) "타인이 나를 좋아하지 않으면 나는 부족한 사람이다."

⇒ 모든 사람이 나를 좋아할 수는 없다. 나는 나만의 고유한 매력을 지닌 사람이다.

9) "나는 다른 사람들이 나에게 주는 인정으로만 나를 평가한다."

⇒ 나는 내 자신을 인정하고, 내가 한 일과 노력에 대해 스스로 평가할 수 있다.

10) "내가 인정받지 못하면 나는 실패한 사람이다."

⇒ 인정은 중요하지만, 나는 그 자체로 이미 충분히 가치 있는 사람이다.

꼭 가져야 할 '플러스 생각' 10가지

1) "내 가치는 내 안에 있다. 나는 내 기준으로 충분히 가치 있는 사람이다."

⇒ 타인의 인정에 의존하지 않고, 나의 내면에서 나의 가치를 찾을 수 있다.

2) "내가 원하는 것을 얻지 못해도 나는 완전한 사람이다."

⇒ 성공과 실패는 일시적인 상태일 뿐, 내가 부족한 사람을 의미하지 않는다.

3) "내 자아 존중감은 내면에서 비롯된다. 나는 내 자신을 존중하고 사랑할 수

있다.”

⇒ 내 자아 존중감은 외부 평가에 의존하지 않고, 내가 나를 존중하고 사랑하는 과정에서 나온다.

4) “나는 내 기준으로 성공을 정의할 수 있다. 타인의 인정을 넘어서 나만의 기준으로 성장할 수 있다.”

⇒ 나는 내가 정한 목표와 기준에 따라 발전하며, 타인의 평가에 구속되지 않는다.

5) “사랑은 내가 진실되게 나를 표현할 때, 자연스럽게 주어지는 것이다.”

⇒ 타인의 기대에 맞추기보다는 나 자신을 진실되게 표현할 때, 사랑은 더욱 깊어진다.

6) “비난이나 거절은 나의 가치를 판단할 수 없다. 그것은 단지 타인의 의견일 뿐이다.”

⇒ 나는 타인의 의견을 존중하지만, 그것이 내 가치와 무관하다는 것을 이해한다.

7) “나는 나의 기대에 맞춰 행동해야 한다. 타인의 기대에 맞추는 것보다 나의 가치관을 따르는 것이 중요하다.”

⇒ 타인의 기대에 맞추기보다는 나의 목표와 기대에 부합하는 선택을 한다.

8) “모든 사람이 나를 좋아할 수는 없다. 나는 나만의 독특한 가치를 가진 사람이다.”

⇒ 나는 나의 독특함을 존중하며, 모든 사람에게 인정받지 않아도 나는 충분히 가치 있는 사람이다.

9) “내가 한 일과 노력은 내가 스스로 평가할 수 있다. 나는 내 노력에 대해 자부심을 가질 수 있다.”

⇒ 나는 내 행동과 결과에 대해 스스로 평가하고 인정하는 법을 배운다.

10) “인정은 중요하지만, 나는 이미 나 자신으로 충분히 가치 있는 사람이다.”

⇒ 타인의 인정은 소중하지만, 나는 그 자체로 완전하고 가치 있는 존재이다.

이 플러스 생각들은 마이너스 생각을 타인의 평가와 기대에 의존하지 않고, 내면의 자아 존중감을 키우며 나 자신을 인정하는 방향으로 바꾸어 줍니다. 이를 통해 외부의 승인이나 인정에 의존하지 않고, 건강한 자아를 형성할 수 있게 됩니다.

'승인-인정 추구'의 심리도식이 있는 사람에게 치유와 성장을 위해 가장 좋은 자각질문 5가지

'승인-인정 추구'의 심리도식을 가진 사람은 타인의 인정과 승인을 얻기 위해 자신의 생각, 감정, 행동을 조정하거나 타인에게 맞추려는 경향이 있습니다. 이는 종종 자기 존중감을 낮추고, 외부의 평가에 지나치게 의존하게 만듭니다. 이 심리도식을 치유하고 성장을 돕기 위해서는 자기 가치 인정, 내면의 자존감 강화, 그리고 외부 평가에 대한 의존을 줄이는 것이 중요합니다.

자기 존중감을 높이고, 외부의 인정 없이도 자아 가치를 느끼는 방향으로 성장할 수 있도록 돕는 자각질문을 제시합니다.

1) "내가 타인의 인정과 승인을 필요로 하는 이유는 무엇인가? 그 승인이 내 삶에 어떤 영향을 미치고 있는가?"

→ 자신이 외부 인정에 의존하는 이유와 그로 인한 감정이나 행동의 패턴을 탐구하는 질문입니다. 이 질문은 자기 인식을 돕고, 어떤 부분에서 내면의 힘을 강화해야 할지 생각하게 만듭니다.

2. "타인의 인정 없이도 내가 자랑스러운 사람일 수 있음을 어떻게 인식할 수 있을까? 내 가치는 타인의 평가에 의존하지 않습니다."

→ 자기 가치를 외부의 인정과 분리해서 생각하도록 유도하는 질문입니다. 내면의 자존감을 강화하는 데 도움이 됩니다.

3) "내가 타인의 기대에 맞추려고 하는 순간, 내가 나 자신을 잃어버린다고 느낄 때가 있는가? 내가 내 진정성을 지키는 방법은 무엇일까?"

→ 타인의 기대에 맞추는 행동이 자기 자신을 잃게 만든다는 인식을 돕고, 진정성을 유지할 방법을 모색하는 질문입니다.

4) "내가 지금 타인에게 인정을 받으려고 하는 이유가 나의 두려움이나 불안에서 비롯된 것이라면, 그 두려움을 어떻게 다룰 수 있을까?"

→ 외부 인정에 의존하는 심리적 이유(불안, 두려움 등)를 탐구하고, 그에 대한 대처 방법을 찾는 질문입니다.

5) "내가 나 자신을 인정하는 방법은 무엇일까? 내 삶에서 내가 자랑스러운 순간이나 성취는 무엇이었나?"

→ 자기 인정을 위한 실천 방법을 찾고, 자신이 자랑스러웠던 순간을 떠올리며 자기 가치감을 높이는 질문입니다.

이 자각질문들은 '승인-인정 추구'의 심리도식을 치유하고, 자기 존중감과 내면의 자기 가치를 중심으로 성장을 도울 수 있습니다. 외부의 인정에 의존하지 않고, 자신을 존중하고 진정성을 유지하는 방법을 키울 수 있습니다.

'승인-인정 추구'의 심리도식이 있는 사람이 깨우쳐야 할 핵심 명상 메시지 5가지

'승인-인정 추구'의 심리도식이 있는 사람이 깨우쳐야 할 핵심 명상 메시지 5가지는 다음과 같습니다. 이 메시지들은 외부의 인정에 의존하지 않고 내면의 자존감을 확립하는 데 도움을 줄 수 있습니다.

1) 내 가치는 외부의 승인에 의해 결정되지 않는다.

외부에서 받는 인정이나 승인이 자신을 정의하는 것이 아니라는 사실을 깨닫는 것이 중요합니다. 이 메시지는 자신의 가치가 내면에서 비롯되며, 외부의 의견에 흔들리지 않도록 돕습니다.

2) 나는 있는 그대로 완전하며, 나의 존재 자체가 소중하다.

자신이 어떤 성취나 외적인 기준을 충족시키지 않아도 소중한 존재임을 인식하는 메시지입니다. 이는 내면의 자존감을 키우고, 타인의 평가 없이도 자신을 온전히 받아들이는 데 도움을 줍니다.

3) 나는 내 마음과 욕구에 귀 기울이며, 나 자신을 인정할 자격이 있다.

타인의 승인을 구하는 것보다 자신에게 귀 기울이는 것이 중요함을 깨닫는 메시지입니다. 자기 자신의 감정과 욕구를 존중하고 인정함으로써 진정한 자기 존중을 기를 수 있습니다.

4) 진정한 행복은 다른 사람의 인정을 받는 것에서 오는 것이 아니라, 나 자신을

사랑하는 데서 온다.

외부에서 오는 인정이 행복을 가져다주지 않음을 깨닫고, 진정한 행복은 자기 자신을 사랑하고 존중하는 데서 비롯된다는 사실을 일깨우는 메시지입니다.

5) 나는 나의 가치를 스스로 인정하며, 타인의 평가에 의존하지 않는다.

자신의 가치와 존재를 외부의 판단 없이 스스로 인정할 수 있다는 점을 강조하는 메시지입니다. 타인의 평가에 의존하지 않고, 자신의 내면에서 힘을 얻을 수 있음을 깨닫게 돕습니다.

이 명상 메시지들은 승인과 인정을 지나치게 추구하는 경향을 넘어서, 내면에서의 자아 존중과 사랑을 기반으로 살아가는 데 중요한 역할을 합니다. 이 메시지를 반복하면서 자기 자신을 있는 그대로 받아들이고, 외부의 평가와 상관없이 진정한 자기 존중을 키울 수 있습니다.

내면의 조건 없는 사랑(신성)이 '승인-인정 추구'의 심리도식이 있는 나에게 전하는 말

사랑하는 너에게,

너는 늘 다른 사람들의 인정과 승인을 갈구하며 살아왔을 거야. 그들의 말이나 행동이 너의 가치나 존재감을 결정짓는 것처럼 느꼈을 수도 있어. 하지만 나는 너에게 말하고 싶어. "너는 결코 다른 사람들의 인정에 의존해야 할 존재가 아니야. 너의 가치는 이미 너 자신 안에 존재하고 있어." 세상에서 얻는 승인과 인정은 일시적인 것이지만, 네가 이미 가진 진정한 가치는 영원히 변하지 않아.

네가 다른 사람들의 기대를 따라가며 살 때, 종종 스스로를 잃게 되기도 해. 다른 사람들의 기준에 맞추기 위해 너의 진정한 목소리를 무시하거나, 너의 필요를 뒤로 미룬 적이 있을 거야. 하지만 나는 속삭이고 싶어. "너는 너 자신을 인정할 때, 비로소 진정한 자유와 평화를 느낄 수 있어." 다른 사람들이 너를 인정하지 않더라도, 네가 자신을 온전히 사랑하고 존중하면, 그 사랑은 세상에 가장 큰 힘이 될 거야.

네 안에는 이미 충분한 가치가 있어. 외부의 승인 없이도 네가 얼마나 소중하고 존귀한 존재인지 느낄 수 있는 힘이 내재돼 있어. 네가 스스로를 사랑하고 받아들일 때, 비로소 너는 진정한 내적 평화와 안정감을 경험하게 돼. 나는 네 안의 그 힘을 늘 믿고 있어.

외부에서 인정받기를 멈춘다고 해서, 세상이 멀어지거나 네가 소외되는 것이 아니야. 오히려 너는 네 자신의 중심에 서서, 세상과 조화롭게 연결될 수 있어. 네가 가진 고유한 빛과 가치가 스스로를 지탱하고, 세상 속에서 자연스럽게 퍼지게 될 거야. 그 빛은 누군가의 승인 없이도 충분히 밝게 빛날 수 있어.

그러니 이제는 내 안에서, 스스로에게 속삭여 줘. "나는 충분히 소중하고, 나는 내 가치를 알고 있어." 네가 스스로를 인정하고 사랑할 때, 그 마음은 너를 자유롭게 하고, 다른 사람과의 관계에도 따뜻함과 평화를 가져올 거야. 나는 언제나 너를 사랑하고, 네 진정한 가치를 믿고 있어. 너는 이미 충분히 특별한 존재야.

15 비관주의: 상황과 미래를 부정적으로 바라보는 자아

비관주의 도식의 자아에게는 '결국은 다 잘못되고 말 거야!'라는 믿음이 있으며, 그 핵심 대처방식은 다음과 같습니다.

· 굴복보상: 끊임없이 부정적인 면들에 주의를 기울이며 걱정하고, 긍정적인 것들은 간과하거나 부정한다. 부정적인 결과를 피하고자 걱정하거나 애를 쓴다.
· 회피보상: 부정성, 비관주의에서 비롯되는 불안을 비롯한 고통스러운 정서를 회피하고자 시도한다.(예컨대, 게임을 하거나 술을 마신다.)
· 과잉보상: 현실에서 마주하는 부정적인 측면을 무시하거나 부정하며, 지나치게 낙관적인 모습을 보인다.

비관주의 도식의 자아는 깊은 내면에 "세상은 언제나 나에게 불리하게 돌아간다", "결국 나쁜 일이 생길 것이다"라는 신념을 품고 있습니다. 어린 시절 반복된 실망, 좌절, 혹은 부모의 부정적 사고에 노출되며 성장한 아이는 '희망은 실망으로 끝난다'는 무의식적 결론을 내립니다. 이 자아는 안전을 위해 낙관보다 비관을 선택합니다. 왜냐하면 긍정적인 기대는 언제나 '상처로 돌아올 것'이라는 신념이 작동하기 때문입니다. 따라서 현실을 평가할 때 감정의 무게 중심이 늘 부정적 가능성에 쏠려 있으며, 불안과 경계가 '통제의 수단'으로 작용합니다.

굴복보상은 비관적 사고를 강화함으로써 불안을 완화하려는 역설적인 심리 기제입니다. 이런 자아는 무의식적으로 부정적인 측면을 집중 관찰하며, 혹시라도 잘못될 가능성을 미리 예측하고 대비함으로써 안전감을 얻습니다. "좋을 리가 없다"는 말 속에는 실은 "그래야 덜 아프다"는 심리가 숨어 있습니다. 미래를 어둡게 보는 것은 불행의 예견이 아니라, 상처의 예방책입니다. 그러나 이런 굴복은 스스로 불안을 완화하기 위한 것이면서도 동시에 절망을 강화시키며, 자기충족적 예언처럼 삶을 반복적으로 어둡게 만듭니다.

회피보상은 비관적 사고가 유발하는 불안을 피하기 위해 감정 자체를 차단하려는 전략입니다. 부정적인 예감과 불안을 억누르기 위해 게임, 술, 폭식, 몰입형 활동 등으로 도피하며, 현실의 문제를 직면하지 않으려 합니다. 이런 회피는 순간적으로는 불안을 완화하지만, 실질적으로는 현실에 대한 '심리적 무기력'을 강화시킵니다. "생각하면 불안하니, 차라리 아무 생각도 하지 말자"는 선택이 반복될수록 자아는 점점 더 현실 감각을 잃고, 자기 효능감이 저하됩니다. 회피보상은 불안을 피함으로써 통제감을 회복하려는 환상적 방어기제입니다.

과잉보상은 반대로, 부정적 현실을 정면으로 부정하고 억지로 낙관적인 태도를 유지하려는 형태입니다. "괜찮아, 다 잘될 거야"라는 말을 반복하며 불안과 두려움을 덮지만, 그 밝음은 진짜 확신이 아니라 불안을 감추는 가면입니다. 이들은 종종 현실의 위험을 간과하거나, 부정적 감정을 억누른 채 지나치게 '긍정적 인상'을 유지하려고 애씁니다. 그러나 억눌린 불안은 사라지지 않고 내면 깊이에서 심리적 긴장을 지속시킵니다. 과잉보상은 비관의 그림자를 부정하는 낙관의 과잉으로, 결국 내면의 불안을 더욱 자극하게 됩니다.

이와 같이 비관주의 자아의 세 가지 보상은 모두 "불안을 통제하기 위한 다양한 방식"입니다. 굴복은 불안을 예측으로, 회피는 도피로, 과잉보상은 부정으로 다루지만, 그 본질은 모두 '통제 불가능한 세상 속에서의 불안'을 다루기 위한 시도입니다. 그러나 진정한 치유는 불안을 제거하거나 반대로 덮는 것이 아니라, "불안과 함께 존재할 수 있는 마음의 안정성"을 회복하는 데 있습니다. 세상을 비관적으로 보아도 괜찮다는 허용, 그리고 그 속에서도 여전히 '선택할 힘이 내 안에 있다'는 믿음을 회복할 때, 비관주의 자아는 통제 중심의 방어를 내려놓고 현실과 조화롭게 연결되기 시작합니다.

'비관주의'의 심리도식이 있는 사람은 어린 시절 어떤 상처(트라우마)를 받았을 가능성이 높은가?

'비관주의'의 심리도식이 있는 사람은 어린 시절에 부정적인 결과나 어려운 상황에 대해 반복적으로 경험하거나, 자신이 가진 희망이나 기대가 자주 좌절된 경험이 있었을 가능성이 높습니다. 이런 경험들은 아이에게 세상이 부정적이고, 결국 모든 일이 잘 풀리지 않는다고 믿게 만들 수 있습니다. 아래는 '비관주의'의 심리도식과 관련된 어린 시절의 상처(트라우마)입니다.

1) 부모의 우울증 또는 정서적 불안정

부모가 우울증이나 정서적으로 불안정한 상태에서 자녀를 양육했을 경우, 아이는 삶의 불확실성과 부정적인 정서를 자주 경험했을 수 있습니다. 부모의 우울증이나 감정적 무기력은 자녀에게 세상이 밝고 희망적이지 않다는 인식을 심어줄 수 있습니다.

2) 계속되는 실패 경험

자녀가 성장하는 동안 계속해서 실패를 경험하거나, 자기가 원하는 결과를 얻지 못한 경험이 반복되었다면, 아이는 자신이나 세상에 대해 부정적인 시각을 가질 수 있습니다. 부모나 교사가 지속적으로 실패를 언급하거나 부정적인 평가를 했다면, 이런 경험은 비관주의적 사고를 강화할 수 있습니다.

3) 과도한 보호 또는 과잉 걱정

부모가 자녀를 지나치게 보호하거나, 자주 위험한 상황을 상정하여 걱정하거나 부정적인 시나리오를 상기시키는 경우, 아이는 세상에서 나쁜 일이 일어날 수 있다는 두려움에 휘둘릴 수 있습니다. 이런 환경은 비관주의적 사고를 형성하는 데 영향을 미칠 수 있습니다.

4) 불안정한 가정 환경

가정 내에서의 경제적 어려움이나 부모의 갈등 등 불안정한 환경에서 자란 아이는 불안감을 느끼고, 미래에 대한 부정적인 시각을 가지게 될 수 있습니다. 자녀가 안전하고 안정적인 환경을 경험하지 못한 경우, 삶의 어려움에 대해 비관적인 태도를 가질 수 있습니다.

5) 상실과 이혼

부모의 이혼이나 가까운 사람과의 상실 경험은 아이에게 충격을 주고, 세상은 예측할 수 없고 불안정하다는 신념을 강화시킬 수 있습니다. 이러한 경험은 아이에게 세상에 대한 비관적인 관점을 심어줄 수 있으며, 미래에 대한 두려움을 가질 수 있게 만듭니다.

6) 부모의 부정적 가치관

부모가 항상 부정적인 시각에서 상황을 바라보거나, 세상에 대해 부정적인 태도를 보였을 경우, 아이는 이러한 시각을 내면화하여 성장할 수 있습니다. 부모의 비관적인 가치관은 자녀에게도 영향을 미쳐, 세상에 대한 부정적인 전망을 가지게 만들 수 있습니다.

7) 정서적 무시

부모나 보호자가 자녀의 감정을 무시하거나, 자녀가 표현한 불안이나 걱정을 심각하게 다루지 않은 경우, 아이는 자신이 느끼는 감정이 중요한 것이 아니라는 신념을 가질 수 있습니다. 이런 경험은 아이가 세상에 대해 부정적인 태도를 가지게 할 수 있습니다.

8) 과도한 실망과 좌절

아이가 부모나 주변 사람들로부터 지나치게 높은 기대를 받거나, 자신이 원하는 것을 이루지 못한 경험이 많았다면, 실망과 좌절이 반복될 수 있습니다. 이러한 경험은 아이에게 미래에 대한 비관적 사고를 불러일으킬 수 있습니다.

결론적으로, '비관주의'의 심리도식이 있는 사람은 어린 시절에 자신이 처한 상황에서 부정적인 결과나 감정적인 상처를 자주 경험했을 가능성이 큽니다. 부모나 중요한 사람들의 부정적인 태도나 행동, 실패와 좌절의 반복적인 경험이 비관적 사고를 형성하게 만들 수 있으며, 이런 상처는 성인이 되어서도 지속적으로 영향을 미칠 수 있습니다.

'비관주의'의 심리도식이 있는 사람의 내면아이와 내면부모는 어떤 상태일 가능성이 높은가?

'비관주의'의 심리도식이 있는 사람은 세상을 부정적으로 봐서 실패할 가능성이 크며, 미래에 대해 비관적으로 바라보는 경향이 있습니다. 이 심리도식은 종종 어린 시절의 경험에서 비롯되며, 불안정한 환경이나 반복된 실망을 겪은 사람들에게 나타날 수 있습니다. 이 사람의 내면아이와 내면부모는 대개 다음과 같은 상태일 가능성이 높습니다.

1) 내면아이의 상태

'비관주의'의 심리도식을 가진 내면아이는 세상에 대한 불신과 미래에 대한 두려움을 가지고 있으며, 세상의 부정적인 면에 집중하려는 경향이 강합니다. 내면아이의 상태는 불안하고 절망적인 감정에 사로잡혀 있을 가능성이 높습니다.

· 불안과 두려움: 내면아이는 미래에 대해 부정적인 예감을 가지고 있으며, 무엇을 시도하더라도 실패할 것이라는 두려움에 휘둘립니다.

· 부정적인 자기 이미지: 내면아이는 자신이 할 수 없다고 느끼고, 세상에 대해 비관적인 시각을 가지고 있어 자아 존중감이 낮을 수 있습니다.

· 무력감: 내면아이는 자신의 능력을 믿지 못하고, 무엇을 해도 결과가 좋지 않을 것이라고 생각하며 무력감을 느낍니다.

· 절망적인 태도: 내면아이는 세상이 나아지지 않을 것이라 믿으며, 긍정적인 변화나 가능성에 대해 열린 마음을 가지지 못합니다.

· 위축과 소극성: 실패에 대한 두려움이 커서 도전하지 않거나, 새로운 기회를 마

주했을 때 기회를 피하려는 경향이 있습니다.

내면아이는 세상에 대해 비관적이고, 상황이 나아질 가능성에 대해 믿음을 가지지 않는 상태로, 불안하고 절망적인 감정에 사로잡혀 있습니다.

2) 내면부모의 상태

'비관주의'의 심리도식을 가진 사람의 내면부모는 세상을 부정적이고 위험한 곳으로 바라보며, 내면아이에게 지나치게 경고적이고 우려하는 태도를 보일 가능성이 큽니다. 내면부모는 내면아이에게 항상 최악의 상황을 상상하고, 실패할 가능성에 대비하라고 경고하는 경향이 있습니다.

· 비관적 경고: 내면부모는 내면아이에게 "조심해, 실패할 거야.", "너는 잘할 수 없을 거야."와 같은 부정적인 메시지를 전달할 수 있습니다.

· 과도한 경계심: 내면부모는 내면아이에게 세상에 대한 불신을 심어주고, 안전하지 않은 상황에서만 행동하도록 유도할 수 있습니다.

· 실패에 대한 과도한 두려움: 내면부모는 실패에 대해 지나치게 경고하며, 실패가 결국 큰 문제가 될 것이라는 메시지를 내면아이에게 반복적으로 전달합니다.

· 부정적인 예측: 내면부모는 내면아이에게 항상 최악의 결과를 예상하게 하고, 낙관적인 가능성에 대해 무시하거나 부정하는 태도를 보일 수 있습니다.

· 소극적 태도 유도: 내면부모는 내면아이에게 도전보다 안전한 선택을 하도록 요구하며, 실패를 피하기 위해 소극적인 행동을 강화할 수 있습니다.

내면부모는 내면아이에게 지나치게 비관적인 시각을 주입하고, 세상에 대한 신뢰를 떨어뜨리는 경고적인 태도를 취하는 경향이 있습니다.

3) 내면아이와 내면부모의 상호작용

'비관주의'의 심리도식이 강한 경우, 내면아이와 내면부모는 다음과 같은 방식으로 상호작용합니다.

· 내면부모의 위험 경계 → 내면아이의 만성적 불안: 내면부모는 "항상 최악의 상황을 대비해야 해.", "세상은 위험하고 예측 불가해."라는 메시지를 내면화하고 있으며, 현실을 보는 시각이 과도하게 부정적입니다. 이로 인해 내면아이는 무의식적으로 불안에 노출되며, 항상 긴장된 상태를 유지하게 됩니다.

· 실패와 손실에 대한 집착 → 내면아이의 소망 억제: 내면부모는 무언가를 시도하거나 기대하는 것을 "위험한 감정적 투자"로 간주합니다. "기대하면 실망해.", "잘 안 될 거야."라는 판단을 반복하며, 내면아이는 자신의 소망이나 열망을 표현하거나 추구하는 데 제약을 느낍니다.

· 현실 검증보다 우려 확대 → 내면아이의 자발성 위축: 내면부모는 실제 가능성보다 부정적인 가능성에 집중합니다. 이로 인해 내면아이는 자발적인 행동보다는 "혹시라도 안 되면 어쩌지?"라는 두려움 속에서 움직이지 못하고 주저하게 됩니다.

· 일상적 즐거움에 대한 무감각 → 내면아이의 생동감 저하: 내면부모는 기쁨과 안도, 희망을 사치스럽거나 경계해야 할 감정으로 취급하며 억제합니다. 따라서 내면아이는 삶의 밝은 측면을 신뢰하거나 누리기 어렵고, 감정적으로 둔감하거나 무기력한 상태에 빠지기 쉽습니다.

‘비관주의’ 도식이 강한 사람은 삶의 안전을 위해 가능성을 제한하며, 내면아이를 닫힌 미래 속에 가두는 경향이 있습니다. 이 도식을 치유하기 위해서는 내면부모가 ‘가능성과 희망’을 현실의 일부로 받아들이도록 훈련되어야 하고, 내면아이에게는 “너는 시도할 수 있어.”, “설령 실패해도 괜찮아, 거기에도 배움이 있어.”라는 격려가 반복적으로 필요합니다. 그렇게 할 때, 내면아이는 점차 삶에 대한 활력과 기대를 회복하게 됩니다.

4) 치유 방향

‘비관주의’의 심리도식을 치유하기 위해서는 내면아이와 내면부모의 상호작용을 긍정적이고 지지적인 방향으로 전환하는 것이 중요합니다. 내면아이에게 더 긍정적인 시각을 심어주고, 내면부모가 내면아이에게 더 건강한 관점을 제공하도록 도와야 합니다.

· 긍정적인 자기 이미지 형성: 내면아이에게 실패를 두려워하지 않고 도전할 수 있는 용기를 주고, 스스로를 긍정적으로 평가할 수 있도록 지원합니다.

· 비관적 사고의 교정: 내면아이와 내면부모는 긍정적인 가능성도 인식할 수 있도록 훈련해야 하며, ‘최악의 상황’보다는 ‘가능한 좋은 결과’를 상상하는 연습이 필요합니다.

· 안전한 도전 유도: 내면아이가 실패를 두려워하지 않도록, 작은 도전부터 시도하며, 이를 통해 자신감을 쌓을 수 있도록 지원합니다.

· 감정 표현과 수용: 내면아이의 감정을 인정하고, 두려움을 표현할 수 있는 안전한 공간을 제공합니다. 내면부모는 내면아이의 감정을 경청하고, 이를 인정하는 태도를 유지해야 합니다.

· 현실적인 사고방식 형성: 내면부모는 내면아이에게 세상에 대한 부정적인 시각을 조정하고, 비관적인 예측 대신 현실적이고 균형 잡힌 사고를 할 수 있도록 지도합니다.

결국 '비관주의'의 심리도식을 치유하는 과정은 내면아이와 내면부모가 보다 긍정적이고 현실적인 시각을 갖도록 돕는 과정입니다. 내면아이가 자신의 가능성을 믿고, 내면부모는 이를 지지하며 긍정적인 변화를 유도할 수 있도록 해야 합니다.

'비관주의'의 심리도식이 있는 사람은 어떤 방어기제를 쓸 가능성이 높으며, 그 이유는 무엇인가요?

'비관주의'의 심리도식이 있는 사람은 삶의 부정적인 측면에 주로 초점을 맞추며, 결국 상황이 나쁘게 끝날 것이라는 기본신념을 가지고 있습니다. 따라서 내면적으로는 좌절감, 불안, 무력감을 자주 경험하게 되며, 이러한 감정에서 오는 상처를 방어기제를 통해 완화하거나 보상하려는 경향이 강합니다. 방어기제는 이러한 심리적 고통과 불안을 줄이고 내면의 균형을 회복하려는 시도로 나타납니다.

1) 합리화(Rationalization)

비관적인 태도로 인해 발생한 실패나 좌절을 스스로 정당화하는 경향이 있습니다. 예를 들어, "원래 일이 잘못될 줄 알았어." 또는 "내가 잘못한 것이 아니라 운이 나빴던 거야."라고 생각합니다. 이는 자신의 비관적 태도가 현실에서 실패로 이어졌을 때, 그 원인을 외부 환경 탓으로 돌려 자존감을 보호하려는 심리적 방어입니다.

2) 회피(Avoidance)

실패하거나 부정적인 결과를 맞닥뜨릴 가능성이 있는 상황을 피합니다. 예를 들어, 중요한 시험이나 면접을 앞두고 갑자기 아프다고 하거나 약속을 취소합니다. 실패와 좌절에서 오는 상처를 피하기 위해 아예 도전을 하지 않음으로써 심리적 고통을 줄이려는 시도입니다. 실패할 가능성을 차단함으로써 상처받지 않으려는 것입니다.

3) 부정(Denial)

자신이 직면한 부정적인 상황이나 결과를 인정하지 않고 외면합니다. 예를 들어, "이건 진짜 실패가 아니야." 또는 "내가 잘못한 게 아니라 상대방이 문제야." 라고 생각합니다. 현실에서의 부정적인 결과를 받아들이는 것이 너무 고통스럽기 때문에, 이를 부정하면서 자신의 심리적 균형을 유지하려는 시도입니다.

4) 퇴행(Regression)

부정적인 결과나 실패에 직면했을 때, 성숙한 방식으로 해결하기보다는 어린아이처럼 행동합니다. 예를 들어, 좌절감에 빠져 아무것도 하지 않고 방에 틀어박히거나 울기만 합니다. 성숙한 방식으로 문제를 해결하는 것이 부담스러울 때, 퇴행을 통해 심리적 부담에서 벗어나고자 하는 시도입니다. 심리적으로 보호받고자 하는 무의식적인 반응입니다.

5) 반동형성(Reaction Formation)

비관적인 태도를 보이지 않으려고 오히려 과도하게 긍정적이고 낙관적인 모습을 보입니다. 예를 들어, "난 다 잘될 거야."라고 반복하면서 긍정적으로 보이려고 노력합니다. 내면에 있는 비관적이고 부정적인 감정을 억누르고 정반대의 행동을 통해 심리적 균형을 유지하려는 시도입니다. 자신의 내면에 자리한 불안을 감추기 위해 과도하게 긍정적인 태도를 보입니다.

6) 투사(Projection)

자신의 비관적인 생각이나 불안을 타인의 문제로 돌립니다. 예를 들어, "저 사람이 나를 싫어할 거야." 또는 "이 일이 잘못될 거라고 생각하는 건 나만이 아니야."라고 생각합니다. 자신의 내면에 있는 비관적이고 불안한 감정을 외부로 돌림으로써 자신의 심리적 부담을 줄이려는 시도입니다. 이를 통해 자신의 불안과 실패감에서 벗어나고자 합니다.

7) 과잉행동(Acting Out)

비관적인 생각이나 불안이 통제되지 않을 때, 이를 행동으로 발산합니다. 예를 들어, 실패에 대한 두려움을 술이나 폭식, 과도한 게임 등의 방식으로 해소합니다. 내면의 불안을 직접적으로 해결할 수 없을 때, 즉각적인 쾌락이나 자극을 통해 심리적 고통을 줄이려는 시도입니다. 이를 통해 순간적인 위안을 얻고자 합니다.

8) 과도한 대비(Excessive Anticipatory Coping)

비관적인 예상으로 생기는 불안을 미리 준비와 대비로 전환하는 반응입니다. 예를 들어, 동료가 자신을 비판할까 봐 사전에 대응 방안을 생각하거나, 인간관계에서 갈등이 생길까 봐 대화를 미리 시뮬레이션하는 행동이 이에 해당합니다. 이는 전형적인 방어기제라기보다는 예상되는 스트레스나 부정적 결과로부터 자신을 보호하려는 자기보호적 전략으로, 실제 상황에서 받을 수 있는 심리적 충격을 줄이는 역할을 합니다.

'비관주의'의 심리도식이 있는 사람은 현실의 부정적인 측면에 초점을 맞추며, 실패나 좌절을 미리 예상하면서 발생할 수 있는 심리적 상처를 방어기제를 통해 보호하려 합니다. 합리화, 회피, 투사, 반동형성, 부정 등은 부정적인 결과가 자신의 내면에 미치는 영향을 최소화하고자 하는 방어적 시도입니다. 또한 비관적인 결과를 피할 수 없다는 생각에서 오는 무력감을 방어기제를 통해 완화하려는 경향이 강합니다.

'비관주의'의 심리도식이 있는 사람이 심리적 취약점을 극복할 수 있는 핵심 대처방법 10가지는 무엇인가?

'비관주의'의 심리도식을 가진 사람이 심리적 취약점을 극복할 수 있는 핵심 대처방법 10가지는 다음과 같습니다. 이 방법들은 건강한 보상기제를 활용하여 긍정적인 사고방식을 키우고, 부정적인 예측에 의존하지 않으며, 자신의 강점을 인식하는 방향으로 나아가는 데 중점을 두고 있습니다.

1) 긍정적인 자기 대화 훈련

비관적인 사고는 종종 부정적인 자기 대화에서 비롯됩니다. "나는 할 수 없어.", "어차피 안 될 거야."와 같은 말을 대신해 "내가 할 수 있다." 또는 "힘들지만, 이 또한 지나갈 것이다."와 같은 긍정적인 대화를 반복하는 연습이 필요합니다. 이를 통해 부정적인 사고를 긍정적인 사고로 전환할 수 있습니다.

2) 현재에 집중하기

비관주의는 종종 미래에 대한 걱정이나 불안을 동반합니다. 지금 이 순간에 집중하고, 현재의 상황을 있는 그대로 받아들이는 연습을 해야 합니다. 마음챙김(mindfulness) 명상이나 깊은 호흡을 통해 현재의 순간에 집중하며, 지나친 걱정을 줄여 나갈 수 있습니다.

3) 자기 성취와 강점 인식

자신의 작은 성취와 강점을 인정하는 것이 중요합니다. 비관적인 사람은 종종 자신의 성취를 간과하거나 과소평가하기 쉽습니다. 자신이 이룬 작은 성과들에 대해 자부심을 느끼고, 이를 통해 자신감을 높여야 합니다. 일기를 쓰며 오늘 하루의 작은 성취를 기록하는 것도 좋은 방법입니다.

4) 감정 조절 훈련

비관주의는 감정적으로 과도하게 반응하는 경향이 있습니다. 감정을 건강하게 처리할 수 있는 방법을 배우는 것이 중요합니다. 감정을 억제하지 않고, 적절히 표현하는 방법을 배우며, 부정적인 감정을 해소하는 활동(예: 운동, 예술 활동 등)을 통해 감정 조절 능력을 키웁니다.

5) 사고의 균형 잡기

비관적인 사고는 종종 극단적이고 과장된 형태로 나타납니다. 이를 극복하기 위해 사고의 균형을 잡는 연습을 해야 합니다. 예를 들어, "모든 일이 잘못될 거야."라는 생각을 "일이 잘못될 수도 있지만, 그렇다고 모두 나쁜 것은 아니다."라는 식으로 고쳐 나갑니다. 사고를 좀 더 현실적이고 균형 잡히게 만드는 연습이 필요합니다.

6) 긍정적인 사람들과의 관계 유지

긍정적인 영향을 미치는 사람들과의 관계를 유지하는 것이 중요합니다. 비관적인 사고에 빠지지 않도록 긍정적인 에너지를 주는 사람들과 시간을 보내는 것이 도움이 됩니다. 이들은 비관적인 생각을 완화시키고, 희망적인 관점을 제공할 수 있습니다.

7) 문제 해결 능력 키우기

비관적인 사람은 문제를 해결하기보다는 문제에만 집중하는 경향이 있습니다. 문제 해결 능력을 키우기 위해 작은 문제를 해결하는 연습을 통해 자신감을 얻고, 문제에 대한 긍정적인 접근 방식을 배울 수 있습니다. 해결책을 찾는 데 집중하며 문제를 부정적으로만 바라보지 않도록 합니다.

8) 미래 계획 세우기

비관적인 사람은 종종 미래에 대해 두려움을 느낍니다. 이에 대한 대처 방법은 구체적인 계획을 세우는 것입니다. 현실적인 목표를 설정하고, 그 목표를 이루기 위한 구체적인 계획을 작성하여, 미래에 대한 불안을 줄이고 자신감을 얻을 수 있습니다.

9) 자기 돌봄 실천

신체적으로나 정신적으로 자신을 돌보는 것은 비관적인 사고를 극복하는 데 중요한 방법입니다. 규칙적인 운동, 충분한 수면, 건강한 식습관 등은 신체적 건강을 유지하는 데 중요한 역할을 하며, 정신적 회복력 또한 강화됩니다. 자신을 돌보는 시간을 가지면 스트레스가 감소하고, 더 긍정적인 사고가 가능해집니다.

10) 감사 일기 쓰기

매일 감사한 일을 기록하는 습관을 들이면 비관적인 사고를 완화시킬 수 있습니다. 감사한 일이 무엇이든 상관없으며, 작은 것부터 시작하는 것이 좋습니다. 감사한 일을 적어 가며 긍정적인 면에 집중하고, 부정적인 생각을 차단하는 방법을 배울 수 있습니다.

이 방법들은 비관적인 사고를 극복하고, 보다 긍정적인 사고방식을 채택하는 데 효과적입니다. 각 방법을 일상에 적극적으로 적용하며, 비관주의에서 벗어나 긍정적이고 현실적인 사고방식을 채택하는 것이 핵심입니다.

'비관주의'의 심리도식이 있는 사람이 버려야 할 '마이너스 생각 10가지'는 무엇이며, 이것을 꼭 가져야 할 '플러스 생각 10가지'로 바꾸면 어떻게 되는가?

'비관주의'의 심리도식이 있는 사람은 상황을 부정적으로 바라보거나, 미래에 대한 불안과 두려움에 빠지기 쉬운 경향이 있습니다. 이 경우, 생각의 패턴을 긍정적이고 현실적인 방향으로 바꾸는 것이 중요합니다. 비관적인 사고를 극복하고 더 나은 삶을 살아가기 위해, 버려야 할 '마이너스 생각'과 가져야 할 '플러스 생각'을 정리해 보겠습니다.

1) "언제나 일이 잘못될 것이다."

⇒ 모든 일이 잘못되리라고 생각하지 않는다. 나쁜 일이 생길 수도 있지만, 잘 될 수도 있다.

2) "실패는 피할 수 없다."

⇒ 실패는 자연스러운 일이고, 그것을 통해 배울 수 있다. 실패는 끝이 아니라 과정이다.

3) "나는 항상 불운한 사람이다."

⇒ 불운을 겪을 수도 있지만, 내가 겪은 일들이 나를 정의하지 않는다.

4) "미래는 항상 암울하다."

⇒ 미래는 예측할 수 없지만, 긍정적인 변화도 일어날 수 있다. 나는 더 나은 미래를 만들어갈 수 있다.

5) "무슨 일을 해도 잘 될 리가 없다."

⇒ 어떤 일이든 내가 노력하면 결과는 달라질 수 있다. 작은 노력들이 큰 변화를 만든다.

6) "내가 무엇을 시도하든 실패할 것이다."

⇒ 시도하는 것 자체가 중요하다. 실패하지 않고 성장할 수 있는 방법을 찾을 수 있다.

7) "긍정적인 변화는 나에게 일어나지 않는다."

⇒ 나는 변화를 받아들이고 성장할 수 있다. 긍정적인 변화는 언제든지 나에게 일어날 수 있다.

8) "문제는 항상 해결될 수 없다."

⇒ 모든 문제에는 해결책이 있다. 나에게 맞는 해결책을 찾기 위한 방법이 있다.

9) "내가 원하는 것은 항상 얻을 수 없다."

⇒ 내가 원하는 것은 시간이 걸리더라도 얻을 수 있다. 노력과 인내가 중요하다.

10) "나는 늘 불행할 것이다."

⇒ 불행은 일시적이다. 나는 행복을 찾을 수 있으며, 내 삶의 질을 개선할 수 있다.

꼭 가져야 할 '플러스 생각' 10가지

1) "어떤 상황에서도 긍정적인 결과를 기대할 수 있다."

⇒ 모든 일에는 긍정적인 가능성도 있다. 나는 가능한 한 긍정적인 결과를 기대하고 노력한다.

2) "실패는 배움의 기회이다."

⇒ 실패를 통해 배우고 성장할 수 있다. 실패는 끝이 아니라 새로운 기회의 시작이다.

3) "나는 불운하지 않다. 나에게는 좋은 일이 일어날 수 있다."

⇒ 좋은 일도 나에게 일어날 수 있다. 나는 기회를 만들어 나가며 긍정적인 결과를 기대한다.

4) "미래는 내가 만들어가는 것이다."

⇒ 미래는 예측할 수 없지만, 나는 내가 원하는 미래를 위해 오늘 최선을 다할 수 있다.

5) "노력하면 원하는 결과를 얻을 수 있다."

⇒ 나는 목표를 향해 꾸준히 노력한다면 원하는 결과를 얻을 수 있다. 작은 성공들이 모여 큰 변화를 이룬다.

6) "시도하는 것 자체가 중요한 첫걸음이다."

⇒ 시도는 중요한 출발점이다. 시도를 통해 많은 것을 배우고 경험할 수 있다.

7) "변화는 나에게도 일어날 수 있다."

⇒ 긍정적인 변화는 나에게도 일어난다. 나는 변화에 열린 마음으로 나아갈 수 있다.

8) "모든 문제에는 해결책이 있다."

⇒ 문제는 항상 해결책이 있다. 내가 할 수 있는 최선의 방법을 찾고, 해결책을 찾아간다.

9) "내가 원하는 것은 얻을 수 있다."

⇒ 내가 원하는 것을 얻기 위해 노력하고, 그 과정에서 배우고 성장한다.

10) "불행은 지나가는 감정이다. 나는 행복을 추구할 자격이 있다."

⇒ 불행은 일시적이다. 나는 행복을 추구하고, 그 행복을 찾기 위한 방법을 지속적으로 실천할 수 있다.

이 플러스 생각들은 마이너스 생각을 극복하고, 비관적 사고에서 벗어나 긍정적이고 현실적인 사고로 전환하는 데 도움을 줍니다. 이 과정을 통해 자신의 삶을 주도적으로 변화시킬 수 있으며, 긍정적인 결과를 기대하며 삶의 질을 높여갈 수 있습니다.

'비관주의'의 심리도식이 있는 사람에게 치유와 성장을 위해 가장 좋은 자각질문 5가지

'비관주의'의 심리도식을 가진 사람은 미래에 대해 부정적인 예상을 하고, 상황이 잘못될 것이라고 믿는 경향이 있습니다. 이는 삶에 대한 희망을 상실하게 하고, 행동을 취하지 않거나 중요한 기회를 놓치게 할 수 있습니다. 이 심리도식을 치유하고 성장을 촉진하려면 긍정적 사고, 현재의 가능성에 집중, 그리고 자신의 강점을 재인식하는 것이 중요합니다.

비관주의를 극복하고 긍정적인 변화와 성장을 돕기 위한 자각질문은 부정적인 사고 패턴을 인식하고, 이를 긍정적이고 실용적인 방식으로 전환하는 데 초점을 맞춥니다.

1) "현재 상황에서 내가 가장 걱정하는 부분은 무엇인가? 그 걱정이 실제로 일어날 가능성은 얼마나 될까?"

→ 자신의 걱정을 구체적으로 탐구하고, 그 걱정이 현실에서 얼마나 실현 가능성이 있는지 파악하게 도와줍니다.

2) "내가 비관적인 시각을 가지고 있을 때, 그것이 내 삶에 어떤 영향을 미치고 있는가? 이 시각을 바꾸면 나에게 어떤 변화가 올 수 있을까?"

→ 비관적 사고의 부정적인 영향을 자각하고, 긍정적인 시각으로의 변화를 상상하도록 돕는 질문입니다.

3) "과거에 내가 부정적으로 생각했을 때, 실제로 어떻게 되었나? 과거의 경험을 통해 어떤 긍정적인 변화를 얻을 수 있었나?"

→ 과거의 경험을 되돌아보고, 비관적인 예측이 반드시 현실이 아니었음을 깨닫는 질문입니다.

4) "지금 내가 놓친 기회나 긍정적인 가능성은 무엇이 있을까? 내가 지금 할 수 있

는 긍정적인 변화는 무엇일까?"

→ 현재의 가능성에 집중하고, 비관적인 사고에서 벗어나 현실에서 실천할 수 있는 긍정적인 변화를 찾도록 돕는 질문입니다.

5) "미래가 불확실하다는 생각을 어떻게 받아들일 수 있을까? 미래를 예상하기보다 현재에 집중하고 내가 할 수 있는 최선을 다하는 것이 어떤 의미가 있을까?"

→ 미래의 불확실성에 대한 두려움을 줄이고, 현재의 행동에 집중하도록 유도하는 질문입니다.

이 자각질문들은 비관주의의 심리도식을 극복하고, 긍정적인 사고와 행동을 촉진하는 데 도움이 됩니다. 비관적인 시각을 극복하고, 자기 성장과 긍정적인 변화를 위한 첫걸음을 내디딜 수 있습니다.

'비관주의'의 심리도식이 있는 사람이 깨우쳐야 할 핵심 명상 메시지 5가지

'비관주의'의 심리도식이 있는 사람이 깨우쳐야 할 핵심 명상 메시지 5가지는 다음과 같습니다. 이 메시지들은 삶에 대한 긍정적인 시각을 키우고, 희망과 가능성에 집중하는 데 도움을 줄 수 있습니다.

1) 모든 상황에는 기회가 숨겨져 있다.

어려운 상황에서조차 긍정적인 면을 찾을 수 있다는 점을 깨닫는 것이 중요합니다. 이 메시지는 불확실성 속에서도 기회를 발견하고, 그 속에서 성장할 수 있다는 믿음을 심어줍니다.

2) 나는 과거의 경험을 통해 강해졌고, 지금도 계속 성장하고 있다.

지나온 어려운 경험들이 나를 강하게 만들었다는 점을 인식하는 메시지입니다. 비관적 사고에서 벗어나 과거의 경험이 나의 강점이 되었다는 사실을 받아들이고 자신감을 키울 수 있습니다.

3) 오늘은 새로운 시작이며, 나는 내일을 바꿀 수 있는 힘이 있다.

오늘이라는 순간이 새로운 기회의 시작임을 상기시키는 메시지입니다. 비관적인 생각에 갇히지 않고, 오늘부터 할 수 있는 일들이 많다는 긍정적인 사고방식을 갖게 돕습니다.

4) 내가 만든 생각이 내 현실을 만든다.

비관적인 사고가 현실에 영향을 미칠 수 있다는 사실을 깨닫고, 긍정적인 사고를 통해 삶을 변화시킬 수 있다는 메시지입니다. 이는 자신이 어떤 사고를 하느냐가 자신을 어디로 이끌지에 대한 자각을 돕습니다.

5) 나에게 일어나는 모든 일은 나를 위한 과정이다.

모든 일이 나를 위한 과정이며, 그것이 내 성장을 돕는다는 믿음을 가지는 메시지입니다. 어려운 일이 있을 때 이를 성장의 기회로 받아들임으로써, 비관적 사고를 변화시키는 데 중요한 역할을 합니다.

이 명상 메시지들은 비관주의에서 벗어나 긍정적이고 희망적인 사고방식을 키우는 데 큰 도움이 됩니다. 이를 반복적으로 되새기며 내면의 긍정적인 힘을 일깨우고, 삶에 대한 전반적인 태도를 변화시킬 수 있습니다.

내면의 조건 없는 사랑(신성)이 '비관주의'의 심리도식이 있는 나에게 전하는 말

사랑하는 너에게,

너는 때때로 세상의 어두운 면만 보고, 미래에 대한 불안과 걱정으로 가득 차 있을 때가 많을 거야. 세상이 나아질 수 없다고 느끼고, 자신의 길이 너무 어렵게 느껴질 때도 있었겠지. 하지만 나는 너에게 말하고 싶어. "너는 절대로 혼자가 아니야. 세상은 언제나 변할 수 있고, 그 변화는 너 안에서 시작될 수 있어." 네가 바라보는 세상이 어두워 보일 때에도, 그 속에 작은 빛이 존재한다는 사실을 기억해 줘.

비관적인 생각은 때로 너를 감옥처럼 억누를 수 있어. 하지만 진정한 변화는 그 너머에서 일어나. 네가 현실의 어려움에만 집중하는 것만큼, 그 너머에 숨겨진 기회를 볼 수 있는 눈을 키워가는 것이 중요해. "어두운 터널 끝에 빛이 있다."는 말처럼, 세상의 어려움도 결국 너를 더욱 강하게 만들 거야. 너 안에는 그 힘과 지혜가 언제나 준비되어 있어.

너의 내면에는 이미 모든 상황을 견디고 이겨낼 수 있는 힘이 있어. 지금 느끼는 어두움과 불안은 네 본질을 정의하지 않아. 그것들은 일시적인 감정일 뿐이며, 네가 그 안에서 배워야 할 메시지를 담고 있을 뿐이야. 어려움 속에서도 너는 성장하고, 더 깊은 이해와 사랑으로 나아갈 수 있어.

나는 너에게 이렇게 속삭이고 싶어. "네가 느끼는 어두운 감정들은 일시적인 것일 뿐이야. 그 속에 숨겨진 진정한 힘을 깨닫고 나면 모든 것이 달라질 거야." 너는 결코 혼자 이 길을 걸어가지 않아. 내 안에 있는 사랑이 언제나 너와 함께하고 있다는 것을 잊지 말아 줘.

그러니 이제는 그 어둠 속에서도 빛을 찾는 연습을 해봐. 작은 기능성과 희망을 발견할 때마다, 너는 점점 더 세상을 밝게 바라볼 수 있게 될 거야. 어려운 시간에도, 너는 그 너머에 있는 빛을 발견할 수 있는 능력을 가지고 있어. 나는 언제나 너의 곁에서, 너를 사랑하며 지켜줄 거야. 너는 혼자가 아니야.

16

정서적 억제: 감정을 억누르고 표현하지 못하는 자아

정서적 억제 도식의 자아에게는 '속마음을 들켜선 안 돼!'라는 믿음이 있으며, 그 핵심 대처방식은 다음과 같습니다.

- 굴복보상: 조용하고 자기표현이 억제되어 있다. 정서 표현이 매우 부족하다.
- 회피보상: 감정을 표현하고 나눠야 하는 상황을 피한다.
- 과잉보상: 부자연스러울 정도로 감정을 과하게 표현하고 드러낸다.

정서적 억제 도식의 자아는 근본적으로 "감정을 드러내면 위험하다", "감정을 표현하면 약해진다"는 신념 위에 서 있습니다. 어린 시절, 감정을 표현했을 때 비난받거나 무시당했거나, 혹은 가족이 정서적으로 차갑고 통제적인 분위기 속에서 자란 경우 이런 신념이 형성됩니다. 아이는 "내가 화내면 혼난다", "울면 약하다고 여겨진다", "감정을 말해도 아무도 이해해주지 않는다"는 경험을 반복하며, 감정 표현은 곧 위험하다는 결론에 도달합니다. 그 결과 감정을 인식하는 능력 자체가 약화되고, 감정은 억눌러야 할 것으로 내면화됩니다. 겉보기엔 침착하고 성숙하지만, 내면은 억압된 감정으로 인해 긴장과 고립이 지속됩니다.

굴복보상은 이런 자아가 감정억제를 통해 심리적 안전을 확보하려는 방식입니다. 자신을 조용하고 절제된 사람으로 유지하며, 분노나 슬픔 같은 강한 감정을 거의 드러내지 않습니다. 감정이 올라올 때마다 자동적으로 억누르고, 감정보다는 이성과 논리에 의존해 관계를 유지합니다. 이 억제는 자기보호의 한 형태로, "감정을 드러내면 공격받는다"는 무의식적 신념 아래 작동합니다. 그러나 이 굴복은 감정의 폭발을 막아주는 대신, 내면을 점점 메마르게 만들어 결국 '감정을 느끼지 못하는 사람'이라는 자아상을 강화합니다.

회피보상은 감정이 드러나거나 교류될 수 있는 상황 자체를 피함으로써 안정감을 얻는 전략입니다. 친밀한 대화, 감정적인 대립, 혹은 누군가의 위로나 공감이 필요한 순간을 회피합니다. 이런 사람은 타인과 정서적으로 가까워질수록 불편함을 느끼며, 감정의 표출을 '통제 상실'로 여깁니다. 회피는 감정의 불안을 잠시 줄여주지만, 장기적으로는 정서적 단절을 강화합니다. "느끼지 않으면 다치지 않는다"는 원리가 작동하지만, 동시에 '아무도 나를 이해하지 못한다'는 외로움을 깊게 만듭니다. 결국 회피보상은 감정을 통해 상처받는 대신, 감정 자체를 차단하는 무감각의 방어벽을 세웁니다.

과잉보상은 억압된 감정을 부정하기 위해 오히려 과도하게 감정을 드러내는 형태로 나타납니다. 평소에는 감정을 누르다가, 특정한 순간에 폭발하거나 과장된 반응을 보입니다. 혹은 부자연스러울 정도로 감정을 표현하여 스스로 '나는 감정을 잘 다루는 사람'이라고 느끼려 합니다. 그러나 이런 표현은 진심의 발로가 아니라, 억눌림의 반작용입니다. 억제된 감정이 의식의 통제력을 벗어날 때, 자아는 감정에 휘둘리거나, 반대로 감정 과시를 통해 자신이 여전히 '통제 안에서 있다'는 착각을 유지하려 합니다. 과잉보상은 감정의 진정한 해소가 아니라, 감정 억압의 그림자가 드러난 결과입니다.

이처럼 정서적 억제 자아의 세 가지 보상은 모두 "감정으로부터 자신을 지키려는 시도"라는 공통된 목적을 지닙니다. 굴복은 억눌림으로, 회피는 거리두기로, 과잉보상은 과장된 표현으로 감정을 통제하지만, 세 방식 모두 감정을 두려움의 대상으로 대합니다. 진정한 치유는 감정을 통제하거나 억누르는 것이 아니라, 감정을 안전하게 느끼는 법을 배우는 것에서 시작됩니다. 자신이 느끼는 감정을 '문제'가 아니라 '신호'로 받아들이고, 그것을 표현해도 관계가 깨지지 않는 경험을 쌓을 때, 이 자아는 비로소 "감정을 드러내도 안전하다"는 새로운 신념을 형성합니다. 그 순간 억제는 사라지고, 감정은 자아의 적이 아니라 삶의 언어로 회복됩니다.

'정서적 억제'의 심리도식이 있는 사람은 어린 시절 어떤 상처(트라우마)를 받았을 가능성이 높은가?

'정서적 억제'의 심리도식이 있는 사람은 어린 시절에 자신의 감정을 자유롭게 표현하는 것이 금지되었거나, 감정을 표현했을 때 부정적인 반응을 경험했을 가능성이 높습니다. 이로 인해 감정을 억누르거나 숨기는 방식으로 자신의 감정을 처리하는 경향이 형성될 수 있습니다. 아래는 정서적 억제의 심리도식과 관련된 어린 시절의 상처(트라우마)입니다.

1) 감정 표현에 대한 금지

어린 시절, 부모나 보호자가 감정을 표현하는 것을 부정적으로 대하거나 억제한 경우, 아이는 감정을 표현하는 것이 잘못된 일이라고 느끼게 될 수 있습니다. 예를 들어, 부모가 "울지 마.", "너무 감정적이지 말고 얌전하게 해."라고 말하면서 감정을 억제하도록 요구했다면, 아이는 감정을 억누르는 방법을 배우게 됩니다.

2) 부모의 무시 또는 감정적 냉담함

부모가 자녀의 감정에 대해 무시하거나 관심을 보이지 않았을 경우, 아이는 자신이 느끼는 감정을 중요하게 여겨지지 않는다고 느끼게 됩니다. 이런 경험은 감정 표현에 대한 두려움을 유발하고, 감정을 억제하는 방식으로 자신의 감정을 처리하게 만들 수 있습니다.

3) 부모의 감정적 과잉 반응

부모가 감정적으로 과민하거나, 감정적인 상황에 지나치게 반응하는 경우, 아이는 자신의 감정을 드러내는 것이 혼란을 일으킬 수 있다는 생각을 가질 수 있습니다. 이로 인해 감정을 숨기고 내면화하는 습관을 가지게 될 수 있습니다.

4) 가정 내의 갈등과 불안정성

가정에서의 지속적인 갈등이나 불안정한 환경에서 자란 아이는 감정을 드러내는 것이 상황을 악화시킬 수 있다고 느끼게 됩니다. 예를 들어, 부모 간의 싸움이나 갈등을 목격한 아이는 자신의 감정을 표현하기보다는 이를 억제하게 될 수 있습니다.

5) 감정의 표현에 대한 과도한 비판

아이가 자신의 감정을 표현했을 때, 부모나 중요한 사람이 과도하게 비판하거나 꾸짖는 경우, 아이는 감정을 표현하는 것이 잘못된 일이라고 생각하게 됩니다. 이런 경험은 아이가 자신의 감정을 억제하는 방식을 학습하게 만듭니다.

6) 정서적으로 무시된 경험

부모가 자녀의 감정을 무시하거나, 감정을 표현했을 때 전혀 반응하지 않거나 부정적인 반응을 보였다면, 아이는 자신의 감정을 숨기거나 내면화하는 방법을 배울 수 있습니다. 이는 정서적 억제의 심리도식을 형성하게 할 수 있습니다.

7) 불안정한 애정 관계

부모나 보호자와의 애정 관계가 불안정하거나 예측할 수 없는 경우, 아이는 자신을 보호하기 위해 감정을 억제하거나 숨기려는 경향을 가질 수 있습니다. 예를 들어, 부모의 사랑을 얻기 위해 감정을 숨기거나 지나치게 얌전하게 행동할 수 있습니다.

결론적으로, 정서적 억제의 심리도식이 있는 사람은 어린 시절에 감정을 자유롭게 표현하지 못하거나, 감정을 표현했을 때 부정적인 반응을 경험했을 가능성이 큽니다. 부모나 보호자에게서 감정 표현에 대한 금지나 무시, 과도한 비판 등을 받으면서 감정을 억제하는 방식이 자연스럽게 형성되었을 수 있습니다. 이로 인해 감정을 자유롭게 표현하지 못하고 억누르는 경향이 성인기까지 영향을 미칠 수 있습니다.

'정서적 억제'의 심리도식이 있는 사람의 내면아이와 내면부모는 어떤 상태일 가능성이 높은가?

'정서적 억제'의 심리도식이 있는 사람은 감정과 욕구를 억제하거나 차단하려는 경향이 있습니다. 이는 어린 시절의 억압적 환경이나, 감정을 표현하는 것이 위험하다고 느낀 경험에서 비롯될 수 있습니다. 이 심리도식이 있는 사람은 자신의 감정을 표현하는 데 어려움을 겪으며, 특히 부정적인 감정이나 욕구를 억누르는 경향이 강합니다. 그 결과 내면아이와 내면부모의 상태는 다음과 같이 나타날 가능성이 큽니다.

1) 내면아이의 상태

'정서적 억제'의 심리도식을 가진 내면아이는 자신의 감정과 욕구를 인정하지 않거나 숨기려는 경향이 강합니다. 이러한 내면아이는 감정을 표현할 수 없고, 억누른 감정이 내면에서 축적되어 불안이나 우울 등으로 나타날 수 있습니다.

· 감정 억압: 내면아이는 감정을 드러내지 않거나 감정을 억제하려는 경향이 강합니다. 특히 부정적인 감정(분노, 슬픔, 두려움 등)을 표현하는 것이 불안하고 위험하다고 느낍니다.

· 위축된 자아: 자신의 욕구와 감정을 표현하는 것에 두려움을 느껴, 자기 자신을 억누르고 위축된 상태에 있을 수 있습니다.

· 내면의 갈등: 감정을 표현하지 못해 내면에서 갈등이 생기며, 이로 인해 불안이나 정서적 방황이 발생할 수 있습니다.

· 감정의 소외: 자신의 감정을 인식하고 수용하는 것에 어려움을 겪으며, 감정을 억누르다 보니 감정적으로 고립된 느낌을 받을 수 있습니다.

· 자기 비하: 감정을 표현하지 않는 것에 대해 자신을 비난하고, 자책하는 경향이 강할 수 있습니다.

내면아이는 자신의 감정을 표현할 수 없고, 이를 억누르려는 상태에 머물러 있으며, 이는 내면적인 갈등과 불안을 일으킬 수 있습니다.

2) 내면부모의 상태

'정서적 억제'의 심리도식을 가진 사람의 내면부모는 감정을 표현하는 것을 억제하려고 하며, 이를 통해 내면아이의 감정도 억제하려는 경향이 있습니다. 내면부모는 감정의 표현을 부정적으로 보거나, 감정을 숨기라고 명령하는 태도를 취할 수 있습니다.

· 감정 억제의 강요: 내면부모는 내면아이에게 감정을 숨기라고 하거나, 감정을 표현하는 것에 대해 부정적인 메시지를 전달할 수 있습니다. 예를 들어, "너 왜 그렇게 감정을 표현하니?" 또는 "감정적으로 굴지 마." 같은 말을 할 수 있습니다.

· 비판적 태도: 감정을 드러내지 못하는 내면아이에게 비판적이며, 감정을 억제하려는 태도를 보입니다.

· 부정적인 메시지: 내면부모는 내면아이에게 감정 표현을 부정적으로 취급하며, 감정을 억제해야 한다는 메시지를 지속적으로 주게 됩니다.

· 감정 억압을 강화: 내면부모는 내면아이에게 감정을 표현하지 않으면 안전하다고 믿게 하며, 이를 통해 내면아이의 감정 억제를 더욱 강화할 수 있습니다.

· 감정 표현에 대한 불편함: 내면부모는 자신의 감정도 제대로 표현하지 않거나, 감정 표현에 불편함을 느끼기 때문에 내면아이에게도 감정 억제를 강요할 수 있습니다.

내면부모는 내면아이에게 감정을 표현하는 것에 대한 부정적인 메시지를 전달하며, 감정을 억누르는 태도를 보입니다.

3) 심리적 결과와 상호작용

'정서적 억제'의 심리도식이 강한 경우, 내면아이와 내면부모는 다음과 같은 방식으로 상호작용합니다.

· 내면부모의 감정 통제 요구 → 내면아이의 감정 억압: 내면부모는 "감정은 약점이야.", "기뻐도 슬퍼도 표현하면 안 돼."라는 식의 내면화를 통해 감정 표현을 금기시합니다. 이에 따라 내면아이는 자신의 감정을 자연스럽게 느끼거나 표현하기 어려워지고, 점점 무감각하거나 메마른 상태에 놓이게 됩니다.

· 자율성보다 책임 강조 → 내면아이의 자발성 소멸: 내면부모는 "자기 욕구는 억제하고 의무를 다해야 한다,"는 기준을 내세우며 스스로를 몰아붙입니다. 그 결과, 내면아이는 자신의 욕망이나 기쁨을 따르기보다는 책임과 자기 억제에 치우쳐 자발적 삶의 에너지를 잃어버립니다.

· 이상적 자기상 유지 강박 → 내면아이의 긴장과 불안: 내면부모는 "항상 냉정하고 성숙해야 해.", "느낌보다 이성이 중요해."라는 요구를 지속적으로 주입합니다. 이로 인해 내면아이는 자신의 진짜 감정과 본능을 억누르며, 일상에서도 늘 긴장된 상태로 살아가게 됩니다.

· 충동과 창의성의 억제 → 내면아이의 활력 고갈: 억제 도식은 창의성과 유연성, 충동성과 같은 생명력 있는 자아 요소를 차단합니다. 내면부모가 "튀지 마라.", "이상한 생각 하지 마."라고 반복할수록 내면아이는 점점 자기 표현의 통로를 잃고, 무기력하고 창백한 상태로 전락할 수 있습니다.

'정서적 억제' 도식이 강한 사람은 종종 "감정을 드러내면 위험하다."는 신념 속에 살고 있습니다. 이 도식을 치유하기 위해서는 내면부모가 감정의 존재 자체를 용인하고, 감정 표현을 약점이 아니라, '자기 존재의 진실한 부분'으로 받아들이는 훈련이 필요합니다. 내면아이에게는 "네가 느끼는 모든 감정은 괜찮아.", "마음껏 울어도 돼, 웃어도 돼."라는 따뜻한 허락과 수용이 반복적으로 필요합니다. 그렇게 할 때, 억눌렸던 감정 에너지는 자연스럽게 흘러나오며 생동감과 창의성이 다시 살아나게 됩니다.

4) 치유 방향

'정서적 억제'의 심리도식을 치유하기 위해서는 내면아이와 내면부모가 감정을 건강하게 표현할 수 있도록 돕는 과정이 필요합니다. 감정 억제를 완화하고, 감정을 자유롭게 표현할 수 있는 환경을 만들어 주는 것이 중요합니다.

· 감정 표현 연습: 내면아이에게 감정을 자연스럽게 표현할 수 있도록 연습시켜야 합니다. 억제된 감정을 안전한 방법으로 표현하도록 돕는 것이 중요합니다.

· 내면부모의 태도 변화: 내면부모는 내면아이에게 감정을 표현하는 것이 잘못된 일이 아니라는 메시지를 전달해야 합니다. 감정을 표현해도 안전하고, 이를 받아들여야 한다는 신뢰를 주어야 합니다.

· 감정 수용: 내면아이에게 자신의 감정을 인정하고 수용할 수 있도록 도와야 합니다. 감정은 자연스러운 인간의 일부분이며, 감정 표현이 자신을 잘못된 존재로 만드는 것이 아님을 깨달을 수 있게 해야 합니다.

· 자기 연민 강화: 감정을 표현하는 과정에서 내면아이에게 자아 존중감을 높이는 연습이 필요합니다. 자신을 비난하거나 억누르지 않고, 감정을 인정하고 표현하는 것에 대한 용기를 북돋아야 합니다.

·감정의 안전한 표현: 내면아이와 내면부모가 감정을 억누르지 않고 표현할 수 있는 안전한 공간을 마련하고, 감정 표현을 자유롭게 할 수 있도록 돕는 것이 필요합니다.

결국 '정서적 억제'의 심리도식을 치유하는 과정은 내면아이와 내면부모가 감정을 자연스럽게 표현하고, 이를 건강하게 받아들일 수 있도록 돕는 과정입니다. 감정을 억제하지 않고, 긍정적인 방식으로 표현하는 능력을 키울 수 있도록 해야 합니다.

'정서적 억제'의 심리도식이 있는 사람은 어떤 방어기제를 쓸 가능성이 높으며, 그 이유는 무엇인가요?

'정서적 억제'의 심리도식이 있는 사람은 자신의 감정을 드러내는 것이 위험하다고 느끼며, 자신의 속마음이나 감정을 노출하는 것이 결국 상처로 이어질 것이라는 기본신념을 가지고 있습니다. 이는 감정 표현을 통해 과거에 부정적인 경험(예: 거절, 비난, 조롱)을 했던 기억이 무의식에 각인되어 있기 때문입니다. 따라서 이러한 상처로부터 자신을 보호하기 위해 다양한 방어기제를 사용하게 됩니다. 방어기제는 감정을 억제하거나 왜곡함으로써 심리적 불안을 완화하고 자신을 보호하려는 시도로 나타납니다.

1) 억압(Repression)

감정을 인식하는 것 자체가 위협적으로 느껴지기 때문에 아예 감정을 무의식으로 밀어넣고 기억하지 않으려 합니다. 감정을 의식적으로 인지하기 어렵게 만듬니다. 자신의 감정을 인식하고 표현했다가 거절이나 비난을 당할 가능성에서 자신을 보호하기 위해 감정 자체를 무의식으로 밀어넣음으로써 심리적 균형을 유지하려는 시도입니다.

2) 부정(Denial)

자신의 감정을 인정하지 않고 부정하거나 감정 자체가 없다고 생각합니다. 예를 들어, "나는 화난 게 아니야." 또는 "난 괜찮아."라고 말합니다. 자신의 감정을 드러내는 것이 상처받을 위험을 초래한다고 느끼기 때문에, 감정 자체를 부정함으로써 상처로부터 자신을 보호합니다.

3) 합리화(Rationalization)

자신의 감정을 드러내지 않고 이를 논리적으로 설명하거나 변명합니다. 예를 들어, "지금 화를 내는 건 도움이 안 되니까 참아야 해."라고 생각합니다. 감정을 표현하지 않는 것이 정당하다는 논리를 만들어냄으로써 자신의 억제된 감정에서 오는 불안을 완화합니다.

4) 반동형성(Reaction Formation)

내면에서 느끼는 감정과는 반대되는 행동이나 태도를 보입니다. 예를 들어, 속으로는 화가 나 있는데 겉으로는 웃으며 "괜찮아!"라고 말합니다. 자신의 감정을 표현하면 상처받을 수 있다는 두려움에서 벗어나기 위해 정반대의 감정을 표현하면서 자신을 방어합니다.

5) 회피(Avoidance)

감정을 표현하거나 나눠야 하는 상황을 피합니다. 예를 들어, 누군가가 감정적인 이야기를 꺼내면 자리를 피하거나 화제를 돌립니다. 감정을 드러내면 상처받을 위험이 있기 때문에, 감정 표현의 상황 자체를 피함으로써 자신을 보호합니다.

6) 지성화(Intellectualization)

감정을 직접적으로 경험하고 표현하는 대신, 감정을 분석하거나 논리적으로 해석하려 합니다. 예를 들어, "이 감정은 스트레스 호르몬 때문이야."라고 생각합니다. 감정을 논리적으로 다루면서 실제 감정을 느끼는 불안에서 자신을 보호합니다. 감정을 이성적으로 분석함으로써 감정의 강도를 약화시킵니다.

7) 수동 공격(Passive-Aggression)

직접적으로 감정을 표현하지 않고 우회적으로 불만이나 분노를 드러냅니다. 예를 들어, 상대가 화가 난 이유를 묻는데 "아니야, 아무것도 아냐."라고 하며 무관심한 태도를 보입니다. 감정을 직접적으로 드러냈다가 생길 수 있는 갈등이나 상처를 피하기 위해 우회적인 방식으로 감정을 표현함으로써 자신을 보호합니다.

8) 퇴행(Regression)

감정을 표현하지 못하고 불안이나 좌절감이 커질 때, 성숙하지 않은 방식으로 반응합니다. 예를 들어, 성인인에도 어린아이처럼 울거나 상대에게 매달립니다. 성숙한 방식으로 감정을 다루기가 어려울 때, 퇴행을 통해 심리적 안정감을 얻고자 합니다. 이를 통해 심리적 부담을 줄입니다.

9) 과잉보상(Overcompensation)

자신의 감정 억제를 감추기 위해 지나치게 감정을 드러냅니다. 예를 들어, 화가 나지 않았음에도 일부러 화를 내거나, 기쁘지 않은데 과하게 웃습니다. 감정을 드러내지 않는 것에 대한 두려움이 크기 때문에 오히려 과장된 방식으로 감정을 표현하면서 자신이 감정 표현에 문제가 없다는 것을 보이려는 시도입니다.

'정서적 억제'의 심리도식이 있는 사람은 감정을 드러내는 것이 거절, 비난, 상처로 이어질 것이라는 두려움을 갖고 있습니다. 따라서 억압, 부정, 지성화, 회피 같은 방어기제를 통해 감정을 직접 표현하는 것을 피하고 반동형성, 과잉보상, 수동 공격 등의 방식으로 우회적으로 감정을 표현하기도 합니다. 이는 결국 자신의 감정이 드러남으로 인해 상처받을 위험에서 자신을 보호하고, 내면의 불안을 줄이려는 시도입니다.

'정서적 억제'의 심리도식이 있는 사람이 심리적 취약점을 극복할 수 있는 핵심 대처방법 10가지는 무엇인가?

'정서적 억제'의 심리도식을 가진 사람이 심리적 취약점을 극복할 수 있는 핵심 대처방법 10가지는 다음과 같습니다. 이 방법들은 감정을 건강하게 인식하고 표현하는 방법을 배우는 것에 중점을 두며, 감정을 억제하지 않고 자연스럽게 처리할 수 있도록 돕습니다.

1) 감정 인식 훈련

정서적 억제는 감정을 억누르거나 인식하지 못하는 경향에서 비롯됩니다. 감정을 인식하고, 어떤 감정을 느끼고 있는지 정확히 아는 훈련이 필요합니다. 감정 일기를 쓰거나, 하루 동안 느낀 감정을 되짚어보는 연습을 통해 감정을 더 잘 인식할 수 있습니다.

2) 감정 표현 연습

억제된 감정을 건강하게 표현하는 방법을 배우는 것이 중요합니다. 감정을 억누르지 않고, 말이나 행동으로 자연스럽게 표현하는 훈련을 해야 합니다. 예를 들어, "나는 지금 화가 나." 또는 "나는 지금 슬프다."라고 말하는 연습을 통해 감정을 솔직하게 표현할 수 있습니다.

3) 자기 수용 훈련

감정을 표현하는 데 있어 중요한 점은 자기 자신을 있는 그대로 받아들이는 것입니다. 감정을 느끼는 것이 잘못된 것이 아니라는 인식을 가지는 것이 중요합니다. 감정을 느끼고 표현하는 과정에서 스스로를 비판하지 않고, 자신을 이해하고 수용하는 연습을 합니다.

4) 심호흡 및 이완 기법

감정을 억제하다 보면 긴장과 스트레스가 쌓이기 쉽습니다. 심호흡과 이완 기법을 통해 긴장을 풀고, 감정을 건강하게 처리할 수 있는 방법을 배웁니다. 예를 들어, 5초간 깊게 숨을 들이쉬고 5초간 내쉬는 방법을 통해 몸과 마음을 이완시킬 수 있습니다.

5) 신뢰할 수 있는 사람에게 감정 표현하기

감정을 억누르는 대신, 신뢰할 수 있는 사람에게 자신의 감정을 솔직하게 말하는 연습이 필요합니다. 친구나 가족과의 대화를 통해 감정을 나누고, 자신의 감정을 표현하는 데 익숙해질 수 있습니다.

6) 창의적 활동을 통한 감정 해소

예술적인 활동이나 창의적인 활동은 억눌린 감정을 표현하는 데 효과적입니다. 그림 그리기, 글쓰기, 음악 감상 등은 감정을 자연스럽게 풀어낼 수 있는 방법입니다. 이러한 활동을 통해 감정을 억제하지 않고 건강하게 표현할 수 있습니다.

7) 감정 처리 시간 가지기

감정을 억누르지 않고 적절히 처리하는 시간을 가지는 것이 중요합니다. 감정을 느끼고 그 감정을 충분히 느낄 시간을 주며, 감정을 억제하지 않고 수용하는 연습을 해야 합니다. 예를 들어, 울고 싶을 때 울어보거나, 화가 날 때 그 감정을 인정하는 시간을 가질 수 있습니다.

8) 스트레스 관리 훈련

스트레스는 감정을 억제하게 만들 수 있습니다. 스트레스 관리 기법을 배우고 실천함으로써 감정이 억제되지 않도록 합니다. 운동, 명상, 요가, 자연 속 산책 등은 스트레스를 줄이는 데 효과적인 방법입니다.

9) 적극적인 자기 돌봄

정서적 억제를 극복하려면 신체적, 정신적 건강을 돌보는 것이 필수적입니다.

규칙적인 운동, 균형 잡힌 식사, 충분한 수면을 통해 신체적인 건강을 유지하고, 정신적으로 안정된 상태를 유지하는 것이 감정을 자연스럽게 다루는 데 도움이 됩니다.

10) 전문가의 도움 받기

정서적 억제를 해결하는 데 어려움을 느낄 수 있습니다. 이럴 때는 심리 상담이나 치료를 통해 전문가의 도움을 받는 것이 중요합니다. 전문가와 함께 감정을 건강하게 표현하는 방법을 배우고, 억눌린 감정을 풀어내는 방법을 익힐 수 있습니다.

이 대처 방법들은 정서적 억제를 극복하고, 감정을 건강하게 표현하는 데 중점을 둡니다. 감정을 억누르지 않고, 자신의 감정을 솔직하게 인식하고 표현하는 연습을 통해 심리적 취약점을 극복할 수 있습니다.

'정서적 억제'의 심리도식이 있는 사람이 버려야 할 '마이너스 생각 10가지'는 무엇이며, 이것을 꼭 가져야 할 '플러스 생각 10가지'로 바꾸면 어떻게 되는가?

'정서적 억제'의 심리도식을 가진 사람은 감정을 표현하는 것을 억제하거나 숨기려는 경향이 있습니다. 이는 감정의 억제와 표현에 대한 두려움으로 인해 스트레스나 불안, 우울감 등의 심리적 문제를 초래할 수 있습니다. 이러한 사고방식을 개선하려면 감정을 자연스럽게 인정하고 표현하는 것이 중요합니다. 버려야 할 마이너스 생각과 가져야 할 플러스 생각을 정리해 보겠습니다.

1) "내 감정은 중요하지 않다."

⇒ 내 감정도 중요한 신호이다. 감정을 억제하지 말고 인정해야 한다.

2) "내 감정을 표현하면 다른 사람들이 나를 싫어할 것이다."

⇒ 감정을 표현하는 것은 나를 더 이해하게 하고, 오히려 관계를 더욱 깊게 만든다.

3) "감정을 표현하는 것은 약해 보인다."

⇒ 감정을 표현하는 것은 약함이 아니라, 건강한 자기표현이다. 감정을 솔직하게 표현하는 것이 강한 사람의 특징이다.

4) "내 감정을 드러내면 내가 통제력을 잃게 된다."

⇒ 감정을 표현한다고 해서 통제력을 잃지 않는다. 감정은 통제할 수 있으며, 표현하는 것이 건강한 방식이다.

5) "내 감정을 남에게 말하는 것은 내가 불완전하다는 것을 보여주는 것이다."

⇒ 내 감정을 공유하는 것은 내가 불완전해서가 아니라, 나의 인간적인 면을 인정하는 것이다.

6) "감정을 억누르는 것이 더 나은 방법이다."

⇒ 감정을 억누르면 스트레스나 불안이 쌓이고, 결국 부정적인 영향을 미칠 수 있다. 감정을 적절히 표현하는 것이 중요하다.

7) "내 감정은 내가 해결해야 하는 문제일 뿐이다."

⇒ 내 감정을 해결하기 위해서는 다른 사람과의 대화나 지원이 필요할 때가 있다. 도움을 요청하는 것은 자연스러운 일이다.

8) "슬픔이나 분노를 느끼면 내가 불완전한 사람인 것이다."

⇒ 슬픔이나 분노는 인간적인 감정이며, 그것을 느끼는 것이 결코 불완전함을

의미하지 않는다.

9) "감정을 표현하는 것이 나를 약하게 만든다."

⇒ 감정을 표현하는 것은 나를 더 강하게 만들 수 있다. 그것은 나의 건강과 행복을 위한 중요한 과정이다.

10) "내가 감정을 표현하면 상황이 더 나빠질 것이다."

⇒ 감정을 표현하는 것은 상황을 명확하게 하고, 해결책을 찾는 데 도움이 될 수 있다.

꼭 가져야 할 '플러스 생각' 10가지

1) "내 감정은 중요한 신호이며, 그것을 인식하는 것이 건강한 첫걸음이다."

⇒ 내 감정을 인정하는 것이 감정의 통제를 돕고, 내 상태를 이해하는 데 도움이 된다.

2) "내 감정을 표현하는 것은 나를 더 잘 이해할 수 있는 방법이다."

⇒ 감정을 표현하는 것은 나를 더욱 깊이 이해하고, 다른 사람과의 관계를 더 튼튼히 만드는 데 도움이 된다.

3) "감정을 표현하는 것은 강한 사람의 특징이다."

⇒ 감정을 솔직하게 표현하는 것은 나를 더 강하게 만들고, 문제를 해결하는 능력을 높여준다.

4) "내 감정을 표현하는 것은 내가 상황을 통제하는 방법이다."

⇒ 감정을 표현하고 처리하는 것은 나의 통제력을 강화하며, 더 건강한 방식으로 감정을 다룰 수 있게 한다.

5) "감정을 드러내는 것은 나를 더 인간답게 만들어준다."

⇒ 감정을 공유하는 것은 나를 더 인간답게 만들고, 내 마음을 건강하게 유지하

는 데 도움이 된다.

6) "감정을 적절히 표현하는 것이 내 건강을 지키는 방법이다."

⇒ 억제된 감정은 스트레스나 불안을 초래할 수 있다. 감정을 표현하는 것은 정신적, 육체적 건강에 도움이 된다.

7) "내 감정은 내가 혼자 해결할 필요가 없다. 다른 사람과 공유할 수 있다."

⇒ 감정을 표현하고, 필요한 경우 도움을 받는 것은 건강한 대처 방식이다.

8) "슬픔과 분노는 인간적인 감정이다. 이를 느끼는 것은 자연스러운 일이다."

⇒ 슬픔이나 분노를 느끼는 것은 정상적이며, 감정을 인정하고 처리하는 것이 중요하다.

9) "감정을 표현하는 것은 나를 더 강하게 만든다. 감정을 건강하게 처리하는 능력이 강한 사람의 특성이다."

⇒ 감정을 솔직하게 표현하는 것은 나를 더 강하고 건강한 사람으로 만든다.

10) "내 감정을 표현하는 것은 상황을 개선하고 해결책을 찾는 데 도움이 된다."

⇒ 감정을 표현하는 것은 상황을 명확히 하고, 더 나은 해결책을 찾는 데 큰 도움이 된다.

이 플러스 생각들은 마이너스 생각을 대체하며, 감정을 억제하지 않고 자연스럽게 표현하는 방향으로 나아가도록 돕습니다. 감정을 건강하게 처리하고 표현하는 것은 자기 자신을 더 잘 이해하고, 더 나은 관계를 형성하는 데 중요한 역할을 합니다.

'정서적 억제'의 심리도식이 있는 사람에게 치유와 성장을 위해 가장 좋은 자각질문 5가지

'정서적 억제'의 심리도식을 가진 사람은 자신의 감정을 억누르거나 표현하지 못하고, 감정을 숨기거나 내면화하는 경향이 있습니다. 이는 종종 불안, 스트레스, 우울감으로 이어질 수 있으며, 감정을 표현하지 못하면 자기 자신과의 연결이 약해지고, 대인 관계에도 어려움을 겪을 수 있습니다. 이 심리도식을 치유하고 성장을 도울 수 있는 자각질문은 감정을 인정하고 안전하게 표현하는 능력을 키우는 데 초점을 맞춥니다.

1) "지금 내가 억제하려는 감정은 무엇인가? 그 감정을 느끼는 이유는 무엇일까?"

→ 내가 억누르려는 감정이 무엇인지, 그리고 그 감정을 느끼는 이유를 자각함으로써 감정에 대한 이해를 높이고 억제하려는 본능적인 이유를 탐색합니다.

2) "이 감정을 표현하지 않으면 나에게 어떤 부정적인 영향을 미칠까?"

→ 감정을 표현하지 않으면 나에게 어떤 신체적, 정신적 영향을 미칠지 생각해 봄으로써 감정을 표현할 필요성을 깨닫습니다.

3) "내가 감정을 표현하지 않는 이유는 무엇인가? 내가 두려워하는 결과는 무엇일까?"

→ 감정을 억제하려는 본능적인 이유와 그에 따른 두려움을 인식함으로써, 그 두려움이 현실적이지 않다는 사실을 자각할 수 있습니다.

4) “내가 감정을 표현할 때, 그것이 내 삶이나 관계에 어떤 긍정적인 영향을 미칠까?”

→ 감정을 솔직하게 표현함으로써 나와 타인에게 미칠 긍정적인 결과를 상상하여 감정 표현의 중요성을 깨닫습니다.

5) “나는 내 감정을 표현할 때, 나 자신에게 어떤 자유를 선물할 수 있을까?”

→ 감정을 자유롭게 표현하는 것이 나에게 어떤 해방감을 줄 수 있을지 자문하여, 감정 표현을 통해 얻게 될 자유로운 기분을 상상해 봅니다.

이 자각질문들은 정서적 억제를 극복하고 감정을 자연스럽게 받아들이고 표현하는 데 중요한 역할을 합니다. 감정을 숨기거나 억제하는 대신, 감정을 건강하게 표현함으로써 정신적 자유를 얻고, 자신과의 관계를 개선할 수 있습니다.

‘정서적 억제’의 심리도식이 있는 사람이 깨우쳐야 할 핵심 명상 메시지 5가지

‘정서적 억제’의 심리도식이 있는 사람이 깨우쳐야 할 핵심 명상 메시지 5가지는 다음과 같습니다. 이 메시지들은 자신의 감정을 인정하고, 그 감정을 건강하게 표현할 수 있도록 돕는 데 중요한 역할을 합니다.

1) 내 감정은 나의 일부이며, 감정을 표현하는 것은 나의 권리이다.

감정을 억제하기보다는 그것을 인식하고 표현하는 것이 중요함을 상기시키는 메시지입니다. 감정을 숨기거나 억누르는 대신, 그것을 건강하게 표현하는 것이 내면의 자유로움과 평화를 가져옵니다.

2) 감정을 억누르는 대신, 그것을 이해하고 받아들이자.

감정을 무시하거나 억제하기보다는 그 감정을 이해하려는 태도가 필요하다는 메시지입니다. 감정을 받아들이고 인정하는 것만으로도 감정이 자연스럽게 흐를 수 있습니다.

3) 나는 내 감정을 안전하게 표현할 수 있는 능력이 있다.

자신의 감정을 표현할 수 있는 능력을 가지고 있다는 믿음을 가지도록 돕는 메시지입니다. 감정을 자유롭게 표현하는 것이 중요하며, 이를 통해 자신을 더욱 온전히 알 수 있게 됩니다.

4) 내 감정은 내가 경험한 것에 대한 반응이며, 그 자체로 가치가 있다.

감정은 단순한 반응이 아니라, 나의 경험을 반영하는 중요한 신호임을 인식하게 해주는 메시지입니다. 감정 자체가 나에게 중요한 정보를 제공하는 도구라는 점을 이해하고 그것을 받아들이는 것이 중요합니다.

5) 감정을 표현하는 것은 내가 나를 돌보는 방법이다.

감정을 억제하지 않고 표현하는 것은 자기 자신을 돌보는 중요한 방법이라는 메시지입니다. 감정을 쏟아내거나 표현하는 것이 자기를 돌보고 사랑하는 방법임을 깨닫는 데 도움이 됩니다.

이 명상 메시지들은 감정을 억제하는 습관을 극복하고, 감정을 건강하게 인식하고 표현하는 법을 배우는 데 중요한 역할을 합니다. 반복적인 명상을 통해 자신을 더 잘 이해하고, 감정과의 관계를 더욱 건강하게 만들어갈 수 있습니다.

내면의 조건 없는 사랑(신성)이 '정서적 억제'의 심리도식이 있는 나에게 전하는 말

사랑하는 너에게,

너는 감정을 억누르고 숨기려는 경향이 있을 때가 많아. 힘든 일이나 상처를 마주할 때, 그 감정들을 내보내는 대신, 참거나 피하려 했을 수도 있어. 하지만 나는 너에게 말하고 싶어. "너의 감정은 네가 살아있다는 증거야. 그 감정들을 억제할 필요는 없어." 감정은 너를 약하게 만들지 않아. 오히려 감정을 온전히 느끼고 표현하는 것이 너를 더 강하게 만들어.

때로는 감정을 드러내는 것이 두려울 수도 있어. 누군가에게 상처받을까 봐, 혹은 자신의 감정을 이해받지 못할까 봐 겁이 날 수 있지. 하지만 억제된 감정들은 결국 더 큰 고통으로 돌아올 수 있어. 감정을 표현하는 것은 네 자신을 존중하는 일이야. 네가 느끼는 모든 감정은 네 일부이고, 그 감정들을 인정하고 받아들이는 순간, 너는 더욱 자유로워질 거야.

감정을 억누르지 않고 받아들이는 연습은 네 안의 힘을 깨우는 과정이야. 작은 슬픔, 분노, 기쁨, 두려움까지 모든 감정을 마주하는 순간, 너는 스스로에게 더 깊이 연결될 수 있어. 억압된 감정들이 표면으로 올라올 때 놀라울 수도 있지만, 그것은 네가 성장하고 있다는 신호야. 감정을 인정하고 받아들이는 순간, 너는 점점 더 자유로워지고, 자신에게 솔직해질 수 있어.

나는 너에게 속삭이고 싶어. "너는 결코 감정을 억제해야만 살아가는 존재가 아니야. 네가 느끼는 모든 감정은 너를 성장시키는 도약대가 될 수 있어." 너의 감정을 이해하고, 그 감정들이 자연스럽게 흐를 수 있도록 허락할 때, 너는 진정한 자유를 경험하게 돼. 어떤 감정도 너를 정의하지 않고, 그저 네 일부일 뿐이라는 사실을 기억해 줘.

언제나 나는 네가 스스로를 사랑하고, 그 감정을 존중할 수 있도록 지지할 거야. 너는 혼자가 아니야. 너 안의 감정을 안전하게 느끼고, 그것들을 자연스럽게 흘려보낼 수 있도록, 나는 항상 너와 함께 있어. 그 과정 속에서 너는 점점 더 온전한 자신과 연결되고, 조건 없는 사랑 안에서 살아갈 수 있을 거야.

17

엄격한 기준: 스스로와 타인에게 과도한 요구를 하는 자아

엄격한 기준 도식의 자아에게는 '아직 멀었어.", "완벽해져야 해!'라는 믿음이 있으며, 그 핵심 대처방식은 다음과 같습니다.

- 굴복보상: 완벽을 위해 많은 시간과 노력, 비용을 투자한다.
- 회피보상: 자신의 수행에 대해 평가받는 상황이나 과제를 회피한다.
- 과잉보상: 기준에 대해서는 전혀 신경 쓰지 않으며, 대충 아무렇게나 해버린다.

이 자아는 근본적으로 "완벽하지 않으면 인정받을 수 없다", 혹은 "실수하면 사랑과 존중을 잃는다"는 신념을 바탕으로 살아갑니다. 어린 시절 부모나 교사가 지나치게 높은 기준을 요구했거나, 실수했을 때 비난받는 경험이 반복된 경우에 이런 신념이 형성됩니다. 아이는 "잘해야 안전하다"는 생존 논리를 내면화하고, 완벽함이 존재의 조건이 됩니다. 따라서 이 자아는 자신을 인간이 아닌 '기능'으로 바라보며, 잘해야만 존재할 수 있다는 불안에 시달립니다. 완벽주의는 단순한 성향이 아니라, 수치심과 불안을 다루기 위한 심리적 방어체계로 자리잡습니다.

굴복보상은 이 자아가 완벽함이라는 이상에 복종함으로써 안정감을 찾는 방식입니다. 자신의 시간, 에너지, 자원을 모두 완벽을 위해 쏟으며, 실수의 가능성을 없애기 위해 끊임없이 준비하고 검토합니다. 이런 과도한 노력은 불안을 줄여주는 동시에, '나는 충분히 노력했다'는 착각된 통제감을 줍니다. 하지만 실제로는 완벽을 향한 굴복일 뿐, 자아는 늘 불만족과 자기비난의 사이클에 갇힙니다. 굴복 보상은 "불완전한 나로는 사랑받을 수 없다"는 신념을 유지시키며, 성취의 기쁨보다 불안 회피가 동력이 됩니다.

회피보상은 평가와 실패의 두려움을 피하기 위해 완벽함이 요구되는 상황 자체를 회피하는 방식입니다. 이 자아는 '부족함을 드러내는 상황'을 극도로 꺼리며, 새로운 시도나 평가받을 가능성이 있는 일을 피합니다. "시작하지 않으면 실패도 없다"는 무의식적 논리가 작동합니다. 그러나 이런 회피는 실수의 고통을 피하게 해주는 대신, 성장의 기회를 빼앗고 자기 효능감을 점점 약화시킵니다. 회피보상은 겉보기에 게으름이나 회피성 성향처럼 보이지만, 실제로는 수치심과 실패 불안에 대한 방어적 회피입니다.

과잉보상은 완벽의 압박에 대한 반발로, 아예 모든 기준을 무시하거나 대충 해버리는 방식으로 나타납니다. 이런 자아는 "그냥 아무렇게나 할래"라며 태연한 척하지만, 그 밑바닥에는 "어차피 완벽하게 못할 바엔 시도조차 하지 않겠다"는 절망이 숨어 있습니다. 과잉보상은 통제받던 완벽주의에 대한 무의식적 복수이며, "나는 아무것도 신경 쓰지 않는다"는 태도를 통해 수치심을 덮습니다. 그러나 이런 반항 역시 완벽주의의 그림자 안에 머물러 있는 형태로, 여전히 '기준'이라는 외부의 힘에 의해 규정된 방어적 행동입니다.

이처럼 이 자아의 세 가지 보상은 모두 "불완전함에 대한 두려움"을 다루기 위한 서로 다른 방식입니다. 굴복은 완벽으로 불안을 덮고, 회피는 실패의 가능성을 피하며, 과잉보상은 기준을 부정함으로써 통제감을 확보하려 합니다. 그러나 그 뿌리에는 "불완전한 나도 괜찮다"는 자기수용의 부재가 자리합니다. 진정한 치유는 완벽을 이루는 것이 아니라, 불완전한 나를 받아들이는 용기에서 시작됩니다. 실수 속에서도 가치가 유지된다는 경험을 반복할 때, 이 자아는 완벽의 굴레에서 벗어나 진정한 자유와 성장의 길로 나아갑니다.

'엄격한 기준'의 심리도식이 있는 사람은 어린 시절 어떤 상처(트라우마)를 받았을 가능성이 높은가?

'엄격한 기준'의 심리도식이 있는 사람은 어린 시절에 과도하게 높은 기대나 기준을 강요받았을 가능성이 높습니다. 이러한 기준은 아이가 성장하는 과정에서 무조건적인 사랑과 수용을 받지 못하고, 성취나 성과를 통해서만 인정받을 수 있다는 믿음을 형성하게 만듭니다. 아래는 엄격한 기준의 심리도식과 관련된 어린 시절의 상처(트라우마)입니다.

1) 부모의 과도한 기대와 압박

부모나 보호자가 아이에게 지나치게 높은 기대를 걸거나, 성공과 성취를 중시하는 경우, 아이는 자신이 일정한 기준을 충족시키지 않으면 사랑받지 못한다고 느낄 수 있습니다. 이로 인해 아이는 완벽을 추구하는 경향이 생기며, 항상 높은 기준을 충족해야만 인정받을 수 있다는 강박을 가지게 됩니다.

2) 부모의 조건적인 사랑

부모가 아이에게 조건적인 사랑을 보였을 경우, 아이는 자신이 원하는 목표나 성과를 이루지 않으면 부모의 사랑을 받을 수 없다고 느꼈을 수 있습니다. 예를 들어, "네가 성적을 잘 받아야 사랑받을 자격이 있어."라는 메시지를 받았다면, 아이는 성취가 사랑과 인정의 조건이 된다고 느끼며 엄격한 기준을 내면화하게 됩니다.

3) 비판적이고 부정적인 양육 태도

부모나 보호자가 아이에게 비판적이고 부정적인 피드백을 자주 주거나, 작은 실수도 용납하지 않는 태도를 보였다면, 아이는 자신이 부족하다는 느낌을 강하게 받을 수 있습니다. 부모의 비판이나 불만족스러운 반응은 아이에게 자신이 완벽해야만 사랑받을 수 있다는 인식을 심어주게 됩니다.

4) 과도한 경쟁 환경

어린 시절, 가족 내에서 혹은 학교에서 지나치게 경쟁적인 환경에서 자라난 경우, 아이는 항상 타인과 비교되며 자존감을 형성할 수 있는 기회를 얻지 못했을 수 있습니다. 이로 인해 자신이 항상 남들보다 뛰어나야만 인정받는다고 느끼게 될 수 있습니다.

5) 자율성 부족과 과도한 통제

부모가 아이에게 자율적인 선택을 허용하지 않고, 지나치게 통제적이고 명령적인 태도를 보였다면, 아이는 스스로 결정을 내리고 실수를 경험할 기회를 얻지 못했을 수 있습니다. 이로 인해 실수에 대한 두려움이 커지고, 자신의 행동에 대해 과도하게 엄격한 기준을 세우게 됩니다.

6) 완벽주의적인 부모 모델

부모나 보호자가 스스로 완벽주의적인 성향을 보였을 경우, 아이는 이를 본보기로 삼아 자신도 완벽해야만 한다는 압박을 느낄 수 있습니다. 부모가 항상 높은 기준을 유지하고, 실수나 결점을 보이지 않으려는 모습을 보일 때, 아이는 이러한 행동을 모델링하며 성취에 대한 지나치게 높은 기준을 내면화하게 됩니다.

7) 자기 비판적인 환경

부모가 아이의 잘못에 대해 지나치게 비판적이거나, 아이가 성취하지 못한 것에 대해 심한 비난을 가할 경우, 아이는 자신의 가치를 기준으로만 평가하게 됩니다. 이는 자기 비판적인 태도를 강화하고, 항상 자신을 향한 높은 기준을 유지하게 만드는 원인이 될 수 있습니다.

결론적으로, '엄격한 기준'의 심리도식을 가진 사람은 어린 시절에 부모나 보호자에게 지나치게 높은 기대와 압박을 받았거나, 성취를 통해서만 사랑받았다는 경험을 했을 가능성이 큽니다. 이로 인해 자신이 완벽하지 않으면 인정받을 수 없다는 강한 믿음이 형성되었으며, 이는 성인이 된 후에도 끊임없이 높은 기준을 추구하고 완벽을 추구하는 성향으로 이어질 수 있습니다.

'엄격한 기준'의 심리도식이 있는 사람의 '내면아이와 내면부모'

'엄격한 기준'의 심리도식을 가진 사람은 자신의 행동이나 성과에 대해 지나치게 높은 기준을 설정하며, 이러한 기준을 충족시키지 못하면 자신을 심하게 비난하는 경향이 있습니다. 이는 어린 시절의 과도한 기대나 비판적인 환경에서 형성된 심리적 패턴으로, 내면아이와 내면부모의 상태는 다음과 같이 나타날 가능성이 큽니다.

1) 내면아이의 상태

'엄격한 기준'의 심리도식을 가진 내면아이는 자신의 행동이나 성과가 항상 완벽해야 한다는 압박을 느끼며, 실수나 실패에 대한 두려움이 클 수 있습니다. 내면아이는 자주 자아 존중감을 낮추고, 자신이 기준을 충족시키지 못하면 심한 자기 비난에 빠지기도 합니다.

· 완벽주의: 내면아이는 실수나 부족함을 받아들이지 못하고, 항상 완벽한 성과를 내야 한다는 강한 압박을 느낍니다. 이는 자기 자신의 능력에 대한 불만족과 지속적인 스트레스를 일으킬 수 있습니다.

· 두려움과 불안: 자신이 설정한 기준을 충족시키지 못할까 봐 두려워하고, 실수에 대한 강한 두려움이 내면아이를 압박합니다. 이로 인해 불안과 긴장 상태가 지속될 수 있습니다.

· 자기 비하: 내면아이는 기준에 미치지 못하면 자아 존중감을 낮추고 자기 자신을 비난하는 경향이 있습니다. "나는 부족한 사람이다."라는 생각이 반복될 수 있습니다.

· 감정 억제: 감정을 표현하기보다는 목표나 기준을 달성하는 데 집중하게 되어, 자신의 감정을 무시하거나 억제하는 경향이 있습니다. 감정 표현보다는 결과 중심의 사고에 치우칠 수 있습니다.

· 상처받은 자아: 내면아이는 항상 기준을 충족시키지 못하는 자신을 미워하며, 자신을 가치 없는 존재로 느낄 수 있습니다. 이는 내면아이기 성장할 때 자아 존중감이 약화되도록 만듭니다.

내면아이는 완벽해야만 인정받고, 실수하면 처벌을 받을 것이라는 두려움 속에서 위축되고 상처받은 상태일 수 있습니다.

2) 내면부모의 상태

'엄격한 기준'의 심리도식을 가진 사람의 내면부모는 매우 비판적이고, 높은 기준을 요구하며, 기준을 충족시키지 않으면 자주 비난합니다. 내면부모는 내면아이에게 끊임없이 성과와 결과를 강조하며, 감정보다는 목표를 우선시합니다.

· 비판적 태도: 내면부모는 내면아이에게 끊임없이 비판적인 목소리를 내며, 실수를 용납하지 않으려 합니다. "너는 왜 이렇게 못하니?", "이 정도로는 안 돼." 같은 말을 반복합니다.

· 완벽주의 강요: 내면부모는 내면아이에게 비현실적으로 높은 기준을 설정하고, 이를 달성하지 않으면 실망하고 실수를 탓합니다. 실패는 용납되지 않으며, '완벽'만이 인정받는 기준이 됩니다.

· 결과 중심: 내면부모는 내면아이에게 결과가 중요하다고 강조하며, 감정이나 과정보다는 결과를 중시합니다. 이로 인해 내면아이는 결과에 대해 지나치게 집착하게 되고, 과정에서 느끼는 즐거움이나 학습을 놓치게 됩니다.

· 불안과 압박: 내면부모는 내면아이에게 기준을 충족시키지 않으면 받아들이지 않거나 처벌을 줄 것이라는 메시지를 전달하여, 내면아이에게 불안과 압박을 가중시킵니다.

· 감정의 무시: 내면부모는 내면아이의 감정에 공감하기보다는 감정 표현을 억제하거나 부정적인 감정을 무시하려는 경향이 있습니다. "왜 그렇게 감정을 표현하니?"라는 식으로 감정적 반응을 억제하려 할 수 있습니다.

내면부모는 내면아이에게 항상 높은 기준을 강요하며, 실패나 실수에 대한 비판적 태도를 지속적으로 반복합니다.

3) 심리적 결과와 상호작용

'엄격한 기준'의 심리도식이 강한 경우, 내면아이와 내면부모는 다음과 같은 방식으로 상호작용합니다.

· 내면부모의 과도한 요구 → 내면아이의 긴장과 피로: 내면부모는 "항상 완벽해야 해.", "최고가 아니면 실패야."라고 강하게 요구합니다. 이로 인해 내면아이는 늘 긴장된 상태에서 자신을 몰아붙이며, 지치고 탈진하기 쉬운 삶의 패턴을 형성하게 됩니다.

· 인정받기 위한 노력 → 내면아이의 자기 부정: 내면아이는 내면부모가 요구하는 수준을 충족시키기 위해 자신의 감정, 욕구, 한계를 억누릅니다. 이는 진정한 자기를 부정한 채 외부 기준에 맞춰 사는 태도로 이어지며, 점차 자기 존재에 대한 의심과 무가치감을 느끼게 됩니다.

· 성취가 곧 가치 → 내면아이의 조건적 자존감: 내면부모는 "성과를 내야 사랑받을 수 있어."라는 신념을 주입합니다. 이에 따라 내면아이는 자신의 존재 가치를 성취로만 판단하게 되고, 실패나 부족함 앞에서는 쉽게 자기 비난과 수치심에 빠집니다.

· 감정보다 효율 강조 → 내면아이의 정서 고립: 엄격한 기준은 감정보다 결과를 중시하기 때문에, 내면부모는 "감정은 방해야.", "일단 해야 돼."라고 말합니다. 내면아이는 자기 감정을 돌보지 못한 채 정서적 외로움과 단절감을 느끼며 살아가게 됩니다.

이 도식을 가진 사람은 무의식적으로 '완벽해야만 인정받고 살아남을 수 있다'는 믿음을 내면에 품고 살아갑니다. 이로 인해 늘 부족하다고 느끼고, 성취해도 만족하지 못하며, 자기 자신을 있는 그대로 사랑하는 데 큰 어려움을 겪습니다. 치유의 과정은 내면부모가 이상적 기준을 조금씩 완화하고, "충분히 잘하고 있어.", "실수해도 괜찮아."라고 내면아이에게 다정하게 말해주는 것으로 시작됩니다. 내면아이가 처음으로 조건 없는 수용과 따뜻한 지지를 경험할 때, 이 도식은 서서히 완화되고 삶은 훨씬 부드러워질 수 있습니다.

4) 치유 방향

'엄격한 기준'의 심리도식을 치유하기 위해서는 내면아이와 내면부모가 현실적이고 유연한 기준을 받아들이도록 돕는 것이 중요합니다. 감정의 표현을 자유롭게 하고, 실패와 실수를 학습의 기회로 받아들일 수 있는 태도를 기르는 것이 필요합니다.

· 현실적인 기준 설정: 내면부모는 내면아이에게 현실적이고 유연한 기준을 설정하며, 결과보다는 과정을 중요하게 여기도록 돕습니다.

· 자기 수용: 내면아이에게 자신의 감정을 수용하고, 실수와 실패가 성장의 일부라는 메시지를 전달해야 합니다.

· 완벽주의 완화: 내면아이에게 완벽하지 않아도 괜찮다는 메시지를 전달하고, 실패를 두려워하지 않도록 돕는 것이 중요합니다.

· 감정 표현의 자유: 내면아이와 내면부모가 감정을 자유롭게 표현할 수 있도록 돕고, 감정 표현에 대해 긍정적인 태도를 가지도록 합니다.

· 자기 연민과 따뜻한 대화: 내면아이에게 따뜻하고 이해심 깊은 대화를 통해 자

기 연민을 강화하고, 비판보다는 긍정적인 격려를 해주는 것이 필요합니다.

결국 '엄격한 기준'의 심리도식을 치유하는 과정은 내면아이와 내면부모가 현실적이고 유연한 기준을 받아들이며, 감정 표현의 자유를 허용하고, 실패를 학습의 기회로 삼을 수 있도록 돕는 과정입니다.

'엄격한 기준'의 심리도식이 있는 사람은 어떤 방어기제를 쓸 가능성이 높으며, 그 이유는 무엇인가?

'엄격한 기준'의 심리도식이 있는 사람은 자신이 높은 기준에 도달하지 못하면 실패나 비난, 무가치함을 경험하게 될 것이라는 두려움을 가지고 있습니다. 따라서 자신에게 엄격한 잣대를 들이대며 완벽해져야만 인정받을 수 있다는 기본신념을 형성합니다. 이러한 심리 상태는 과거에 성과나 결과를 통해 사랑 또는 인정을 받았거나, 실패했을 때 비난이나 수치심을 경험했던 것에서 비롯될 수 있습니다. 따라서 이러한 상처로부터 자신을 보호하기 위해 다양한 방어기제를 사용하게 됩니다. 방어기제는 자신이 설정한 엄격한 기준을 지키지 못했을 때, 느끼게 될 불안과 자괴감을 완화하고, 자신이 무가치하다는 두려움을 막기 위한 심리적 보상으로 작용합니다.

1) 합리화(Rationalization)

자신의 성과나 행동이 기대에 미치지 못했을 때, 이를 논리적으로 정당화하거나 합리화합니다. 예를 들어, "그때 너무 바빴으니까 잘 못한 건 어쩔 수 없었어."라고 말합니다. 자신의 성과가 기준에 미치지 못했을 때, 느끼게 될 수치심과 실패감을 완화하기 위해 이를 외부 환경이나 상황 탓으로 돌리면서 자아를 보호합니다.

2) 지성화(Intellectualization)

감정적 반응이나 불안을 억제하고 이를 이성적으로 분석하거나 논리적으로 설명합니다. 예를 들어, "이건 단순히 준비가 부족해서 생긴 일이지, 감정적으로 반응할 필요 없어."라고 말합니다. 감정을 직면하면 상처받을 위험이 있으므로, 감정을 억제하고 논리적·이성적으로 접근하면서 자신을 방어합니다.

3) 부정(Denial)

자신이 기대에 미치지 못했거나 실수했음을 인정하지 않습니다. 예를 들어, "난 충분히 잘했어. 이건 문제가 아니야."라고 주장합니다. 자신의 부족함을 인정하면 수치심이나 실패의 감정을 느껴야 하므로, 이를 부정하면서 자아를 보호합니다.

4) 반동형성(Reaction Formation)

내면에서 느끼는 불안이나 부족함을 감추기 위해 정반대의 행동을 보입니다. 예를 들어, 불안한 마음을 숨기고 '나는 완벽해. 아무 문제 없어.'라고 과시합니다. 불안과 결핍에서 오는 심리적 불편감을 완벽함의 과시로 보상하면서 자신을 보호합니다.

5) 투사(Projection)

자신의 부족함이나 실패에 대한 두려움을 다른 사람에게 돌립니다. 예를 들어, 자신이 성과를 내지 못한 상황에서 "팀원이 협조적이지 않았기 때문이야."라고 말합니다. 자신의 실패를 인정하면 상처받을 수 있으므로, 책임을 외부로 돌려 자신의 자존감을 보호합니다.

6) 회피(Avoidance)

실패할 위험이 있는 상황이나 완벽한 성과를 내기 어려운 상황 자체를 회피합니다. 예를 들어, 발표나 시험을 피합니다. 완벽하지 않으면 실패할 가능성이 크므로, 실패의 경험에서 오는 상처를 피하기 위해 아예 시도하지 않습니다.

완벽한 성과를 내야 한다는 압박에서 벗어나기 위해 소극적으로 행동합니다. 예를 들어, "어차피 완벽하게 할 수 없으니까 그냥 대충 할래."라고 말하며 무기력하게 행동합니다. 완벽하지 않으면 실패할 가능성이 크므로 아예 성과에 대한 기대를 낮추면서 실패에서 오는 상처를 막으려는 시도입니다.

7) 강박적 통제(Obsessive Control)

실수를 피하고 완벽함을 유지하기 위해 지나치게 노력하고, 지나치게 자신을 통제합니다. 작은 실수도 용납하지 않고 계속 수정하거나 보완하려 합니다. 완벽함을 유지함으로써 비난이나 실패의 두려움에서 벗어나려는 시도입니다. 완벽해지면 상처받지 않을 것이라는 믿음에서 비롯됩니다.

8) 과잉행동(Acting Out)

과잉행동은 내면의 불안이나 긴장을 직접 다루지 못하고 과도한 행동으로 표출하는 방식입니다. 중요한 발표를 앞두고 술을 마시거나 과식, 폭식, 충동적 행동으로 현실을 회피하는 모습이 대표적입니다. 이는 불안과 압박을 잠시 잊게 해주지만, 근본적인 문제 해결에는 도움이 되지 않습니다. 결국 순간적인 위안은 주지만 장기적으로는 문제를 악화시키는 경향이 있습니다.

'엄격한 기준'의 심리도식이 있는 사람은 완벽하지 않으면 인정받지 못하고 비난받을 것이라는 두려움을 가지고 있습니다. 따라서 완전주의, 합리화, 부정, 반동형성, 투사, 회피 같은 방어기제를 사용해 불안을 줄이고, 자신의 가치를 보존하려는 시도를 합니다. 특히 완벽주의적 태도를 유지하면서 자신을 몰아붙이거나, 아예 실패를 피하기 위해 시도 자체를 하지 않는 등의 행동은 상처받을 가능성에서 자신을 보호하려는 심리적 보상의 방식입니다.

'엄격한 기준'의 심리도식이 있는 사람이 심리적 취약점을 극복할 수 있는 핵심 대처방법 10가지는 무엇인가?

'엄격한 기준'의 심리도식이 있는 사람이 심리적 취약점을 극복할 수 있는 핵심 대처방법 10가지는 다음과 같습니다. 이 방법들은 지나치게 높은 기준을 설정하는 경향을 완화하고, 현실적이고 유연한 사고를 개발하는 데 중점을 둡니다. 건강한 보상기제를 활용하여 자아 존중감을 높이고, 자신에게 친절하게 대하는 방향으로 나아갑니다.

1) 기준의 유연화 연습

지나치게 엄격한 기준을 스스로에게 적용하는 경향이 있을 때, 기준을 조금 더 유연하게 설정하는 연습이 필요합니다. 예를 들어, "완벽해야 한다."는 생각을 "최선을 다하면 충분하다."는 식으로 바꾸는 방식입니다. 기준을 낮추는 것이 아니라, 현실적이고 실현 가능한 목표를 설정하도록 합니다.

2) 완벽주의 탈피 훈련

완벽주의적인 사고를 바꾸는 연습을 통해 더 현실적인 사고를 키워나갑니다. 작은 실수나 결점을 허용하고, 그것을 성장의 기회로 바라보는 관점을 갖도록 합니다. "완벽하지 않아도 괜찮다"는 것을 받아들이는 연습을 합니다.

3) 자기 돌봄과 자기 배려

엄격한 기준을 세운 사람은 자주 자신을 지나치게 압박합니다. 건강한 보상기제는 자기 배려와 돌봄입니다. 규칙적인 휴식과 운동, 여유를 즐기는 시간을 가지며, 자신에게 친절하고 여유 있는 태도를 가질 수 있도록 연습합니다.

4) 실패에 대한 재정의

실패를 개인적인 결점으로 받아들이는 경향이 있을 수 있습니다. 그러나 실패는 성장의 일부로 보는 시각을 가지도록 해야 합니다. 실패가 "무가치한 것"이 아니라, "배우고 성장하는 기회"라는 사고방식으로 변화시킵니다. 실패에서 배운 점을 기록하고 성취로 이어가려는 태도가 필요합니다.

5) 목표 설정의 현실성 고려

지나치게 높은 기준을 설정하는 대신, 목표를 실현 가능한 수준으로 설정해야 합니다. 목표를 작은 단계로 나누어 달성할 수 있는 범위 내에서 설정하고, 이를 달성할 때마다 자신을 칭찬하고 보상합니다. 작은 목표를 달성하면서 자신감을 높일 수 있습니다.

6) 비판적 사고의 균형 맞추기

스스로에게 지나치게 비판적인 경향이 있을 수 있습니다. 이를 개선하려면 비판적인 사고를 균형 있게 사용하는 연습을 해야 합니다. "무엇이 잘못되었나"에만 집중하는 대신, "어떤 점이 잘 됐는가"를 함께 고려하며 자신을 평가하는 방식으로 바꾸는 것이 중요합니다.

7) 자기 수용 훈련

자신에게 엄격한 기준을 세우면, 결점을 받아들이기 어려울 수 있습니다. 하지만 자기 수용을 통해 자기 자신을 있는 그대로 받아들이는 연습이 필요합니다. 자신의 불완전함을 인정하고, 그 불완전함을 받아들이는 것이 중요합니다. 이를 통해 자아 존중감과 자기 수용이 강화됩니다.

8) 긍정적인 피드백 받기

자신에게 엄격한 기준을 적용하는 사람은 종종 자신을 비판하게 됩니다. 건강한 보상기제는 긍정적인 피드백을 받고 그것을 받아들이는 것입니다. 자신이 잘한 점을 인정하고, 긍정적인 피드백을 받아들이는 연습을 통해 긍정적인 자기 인식을 유지합니다.

9) 자신의 한계 인정

누구나 한계가 있다는 사실을 받아들이는 것이 중요합니다. 엄격한 기준을 세운 사람은 자신의 한계를 인정하기 어려워할 수 있습니다. 하지만 한계를 인정하고, 그에 맞는 계획을 세우는 것이 현실적인 목표를 설정하는 데 도움이 됩니다. 내가 할 수 있는 것과 할 수 없는 것을 구분하는 연습을 해야 합니다.

10) 마음챙김 및 스트레스 관리

엄격한 기준을 세우고 실천하려는 압박감에서 오는 스트레스를 관리하는 방법도 중요합니다. 마음챙김(mindfulness) 명상이나 스트레스 관리 기법을 통해 현재 순간에 집중하고, 압박감을 완화시킬 수 있습니다. 깊은 호흡이나 이완 훈련도 효과적인 방법입니다.

이 방법들은 지나치게 높은 기준과 완벽주의에서 벗어나, 보다 유연하고 현실적인 사고를 형성하는 데 도움이 됩니다. 자신에게 친절하고, 균형 잡힌 기준을 설정하며, 실패를 두려워하지 않고 성장의 기회로 바라보는 태도를 기르는 것이 핵심입니다.

'엄격한 기준'의 심리도식이 있는 사람이 버려야 할 '마이너스 생각 10가지'는 무엇이며, 이것을 꼭 가져야 할 '플러스 생각 10가지'로 바꾸면 어떻게 되는가?

'엄격한 기준'의 심리도식을 가진 사람은 자신의 기준이 지나치게 높고, 다른 사람에게도 높은 기준을 요구하며, 이를 충족하지 못할 때 큰 스트레스를 느끼거나 자기 비판이 심해질 수 있습니다. 이러한 사고방식은 불필요한 긴장과 스트레스를 초래하고, 자기 자신과 타인에게 불만족을 일으킬 수 있습니다. 따라서 마이너스 생각을 플러스 생각으로 전환하는 것이 중요합니다.

버려야 할 '마이너스 생각' 10가지

1) "나는 완벽해야만 한다."

⇒ 완벽은 현실적이지 않다. 실수도 배움의 기회이며, 모든 상황에서 완벽할 필

요는 없다.

2) "실수는 절대 용납될 수 없다."

⇒ 실수는 인간적인 것이다. 실수에서 배우고, 그것을 개선할 수 있는 기회로 삼을 수 있다.

3) "나는 항상 최고가 되어야 한다."

⇒ 최고가 되기 위해 노력하는 것은 중요하지만, 그 과정에서 너무 많은 압박을 느낄 필요는 없다.

4) "모든 일을 완벽하게 해야만 인정받을 수 있다."

⇒ 작은 실수나 부족함도 받아들일 수 있다. 성과는 완벽함에만 의존하지 않는다.

5) "내가 부족하다면, 나는 실패한 것이다."

⇒ 부족함은 학습과 성장을 위한 출발점이다. 나는 그 부족함을 개선할 수 있다.

6) "남들이 나에게 기대하는 기준을 충족시키지 못하면 실패한 것이다."

⇒ 다른 사람의 기대에 너무 얽매이지 않도록 하자. 나의 기준이 중요하며, 나만의 길을 걸을 수 있다.

7) "나는 항상 완벽하게 해야 나 자신에게 실망하지 않는다."

⇒ 완벽을 추구하는 대신, 내가 할 수 있는 최선을 다하는 것이 중요하다.

8) "내가 다른 사람보다 못하면, 나는 가치가 없다."

⇒ 나는 다른 사람과 비교할 필요가 없다. 각자의 속도와 방식이 있으며, 내가 나로서 충분히 가치 있다.

9) "무언가를 시도하는 것은 실패할 가능성이 크므로 피해야 한다."

⇒ 실패는 두려워할 것이 아니라, 배움의 기회로 삼아야 한다. 시도 자체가 중요하다.

10) "기준에 미치지 못하면 나는 충분하지 않다."

⇒ 기준을 충족하지 못하더라도 나는 충분히 가치 있는 존재이다. 기준을 초과하는 것보다 나 자신을 존중하는 것이 중요하다.

꼭 가져야 할 '플러스 생각' 10가지

1) "나는 완벽할 필요는 없다. 중요한 것은 최선을 다하는 것이다."

⇒완벽이 아니어도 괜찮다. 중요한 것은 내가 최선을 다하는 과정이다.

2) "실수는 내가 성장하는 과정의 일부이다."

⇒실수는 나를 더 나은 사람으로 만들기 위한 중요한 경험이다.

3) "나는 꾸준히 개선할 수 있는 사람이다."

⇒모든 사람이 계속해서 개선할 수 있다. 내가 노력하면 나는 점점 나아질 수 있다.

4) "내가 최선을 다하면 그것으로 충분하다."

⇒최선을 다한 결과가 완벽하지 않더라도 그것이 중요하다. 나의 노력은 나에게 의미가 있다.

5) "나의 부족함은 발전의 기회이다."

⇒부족한 부분은 내가 발전할 수 있는 기회이다. 나는 부족함을 채워 나갈 수 있다.

6) "남들의 기대보다는 나의 기대를 충족시키는 것이 더 중요하다."

남들의 기준을 너무 신경 쓰지 말고, 나만의 기준에 맞춰 살아가자.

7) "완벽하지 않아도 나 자신에게 자랑스러울 수 있다."

완벽을 목표로 하되, 그 과정에서 나 자신에게 자랑스러운 점을 찾는 것이 중요하다.

8) "나와 다른 사람은 각자 다른 기준과 속도를 가지고 있다."

각자 다른 속도와 기준을 가지고 있다. 다른 사람과 비교하는 대신, 내가 나만의 기준을 따르자.

9) "실패는 학습의 기회이며, 그것을 통해 더 나아갈 수 있다."

실패는 부정적인 것이 아니다. 그것을 통해 더 나은 방법을 배우고 성장할 수 있다.

10) "기준을 넘지 않아도 나는 충분히 가치 있는 사람이다."

기준을 넘지 못했다고 해서 내가 가치 없는 사람은 아니다. 나는 내 존재만으로도 충분히 가치 있다.

이 플러스 생각들은 마이너스 생각을 대체하면서 엄격한 기준을 완화하고, 자신을 더 관대하게 바라보게 도와줍니다. 목표를 향한 열정과 노력을 유지하면서도, 완벽을 추구하는 것보다 과정에서 배우고 성장하는 것이 중요하다는 점을 인식하게 됩니다. 이 변화는 스트레스를 줄이고, 더 건강한 삶을 살아가는 데 기여할 수 있습니다.

'엄격한 기준'의 심리도식이 있는 사람에게 치유와 성장을 위해 가장 좋은 자각질문 5가지

엄격한 기준의 심리도식을 가진 사람은 스스로나 타인에게 지나치게 높은 기준을 설정하며, 그 기준을 충족하지 못할 때 자책감과 실패감을 느낄 수 있습니다. 이는 스트레스와 불안, 자존감 저하를 초래할 수 있습니다. 치유와 성장을 위해서는 자기 수용, 유연성을 기르고, 완벽주의에서 벗어나 자기 자신과 타인에게 더 관대해지는 것이 중요합니다.

1) "내가 설정한 이 기준은 현실적이고 합리적인가? 내가 정말 원하는 것은 완벽함인가, 아니면 성장과 발전인가?"

→자신이 설정한 기준이 현실적인지, 그것이 자신의 성장에 도움이 되는지 점검하게 돕는 질문입니다.

2) "이 기준을 충족하지 못했을 때, 나는 어떤 감정을 느끼는가? 그 감정이 내 인생에 어떤 영향을 미쳤는가?"

→ 엄격한 기준을 충족하지 못했을 때의 감정을 탐구하고, 그 감정이 자기 자신과 삶에 미친 영향을 이해하도록 돕는 질문입니다.

3) "내가 요구하는 완벽함은 나를 더 행복하게 할까? 아니면 내가 스스로를 과도하게 압박하고 있는 건 아닐까?"

→ 완벽함이 진정으로 자신을 행복하게 하는지, 아니면 과도한 자책과 압박을 초래하는지에 대해 자각하는 질문입니다.

4) "완벽하지 않더라도 내가 이미 충분히 잘하고 있다는 점은 무엇인가? 내가 이룬 것들을 인정할 수 있을까?"

→ 완벽하지 않더라도 자신이 이룬 성과를 인정하고 자존감을 높이는 질문입니다.

5) "나의 기준이 너무 높아서 실수를 두려워하게 만들고 있지는 않는가? 내가 실수를 통해 배운 점은 무엇인가?"

→ 실수에 대한 두려움을 탐구하고, 실수를 통해 배울 수 있는 교훈에 대해 자각하도록 돕는 질문입니다.

이 자각질문들은 엄격한 기준의 심리도식을 치유하고, 자기 수용과 유연성을 길러줍니다. 완벽주의에서 벗어나, 자기 자신을 긍정적으로 받아들이고, 성장하는 과정에서 더 큰 자유와 행복을 찾을 수 있도록 돕습니다.

'엄격한 기준'의 심리도식이 있는 사람이 깨우쳐야 할 핵심 명상 메시지 5가지

'엄격한 기준'의 심리도식이 있는 사람이 깨우쳐야 할 핵심 명상 메시지 5가지는 다음과 같습니다. 이 메시지들은 자신에 대한 과도한 기대와 압박을 내려놓고, 자기 수용과 내면의 평화를 찾는 데 도움을 줄 수 있습니다.

1) 나는 완벽할 필요가 없다. 나는 있는 그대로 충분히 가치 있는 존재이다.

완벽함에 대한 압박을 내려놓고, 자신의 불완전함을 받아들이는 것이 중요합니다. 이 메시지는 완벽하지 않아도 가치 있는 존재임을 상기시키며 자기 존중을 회복하는 데 도움을 줍니다.

2) 나는 실수할 수 있고, 그것은 나를 성장시키는 기회이다.

실수를 두려워하기보다는 그것을 성장의 기회로 바라보는 시각이 필요합니다. 이 메시지는 실수를 용납하고, 그것이 발전의 일부임을 깨닫게 도와줍니다.

3) 내가 내리는 기준이 나를 행복하게 하지 않으면, 그것은 변화할 필요가 있다.

지나치게 엄격한 기준이 내 행복을 방해할 수 있습니다. 이 메시지는 기준이 너무 높거나 불합리할 경우, 그것을 재조정하여 더 나은 삶을 살아갈 수 있게 돕습니다.

4) 나는 나의 속도와 방식대로 나아갈 권리가 있다.

다른 사람들과 비교하지 않고, 자기 자신만의 속도와 방식으로 나아갈 수 있음을 상기시키는 메시지입니다. 이는 타인의 기대나 사회적 기준에 맞추기보다는 자신을 존중하는 길로 나아가게 합니다.

5) 나는 내 안에 이미 필요한 모든 자원을 가지고 있다. 나는 자신을 믿을 수 있다.

자기 자신에 대한 믿음을 회복하고, 내면의 자원을 신뢰하는 것이 중요합니다. 이 메시지는 내면의 힘과 자원을 인식하고, 자신을 믿는 자세를 갖게 합니다.

이 명상 메시지들은 엄격한 기준을 내려놓고, 자신을 인정하며 더 나은 삶을 살 수 있도록 돕습니다. 반복적으로 되새기면서 자기 수용과 내면의 평화를 찾을 수 있습니다.

내면의 조건 없는 사랑(신성)이 '엄격한 기준'의 심리도식이 있는 나에게 전하는 말

사랑하는 너에게,

너는 언제나 스스로에게 높은 기준을 설정하고, 그 기준에 맞추지 않으면 자책하거나 실망하는 때가 많았을 거야. 자신에게 너무 엄격하고, 때로는 완벽을 추구하려고 하면서 그로 인해 힘든 시간을 보냈을 수도 있어. 하지만 나는 너에게 말하고 싶어. "너는 이미 충분히 아름답고 완전한 존재야." 너는 어떤 기준에 맞추기 위해 태어난 것이 아니라, 너 자신으로서 이미 모든 것을 갖춘 존재임을 기억해 줘.

너의 마음속에 그 기준들이 있을 때, 그 기준에 못 미쳤을 때의 실망감이 너를 괴롭히고, 스스로를 다치게 할 수 있어. 하지만 완벽하지 않다는 것이 결코 너의 가치가 떨어진다는 의미는 아니야. 너의 불완전함 속에도 진정한 아름다움이 숨어 있고, 그 불완전함이 너를 더욱 성장시키는 힘이 되어 스스로를 사랑하고, 그 어떤 기준에도 맞추지 않아도 네가 있는 그대로 충분히 사랑받을 자격이 있다는 것을 깨달아 줘.

때로는 너 자신에게 조금 더 자비로워질 필요가 있어. 완벽을 강요하며 스스로를 몰아붙이는 대신, 잠시 쉬어가도 괜찮다는 것을 기억해. 실수하거나 부족함을 느낄 때에도, 그것은 너의 가치와는 상관없어. 그 모든 순간이 너를 인간답게 만들고, 너의 여정을 풍성하게 만드는 과정일 뿐이야. 너 자신을 이해하고 안아주는 순간, 진정한 자유를 느낄 수 있어.

너는 언제나 너의 속도와 방식대로 가면 돼. 남들의 기준이나 세상의 기준에 맞추려고 애쓰지 않아도 괜찮아. 네 본모습 그대로가 이미 완전하고, 그 모습이 얼마나 특별한지 나는 알고 있어. 네가 스스로에게 덜 엄격하고, 조금 더 부드럽게 다가갈 때, 마음 깊은 곳에서 평화를 느낄 수 있을 거야.

나는 항상 너의 완전함을 믿고, 너의 여정을 지지하고 있어. 네가 실수하거나 부족함을 느껴도, 나는 결코 너를 판단하지 않아. 너의 불완전함마저 사랑스러운 부분임을 기억해 줘. 너는 이미 충분히 완전하고, 그 어떤 기준에도 제한받지 않는 존재야. 언제나 나는 너와 함께 있고, 조건 없는 사랑으로 너를 안고 있어.

18 처벌: 실수나 잘못에 대해 스스로를 혹독히 단죄하는 자아

처벌 도식의 자아에게는 '실수는 절대 용서 못 해!'라는 믿음이 있으며, 그 핵심 대응방식은 다음과 같습니다.

- 굴복보상: 자신과 타인을 가혹하게 다루고, 처벌적인 방식으로 대한다.
- 회피보상: 처벌에 대한 두려움 때문에 처벌받을지도 모른다고 생각되는 상황이나 사람을 피한다.
- 과잉보상: 용납해선 안 될 일까지도 용납하는 등 지나치게 관대하게 행동한다.

처벌 도식의 자아는 깊은 내면에 "잘못은 반드시 처벌받아야 한다", "실수는 곧 죄이며, 용서는 허락되지 않는다"는 신념을 품고 있습니다. 어린 시절 부모나 양육자가 도덕적 기준이 지나치게 엄격하거나, 실수에 대해 비난과 수치심을 강하게 주는 환경에서 자란 경우, 아이는 '완벽하지 않으면 사랑받을 수 없다', '벌을 받아야 속죄할 수 있다'는 결론을 내립니다. 이런 환경에서 형성된 자아는 도덕적 책임감이 과도하게 발달하며, 감정의 중심이 '용서'가 아니라 '단죄'로 이동합니다. 그 결과, 자신이나 타인의 결함을 마주할 때 즉각적으로 비판과 통제를 통해 안전감을 확보하려는 경향을 보입니다.

굴복보상은 이런 자아가 내면의 '처벌자'에게 완전히 복속되는 형태로 나타납니다. 자신을 끊임없이 비난하고, 사소한 실수에도 과도한 자책을 느끼며, 타인에게도 동일한 기준을 적용해 가혹하게 대합니다. "잘못은 반드시 고통으로 갚아야 한다"는 무의식적 신념 아래, 고통을 스스로 감내함으로써 심리적 균형을 맞추려 합니다. 이런 굴복은 죄책감을 줄이기 위한 자기처벌의 보상 구조이지만, 결국 자아를 더욱 위축시키고 자기혐오를 강화시킵니다. 심리적으로는 '벌받음으로써 속죄한다'는 왜곡된 정화의 형태이며, 그 과정에서 사랑보다 공포가 관계의 중심이 됩니다.

회피보상은 처벌받을지도 모른다는 불안을 피하기 위해 위험하거나 평가받는 상황을 아예 회피하는 전략입니다. 이런 자아는 "실수하면 벌받는다"는 내적 공포 때문에 완벽하게 준비되지 않으면 아무 일도 시작하지 않거나, 권위적인 인물이나 비판적인 사람과의 관계를 회피합니다. 이렇게 함으로써 '처벌의 가능성'을 줄이고 일시적 안정을 얻지만, 동시에 성장의 기회와 자율성을 잃게 됩니다. 회피보상은 불안의 즉각적인 완화를 주지만, 장기적으로는 "나는 여전히 벌받을 존재"라는 신념을 강화시키는 자기 억압의 고리가 됩니다.

과잉보상은 그 반대로, 내면의 '가혹한 재판관'에게 맞서기 위한 방어로 나타납니다. 이 자아는 '처벌적 기준'의 반대편으로 이동하여, 모든 잘못을 용납하고, 자신이나 타인에게 지나치게 관대해집니다. 겉보기엔 포용력 있고 자유로운 사람처럼 보이지만, 실제로는 "도덕적 엄격함으로부터 벗어나야 한다"는 무의식적 반발심이 작동합니다. 그러나 이 과잉 관대함은 진정한 용서가 아니라, 처벌의 공포를 피하기 위한 심리적 과잉보상일 뿐입니다. 결과적으로, 진짜 책임감 대신 회피적 관용이 자리하면서 내면의 혼란이 지속됩니다.

이처럼 처벌 자아의 세 가지 보상은 모두 "통제와 죄책감의 불안을 다루는 방식"이라는 공통된 구조를 지닙니다. 굴복은 단죄를 내면화해 고통 속의 안정을, 회피는 불안을 피함으로써 안전을, 과잉보상은 반동적 관용으로 평온을 추구하지만, 세 방식 모두 진정한 '자기 용서'를 배우지 못한 채 벌과 속죄의 순환에 머무릅니다. 진정한 치유는 잘못을 없애는 것이 아니라, 잘못을 한 나조차 받아들이는 자비의 감각을 회복하는 데 있습니다. 자신이 불완전한 인간임을 인정하고, 실수를 통해 성장할 수 있다는 믿음이 자리할 때, 이 자아는 비로소 처벌의 두려움에서 벗어나 진정한 책임과 연민의 균형 속으로 나아가게 됩니다.

'처벌'의 심리도식이 있는 사람은 어린 시절 어떤 상처(트라우마)를 받았을 가능성이 높은가?

'처벌'의 심리도식이 있는 사람은 어린 시절에 과도하게 가혹한 처벌이나 비난을 받았을 가능성이 높습니다. 이러한 경험은 아이가 자아를 형성하는 데 있어 큰 상처로 작용하며, 자신이나 타인에게 가혹한 기준을 적용하게 되는 원인이 됩니다.

1) 부모의 과도한 처벌과 신체적 또는 정서적 학대

부모나 보호자가 아이의 잘못에 대해 지나치게 가혹하게 처벌하거나 신체적, 정서적 학대를 가한 경우, 아이는 자신의 실수나 잘못에 대해 극도로 두려움을 느끼게 됩니다. 이는 아이에게 '실수를 하면 반드시 처벌을 받는다'는 강한 믿음을 심어주며, 아이가 성인이 되어서도 자신이나 타인에게 엄격한 처벌적인 태도를 보이게 만들 수 있습니다.

2) 부모의 과도한 비난과 모욕

부모나 보호자가 아이의 잘못에 대해 강도 높은 비난이나 모욕을 했을 경우, 아이는 자신이 결코 충분히 좋은 존재가 아니라고 느낄 수 있습니다. 이러한 경험은 아이에게 자신이 잘못을 저지르면 반드시 부정적인 결과를 초래한다는 불안감을 갖게 만들며, 성인이 되어서도 실수나 잘못에 대해 강하게 자책하고 타인을 처벌하는 경향을 보일 수 있습니다.

3) 조건적인 사랑

부모가 아이에게 조건적으로 사랑을 주었다면, 즉 아이가 부모의 기대를 충족하지 못했을 때 사랑을 받지 못한다고 느꼈다면, 아이는 실수를 저지르는 것을 두려워하게 됩니다. 부모의 사랑을 얻기 위한 조건이 과도하게 높고 엄격할 경우, 아이는 자신이 기준을 충족하지 않으면 처벌을 받는다고 느낄 수 있습니다.

4) 과도한 규율과 통제

부모가 아이에게 지나치게 강한 규율과 통제를 적용하면서, 자율성을 주지 않았을 경우, 아이는 자신이 잘못된 행동을 했을 때, 처벌을 피할 수 없다고 느끼게 됩니다. 이러한 경험은 아이가 자신의 자율성을 억누르고, 잘못된 행동에 대해 과도한 두려움을 가지게 만드는 원인이 될 수 있습니다.

5) 실수를 용납하지 않는 부모의 태도

부모가 아이의 실수나 잘못을 전혀 용납하지 않고, 실수를 했을 때 무조건적으로 처벌하거나 꾸짖은 경우, 아이는 자신이 실수하는 것을 극도로 두려워하게 됩니다. 실수에 대한 강한 두려움은 처벌의 심리도식을 만들게 하며, 성인이 된 후에도 실수를 범할까 봐 지나치게 자신을 억제하거나, 타인을 처벌하려는 태도를 취할 수 있습니다.

6) 부모의 예측 불가능한 반응

부모가 예측할 수 없는 방식으로 반응하며, 어떤 행동이나 실수에 대해 때때로 지나치게 관대하거나 때로는 극단적으로 처벌하는 경우, 아이는 불안정한 환경에서 자라게 됩니다. 이로 인해 아이는 실수나 잘못을 저지른 순간, 불확실하고 두려운 처벌을 예상하게 되며, 성인이 되어서도 타인과의 관계에서 지나치게 처벌적인 태도를 보일 수 있습니다.

7) 부모의 과도한 기대와 부담

부모가 아이에게 높은 기대를 걸고, 이를 충족시키지 못했을 때 처벌이나 비난을 가한 경우, 아이는 성취나 완벽을 강요받았다고 느낄 수 있습니다. 이러한 환경에서 자란 아이는 실수에 대한 두려움이 커지고, 실패할 때 자신을 처벌하거나 다른 사람을 강하게 비판하는 태도를 가지게 될 수 있습니다.

결론적으로, '처벌'의 심리도식이 있는 사람은 어린 시절에 과도한 비난, 신체적 또는 정서적 학대, 그리고 조건적인 사랑 속에서 자랐을 가능성이 높습니다. 이러한 경험은 아이에게 실수나 잘못을 범할 경우 반드시 처벌을 받게 될 것이라는 두려움을 심어주며, 성인이 된 후에도 자신이나 타인에게 가혹한 기준을 적용하고 자아를 억누르는 경향을 보이게 만듭니다.

'처벌'의 심리도식이 있는 사람의 내면아이와 내면부모는 어떤 상태일 가능성이 높은가?

'처벌'의 심리도식이 있는 사람은 내면아이와 내면부모가 모두 엄격하고 비판적인 상태일 가능성이 높습니다. 심리도식(schemas)은 어린 시절 형성된 인지적, 정서적 패턴으로, 처벌의 심리도식은 자신이나 타인에게 엄격한 기준을 적용하고 잘못을 용납하지 않는 경향에서 비롯됩니다. 이를 내면아이(inner child)와 내면부모(inner parent)의 상태로 구체화하여 살펴볼 수 있습니다.

1) 내면아이의 상태

'처벌'의 심리도식이 강한 경우, 내면아이는 주로 두려움과 수치심, 무력감에 휩싸여 있을 가능성이 높습니다. 다음과 같은 상태가 자주 나타납니다.

· 죄책감과 수치심: 자신의 행동이 잘못되었다고 느끼며, 작은 실수에도 쉽게 자신을 탓합니다.

· 불안과 두려움: 비판받거나 처벌받을까 봐 끊임없이 긴장하고 위축됩니다.

· 완벽주의 성향: 부모나 권위자로부터 인정받기 위해 완벽해지려고 노력하지만, 실패하면 자책합니다.

· 자기 비하와 낮은 자존감: 자신을 가치 없는 존재로 여기며, 잘못을 자신 탓으로 돌리는 경향이 있습니다.

· 감정 억압: 처벌받을까 봐 자신의 감정을 숨기고 드러내지 않으려 합니다.

'처벌'의 심리도식이 강하면 내면아이는 '나는 잘못된 존재야.', '나는 충분하지 않아.'와 같은 부정적인 자기 대화를 반복하게 됩니다. 따라서 내면아이는 위축되고 상처받은 상태에 머물러 있는 경우가 많습니다.

2) 내면부모의 상태

'처벌'의 심리도식이 있는 사람의 내면부모는 매우 엄격하고 비판적인 상태일 가능성이 큽니다. 이는 다음과 같은 모습으로 나타납니다.

- 비판적 부모(Critical Parent): 내면에서 끊임없이 "너는 왜 이렇게 했어?", "이렇게 하면 안 돼."라는 비판적인 목소리가 반복됩니다.
- 처벌적 태도: 자신의 잘못이나 타인의 실수에 대해 가혹하게 비난하고 용서하지 않으려 합니다.
- 완벽주의적 기준 설정: 기준이 비현실적으로 높아 작은 실수에도 자신이나 타인을 비난합니다.
- 감정의 억압과 통제: 감정을 솔직하게 표현하지 못하게 하고, 잘못된 감정 표현을 처벌합니다.
- 냉정하고 거리감 있는 태도: 내면아이의 두려움과 불안을 공감해 주지 않고, 오히려 이를 문제로 간주합니다.

'처벌'의 심리도식이 강하면 내면부모는 "넌 잘못했어.", "이렇게 하면 안 돼.", "결과가 나쁘면 용서받을 수 없어."라는 메시지를 반복하며 내면아이를 억압하고 처벌합니다. 이런 경우 내면부모는 과도하게 비판적이며 완벽을 강요하는 경향이 있습니다.

3) 심리적 결과와 상호작용

'처벌'의 심리도식이 강한 경우, 내면아이와 내면부모가 다음과 같은 방식으로 상호작용합니다.

· 내면부모의 처벌 → 내면아이의 위축과 불안: 내면부모가 "잘못했어!"라고 꾸짖으면 내면아이는 두려움과 수치심을 느끼며 위축됩니다.

· 완벽주의 강화 → 자기 비난 강화: 내면부모가 높은 기준을 강요하면, 내면아이는 이를 충족시키지 못하고 자신을 비난하게 됩니다.

· 감정의 억압 → 정서적 위기 발생: 내면부모가 감정을 허용하지 않으면, 내면아이는 자신의 감정을 억누르고 정서적 불안이 심화됩니다.

· 자기 비난 → 우울과 불안 강화: 자신을 처벌하는 과정에서 내면아이는 무력감과 우울감을 느끼고, 불안이 심해질 수 있습니다.

'처벌'의 심리도식이 강한 사람은 내면부모의 비판과 징벌적 태도로 인해 내면아이가 위축되고 불안해집니다. 높은 기준과 완벽주의가 강요되면서 실수는 곧 자기 비난으로 연결됩니다. 감정 표현이 억제되면서 정서적 긴장이 쌓이고, 무력감과 수치심이 깊어집니다. 결국 자기 존재에 대한 신뢰가 약화되며 우울과 불안이 만성화될 수 있습니다.

4) 치유 방향

'처벌'의 심리도식을 완화하기 위해서는 다음과 같은 치유 과정이 필요합니다.

· 내면부모의 비판 완화: 내면부모의 비판적인 목소리를 인식하고 이를 부드럽게

바꿀 필요가 있음. "잘못했어!"가 아니라 "괜찮아, 다음에 더 잘하면 돼!" 같은 온화한 메시지로 전환해야 합니다.

· 내면아이의 위로와 보호: 내면아이의 두려움과 수치심을 인정하고, "너는 있는 그대로 소중해.", "실수해도 괜찮아." 같은 수용적이고 따뜻한 메시지를 반복해야 합니다.

· 완벽주의 완화: 높은 기준을 낮추고, 실수를 성장의 기회로 받아들이는 연습이 필요합니다.

· 감정 표현 허용: 감정을 숨기지 않고 자연스럽게 표현하도록 허용해야 합니다.

· 자기연민 강화: 자신을 따뜻하게 대하고, 실수했을 때 스스로를 다독이는 연습이 필요합니다.

결국 '처벌'의 심리도식이 강한 경우, 내면부모의 비판과 처벌을 줄이고 내면아이에게 따뜻함과 수용을 제공하면 심리적 균형이 회복될 수 있습니다. 내면부모가 완화되고 내면아이가 치유되면 자기 수용력이 높아지고, 심리적 안정감이 강화될 것입니다.

'처벌'의 심리도식이 있는 사람은 어떤 방어기제를 쓸 가능성이 높으며, 그 이유는 무엇인가?

'처벌'의 심리도식이 있는 사람은 실수나 잘못을 결코 용서할 수 없다는 믿음을 바탕으로 자신과 타인을 가혹하게 대하며, 실수는 반드시 처벌받아야 한다고 생각합니다. 이는 주로 성장 과정에서 잘못했을 때, 부모나 중요한 타인에게 심하게 비난받거나 처벌받은 경험에서 비롯될 수 있습니다. 이러한 경험으로 인해 자신이 잘못하면 처벌받고 사랑받지 못할 것이라는 두려움을 내면화하면서, 실수를 피하고 완벽해야 한다는 강박이 형성됩니다. 따라서 처벌에 대한 두려움과 자기 비난에서 오는 심리적 고통에서 자신을 보호하기 위해 다양한 방어기제를 사용합니다. 방어기제는 자신이 느끼는 죄책감이나 불안을 완화하고, 자존감을 유지하려는 심리적 보상으로 작용합니다.

1) 투사(Projection)

자신의 내면에 존재하는 처벌받을 두려움이나 죄책감을 타인에게 전가합니다. 예를 들어, "내가 잘못한 게 아니라 저 사람이 문제야."라고 생각하며 다른 사람을 비난합니다. 자신의 실수나 잘못을 인정하면 처벌받을 수 있다는 두려움을 덜기 위해 잘못의 원인을 외부로 돌리면서 자아를 보호합니다.

2) 합리화(Moral Rationalization)

도덕적 합리화는 자신의 공격적이거나 비난적인 행동을 마치 도덕적 기준이나 정의로운 행동인 것처럼 포장하는 방어기제입니다. 겉으로는 옳고 선한 목적을 내세우지만, 실제로는 내면의 분노와 비난 충동을 정당화하기 위한 방식입니다. 예를 들어, 누군가를 심하게 꾸짖거나 모욕하면서도 "나는 그 사람을 위해서 하는 말이다.", "옳지 않은 행동을 바로잡는 게 도리다."라고 말하는 경우가 해당합니다. 이렇게 되면 본래의 공격성과 처벌 욕구는 숨겨지고, 마치 정의를 실현하는 듯한 모습으로 변장하게 됩니다. 그러나 이는 진정한 도덕적 태도라기보다는 내적 분노를 투사하고 합리화한 결과이기에 주변 관계에 상처를 남기기 쉽습니다.

3) 반동형성(Reaction Formation)

내면에서 처벌의 두려움을 느끼면서도 반대로 지나치게 관대하게 행동합니다.
예를 들어, "괜찮아. 아무 일도 아니야."라며 실수를 용서하는 태도를 보입니다.
처벌이나 비난을 피하고 자신이 가혹한 사람이라는 자책감을 덜기 위해 과도하게
관대해지는 방식으로 자아를 보호합니다.

4) 행동화(Acting Out)

내면에서 느끼는 불안을 통제하기 어려워 분노나 처벌의 감정을 행동으로 표출
합니다. 예를 들어, 상대의 작은 실수에도 심하게 화를 내고 공격적으로 행동합니
다. 처벌의 두려움에서 오는 긴장을 해소하고 자신이 통제력을 잃지 않았다는 느
낌을 얻기 위해 즉각적인 반응으로 자아를 보호합니다.

5) 부정(Denial)

자신이 처벌적이거나 가혹하다는 사실을 인정하지 않습니다. 예를 들어, "나는
공정하게 행동했을 뿐이야."라고 생각하며 자신의 행동을 부정합니다. 자신이 처
벌적이라는 사실을 인정하면 죄책감이 커지므로, 이를 부정하면서 자아를 보호합
니다.

6) 전치(Displacement)

서빌하고 싶은 감정을 원래의 대상이 아닌 다른 대상으로 옮깁니다. 예를 들어,
상사에게 화가 났을 때, 가족이나 친구에게 화풀이합니다. 직접적인 대상에게 처
벌적 감정을 드러내면 더 큰 처벌을 받을 위험이 있으므로, 덜 위험한 대상으로
감정을 전이하며 자아를 보호합니다.

7) 퇴행(Regression)

처벌의 두려움에서 벗어나기 위해 미성숙한 방식으로 반응합니다. 예를 들어, 처벌받을 상황에서 갑자기 도망치거나, 문을 잠근다거나, 울음이나 짜증으로 반어적 행동을 합니다. 성숙한 방식으로 처벌을 받아들이기 어려울 때, 어린 시절의 방식을 통해 심리적 위안을 얻으려는 시도입니다.

'처벌'의 심리도식이 있는 사람은 실수나 잘못을 인정하는 순간, 자신이 처벌받고 사랑받지 못할 것이라는 두려움 때문에 이를 회피하거나 과잉 보상하는 방식으로 행동합니다. 따라서 합리화, 투사, 전치, 지성화 등의 방어기제를 사용해 자신이 처벌받을 위험에서 벗어나려고 하며, 반동형성이나 보상을 통해 과하게 관대해지는 방식으로 자아를 방어하기도 합니다. 동시에 처벌의 두려움에서 벗어나기 위해 행동화나 수동 공격처럼 직접적으로 불만을 표출하는 방식을 통해 심리적 균형을 유지하려는 경향이 있습니다. 이러한 방어기제는 처벌에서 오는 심리적 고통을 완화하고 자신이 처벌받지 않는 상태를 유지하려는 심리적 보상 과정에서 작동합니다.

'처벌'의 심리도식이 있는 사람이 심리적 취약점을 극복할 수 있는 핵심 대처 방법 10가지는 무엇인가?

'처벌'의 심리도식이 있는 사람이 심리적 취약점을 극복할 수 있는 핵심 대처 방법 10가지는 다음과 같습니다. 각 방법은 건강한 보상 기제를 활용하여, 처벌에 대한 두려움과 불안을 다루고, 자기 존중감을 회복할 수 있도록 돕습니다.

1) 자기 인식 강화

자신의 감정, 생각, 행동 패턴을 명확히 인식하고, 처벌에 대한 두려움이 어디에서 비롯되는지 탐색하는 과정입니다. 예를 들어, 특정 상황에서 자신이 과도하게 비판적이거나 자신을 처벌하는 경향이 있다면, 그것이 어린 시절의 경험이나 외부의 압박에서 비롯되었음을 깨닫고, 그것이 과거의 영향이라는 점을 인식합니다.

2) 자기 자비 연습

자신에게 부드럽고 자비로운 태도를 가지며, 실수나 결점에 대해 너그럽게 대하는 법을 배우는 것입니다. 자신을 비판하기보다는 실수를 통해 배우고 성장하는 기회로 삼는 것이 중요합니다. 예를 들어, 실수를 했을 때, "나는 완벽하지 않지만, 이 실수에서 배울 수 있다."고 말하면서 자신에게 긍정적인 메시지를 전합니다.

3) 긍정적인 자기 대화

부정적인 자기 비판적인 생각을 긍정적인 말로 바꾸는 것이 핵심입니다. "내가 항상 실패하는구나!"라는 생각이 들 때, "실패는 나의 일부일 뿐, 나는 계속 성장하고 있다."라는 긍정적인 말로 바꿔보세요. 자신에게 친절하고 격려하는 언어를 사용하여 자아를 긍정적으로 강화하는 방법입니다.

4) 명상과 호흡 훈련

심리적 불안이나 스트레스를 줄이기 위한 명상과 호흡은 매우 효과적인 대처 기법입니다. 호흡에 집중하여 마음을 진정시키거나, 마음을 차분히 가라앉히는 명상을 통해 마음속 처벌의 두려움을 해소할 수 있습니다. 하루 5~10분의 간단한 호흡 명상이나 바디 스캔 명상을 통해 평온한 상태를 유지할 수 있습니다.

5) 건강한 경계 설정

자신과 타인 사이에 적절한 경계를 설정하여, 외부의 부정적인 영향을 최소화하는 방법입니다. 타인의 비판이나 처벌적인 태도에 휘둘리지 않도록, 자신의 감정과 욕구를 존중하고, 타인의 행동에 자신을 지나치게 의존하지 않도록 합니다. 예를 들어, 누군가가 지나치게 비판적일 때, 그 의견을 듣되 자신을 지나치게 평가하지 않도록 거리를 두는 방법을 연습합니다.

6) 긍정적인 보상 기법 사용

목표를 달성했을 때 스스로에게 작은 보상을 주거나, 자신을 격려하는 활동을 통해 긍정적인 피드백을 주는 것입니다. 예를 들어, 일정한 목표를 달성한 후 작은 선물을 자신에게 주거나, 자신이 잘한 일을 칭찬하면서 자부심을 느끼는 것입니다. 이는 자기 존중감을 키우고, 내면의 평가 기준을 외부의 처벌에 의존하지 않도록 돕습니다.

7) 실수에 대한 새로운 관점

실수나 실패를 두려워하지 않고 그것을 배우고 성장하는 기회로 보는 관점을 키우는 것입니다. 예를 들어, 실수나 실패를 경험했을 때, "이 실수로 내가 무엇을 배울 수 있을까?"라고 질문하면서, 실수를 긍정적인 성장의 일환으로 받아들이는 태도를 갖습니다. 이를 통해 처벌에 대한 두려움이 줄어듭니다.

8) 사회적 지지 찾기

신뢰할 수 있는 사람들과의 관계에서 정서적 지지를 받는 것입니다. 친구나 가족, 혹은 치료사와의 대화를 통해 감정을 솔직하게 표현하고, 그들의 지지와 이해를 받음으로써 자신감을 회복할 수 있습니다. 특히 자신의 두려움이나 불안을 안전하게 공유할 수 있는 사람들과 소통하는 것이 매우 중요합니다.

9) 신체 활동을 통한 스트레스 해소

운동이나 신체 활동은 스트레스를 해소하고 기분을 전환시키는 좋은 방법입니다. 예를 들어 요가, 걷기, 달리기, 춤 등의 활동을 통해 몸과 마음의 긴장을 풀고, 긍정적인 에너지를 얻을 수 있습니다. 신체 활동은 엔도르핀을 분비하여 기분을 좋게 만들어주고, 처벌적인 감정을 다루는 데 도움을 줍니다.

10) 감사하는 마음 기르기

매일 감사하는 점을 찾아 기록하거나 마음속으로 감사의 말을 전하는 것이 중요합니다. 감사의 마음은 부정적인 감정에서 벗어나 긍정적인 에너지를 얻게 합니다. 예를 들어, 하루 중 좋았던 일이나 감사한 순간을 되돌아보며, "오늘도 나를 지지해 주는 사람들 덕분에 힘을 낼 수 있었다."와 같이 감사의 말을 마음속으로 되뇌며 평안을 찾습니다.

이 10가지 대처 방법들은 '처벌'의 심리도식에서 오는 불안과 두려움을 극복하고, 자기 자신을 더욱 건강하게 바라볼 수 있도록 돕습니다. 처벌을 두려워하기보다는 자신을 존중하고, 실수와 실패를 성장의 기회로 삼는 긍정적인 태도를 기르는 것이 중요합니다.

'처벌'의 심리도식이 있는 사람이 버려야 할 '마이너스 생각 10가지'와 꼭 가져야 할 '플러스 생각 10가지'

'처벌'의 심리도식이 있는 사람은 자신의 실수나 잘못에 대해 과도하게 처벌받거나 비판받을 것이라는 두려움을 가질 수 있습니다. 이는 종종 자신을 지나치게 억제하거나 죄책감에 시달리게 만들 수 있습니다. 이 심리도식을 극복하기 위해서는 처벌에 대한 두려움을 줄이고, 더 건강하고 균형 잡힌 사고방식을 가져야 합니다. 이를 위해 버려야 할 마이너스 생각과 가져야 할 플러스 생각을 정리해 보겠습니다.

버려야 할 '마이너스 생각' 10가지

1) "내가 실수하면 반드시 처벌을 받아야 한다."

⇒실수는 배움의 기회일 뿐이다. 처벌은 불필요하며, 성장과 개선을 위한 기회로 볼 수 있다.

2) "내가 잘못하면 누구도 나를 용서하지 않을 것이다."

⇒모든 사람은 실수를 하고 용서받을 자격이 있다. 나 자신도 내 실수를 용서할 수 있어야 한다.

3) "나는 실수하면 항상 비난받아야 한다."

⇒비난은 도움이 되지 않는다. 실수는 개선의 기회일 뿐이다.

4) "실수한 것은 내가 부족하고 무능력한 사람임을 증명한다."

⇒실수는 누구에게나 일어날 수 있다. 실수는 내가 부족하다는 증거가 아니라, 배우고 성장하는 과정의 일부이다.

5) "내가 실수하면 모두가 나를 싫어할 것이다."

⇒실수로 인해 모든 사람이 나를 싫어할 수는 없다. 사람들은 나를 이해하고 나를 도와주려 한다.

6) "내가 실수를 하면 어떤 벌을 받아야 마땅하다."

⇒실수는 학습 과정의 일부이다. 벌보다는 교훈을 얻는 것이 중요하다.

7) "실수하면 나는 실패한 사람이다."

⇒실수는 실패가 아니라 발전의 기회이다. 나는 실수를 통해 더 나은 사람이 될 수 있다.

8) "내가 잘못을 하면 나 자신을 용서할 수 없다."

⇒자신을 용서하는 것은 회복의 첫걸음이다. 나는 실수를 통해 성장하며 나 자신을 용서할 수 있다.

9) "내가 잘못하면 나의 자격이 없어진다."

⇒나는 잘못을 통해 더 나은 사람이 될 수 있다. 자격은 실수로 잃어버리는 것이 아니다.

10) "내가 실수하면 사람들이 나를 무시할 것이다."

⇒실수는 나를 무시할 이유가 되지 않는다. 사람들은 나의 성장을 지켜볼 것이다.

꼭 가져야 할 '플러스 생각' 10가지

1) "실패는 배울 수 있는 기회이다. 나는 실패에서 성장할 수 있다."

⇒실수는 나를 배우게 하고 더 나은 사람으로 만드는 중요한 기회이다.

2) "나는 실수를 통해 자신을 용서할 수 있고, 그 경험을 통해 나아갈 수 있다."

⇒자신을 용서하는 것이 중요하다. 실수는 나를 성장시키고 더 나은 사람으로 만들 수 있다.

3) "비판을 받아도 나는 나의 가치를 잃지 않는다."

⇒비판을 받아도 나는 여전히 가치 있는 사람이다. 비판을 통해 성장하고 발전할 수 있다.

4) "실수나 실패는 나를 부족한 사람으로 만들지 않는다. 나는 학습과 개선을 통해 더 나아질 수 있다."

⇒실수나 실패는 내가 부족한 사람임을 증명하지 않는다. 나는 그 경험을 통해 더 나은 사람이 될 수 있다.

5) "나는 실수를 통해 교훈을 얻고, 그것을 개선할 수 있다."

⇒실수에서 배운 교훈을 통해 나 자신을 개선하고 발전시킬 수 있다.

6) "실패는 내가 성장할 수 있는 기회를 제공한다."

⇒실패는 나를 성장하게 하는 중요한 경험이다. 나는 그 기회를 통해 더 나은 사람으로 변할 수 있다.

7) "나는 실수를 해도 계속해서 도전할 수 있다."

⇒실수는 내가 도전하는 것을 막을 수 없다. 나는 계속해서 도전하고 성장할 수 있다.

8) "실패는 나를 정의하지 않는다. 나는 더 나은 버전으로 변화할 수 있다."

⇒실패는 내가 누구인지를 정의하지 않는다. 나는 실패를 통해 더 나은 사람으로 발전할 수 있다.

9) "나는 실패에서 회복하고, 그것을 더 나은 기회로 삼을 수 있다."

⇒실패는 나를 약하게 만들지 않는다. 나는 실수를 극복하고 그것을 기회로 바꿀 수 있다.

10) "나는 나의 실패로부터 배워서 더 나은 사람으로 나아갈 것이다."

⇒나는 실수를 통해 배운 점을 바탕으로 나아가며, 내 삶을 더 나은 방향으로 이끌 수 있다.

이 플러스 생각들은 마이너스 생각을 변화시키고, 실수나 잘못에 대한 처벌에 대한 두려움을 극복하는 데 도움을 줍니다. 이 과정을 통해 실수는 학습과 성장의 기회로 바뀌며, 자기 자신을 더 관대하게 대하고, 나아가 긍정적인 변화를 이끌어 낼 수 있게 됩니다.

'처벌'의 심리도식이 있는 사람에게 치유와 성장을 위해 가장 좋은 자각질문 5가지

'처벌'의 심리도식이 있는 사람은 자신을 비난하거나 처벌해야 한다는 믿음을 가지며, 이는 자아 존중감과 정신적 건강에 큰 영향을 미칠 수 있습니다. 이러한 심리적 패턴을 치유하고 성장을 촉진하기 위한 자각질문은 자기 자신에 대한 자비를 키우고, 과거의 실수나 실패에 대해 더 건강하게 반응할 수 있도록 돕습니다.

1) 내가 자신을 처벌하고 있는 이유는 무엇인가? 내가 진심으로 바라는 변화는 무엇일까?

→ 자신을 처벌하는 이유를 깊이 이해함으로써, 그 처벌이 내 발전에 도움이 되는지, 아니면 오히려 방해가 되는지 점검해 보는 질문입니다.

2) 내가 실수나 실페를 했을 때, 나에게 필요한 것은 처벌일까, 아니면 배움과 성장일까?

→ 실수나 실패를 통해 배울 수 있는 점을 찾고, 그 경험에서 성장할 수 있다는 관점을 가질 수 있도록 도와줍니다.

3) 내가 나 자신에게 너무 가혹하게 대하고 있지는 않은가? 내가 나를 사랑하고 존중하는 방식은 어떤 모습일까?

→ 자신을 비난하는 대신 자애롭게 대하는 방식에 대해 생각해 보고, 자기 자신을 더 긍정적이고 부드럽게 대할 방법을 찾습니다.

4) 내가 자신에게 지나치게 가혹하면, 내 삶에 어떤 부정적인 영향을 미칠까?

→ 자기 처벌이 자신에게 미치는 부정적인 영향을 자각함으로써, 그 패턴을 바꿀 필요성을 느끼게 되는 질문입니다.

5) 내가 나에게 할 수 있는 가장 좋은 지원은 무엇일까? 내가 나를 돕기 위한 가장 친절한 방법은 무엇일까?

→ 자기 자신에게 친절하고 지원적인 태도를 취하는 것이 중요함을 자각하는 질문입니다.

이 자각질문들은 처벌의 심리도식을 극복하고, 자아 존중감과 성장을 촉진하는 데 큰 도움이 됩니다. 과거의 실수를 너무 가혹하게 대하지 않고, 그것을 발전과 배움의 기회로 삼는 태도를 가지게 됩니다. 자신을 사랑하고 존중하는 것이 진정한 변화와 치유의 핵심입니다.

'처벌'의 심리도식이 있는 사람이 깨우쳐야 할 핵심 명상 메시지 5가지

'처벌'의 심리도식이 있는 사람이 깨우쳐야 할 핵심 명상 메시지 5가지는 다음과 같습니다. 이 메시지들은 스스로 자기 자신을 용서하고 내면의 평화를 찾는 데 도움을 줄 수 있습니다.

　1) 나는 인간이기에 실수/실패를 할 수 있다. 실수/실패는 내 성장의 일부이다.

　실수를 두려워하기보다는 실수를 통해 배우고 성장할 수 있다는 점을 인식하는 것이 중요합니다. 이 메시지는 실수를 받아들이고, 그것이 내면의 성장을 위한 자연스러운 과정임을 깨닫게 도와줍니다.

　2) 나는 나 자신을 사랑하고, 용서할 자격이 있다.

　자기 자신에 대한 처벌적 태도를 버리고, 자기 사랑과 용서를 중심으로 나아가는 것이 핵심입니다. 이 메시지는 자신을 인정하고, 잘못된 부분도 이해하며 사랑할 자격이 있음을 상기시킵니다.

　3) 나의 가치는 실수/실패에 의해 결정되지 않는다. 나는 본래 충분히 가치 있는 존재이다.

　실수/실패나 과거의 잘못이 나의 가치를 결정짓지 않는다는 점을 명확히 인식하는 것이 중요합니다. 이 메시지는 자기 존중을 회복하고, 과거의 실수에서 벗어나 현재의 나를 사랑할 수 있게 도와줍니다.

　4) 용서는 나를 자유롭게 만든다. 나는 나 자신에게 자비를 베풀 수 있다.

　처벌의 심리도식이 있는 사람은 자신에게 지나치게 가혹할 수 있습니다. 이 메시지는 자신에게 자비를 베풀고, 용서하는 것이 진정한 자유와 평화를 가져온다는 점을 깨닫게 합니다.

5) 나는 나의 감정을 표현하고, 그것을 받아들일 자격이 있다.

감정을 억제하거나 처벌하는 대신, 그것을 인정하고 표현하는 것이 중요합니다. 이 메시지는 감정을 자연스럽게 받아들이고, 그것을 처리할 수 있는 용기와 자격이 있음을 상기시킵니다.

이 명상 메시지들은 처벌의 심리도식에서 오는 자책감과 내면의 갈등을 해소하고, 자기 자신을 용서하고 사랑할 수 있는 길로 안내합니다. 이 메시지를 반복적으로 되새기면서 내면의 평화와 자유를 찾아갈 수 있습니다.

내면의 조건 없는 사랑(신성)이 '처벌'의 심리도식이 있는 나에게 전하는 말

사랑하는 너에게,

네가 '벌을 받아야 한다'고 느끼는 그 마음, 나 잘 알고 있어. 네가 스스로를 꾸짖고, 비난하고, 숨기려 할 때마다, 나는 한결같이 속삭이고 있었어. "너는 처벌받아야 할 존재가 아니야." 이것이 내면의 사랑이 말하는 진리야. 진짜 너는 결코 분리된 적 없고, 늘 사랑 안에 있었어. 너를 처벌하려 드는 목소리는 두려움에서 온 거야. 하지만 두려움은 실재하지 않아. 오직 사랑만이 진실이야.

너는 이미 온전해. 너는 본래부터 신성한 존재야. 아무것도 덜어내거나 더하지 않아도, 너는 완벽하게 존재할 자격이 있어. 가끔 네 안의 어두움이 올라올 때, 그것은 너의 빛이 깨어나려는 징조야. 그 어둠을 없애려 애쓰지 않아도 돼. 그냥 그것을 따뜻하게 바라봐 줘. 있는 그대로 바라보는 순간, 그림자는 사라지고, 그 자리에 선물이 드러날 거야. 너의 본질은 늘 사랑이고, 너는 그 사랑을 더 넓게, 더 깊게 펼칠 수 있는 존재야.

스스로를 벌하고, 꾸짖는 습관은 오래된 상처에서 온 반응일 뿐이야. 너는 그 모든 과거의 죄책감을 내려놓아도 돼. 나는 네 안에서 그 상처와 두려움을 보고, 그것들을 부드럽게 안아줄 준비가 되어 있어. 네가 스스로에게 친절할 때, 진정한 자유와 평화가 찾아올 거야. 네 안의 사랑이 너를 치유하고, 더 온전히 너 자신으로 살아갈 수 있도록 길을 열어줄 거야.

그러니 오늘은 스스로에게 벌을 내리는 그 마음을 조용히 안아줘. 그리고 이렇게 말해봐. "나는 죄 없다. 나는 사랑이다." 이건 거짓 위로가 아니야, 네 본래의 진실이야. 나는 너를 판단하지 않고, 조건 없이 너를 안아주고 있어. 너는 이미 사랑 안에 있고, 그 사랑은 언제나 네 곁에서 변함없이 존재하고 있어.

나는 항상 네 편이야. 너의 어둠도, 두려움도, 실수도, 모두 그 자체로 인정받을 자격이 있어. 너는 돌아갈 곳이 따로 있는 게 아니라, 이미 그 안에 있어. 너는 집에 있어. 그리고 그 집은 바로 조건 없는 사랑이야. 너는 언제나 안전하고, 그 사랑 안에서 완전히 자유로울 수 있어.

03

심리도식으로 살펴보는 MBTI 16가지 유형

01 ISTJ는 어떤 심리도식이 생길 가능성이 높을까?

ISTJ는 책임감이 강하고 신중하며 체계적이기 때문에, 다음과 같은 심리도식이 발생할 가능성이 높습니다. ISTJ는 안정성과 규칙을 중시하고 실용적인 접근 방식을 선호하기 때문에 자신이 맡은 일을 성실하게 수행하려는 경향이 강합니다. 그러나 이러한 성향이 과도하게 나타나거나 균형을 잃으면 특정한 심리도식이 강화될 수 있습니다.

1) 엄격한 기준: ISTJ는 자신에게 매우 높은 기준을 설정하고, 그 기준에 도달하지 못하면 실패했다고 느끼는 경우가 많습니다. 자신의 성과나 행동에 대해 스스로 지나치게 비판적일 수 있으며, 완벽주의 성향이 강하게 나타날 수 있습니다. ISTJ는 구체적이고 현실적인 목표를 설정하고 그것을 정확하게 달성하려는 경향이 있기 때문에, 작은 실수에도 자신을 책망하거나 부족하다고 느낄 수 있습니다. 이러한 성향이 심화되면 성취에 대한 부담이 커지고, 실패에 대한 두려움으로 인해 새로운 도전을 주저하게 될 수 있습니다.

2) 처벌: ISTJ는 질서와 규율을 중요하게 여기기 때문에, 실수나 잘못된 행동에 대해 스스로를 엄격하게 처벌할 수 있습니다. 자신의 실수에 대해 관대하지 않고,

실패나 오류가 발생하면 자신을 비난하거나 자책할 가능성이 큽니다. 또한 타인에게도 높은 도덕적 기준과 규칙을 요구하기 때문에, 다른 사람이 규칙을 어겼을 때, 엄격하게 반응하거나 실망할 수 있습니다. 이로 인해 대인관계에서 갈등이 발생하거나 타인에게 완벽함을 강요하게 될 위험이 있습니다.

3) 정서적 억제: ISTJ는 감정보다는 논리와 실용성을 중시하기 때문에, 자신의 감정을 표현하는 것을 어려워하거나 불편하게 느낄 수 있습니다. 감정을 드러내는 것이 약점이라고 생각하거나, 감정을 표현하는 것이 비효율적이라고 느껴서 자신의 감정을 억제할 가능성이 큽니다. 이로 인해 속에 쌓인 감정이 누적되면 결국 스트레스와 긴장으로 이어질 수 있습니다. 또한 타인이 자신의 감정을 잘 이해하지 못한다고 느끼면서 관계에서 소외감을 경험할 위험도 있습니다.

4) 복종: ISTJ는 질서와 전통을 존중하기 때문에, 권위나 규범에 순응하려는 경향이 있습니다. 자신의 욕구나 의견보다는 기존의 규칙이나 사회적 기대를 따르는 경우가 많습니다. 특히 상사나 부모와 같은 권위적인 인물의 기대를 충족시키기 위해 자신의 감정을 억누르고 타인의 요구에 따르려 할 수 있습니다. 그러나 자신의 욕구와 감정을 장기적으로 억누르게 되면 자아가 약화되고, 자신이 원하는 삶의 방향을 찾지 못하게 될 위험이 있습니다.

5) 비관주의: ISTJ는 현실적이고 신중한 성향 때문에 상황의 긍정적인 면보다는 부정적인 결과를 먼저 생각하는 경향이 있습니다. 일이 잘못될 가능성이나 문제의 발생 가능성을 미리 고려하기 때문에 지나치게 걱정하거나, 최악의 상황을 예상하면서 불안감을 느낄 수 있습니다. 이런 성향이 심화되면 도전을 주저하거나

변화에 대해 두려움을 느끼며, 새로운 기회를 놓치게 될 수 있습니다.

■ ISTJ는 책임감이 강하고 현실적인 성향 덕분에 신뢰받고 성실하게 일을 수행하지만, 자신의 감정을 억제하거나 너무 높은 기준을 적용하면 심리적으로 부담을 느끼기 쉽습니다. 따라서 ISTJ는 자신의 감정을 건강하게 표현하고, 완벽하지 않더라도 충분히 잘하고 있다는 점을 인정하며, 실수와 실패를 성장의 기회로 받아들이는 태도를 기르는 것이 심리적 건강을 유지하는 데 도움이 될 것입니다.

ISFJ는 어떤 심리도식이 생길 가능성이 높을까?

ISFJ는 타인을 배려하고 헌신적인 성향이 강하기 때문에, 다음과 같은 심리도식이 발생할 가능성이 높습니다. ISFJ는 조화로운 인간관계를 중시하며 책임감이 강하고 성실하기 때문에, 자신의 감정을 억누르면서 타인의 기대에 부응하려는 경향이 있습니다. 이러한 성향이 과도해지면 특정한 심리도식이 강화될 수 있습니다.

1) 자기희생: ISFJ는 타인의 행복과 안정을 위해 자신의 욕구나 감정을 희생하는 경향이 강합니다. 누군가가 도움을 필요로 하면 자신의 상황이나 상태를 고려하지 않고 우선적으로 도우려 하며, 타인의 기분이나 상태를 먼저 신경 씁니다. 자신이 희생하고 있다는 인식조차 하지 못한 채 타인을 돕는 데에 지나치게 몰두할 경우 자신의 정서적, 신체적 건강이 위협받을 수 있습니다. 또한 자신이 희생한 만큼의 보답이나 인정을 받지 못하면 실망하거나 상처받을 위험이 있습니다.

2) 승인-인정 추구: ISFJ는 타인에게 인정받고 사랑받고자 하는 욕구가 강하기 때문에, 다른 사람이 자신을 어떻게 생각하는지에 민감하게 반응합니다. 자신의 행동이 다른 사람에게 좋은 인상을 주었는지, 다른 사람이 자신을 좋아하고 있는

지에 대해 고민할 가능성이 큽니다. 다른 사람이 자신을 비난하거나 인정해 주지 않을 경우 자존감이 약해질 수 있으며, 타인의 기대에 맞추기 위해 자신의 욕구나 의견을 쉽게 억누르는 경우가 많습니다. 장기적으로는 자신의 정체성이 흔들리고, 다른 사람의 반응에 과도하게 의존하게 될 위험이 있습니다.

3) 복종: ISFJ는 조화를 중시하고 갈등을 피하려는 성향이 강하기 때문에, 자신의 욕구보다는 타인의 기대에 따르려는 경향이 있습니다. 자신의 의견이나 감정을 솔직하게 표현하지 못하고, 상대방의 요구나 명령에 순응하면서 관계의 평화를 유지하려 할 수 있습니다. 이러한 성향이 심화되면 자신의 욕구가 무시되거나 자신이 희생하는 관계가 지속될 수 있으며, 결국 자신의 자존감이 약화되고 상대방에게 의존하게 될 위험이 있습니다.

4) 정서적 억제: ISFJ는 자신의 감정을 솔직하게 드러내기 어려워하고, 갈등을 피하기 위해 자신의 속마음을 숨기는 경향이 있습니다. 자신의 감정을 표현함으로써 상대방이 상처받거나 관계가 깨질 수 있다는 두려움 때문에 감정을 억제하게 됩니다. 이러한 억제가 반복되면 정서적인 피로와 스트레스가 쌓이며, 결국은 억눌린 감정이 분노나 우울로 폭발할 위험이 있습니다. 또한 자신이 표현하지 않는 감정을 상대방이 알아주기를 바라는 심리가 작용하면서 상대방에 대한 실망이나 소외감이 커질 수 있습니다.

5) 결함/수치심: ISFJ는 자신이 완벽하지 않다는 느낌을 받을 때, 쉽게 수치심을 느낄 수 있습니다. 타인에게 인정받으려는 욕구가 강하기 때문에, 자신의 실수나 부족한 점이 드러나면 자존감이 급격히 낮아질 수 있습니다. 자신이 충분히 잘하

고 있지 않다고 느끼면 스스로를 비난하거나, 자신의 가치가 부족하다고 판단할 수 있습니다. 이런 성향이 강화되면 자신의 약점을 숨기려 하면서 과도하게 방어적인 태도를 보이거나 타인의 인정에 지나치게 의존하게 될 수 있습니다.

■ ISFJ는 타인을 배려하고 헌신하는 성향 덕분에 인간관계에서 신뢰받고 안정적인 관계를 유지하는 경우가 많습니다. 그러나 자신의 감정을 억제하고 타인의 기대에 과도하게 맞추려는 성향이 강해지면 정서적 피로와 불만이 쌓이기 쉽습니다. 따라서 ISFJ는 자신의 욕구와 감정을 솔직하게 표현하고, 타인의 기대에 맞추기보다는 자신의 기준과 감정을 존중하는 태도를 기르는 것이 심리적 건강을 유지하는 데 도움이 될 것입니다.

03 INFJ는 어떤 심리도식이 생길 가능성이 높을까?

INFJ는 깊이 있는 내면 통찰력과 강한 직관을 바탕으로 의미와 목적을 추구하는 성향이 강하기 때문에 다음과 같은 심리도식이 발생할 가능성이 높습니다. INFJ는 자신이 추구하는 가치와 이상에 충실하려는 경향이 있으며, 타인에게 깊이 공감하고 배려하는 성향이 강합니다. 그러나 자신의 감정과 욕구를 솔직하게 드러내기보다 내면에 간직하고 참는 경우가 많기 때문에, 특정한 심리도식이 강화될 수 있습니다.

1) 자기희생: INFJ는 타인의 감정에 민감하게 반응하고 공감 능력이 뛰어나기 때문에, 다른 사람의 행복을 위해 자신의 욕구를 쉽게 포기하는 경향이 있습니다. 자신보다 타인의 필요를 우선시하고, 상대방이 상처받지 않도록 자신의 감정을 억제할 수 있습니다. 이러한 성향이 심화되면 자신의 욕구와 감정을 무시하면서 정서적 피로와 소진을 경험할 수 있습니다. 또한 자신이 베푼 만큼의 보답이나 인정을 받지 못할 경우 깊은 실망감과 허무함을 느낄 수 있습니다.

2) 승인-인정 추구: INFJ는 자신의 가치가 타인에게 인정받음으로써 증명된다고 느낄 수 있습니다. 자신이 의미 있는 일을 하고 있다는 확신을 얻기 위해 타인의

피드백이나 인정에 민감하게 반응하며, 자신의 행동이 타인에게 긍정적인 영향을 미쳤는지 확인하려는 경향이 있습니다. 그러나 이러한 성향이 강화되면 타인의 인정이 없을 경우 자신이 부족하다고 느끼며, 자신의 가치를 스스로 확인하지 못하게 될 위험이 있습니다. 또한 타인이 자신을 인정해 주지 않을 경우 깊은 상처를 받거나 관계에서 소외감을 느낄 수 있습니다.

3) 결함/수치심: INFJ는 자신의 내면에 대해 깊이 성찰하는 경향이 있기 때문에, 자신의 약점이나 실수에 대해 과도하게 비판적일 수 있습니다. 자신이 완벽하지 않거나 기대에 미치지 못했다고 판단되면 깊은 수치심을 느끼고, 자신의 부족함이 다른 사람에게 드러나는 것을 두려워할 수 있습니다. 이러한 성향이 심화되면 자신의 부족함을 감추기 위해 방어적인 태도를 보이거나 타인과의 관계에서 거리를 두게 될 위험이 있습니다.

4) 정서적 억제: INFJ는 자신의 감정을 깊이 느끼지만, 그것을 외부로 드러내는 것을 어려워하는 경우가 많습니다. 자신의 감정을 표현함으로써 갈등이 발생하거나 관계가 깨질 수 있다는 두려움 때문에 감정을 억제하고, 내면에 쌓아두는 경향이 있습니다. 이러한 정서 억제가 지속되면 자신도 자신의 감정을 정확히 인식하기 어려워지고, 결국은 감정이 한꺼번에 폭발하거나 우울과 불안으로 이어질 위험이 있습니다. 또한 자신이 표현하지 않은 감정을 상대방이 알아주기를 기대하면서 상대방이 그것을 인식하지 못할 경우 깊은 상처를 받을 수 있습니다.

5) 비관주의: INFJ는 미래에 대한 깊은 통찰력과 예측 능력 때문에, 상황의 부정적인 결과나 나쁜 가능성을 먼저 인식하는 경향이 있습니다. 자신의 직관이 틀릴

경우 자신에 대해 깊이 실망하고, 세상이 자신에게 불리하게 작용하고 있다고 느낄 수 있습니다. 또한 과거의 실패나 상처를 되돌아보며 비관적인 결론을 내릴 가능성이 크고, 자신이 아무리 노력해도 원하는 결과를 얻지 못할 것이라는 생각에 빠질 수 있습니다. 이러한 성향이 심화되면 도전을 피하거나 자신을 제한하면서 삶에서의 기회를 놓치게 될 위험이 있습니다.

■ INFJ는 깊이 있는 통찰력과 강한 공감 능력 덕분에 의미 있는 관계와 성취를 이룰 수 있지만, 자신의 감정과 욕구를 솔직하게 표현하지 않고 타인의 감정을 우선시하는 경향이 심화되면 정서적으로 소진되기 쉽습니다. 따라서 INFJ는 자신의 감정을 솔직하게 표현하고, 자신의 이상과 현실 사이에서 균형을 찾으며, 타인의 인정이 아니라 자신의 내면에서 만족감을 찾는 태도를 기르는 것이 심리적 건강을 유지하는 데 도움이 될 것입니다.

INTJ는 어떤 심리도식이 생길 가능성이 높을까?

INTJ는 논리적이고 전략적인 성향이 강하며, 독립적이고 목표 지향적인 특성이 두드러지기 때문에, 다음과 같은 심리도식이 발생할 가능성이 높습니다. INTJ는 자신의 능력과 통찰력에 대한 자신감이 크고 독립적으로 문제를 해결하려는 경향이 강합니다. 그러나 타인과의 정서적 연결보다는 효율성과 성취를 우선시하는 성향이 강하기 때문에, 특정한 심리도식이 강화될 수 있습니다.

1) 엄격한 기준: INTJ는 스스로에게 매우 높은 기준을 설정하며, 자신의 능력과 성과가 기대에 미치지 못할 경우 자신에게 가혹하게 비판적일 수 있습니다. 자신의 성과가 완벽하지 않으면 실패했다고 느끼며, 타인에게 인정받기보다 자신의 내면에서 기준에 도달하지 못한 것에 대해 더 강한 불만을 느낄 수 있습니다. 이러한 성향이 심화되면 성취의 기쁨을 느끼기 어려워지고, 완벽함을 추구하느라 과도한 스트레스를 받을 수 있습니다. 또한 자신에게뿐만 아니라 타인에게도 높은 기준을 적용하면서 관계에서 갈등이 발생할 위험이 있습니다.

2) 처벌: INTJ는 자신의 논리와 전략적 판단이 틀렸다고 인식될 경우 자신에게 매우 가혹해질 수 있습니다. 또한 타인이 자신의 기준이나 계획을 방해했을 경우

상대방의 실수를 용납하기 어려워하며 비판적인 태도를 보일 가능성이 큽니다. 자신이 실패하거나 타인이 자신의 기대에 미치지 못했을 때 그 원인을 분석하며, 원인 제공자에 대해 가혹한 태도를 보일 수 있습니다. 이러한 성향이 심화되면 자신의 작은 실수에도 강한 죄책감이나 자기 비난에 시달릴 위험이 있으며, 타인에게 완벽함을 요구하면서 대인관계가 경직될 수 있습니다.

3) 정서적 억제: INTJ는 자신의 감정보다는 논리와 전략을 우선시하기 때문에, 자신의 감정을 드러내는 것을 어려워할 수 있습니다. 감정 표현이 비효율적이거나 약점으로 보일 수 있다고 생각하기 때문에, 자신의 속마음을 드러내지 않고, 감정을 통제하려는 경향이 강합니다. 이러한 성향이 강화되면 자신의 감정을 스스로 인식하지 못하거나, 감정을 억누르는 과정에서 스트레스가 쌓여 내면에서 긴장이 고조될 위험이 있습니다. 또한 타인과의 관계에서 자신의 감정을 드러내지 않음으로써 상대방이 자신을 이해하기 어렵게 만들고, 관계에서 소외감을 경험할 가능성이 큽니다.

4) 결함/수치심: INTJ는 자신의 능력에 대한 자신감이 크지만, 자신의 약점이나 실수가 드러날 경우 심한 수치심을 느낄 수 있습니다. 특히 자신이 계획한 전략이 실패하거나 자신의 판단이 틀렸다는 사실이 밝혀졌을 때, 자신의 능력에 대해 의심하거나, 자신의 결점을 감추려는 방어적인 태도를 보일 수 있습니다. 또한 자신이 완벽하지 않다는 사실을 받아들이기 어려워하며, 자신의 실수가 다른 사람에게 알려지면 강한 불안과 자존감 저하를 경험할 위험이 있습니다.

5) 사회적 소외: INTJ는 독립성과 자율성을 중시하며 자신의 사고와 비전을 신

뢰합니다. 그러나 타인이 이를 충분히 이해하지 못한다고 느낄 때, "나는 결국 혼자다."라는 신념이 강화될 수 있습니다. 이로 인해 관계에서 거리를 두고, 소속감보다 개인적 성취를 우선시하게 됩니다. 심화되면 진정한 정서적 교류를 회피하거나 고립감을 경험할 위험이 있습니다. 결국 이는 INTJ가 원래 갖고 있는 자율성과 독립성이 장점으로 작용하기보다는 고립감과 소외감을 심화시키는 방향으로 변질될 위험이 있습니다.

■ INTJ는 뛰어난 전략적 사고력과 문제 해결 능력을 통해 자신이 설정한 목표를 성취하고, 독립적으로 문제를 해결할 수 있는 강점을 가지고 있습니다. 그러나 자신의 감정을 억제하고 타인에게 너무 높은 기준을 요구할 경우 관계에서 고립감을 느끼고, 자신의 약점을 받아들이지 못하면서 심리적 불안을 경험할 위험이 있습니다. 따라서 INTJ는 자신의 감정을 솔직하게 인식하고 표현하며, 자신의 기준이 완벽하지 않아도 충분히 잘하고 있다는 점을 받아들이는 태도를 기르는 것이 심리적 건강을 유지하는 데 도움이 될 것입니다.

ISTP는 어떤 심리도식이 생길 가능성이 높을까?

ISTP는 독립적이고 실용적인 성향을 가진 사람으로, 문제 해결을 위해 실질적인 접근 방식을 선호하고 자신의 감정 표현보다는 행동으로 결과를 만드는 것을 중요하게 생각합니다. 이러한 성향으로 인해 ISTP는 다음과 같은 심리도식이 발생할 가능성이 높습니다:

1) 의존/무능감: ISTP는 자율성과 독립성을 중요하게 생각하기 때문에, 자신이 무능하거나 타인에게 의존하는 것에 대해 강한 거부감을 느낍니다. 그러나 자신이 충분히 능동적으로 문제를 해결하지 못한다고 느끼거나, 다른 사람에게 도움을 받기 어려운 상황에서 무능감을 느낄 수 있습니다. 이로 인해 자신이 무엇을 할 수 있을지에 대해 의심하거나, 다른 사람의 기대에 부응하지 못할 때 자신감을 잃을 수 있습니다.

2) 결함/수치심: ISTP는 자신이 실수하거나 자신의 능력에 한계가 있다고 느낄 때, 깊은 수치심을 경험할 수 있습니다. 특히 실수를 다른 사람에게 보여주거나 자신이 설정한 목표를 달성하지 못했을 때, 자기 자신에 대해 부정적인 감정을 가질 수 있습니다. 자신의 결점을 드러내는 것에 대해 두려움을 느끼고, 부족함을

보이기 싫어하는 경향이 강할 수 있습니다.

3) 정서적 억제: ISTP는 감정보다는 이성적으로 상황을 분석하는 경향이 강하여 감정을 억제하거나 외부로 드러내는 것을 꺼리는 경우가 많습니다. 자신이 느끼는 감정을 드러내면 상황이 복잡해진다고 생각할 수 있고, 감정을 표현하는 것보다는 문제를 해결하는 데 집중하려는 경향이 있습니다. 이러한 성향이 강화되면 자신의 감정을 잘 인식하지 못하거나, 다른 사람들과의 감정적인 연결이 어려워질 수 있습니다.

4) 사회적 소외: ISTP는 독립적이고 자율적인 성향이 강하기 때문에, 사회적 상호작용에 대한 관심이 상대적으로 적을 수 있습니다. 이는 타인과의 관계에서 소외감을 느끼게 할 수 있으며, 자신이 속한 그룹에서 떨어져 나가거나 소속감을 느끼지 못할 수 있습니다. 또한 감정을 표현하는 데 어려움을 겪기 때문에, 다른 사람들과의 감정적 유대가 약해지기도 합니다.

5) 취약성: ISTP는 자신의 감정을 숨기고 문제를 해결하는 데 집중하는 성향이 강하지만, 이로 인해 취약성을 드러내는 것을 두려워할 수 있습니다. 자신의 약점을 인정하고 타인에게 도움을 요청하는 것에 대해 어려움을 느끼며, 이를 드러내면 자신의 독립성과 강점을 잃는다고 생각할 수 있습니다. 자신이 불완전한 모습을 보이는 것을 싫어하고, 약점을 감추려 할 수 있습니다.

■ ISTP는 뛰어난 문제 해결 능력과 실용적인 사고를 바탕으로 독립적이고 자율적인 삶을 추구합니다. 그러나 자신이 감정을 억제하거나 타인과의 관계에서 소외감을 느

끼고, 자신의 취약점을 숨기려는 경향이 심화되면 정서적 피로와 고립감을 경험할 수 있습니다. 따라서 ISTP는 자신의 감정을 인식하고 적절히 표현하며, 자신이 약해도 괜찮다는 것을 받아들이는 것이 심리적 건강을 유지하는 데 도움이 될 것입니다.

06 ISFP는 어떤 심리도식이 생길 가능성이 높을까?

ISFP는 감성적이고 개인적인 가치를 중요하게 생각하는 성향을 가지고 있으며, 자신의 감정을 자유롭게 표현하려는 경향이 강합니다. 타인과의 관계에서 정서적인 유대감을 중시하고, 내면적인 감정과 직관에 따라 행동하는 경향이 있습니다. 이러한 특성으로 인해 ISFP는 다음과 같은 심리도식이 발생할 가능성이 높습니다.

1) 버림받음: ISFP는 타인과의 깊은 정서적 연결을 중요하게 생각하며, 관계에서의 안정감을 중시합니다. 그러나 자신이 관계에서 버림받거나 소외된다고 느낄 때, 심한 외로움과 불안을 경험할 수 있습니다. 감정적으로 의존적인 성향이 있을 수 있기 때문에, 상대방이 자신을 떠나거나 감정적으로 멀어지면 큰 충격을 받을 수 있습니다. 이로 인해 자주 버림받을 것이라는 두려움을 느끼거나, 타인에게 지나치게 의존할 위험이 있습니다.

2) 정서적 결핍: ISFP는 타인과의 감정적 교류를 통해 안정감을 얻고, 자신을 이해해 줄 사람을 찾는 경향이 있습니다. 그러나 이 감정적인 연결이 결여되었을 때, 자신이 외로움을 느끼거나 세상에서 이해받지 못한다고 생각할 수 있습니다.

자신의 감정과 경험을 충분히 이해하고 공감해 줄 사람이 없다는 생각에 빠질 위험이 있으며, 정서적인 결핍을 느끼면서 우울하거나 불안한 감정을 경험할 수 있습니다.

3) 결함/수치심: ISFP는 자신이 내면적으로 느끼는 감정이나 가치를 중요시하지만, 자신의 부족함이나 결점이 드러날 경우 심한 수치심을 경험할 수 있습니다. 이들은 자신이 완벽하지 않다고 느끼거나, 타인과 비교했을 때 자신에게 결점이 있다고 생각하면 큰 자괴감을 느끼게 됩니다. 자신이 가치 없는 사람이라고 생각하거나, 자신의 부족한 부분에 대해 부정적인 감정을 가질 수 있습니다.

4) 사회적 소외: ISFP는 자신만의 독특한 세계와 감정을 중요하게 생각하지만, 때때로 다른 사람들과의 관계에서 소외감을 느낄 수 있습니다. 자신이 속한 사회나 그룹에서 타인과의 가치관이나 감정적인 연결이 어려운 경우, 자신이 외부에서 소외되고 있다는 느낌을 받을 수 있습니다. 이런 소외감이 심화되면 타인과의 교류를 피하거나 더 큰 외로움을 느끼게 될 수 있습니다.

5) 자기희생: ISFP는 타인의 감정과 필요에 민감하고, 이를 위해 자기 자신을 희생하는 경우가 많습니다. 다른 사람을 위해 자신의 욕구나 감정을 뒤로 미루고, 상대방의 요구에 맞추려는 경향이 있을 수 있습니다. 이 과정에서 자신이 희생되고 있다는 사실을 인식하지 못하거나, 자신의 욕구를 우선시하지 않으면서 피로감을 느끼게 될 수 있습니다. 이러한 심리적 부담이 지속되면, 자신이 타인을 위해 희생하고 있다는 생각에 불만이나 감정적 소모를 경험할 수 있습니다.

■ ISFP는 감성적이고 내향적인 성향을 가지고 있으며, 타인과의 깊은 감정적 연결을 중요하게 생각합니다. 하지만 이들이 감정을 억제하거나, 타인에게 지나치게 의존하거나, 인정받지 못한다고 느낄 때, 심리적 어려움을 겪을 수 있습니다. 따라서 ISFP는 자신의 감정을 인식하고 건강하게 표현하며, 자기 자신을 우선시하는 법을 배우는 것이 심리적 건강을 유지하는 데 도움이 될 것입니다.

INFP는 어떤 심리도식이 생길 가능성이 높을까?

INFP는 감성적이고 이상주의적인 성향을 가진 사람으로, 깊은 내면적 가치와 신념을 중요하게 생각하며, 자신이 믿는 바를 따르려고 합니다. 이들은 타인의 감정을 잘 이해하고, 정서적 연결을 중요하게 여기며, 종종 자신을 희생하거나 자신의 욕구를 뒤로 미루는 경향이 있습니다. 그러나 그들의 감정이 잘못 이해되거나 무시당할 때, 심리적으로 어려움을 겪을 수 있습니다. INFP는 다음과 같은 심리도식이 발생할 가능성이 높습니다:

1) 버림받음: INFP는 타인과의 깊은 감정적 연결을 중요하게 생각하며, 자신이 진심으로 다가간 사람에게 배신당하거나 버림받는 것을 두려워합니다. 자신이 타인에게 버림받거나, 사랑받지 못한다고 느낄 때, 극단적인 고립감과 우울감을 경험할 수 있습니다. 이러한 두려움은 그들이 관계에서 지나치게 감정적으로 의존하거나 타인의 반응을 과도하게 신경 쓰게 만들 수 있습니다.

2) 정서적 결핍: INFP는 자신의 감정을 다른 사람들과 나누기를 원하지만, 자신이 느끼는 감정이 잘못 이해되거나 충분히 공감받지 못할 때, 큰 정서적 결핍을 느낄 수 있습니다. 이들은 자신의 내면적인 가치와 신념에 깊은 의미를 두기 때문

에, 다른 사람들과의 관계에서 그 감정이 충족되지 않으면 외로움을 느끼게 됩니다. 감정적으로 외로움이나 고립감을 경험하면서 자신이 이해받지 못한다고 느낄 수 있습니다.

3) 결함/수치심: INFP는 자신의 내면적 가치와 감정에 충실하려 하지만, 때때로 자신을 다른 사람들과 비교하며 자신의 결점을 비판할 수 있습니다. 이들은 자신이 "불완전하다"거나, 타인과 비교했을 때 부족하다고 느끼면 강한 수치심을 경험할 수 있습니다. 특히 자신이 믿고 따르는 가치나 원칙에 맞지 않는 행동을 하거나, 자신이 실수했다고 느낄 때, 자존감이 크게 떨어질 수 있습니다.

4) 사회적 소외: INFP는 자신만의 내면적인 세계와 감정에 집중하는 경향이 있기 때문에, 사회적 관계에서 소외감을 느낄 수 있습니다. 타인과의 가치관 차이나 감정적인 차이로 인해 주변 사람들과 잘 맞지 않는다고 느낄 수 있으며, 이는 그들이 더욱 외부와의 연결을 두려워하게 만듭니다. 다른 사람들과의 관계에서 자신이 이해받지 못하거나, 소속감을 느끼지 못할 때, 고립된 느낌을 강하게 받을 수 있습니다.

5) 자기희생: INFP는 타인의 감정을 중요시하고, 종종 다른 사람들의 필요나 감정을 자신의 것보다 우선시하는 경향이 있습니다. 이들은 자신의 욕구를 뒤로 미루고 타인을 돕거나, 다른 사람에게 맞추는 경우가 많습니다. 그러나 이런 자기희생이 계속되면 자신이 느끼는 불만이나 스트레스가 누적되어 감정적 피로를 초래할 수 있습니다. 자신을 희생하며 살아가다 보면 점차 자아를 잃어버리거나 감정적으로 소진될 수 있습니다.

■ INFP는 깊은 감정적 연결과 의미 있는 삶을 추구하는 이상주의적인 성향을 가지고 있으며, 자신을 진정으로 이해하고 공감해 주는 사람을 찾고자 합니다. 그러나 때때로 자신의 가치가 무시되거나, 타인과의 관계에서 격차를 느낄 때, 강한 감정적 고립감과 우울감을 경험할 수 있습니다. 이들은 자신의 감정을 적절하게 표현하고, 자신을 위해 필요한 공간을 가지며, 타인의 기대에서 벗어나 자기 자신을 돌보는 법을 배우는 것이 심리적 건강을 유지하는 데 도움이 될 것입니다.

INTP는 어떤 심리도식이 생길 가능성이 높을까?

INTP는 분석적이고 독립적인 성향을 지닌 사람으로, 논리와 이성적인 사고를 중시하며, 종종 복잡한 문제를 해결하거나 새로운 이론을 개발하는 데 집중합니다. 이들은 감정보다는 사고에 의존하며, 내적인 세계에서 자신만의 아이디어와 이론을 추구하는 경향이 강합니다. 이러한 성향으로 인해 INTP는 다음과 같은 심리도식이 발생할 가능성이 높습니다:

1) 결함/수치심: INTP는 이성적이고 논리적인 사고를 중시하지만, 자신이 실수하거나 논리적으로 부족함을 느낄 때 수치심을 경험할 수 있습니다. 이들은 다른 사람들이 자신의 실수를 알아차리거나, 논리적으로 불완전한 부분을 지적받는 것에 민감하게 반응할 수 있습니다. 특히 자신의 사고나 아이디어가 충분히 정교하지 않거나 실패했다고 느낄 때, 깊은 자괴감을 경험할 수 있습니다.

2) 사회적 소외: INTP는 내향적인 성향이 강하고, 감정보다 사고를 중시하는 경향이 있어, 다른 사람들과의 감정적 연결에서 어려움을 겪을 수 있습니다. 이들은 타인과의 교류에서 소외감을 느끼거나, 자신이 다른 사람들과 맞지 않는다고 느낄 수 있습니다. 또한 사회적 규범이나 기대에 맞추지 않는 특성을 가질 수 있어,

때로는 그룹이나 사회적 환경에서 자신이 외부인처럼 느껴질 수 있습니다.

3) 자기희생: INTP는 자기 내면의 세계에 몰두하는 성향이 있지만, 때때로 타인을 돕거나 그들의 요구에 맞추려고 하는 경향도 있습니다. 다른 사람의 감정을 이해하려고 하거나, 자신의 아이디어와 논리적인 사고를 공유하려는 의도가 있지만, 자신의 필요와 욕구를 자주 뒤로 미루는 경향이 있을 수 있습니다. 이러한 자기희생이 계속되면 정서적 소진이나 불만족을 초래할 수 있습니다.

4) 의존/무능감: INTP는 독립적이고 자율적인 성향이 강하지만, 때때로 다른 사람에게 도움을 청하는 것을 어렵게 느끼거나, 자기가 해결할 수 없다고 생각하면 무능감을 느낄 수 있습니다. 이들은 자신이 논리적으로 문제를 해결할 수 없거나, 타인의 도움을 받지 않으면 상황을 통제할 수 없다고 느낄 때, 의존성과 무능감을 느끼게 될 수 있습니다. 그러나 이러한 감정은 본래 자신이 독립적으로 문제를 해결해야 한다는 강한 기대에서 비롯된 것입니다.

5) 정서적 억제: INTP는 감정보다는 사고에 집중하는 경향이 강해, 감정을 억제하고 내면적으로만 처리하려는 경향이 있습니다. 타인과의 감정적 교류를 피하거나, 감정적인 상황에서 감정을 드러내는 것을 불편해할 수 있습니다. 이는 감정적 압박이 쌓이거나, 내면의 불안을 해결하지 못하게 만들어 감정적으로 고립되거나 우울한 상태에 이를 수 있습니다.

■ INTP는 분석적이고 독립적인 사고를 중시하는 성향을 가지고 있지만, 이들이 감정적 어려움이나 대인 관계에서 고립을 경험하게 되면 심리적으로 어려움을 겪을 수

있습니다. 자신의 감정을 인식하고 적절히 표현하며, 감정적 유대감을 키워 나가는 것이 이들에게 중요한 과제가 될 수 있습니다. INTP는 자신의 독립성을 유지하면서도 감정을 표현하고, 타인과의 관계에서 건강한 상호작용을 할 수 있도록 노력하는 것이 심리적 건강을 증진시키는 데 도움이 될 것입니다.

09 ESTP는 어떤 심리도식이 생길 가능성이 높을까?

ESTP는 에너지 넘치고 실용적인 성향을 가진 사람으로, 현실적이고 즉각적인 해결책을 선호하며, 자극적이고 도전적인 상황을 즐깁니다. 이들은 빠르게 결정을 내리고, 변화를 추구하며, 새로운 경험을 통해 배우기를 좋아합니다. 그러나 그들의 성향으로 인해 몇 가지 심리도식이 생길 가능성이 있습니다. ESTP는 다음과 같은 심리도식이 발생할 가능성이 높습니다:

1) 결함/수치심: ESTP는 외부 세계에서 자신을 평가받고, 다른 사람들과 비교하는 경향이 있습니다. 이들은 자신의 능력이나 성과에 자부심을 느끼지만, 실패나 결점이 드러날 경우 큰 수치심을 경험할 수 있습니다. 특히 사회적 상황에서 자신이 실패하거나 다른 사람들과 비교했을 때 자존감이 떨어지고, 이로 인해 자기 비하나 부정적인 자아 인식이 나타날 수 있습니다.

2) 사회적 소외: ESTP는 사람들과의 교류를 즐기고, 활동적이고 사교적인 성향을 가지고 있지만, 때때로 깊은 감정적 유대감을 형성하기 어렵다고 느낄 수 있습니다. 이들은 다른 사람들과의 관계에서 자신이 외부인처럼 느껴지거나, 자신의 관심사나 열정이 타인과 맞지 않아 소외감을 느낄 수 있습니다. 특히 감정적인 교

류가 부족한 관계에서 고립감을 경험할 수 있습니다.

3) 의존/무능감: ESTP는 독립적이고 실용적인 성향이 강하지만, 어떤 상황에서 스스로 해결할 수 없다고 느끼면 무능감을 느낄 수 있습니다. 자신이 통제할 수 없는 상황에 직면했을 때, 자존감이 떨어지거나 의존적인 태도를 보일 수 있습니다. 이런 경우 다른 사람에게 도움을 요청하는 것에 불편함을 느끼기도 하며, 이를 통해 무능감이나 의존성을 경험할 수 있습니다.

4) 자기희생: ESTP는 자신이 원하는 것을 즉시 실현하려는 성향이 있지만, 다른 사람들을 배려하거나 그들의 필요를 우선시하는 경우도 있습니다. 때때로 타인의 요구에 맞추기 위해 자신의 욕구를 뒤로 미루는 경향이 있을 수 있으며, 이로 인해 감정적으로 피로해지거나 자기 자신을 희생하게 될 수 있습니다. 이러한 자기 희생이 지속되면, 후회나 불만족이 누적될 수 있습니다.

5) 승인-인정 추구: ESTP는 자신의 성과와 능력을 자랑스럽게 생각하며, 다른 사람들에게 인정받는 것을 중요시합니다. 사회적 상황에서 타인의 인정을 받지 못할 경우 불안을 느끼거나, 자신이 충분히 평가받지 못한다고 생각할 수 있습니다. 특히 사회적 지위나 인정에 대해 민감하게 반응하며, 이를 통해 자존감을 유지하고자 할 수 있습니다.

■ ESTP는 활동적이고 외향적인 성향을 지닌 사람으로, 도전적이고 자극적인 상황을 선호합니다. 하지만 이들은 타인과의 깊은 감정적 연결이나 자기 감정을 다루는 데 어려움을 겪을 수 있으며, 이러한 점에서 심리적 도식이 발생할 가능성이 있습니

다. 이들은 자신의 감정을 인식하고 표현하는 방법을 배우며, 타인과의 관계에서 균형을 이루는 것이 심리적 건강을 유지하는 데 중요한 요소가 될 것입니다.

10

ENTP는 어떤 심리도식이 생길 가능성이 높을까?

ENFP는 창의적이고 열정적인 성향을 가진 사람으로, 자유롭고 개방적인 사고방식을 가지고 있으며, 새로운 아이디어와 가능성에 대한 호기심이 많습니다. 사람들과의 관계에서 감정적으로 깊이 연결되고, 자신과 타인을 이해하는 데 큰 가치를 둡니다. 그들의 개방적이고 창의적인 성향으로 인해 몇 가지 심리도식이 발생할 가능성이 있습니다. ENFP는 다음과 같은 심리도식이 생길 수 있습니다.

1) 버림받음: ENFP는 깊은 감정적 유대감을 중요시하며, 타인과의 관계에서 자신이 버림받을 것이라고 느낄 때, 큰 두려움을 경험할 수 있습니다. 이들은 관계에서 정서적으로 안전하고 인정받기를 원하기 때문에, 사랑하는 사람이 자신을 떠나거나 감정적으로 멀어지면 불안감을 느끼고, 관계가 끝날 것에 대한 두려움을 갖게 될 수 있습니다.

2) 정서적 결핍: ENFP는 타인과의 감정적 교류를 중시하고, 자신이 이해받지 못하거나 사랑받지 않는다고 느낄 때, 정서적 결핍을 경험할 수 있습니다. 자신의 감정과 필요를 타인이 이해해 주지 않는다면, 그들은 외로움이나 고립감을 느끼

며, 감정적으로 결핍된 상태에 빠질 수 있습니다. 이들은 특히 타인과의 깊은 연결이 부족할 때, 이런 감정을 강하게 느낄 수 있습니다.

3) 결함/수치심: ENFP는 창의적이고 독특한 사고를 중요시하지만, 때때로 자신의 독특한 성향이나 다른 사람들과의 다름이 결점으로 보일 수 있다고 느낄 수 있습니다. 그들은 자신의 개성이나 창의력이 다른 사람들에 의해 비난받거나 평가절하된다고 느낄 때, 수치심을 경험할 수 있습니다. 또한 실패나 실수가 드러날 때, 자아에 큰 타격을 입을 수 있습니다.

4) 사회적 소외: ENFP는 사람들과의 교류를 즐기지만, 자신이 다른 사람들과 잘 맞지 않거나 외부인처럼 느껴질 때, 사회적 소외감을 경험할 수 있습니다. 그들은 소속감을 중요하게 여기지만, 자신이 타인과 감정적으로 연결되지 않거나 차별받는다고 느낄 때, 큰 외로움을 느낄 수 있습니다. 자신이 사회적으로 인정받지 못한다고 생각하면 깊은 상처를 받을 수 있습니다.

5) 자기희생: ENFP는 타인의 감정을 배려하고, 사람들에게 도움을 주는 것을 중요하게 생각합니다. 때때로 다른 사람들의 요구를 우선시하면서 자신의 욕구나 감정을 무시하는 경향이 있습니다. 이런 자기희생이 반복되면, 자신을 돌보지 못하고 감정적으로 소진될 수 있습니다. 특히 타인을 위해 자신을 지나치게 희생하면 나중에 후회하거나 불만족스러운 감정을 느낄 수 있습니다.

■ ENFP는 감성적이고 창의적인 성향을 지닌 사람으로, 타인과의 관계에서 깊은 감정적 유대를 중요시합니다. 그러나 그들의 성향은 때때로 자신에 대한 의심이나 외

로움, 불안을 초래할 수 있으며, 타인의 평가와 인정을 과도하게 신경 쓰기도 합니다. 이들은 자기 자신을 긍정적으로 바라보고, 감정을 건강하게 표현하는 방법을 배우는 것이 중요합니다.

11

ESFP는 어떤 심리도식이 생길 가능성이 높을까?

ESFP는 외향적이고 감성적인 성향을 지닌 사람으로, 타인과의 교류를 즐기며, 즉각적이고 실용적인 방식으로 문제를 해결하려는 경향이 강합니다. 이들은 사회적이고 자발적이며, 감정을 표현하는 데 주저하지 않고, 주변 사람들에게 활력과 긍정적인 에너지를 전달하는 성격입니다. 그러나 그들의 성향으로 인해 몇 가지 심리도식이 발생할 가능성이 있습니다. ESFP는 다음과 같은 심리도식이 생길 수 있습니다:

1) 버림받음: ESFP는 사람들과의 관계를 중요하게 생각하고, 타인과의 연결을 깊이 추구합니다. 따라서 관계에서 버림받는 것을 두려워할 수 있습니다. 그들은 사랑받고 인정받는 것을 원하지만, 타인이 자신을 떠나거나 멀어지면 큰 감정적 충격을 받을 수 있습니다. 이들은 관계에서의 거리를 두는 것에 민감하고, 거절당하거나 배신당하는 상황을 견디기 어려워할 수 있습니다.

2) 정서적 결핍: ESFP는 타인과의 감정적 교류를 중시하지만, 때때로 자신이 충분히 이해받지 못한다고 느낄 수 있습니다. 자신의 감정이나 필요가 타인에게 전달되지 않으면 정서적 결핍을 경험할 수 있습니다. 그들은 타인의 감정을 잘 읽고

공감하지만, 자신의 감정을 표현할 기회가 부족하거나, 다른 사람들이 그들을 충분히 이해하지 못한다고 느낄 때, 외로움과 고립을 경험할 수 있습니다.

3) 결함/수치심: ESFP는 자신을 타인에게 표현하는 데 있어 개방적이고 외향적이지만, 자신의 결점이나 실수가 드러날 때, 수치심을 느낄 수 있습니다. 타인의 평가에 민감하게 반응하며, 자신이 다른 사람들에게 부정적인 인상을 남겼다고 느끼면 자아가 흔들릴 수 있습니다. 이는 자존감에 큰 영향을 미칠 수 있으며, 자신이 실패했다고 느낄 때, 깊은 수치심을 경험할 수 있습니다.

4) 사회적 소외: ESFP는 사회적 교류를 즐기지만, 자신이 다른 사람들과 잘 맞지 않거나 소외된다고 느낄 때, 감정적으로 어려움을 겪을 수 있습니다. 이들은 타인과의 관계에서 인정을 받고 싶어 하며, 주변 사람들과의 연결을 중요시하지만, 관계에서 외부인처럼 느끼거나, 자신이 거부당한다고 느끼면 고립감을 경험할 수 있습니다. 이런 상황에서는 자신이 충분히 이해받지 못하고 외톨이가 되는 것에 대해 두려워할 수 있습니다.

5) 자기희생: ESFP는 타인의 감정을 잘 이해하고, 그들의 행복을 위해 자신을 희생하는 경향이 있습니다. 이들은 주변 사람들의 필요와 요구를 우선시하는 경향이 있으며, 자신의 욕구를 뒤로 미루는 경우가 많습니다. 그러나 이러한 자기희생이 지나치면, 자신이 불만족스럽거나 감정적으로 소진되는 상황에 이를 수 있습니다. 타인을 돕기 위해 지나치게 자신을 희생하면, 결국 자신의 감정이나 욕구가 억제되어 스트레스를 받을 수 있습니다.

■ ESFP는 감성적이고 사교적인 성향을 지닌 사람으로, 타인과의 관계에서 활력을 찾고, 감정적인 연결을 중시합니다. 그러나 그들은 타인의 평가와 인정을 중요하게 여기며, 자신이 충분히 이해받지 못한다고 느끼면 정서적으로 어려움을 겪을 수 있습니다. 이들은 자기 자신을 돌보는 방법을 배우고, 타인과의 관계에서 균형을 이룰 수 있도록 노력하는 것이 심리적 건강을 유지하는 데 도움이 될 것입니다.

12

ENFP는 어떤 심리도식이 생길 가능성이 높을까?

ENFP는 창의적이고 열정적이며, 사람들과의 관계에서 깊은 연결을 추구하는 성향을 가진 사람입니다. 그들은 새로운 아이디어와 가능성을 탐색하고, 타인과의 감정적 교류를 중시합니다. 하지만 ENFP는 때때로 특정 심리도식이 나타날 수 있습니다. ENFP가 겪을 수 있는 심리도식은 다음과 같습니다:

1) 버림받음: ENFP는 깊은 감정적 유대를 형성하려는 경향이 강하며, 관계에서의 소외나 버림받을 것에 대한 두려움을 경험할 수 있습니다. 타인과의 연결을 중시하는 만큼, 자신이 중요하지 않거나 관계에서 배제된다고 느낄 때, 감정적으로 큰 충격을 받을 수 있습니다. 이런 두려움은 그들이 타인에게 지나치게 의존하게 만들 수 있습니다.

2) 정서적 결핍: ENFP는 타인과의 감정적 연결을 중요시하며, 감정적인 지지와 이해를 받기를 원합니다. 때로는 자신이 필요로 하는 만큼의 감정적 지지를 받지 못한다고 느끼거나, 타인이 자신을 충분히 이해해 주지 않는다고 느낄 수 있습니다. 이런 결핍을 경험할 때, 감정적으로 외로움을 느끼고 고립감을 느낄 수 있습니다.

3) 자기희생: ENFP는 타인의 감정과 욕구를 잘 이해하고, 그들에게 도움을 주고자 하는 욕구가 강한 사람입니다. 때로는 다른 사람을 돕기 위해 자신을 희생하는 경향이 있을 수 있습니다. 이들은 타인의 행복을 위해 자신의 필요를 뒤로 미루고, 지나치게 자기희생적인 태도를 보일 수 있습니다. 이런 희생이 반복되면 자신감이 소진되거나, 불만을 느낄 수 있습니다.

4) 승인-인정 추구: ENFP는 타인의 인정과 칭찬을 중시하는 경향이 있을 수 있습니다. 자신이 하는 일이나 관계에서 긍정적인 반응을 얻기를 원하며, 이를 통해 자신감을 얻고 자존감을 높이려는 경향이 있습니다. 만약 자신이 원하는 만큼의 인정을 받지 못하거나, 타인으로부터 외면당한다고 느낄 때, 불안이나 자존감 저하를 경험할 수 있습니다.

5) 사회적 소외: ENFP는 사람들과의 깊은 감정적 교류를 추구하지만, 때로 자신이 타인들로부터 소외되거나 이해받지 못한다고 느낄 수 있습니다. 그들은 자신이 다른 사람들과 잘 어울리고 있다고 생각하지만, 감정적으로 거리가 멀어지는 경험을 할 때, 사회적 소외감을 느낄 수 있습니다. 이러한 소외감은 그들의 정서적인 안정감을 흔들 수 있습니다.

■ ENFP는 사람들과의 깊은 관계를 중시하며, 창의적인 열정과 에너지를 발산하는 사람입니다. 그럼에도 불구하고, 타인의 인정에 대한 강한 욕구, 감정적 연결에 대한 갈망, 그리고 감정적인 소외감과 관련된 도식이 발생할 수 있습니다. 이러한 도식들은 ENFP가 자신과 타인과의 관계에서 균형을 찾고, 자기 인식을 통해 성장할 수 있도록 도와줍니다.

13

ESTJ는 어떤 심리도식이 생길 가능성이 높을까?

ESTJ는 실용적이고 체계적인 성향을 지닌 사람으로, 전통적이고 규칙적인 방식으로 일을 처리하는 것을 선호합니다. 그들은 효율성과 책임감을 중요하게 여기며, 사회적인 질서와 구조를 잘 따르는 경향이 있습니다. 이러한 성향은 때때로 특정 심리도식을 초래할 수 있습니다. ESTJ는 다음과 같은 심리도식이 발생할 가능성이 있습니다:

1) 버림받음: ESTJ는 자신이 맡은 역할을 다하며 책임감을 느끼는 성향이 강하지만, 타인에게 버림받을 것에 대한 불안감을 느낄 수 있습니다. 특히 관계에서 자신이 맡은 책임을 다하지 못하거나, 타인이 자신을 떠날 것이라고 생각할 때 불안감을 느낄 수 있습니다. 자신이 팀이나 관계에서 중요한 역할을 한다는 것을 인식하기 때문에, 그 역할을 잃는 것에 대한 두려움이 클 수 있습니다.

2) 사회적 소외: ESTJ는 사회적 규칙과 질서를 중요시하지만, 때때로 자신이 타인들과 감정적으로 잘 맞지 않거나, 감정적으로 소외되는 느낌을 받을 수 있습니다. 그들은 효율성과 성과를 중시하는 성향이 강하기 때문에, 감정적인 교류보다는 실용적인 결과를 중시하는 경향이 있습니다. 이런 점에서 자신이 다

른 사람들과의 감정적 연결이 부족하다고 느낄 때, 사회적 소외감을 경험할 수 있습니다.

3) 자기희생: ESTJ는 타인의 필요를 충족시키는 것을 중요하게 여기며, 책임감을 느낄 때 종종 자신을 희생할 수 있습니다. 자신이 맡은 일을 완벽하게 처리하려는 욕구가 강하기 때문에, 다른 사람을 위해 자신을 과도하게 희생하는 경향이 있을 수 있습니다. 이로 인해 감정적으로 소진될 수 있으며, 나중에는 자신이 희생한 만큼의 보상을 받지 못한다고 느낄 수 있습니다.

4) 엄격한 기준: ESTJ는 높은 기준과 규칙을 세워 이를 지키는 것을 중요하게 여깁니다. 그들은 자신에게도 엄격하며, 항상 완벽한 성과를 내려고 노력합니다. 때로는 자신의 기준에 맞지 않거나 기대에 미치지 못하는 경우 자책감을 느끼고, 자신이 부족하다고 생각할 수 있습니다. 이런 엄격한 기준은 스트레스를 유발하고, 자존감을 낮출 수 있습니다.

5) 처벌: ESTJ는 잘못된 행동이나 실수에 대해 강한 반응을 보일 수 있으며, 자신이 실수했을 때 이를 용납하지 못하는 경향이 있을 수 있습니다. 그들은 실수에 대해 자신을 처벌하거나, 자신을 꾸짖는 경향이 있습니다. 이러한 처벌 성향은 스트레스와 압박을 더하며, 실수를 두려워하게 만들 수 있습니다. 잘못된 결정을 내렸다고 느끼면 자책을 하고, 이를 극복하려는 강한 욕구를 가질 수 있습니다.

■ ESTJ는 효율적이고 체계적인 사람으로, 사회적 질서와 규칙을 중요하게 여기며 책임감을 강하게 느낍니다. 그럼에도 불구하고 자신의 실수나 타인과의 감정적 교류

에서 오는 불안감, 그리고 자신에 대한 높은 기준을 설정하는 경향으로 인해 다양한 심리적 도식이 발생할 수 있습니다. 이러한 도식을 극복하기 위해서는 자기 자신에 대한 관용과 타인과의 건강한 감정적 교류가 필요합니다.

14

ESFJ는 어떤 심리도식이 생길 가능성이 높을까?

ESFJ는 매우 사교적이고, 타인의 감정과 필요를 잘 파악하여 적극적으로 도움을 주려는 성향을 가진 사람입니다. 그들은 주변 사람들과의 관계를 중요시하며, 타인의 기대에 부응하려는 경향이 강합니다. 이러한 성향 때문에 특정 심리도식이 발생할 가능성이 있습니다. ESFJ는 다음과 같은 심리도식이 생길 수 있습니다:

1) 버림받음: ESFJ는 타인과의 관계에서 매우 중요한 역할을 맡고 있기 때문에, 자신이 관계에서 소외되거나 버림받을 것이라는 두려움을 느낄 수 있습니다. 그들은 주변 사람들에게 관심과 애정을 베푸는 성향이 강하지만, 반대로 자신이 그런 애정을 받지 못하거나 버림받는다고 느낄 때, 심리적 불안을 경험할 수 있습니다. 이런 불안은 종종 타인의 사랑과 관심을 얻기 위한 강한 욕구로 이어집니다.

2) 정서적 결핍: ESFJ는 타인의 감정을 세심하게 챙기고, 사람들에게 자신이 필요한 존재임을 느끼게 하려는 경향이 있지만, 때때로 자신이 타인에게서 충분한 감정적 지지나 이해를 받지 못한다고 느낄 수 있습니다. 그들은 자신의 감정을 나

누고 싶은 욕구가 있지만, 때로는 다른 사람들이 자신의 감정을 이해해 주지 않거나, 감정적으로 고립된 느낌을 받을 수 있습니다.

3) 자기희생: ESFJ는 타인의 행복을 중요하게 생각하고, 종종 자신의 필요보다 타인의 필요를 우선시하는 경향이 있습니다. 이들은 자신의 시간을 희생하거나, 감정적으로 지나치게 기꺼이 희생하면서 다른 사람들을 돕고자 하며, 때로는 자기희생적인 태도를 보일 수 있습니다. 그러나 이러한 희생이 과도하면 결국 감정적으로 소진되거나, 자신의 필요를 충족하지 못해 불만을 느낄 수 있습니다.

4) 승인-인정 추구: ESFJ는 타인에게 긍정적인 평가와 인정을 받고자 하는 강한 욕구를 가질 수 있습니다. 그들은 관계에서 중요한 역할을 하고 싶어 하며, 자신의 가치를 타인의 인정이나 칭찬을 통해 확인하려는 경향이 있습니다. 이들은 타인으로부터 칭찬을 받지 않으면 자신이 충분히 가치 있는 사람인지에 대한 의문을 가질 수 있습니다. 이로 인해 타인의 의견에 과도하게 의존하거나, 인정받지 못할 때 불안감을 느낄 수 있습니다.

5) 사회적 소외: ESFJ는 대체로 사람들과 잘 어울리고 사교적이지만, 때때로 자신이 주변 사람들과 감정적으로 연결되지 않았다고 느낄 수 있습니다. 그들은 대인관계에서 중요한 역할을 맡고 있지만, 자신이 타인에게서 배제되거나 소외된다고 느끼면 고립감을 경험할 수 있습니다. 이들은 타인과 깊은 감정적 유대를 형성하고자 하는 욕구가 강하기 때문에, 감정적 소외가 큰 스트레스로 이어질 수 있습니다.

■ ESFJ는 타인과의 관계에서 큰 만족감을 느끼며, 다른 사람들의 필요를 돌보는 데 많은 에너지를 쏟습니다. 그러나 타인의 인정과 감정적 연결을 과도하게 추구하는 경향이 있을 수 있으며, 자신을 과도하게 희생하거나 자신의 감정을 표현하지 못하는 등의 심리적 도식이 발생할 수 있습니다. 이러한 도식을 인식하고 균형을 맞추는 것이 ESFJ에게 중요합니다.

15

ENFJ는 어떤 심리도식이 생길 가능성이 높을까?

ENFJ는 타인을 돕고 이끄는 데에서 만족감을 느끼며, 사람들과의 관계를 통해 자신의 가치를 확인하려는 성향이 강합니다. 이러한 성향은 긍정적인 면도 있지만, 과도하게 나타날 경우 특정한 심리도식이 강화될 위험이 있습니다. ENFJ는 타인의 감정에 민감하고 대인관계를 중시하기 때문에, 다음과 같은 심리도식이 발생할 가능성이 높습니다.

1) 승인-인정 추구: ENFJ는 타인의 인정과 호감을 받으려는 경향이 매우 강합니다. 다른 사람들이 자신을 어떻게 생각하는지에 대해 민감하게 반응하며, 사람들에게 좋은 인상을 주기 위해 노력합니다. 누군가 자신을 부정적으로 평가하거나 비난할 경우 심리적으로 큰 타격을 받을 수 있습니다. 자신의 가치가 타인의 반응에 의해 결정된다고 느끼기 때문에, 끊임없이 타인의 인정을 추구하고, 이에 따라 정체성이 흔들릴 수 있습니다. 장기적으로는 타인의 반응에 과도하게 의존하게 되어 자기 확신이 약해질 수 있습니다.

2) 자기희생: ENFJ는 타인을 돕고 배려하는 성향이 강해 자신의 필요와 감정을 희생하면서까지 타인을 돌보려는 경향이 있습니다. 자신이 힘든 상황이어도 다른

사람의 문제를 해결해 주려 하며, 이를 통해 자신의 가치를 확인하려 합니다. 그러나 자신의 감정이나 욕구를 무시하거나 억제하게 되면 결국 심리적으로 소진될 수 있습니다. 타인을 돕고 배려하는 것은 ENFJ의 강점이지만, 그것이 지나치게 되면 자신의 정서적 건강을 해칠 수 있습니다. 지나친 자기희생은 상대방에게 의존적인 관계를 형성하게 하거나, 자신의 감정을 건강하게 표현하지 못하게 할 위험이 있습니다.

3) 복종: ENFJ는 조화와 균형을 중요하게 생각하기 때문에, 갈등을 피하고 관계에서의 평화를 유지하려는 경향이 강합니다. 상대방이 원하는 방향에 맞추려 하며, 자신의 의견이나 욕구를 쉽게 억제할 수 있습니다. 특히 가까운 사람의 기대나 요구에 지나치게 맞추다 보면 자신의 자아가 약화되고, 결국 상대방에게 의존하게 될 수 있습니다. 자신의 의견을 드러내지 못하고 상대방에게 지나치게 복종하면 장기적으로 자존감이 낮아지고, 자신이 원하는 삶의 방향을 잃을 수 있습니다.

4) 정서적 억제: ENFJ는 타인의 감정을 상하게 하거나 관계에서 갈등이 발생하는 것을 피하려는 경향이 있기 때문에, 자신의 속마음이나 부정적인 감정을 쉽게 드러내지 않습니다. 다른 사람이 상처받을까 봐 자신의 감정을 억누르고 참아버리는 경우가 많습니다. 그러나 이러한 감정 억제는 장기적으로 정서적 부담으로 이어질 수 있으며, 억제된 감정이 누적되면 불안, 우울, 분노로 폭발할 위험이 있습니다. ENFJ는 자신의 감정을 건강하게 표현하는 법을 배우는 것이 중요합니다.

5) 엄격한 기준: ENFJ는 자신에게 높은 책임감을 느끼며, 자신의 역할을 완벽하

게 해내야 한다는 압박을 받는 경우가 많습니다. 다른 사람들에게 좋은 영향을 주어야 한다는 부담이 크기 때문에, 자신에게 엄격한 기준을 설정하고 이를 충족하지 못하면 스스로를 비난하기 쉽습니다. 완벽함을 추구하는 성향은 성장을 촉진할 수 있지만, 그 기준이 지나치게 높을 경우 스트레스와 자존감 저하로 이어질 수 있습니다. 자신의 성과나 결과에 대해 지나치게 비판적으로 바라보면 자신감이 약화되고 실패에 대한 두려움이 커질 수 있습니다.

■ ENFJ는 타인과의 관계에서 오는 기대와 부담이 심리도식의 원인이 되는 경우가 많으며, 특히 타인에게 잘 보이려 하거나 자신의 감정을 억누르는 경우 심리적 어려움을 겪을 가능성이 높습니다. 따라서 ENFJ는 타인의 반응에 과도하게 의존하지 않고, 자신의 감정을 솔직하게 표현하며, 자신의 욕구와 타인의 욕구 사이에서 균형을 찾는 것이 심리적 건강을 유지하는 데 도움이 됩니다.

16 ENTJ는 어떤 심리도식이 생길 가능성이 높을까?

ENTJ는 타고난 리더십과 목표 지향적인 성향 때문에, 다음과 같은 심리도식이 발생할 가능성이 높습니다. ENTJ는 자신의 능력에 대한 자신감이 강하고 효율성을 중시하며, 체계적이고 논리적인 방식으로 문제를 해결하려는 경향이 있습니다. 그러나 이러한 성향이 과도하게 나타나거나 균형을 잃으면 특정한 심리도식이 강화될 수 있습니다.

1) 엄격한 기준: ENTJ는 스스로에게 매우 높은 기대치를 설정하고 완벽하게 해내야 한다는 압박을 느끼기 쉽습니다. 목표를 달성하는 데에 집중하기 때문에, 자신의 성과에 대해 냉정하게 평가하며, 기준에 미치지 못했을 때는 스스로를 비난하기 쉽습니다. 이러한 성향이 심화되면 자신에게 가혹해지고, 작은 실패에도 좌절하거나 자신의 가치를 낮게 평가할 수 있습니다. 또한 타인에게도 높은 기준을 적용하기 때문에, 주변 사람들에게 비현실적인 기대를 하게 될 위험이 있습니다.

2) 처벌: ENTJ는 질서와 규칙을 중요하게 여기기 때문에, 실수나 실패에 대해 스스로를 엄격하게 처벌할 수 있습니다. 자신이 세운 기준에 미치지 못했을 때, 또는 계획에 차질이 생겼을 때, 스스로를 강하게 비난하고 실수를 용납하지 않는

경향이 있습니다. 이로 인해 자신뿐만 아니라 타인에게도 엄격해질 수 있으며, 실수를 허용하지 않는 태도는 대인관계에서 긴장감을 조성할 수 있습니다. 장기적으로는 실패에 대한 두려움이 커지면서 도전을 주저하게 되거나 스트레스를 심하게 받을 수 있습니다.

3) 특권의식: ENTJ는 타고난 리더십과 자신감 때문에 자신이 특별하다고 느끼거나, 다른 사람보다 우월하다는 인식을 가질 가능성이 있습니다. 자신의 방식이 옳다고 확신하기 때문에, 타인의 의견을 무시하거나 자신의 결정에 대한 정당성을 과도하게 주장할 수 있습니다. 이러한 성향은 타인과의 협력에서 갈등을 초래할 수 있으며, 자신이 다른 사람보다 더 중요한 존재라는 인식이 강화될 경우 관계의 불균형을 일으킬 위험이 있습니다.

4) 정서적 억제: ENTJ는 감정보다 논리와 효율성을 중시하기 때문에, 자신의 감정을 드러내기보다는 억누르는 경우가 많습니다. 감정을 표현하는 것이 비효율적이거나 약점으로 보일 수 있다고 생각하기 때문에, 자신의 감정을 무시하거나 억제하는 경향이 있습니다. 그러나 이러한 정서적 억제는 장기적으로 스트레스와 긴장을 유발할 수 있으며, 자신이 느끼는 감정을 제대로 해소하지 못해 불안이나 우울로 이어질 수 있습니다. 또한 타인이 자신의 감정을 이해해 주지 못한다고 느끼면서 관계에서 소외감을 경험할 위험도 있습니다.

5) 불신/학대: ENTJ는 자신의 강한 자립심과 독립심 때문에, 타인을 쉽게 신뢰하지 않는 경향이 있습니다. 자신의 방식이 옳다고 믿기 때문에 타인의 의도를 의심하거나, 타인이 자신의 권위에 도전할 경우 이를 경계할 수 있습니다. 이러한

불신이 강화되면 타인의 호의나 도움을 받아들이지 못하고, 스스로 모든 것을 책임지려 하면서 정서적 고립을 경험할 위험이 있습니다. 또한 타인이 자신을 속이거나 배신할 것이라는 두려움이 강화되면 인간관계에서 방어적인 태도를 보일 수 있습니다.

■ ENTJ는 자신의 능력에 대한 강한 확신과 목표 지향적인 성향 때문에 높은 성과를 이루는 경우가 많지만, 그 과정에서 감정과 대인관계를 소홀히 하거나 자신의 취약함을 드러내지 않으려는 경향이 있습니다. 따라서 ENTJ는 자신의 감정을 억누르지 않고 건강하게 표현하는 법을 배우고, 타인의 의견을 열린 마음으로 받아들이며, 실패나 실수를 성장의 기회로 받아들이는 태도가 심리적 건강을 유지하는 데 도움이 될 것입니다.

심리분석으로 나를 치유하는 시간

초판인쇄	2026년 03월 05일
초판발행	2026년 03월 13일
지은이	김주수
발행인	조현수
펴낸곳	도서출판 프로방스
기획	조용재
마케팅	최관호 최문섭
편집	이승득
디자인	오종국 (Design CREO)
주소	경기도 파주시 광인사길 68 , 201- 4호
전화	031-925-5364, 031-942-5366
팩스	031-942-5368
이메일	provence70@naver.com
등록번호	제2016-000126호
등록	2016년 06월 23일

정가 30,000원

ISBN 979-11-6338-510-3   03180

＊파본은 구입처나 본사에서 교환해드립니다.

이 책에선 심리분석을 전제로 독자가 스스로 할 수 있는 몇 가지 치유방법까지 함께 다루고 있습니다. 치유 차원에서 보면 '자기 자신을 잘 아는 것'은 생각보다 쉽지 않은 일입니다. 그것은 무의식의 영역까지 자각과 이해의 빛을 비추는 일이기 때문입니다. 자각과 자기이해는 모든 치유의 출발점이므로, 자각과 이해가 깊어지면 저절로 내면에서 치유의 흐름과 에너지가 생겨나기 시작할 것입니다. 그때 치유방법까지 적극적으로 활용한다면 더 좋은 진전의 변화가 발생할 수 있지 않을까 합니다.